"十二五"江苏省高等学校重点教材
高等职业教育动车组系列规划教材

动车组运用与管理

吴海超　主　编
钱建强　副主编

中国铁道出版社有限公司

2024年·北　京

内容简介

本书为“十二五”江苏省高等学校重点教材、高等职业教育动车组系列规划教材之一。全书以最新的规章、规范为基础编写而成，分为九章，包括动车组运用管理、动车组运用组织、动车组运用检修信息化管理、动车组运用检修管理、动车组一级检修、动车组二级检修、动车组随车机械师、动车组安全管理、铁路交通事故及行车设备事故调查处理。

本书可作为高等职业院校动车组检修技术及相关专业学生教材，也可作为现场工作人员参考用书。

图书在版编目(CIP)数据

动车组运用与管理/吴海超主编．—北京：中国铁道出版社，2017.3(2024.7 重印)
“十二五”江苏省高等学校重点教材　高等职业教育动车组系列规划教材
ISBN 978-7-113-20703-8

Ⅰ.①动…　Ⅱ.①吴…　Ⅲ.①动车－组织管理－高等职业教育－教材　Ⅳ.①U266

中国版本图书馆 CIP 数据核字(2017)第 038912 号

书　　名：动车组运用与管理
作　　者：吴海超

策　　划：阚济存
责任编辑：阚济存　　**编辑部电话**：010-51873133　　**电子信箱**：td51873133@163.com
封面设计：郑春鹏
责任校对：焦桂荣
责任印制：郭向伟

出版发行：中国铁道出版社有限公司(100054，北京市西城区右安门西街 8 号)
网　　址：https://www.tdpress.com
印　　刷：北京铭成印刷有限公司
版　　次：2017 年 3 月第 1 版　2024 年 7 月第 3 次印刷
开　　本：787 mm×1 092 mm　1/16　**印张**：19.5　**字数**：500 千
书　　号：ISBN 978-7-113-20703-8
定　　价：56.00 元

前　　言

铁路行业在国民经济中具有基础性和战略性的地位。进入21世纪以来，中国铁路行业步入了黄金发展期，特别是《中长期铁路网规划》的实施，使中国铁路在近年来发生了翻天覆地的变化。截至2016年底，我国铁路网营业里程达12.4万km，居世界第二。经过六次大提速，以京津高速的建成通车为标志，中国铁路进入“高铁时代”，技术装备达到世界先进水平。随着沪宁城际高铁、京沪高铁、京广高铁、郑徐高铁等的正式通车运营，中国高速铁路运营里程超过2.2万km，世界第一。中国成为世界上高速铁路系统技术最全、集成能力最强、运营里程最长、运行速度最高、在建规模最大的国家。“十三五”期间，中国高速铁路建设仍保持较快发展势头，高速铁路营业里程将达到3万km，覆盖80%以上的大城市。

中国高铁要想实现可持续发展，需要内外各种要素的保障，内部要素更为关键，其中人才要素又是关键中的关键。因此，建设一支数量充足、结构合理、素质优良的高铁人才队伍是中国高铁行业面临的最紧迫任务。由于高速铁路动车组技术含量高、结构复杂、运用检修工作量大，因此，需要大量高端技术技能型运用检修人才。本教材就是根据我国培养高速动车组运用检修高端技术技能型人才的巨大需求，以及为满足铁道车辆专业及动车组检修技术专业和高速动车组运用维修职工培训的需要而编写的。

本教材根据新版《铁路技术管理规程》《铁路动车组运用维修规程》《铁路交通事故调查处理规则》《铁路行车设备故障调查处理办法》《铁路安全管理条例》等有关规程，结合铁路动车组部门的生产实际以及高职教育和铁路职工培训的特点，对动车组运用管理和运用维修等方面的内容做了详细的介绍，主要内容包括动车组运用管理和组织、动车组运用检修、动车组运用安全等。

本教材由南京铁道职业技术学院吴海超任主编、上海动车段钱建强任副主编，由南京铁道职业技术学院张文、李纯、姚春燕、付建勋、程谦、高志生，湖南铁路科技职业技术学院范刚，兰州交通大学李晋武，辽宁轨道交通职业学院麻冰玲等参加编写。第一章由吴海超编写；第二章由吴海超、张文、李纯、程谦编写；第三章由范刚编写；第四、五、六、七章由吴海超、钱建强、付建勋、姚春燕、李晋武、高志生编写；第八、九章由吴海超、麻冰玲编写。本教材在编写过程中得到上海、北京动车段工程技术人员的支持，在此表示感谢。

由于编者水平有限，不妥之处在所难免，希望读者批评指正。

编　者

2016年12月

目　录

第一章　动车组运用管理

铁路行业在国民经济中具有基础性和战略性的地位。进入21世纪以来，中国铁路行业步入了黄金发展期，特别是《中长期铁路网规划》的实施，使中国铁路发生了翻天覆地的变化。截至2016年底，我国铁路网规模达到12.4万km，世界第二。

2007年4月18日，我国成功实施了第六次铁路大面积提速调图，和谐号CRH动车组首次出现在中国铁路上，在既有线上实现了最高时速250 km的高速运营。这标志着我国既有线提速达到了世界先进水平，铁路技术装备进入了世界先进行列。以CRH型动车组为亮点的铁路第六次大面积提速调图对运输能力的释放，对时空距离的拉近，对旅客出行的便利，对社会经济的发展产生了广泛而深刻的影响。

经过六次大提速，以京津高速的建成通车为标志，中国铁路进入"高铁时代"，技术装备达到世界先进水平。随着沪宁城际高铁、京沪高铁、京广高铁、郑徐高铁等的正式通车运营，截至2016年底，中国高速铁路运营里程达到2.2万km，居世界第一。中国成为世界上高速铁路系统技术最全、集成能力最强、运营里程最长、运行速度最高、在建规模最大的国家。进入"十三五"期间，中国高速铁路建设在全世界仍将保持较快发展势头。

动车组是自带动力、固定编组、可双向开行的旅客列车，具有安全可靠、运行快捷、乘坐舒适、编组灵活等特点，是高效率、大密度的旅客运载工具。CRH动车组是动力分散型动车组，具有牵引功率大、轴重小、启动加速性能好、可靠性高、车辆空间利用率高等特点，动力分散型动车组是世界高速动车组技术发展的方向。

中国铁路高速动车组CRH(China Railway High-speed)是中国铁路自主品牌的系列高速动车组。在先进、成熟、经济、适用、可靠的方针指导下，CRH动车组在系统集成技术、轻量化技术、高速转向架技术、交流传动技术、高速受流技术、高速制动技术、网络控制技术、人机工程技术、节能环保技术等方面达到了世界先进水平。

铁路是国家的重要基础设施之一，是国民经济的大动脉，是交通运输体系的骨干。铁路具有高度集中，各个工作环节紧密联系和协同动作的特点。铁路运输系统由运输、机务、车辆、工务、电务、供电等业务部门组成，为确保铁路安全正点，方便快捷，高速高效，铁路运输系统必须严格遵守运输纪律，服从运输指挥，在铁路总公司统一指挥下联合行动，准确、及时、安全地把旅客、货物运输到达目的地。铁路职工必须严格遵守劳动纪律和作业纪律，严格执行各项规章制度，在自己的职务范围内，以对国家和人民极端负责的态度，保证安全生产。

第一节　动车组运用维修工作

一、动车组运用维修工作的意义和基本任务

"和谐"号(CRH)系列电动车组(以下简称动车组)是铁路旅客运输的高速运载工具。动车组运用维修工作是铁路运输的重要组成部分，其维修质量直接关系到旅客生命财产安全和企业经济效益。坚持质量第一和为运输服务的原则，贯彻修、养并重，预防为主的方针，不断加

强基础工作，完善运用维修管理制度，提供质量良好的动车组，是动车组运用维修工作的基本任务。

二、动车组运用维修专业管理

为适应市场经济的发展，全国铁路运输的组织机构在不断地改革和完善中，因此，动车组的组织机构也处于改革和完善之中。我国现行的铁路运输组织机构是以中国铁路总公司为全国铁路的最高行政领导机构，并按运输组织需要设立各业务部门。在铁路总公司的统筹规划下，按运输组织需要在全国设立若干个铁路局，由铁路总公司直接领导。铁路局负责组织与领导各业务段和车站的运输生产工作，保证行车安全。车站和业务段是铁路运输企业的基层生产单位，每个单位既可独立工作，但又互相关联、互相制约。

目前，动车组实行铁路总公司、铁路局、动车(客车)段三级专业管理系统。

1. 铁路总公司

铁路总公司负责明晰动车组相关专业管理界面；根据运输需要，规划全路动车组检修能力布局，统筹运力资源配置；制定动车组修程修制、运用维修相关管理及技术标准，并监督指导落实。

2. 铁路局

铁路局是动车组专业管理的责任主体，实行局长负责制，应制定动车组专业管理办法，明确运输相关专业部门的管理职能。车辆部门依据总公司运用维修相关管理及技术标准，履行专业规章标准管理、现场监督检查、合理优化动车组的配属和运用等基本职责。

3. 动车(客车)段

动车(客车)段是动车组车辆运用维修工作的责任主体，实行段长负责制，贯彻执行上级相关规章制度、管理办法及技术标准。规范段内各部门的人员配备及管理，优化生产组织和流程，协调联劳单位共同做好动车组运用维修工作。

三、动车组运用维修技术管理

动车组运用维修技术管理体系分为铁路总公司、铁路局、动车(客车)段三级。

1. 铁路局要根据动车组运用维修工作实际，配齐、配强专业技术管理人员。车辆处须设置动车组分管处长和运用、检修、安全、规章、设备、培训等专职管理人员；动车(客车)段实行总工程师技术负责制，配备动车组运用、检修、机械、轮轴、电气、网络、牵引、制动、空调、安全、规章、设备、培训、信息化等专(兼)职管理人员。各级管理人员要努力提高技术素养，遵守技术纪律。

2. 动车组运用维修技术规章实行分级管理。总公司负责组织制定动车组运用检修标准，在动车组管理信息系统中发布；铁路局负责组织制定动车组运用检修作业办法，以局文形式发布；动车(客车)段负责组织编制动车组运用检修作业指导书，以段文形式发布。

3. 动车组运用检修作业办法须结合实际优化检修项目、内容和周期，项目、内容删减或周期延长时应按规定报批。

4. 动车组运用检修作业指导书应明确作业内容、作业步骤、作业标准、工装设备、检测器具、安全事项等内容，要求文字简练、可操作性强，并根据实际情况及时修、建、补、废，定期发布。检修部件、设备设施发生变化时，动车(客车)段应组织对作业指导书进行验证。

5. 铁路局要加强委外检修项目的管理，委外检修应由具备检修资质的单位承修。

第二节 动车组修程、修制

动车组的检修工作是高速铁路系统中重要的组成部分，对保障高速列车的运营安全起着至关重要的作用。动车组的检修工作主要是在动车段及动车段下属的动车组运用所完成。

一、动车组检修特点

对于普速铁路来说，我国旅客列车的机车和客车车底的运用与检修工作分别由机务部门和车辆部门来完成的。对于高速铁路来说，旅客的运载工具是由牵引动力和运输载体一体化的“动车组”构成，因而高速动车组的运用与检修工作要采用新的整备和维修体系，即动车组运用与整备、维修一体化。

动车组检修广泛实施换件修和集中修。在高速动车组维修过程中广泛实施换件修，即把发现故障或缺陷的部件、模块或者零件换以功能良好的相应部件，而不做现场维修，这样可以大大节省在修时间，提高列车利用率。这种维修方法也应用于厂修中相应的机组维修，称为大部件换修。对于可以修复的主要零部件实行专业化集中修，即把它们送往专业化的工厂、车间或者工段，实行集中统一修理，则可提高维修质量，节约维修成本。

对关键部件严格寿命管理。对于一些已经掌握寿命规律或对安全性和舒适性起关键作用的零部件严格执行寿命管理，严格执行到期报废或更换，以确保安全。

二、动车组修程修制

动车组采用计划性预防修的检修体制，分为五级修程。一、二级检修为运用检修，在动车段下属动车组运用所(以下简称动车所)内进行；三、四、五级检修为高级检修，在具备相应车型检修资质的检修单位进行，例如动车段或动车组检修基地等。

动车组运用维修采用以走行公里周期为主(走行公里以动车组管理信息系统为准)、时间周期为辅的检修模式。检修方式以换件修为主，主要零部件采用专业化集中修。动车组检修周期见表 1 1。

表 1-1 动车组检修周期

<table>
<tr><th>车型</th><th>一级检修</th><th>二级检修</th><th>三级检修</th><th>四级检修</th><th>五级检修</th></tr>
<tr><td>CRH1A</td><td rowspan="4">≤(4 000+400)km
或运用 48 h</td><td rowspan="4">另行公布</td><td rowspan="4">(120±10)万 km
或 3 年</td><td rowspan="4">(240±10)万 km
或 6 年</td><td rowspan="4">(480±10)万 km
或 12 年</td></tr>
<tr><td>CRH1B</td></tr>
<tr><td>CRH1E</td></tr>
<tr><td>CRH380D</td></tr>
<tr><td>CRH5A</td><td>≤(5 000+500)km
或运用 48 h</td><td>另行公布</td><td rowspan="5">(120±12)万 km
或 3 年</td><td rowspan="5">(240±12)万 km
或 6 年</td><td rowspan="5">(480±12)万 km
或 12 年</td></tr>
<tr><td>CRH3C</td><td rowspan="4">≤(4 000+400)km
或运用 48 h</td><td rowspan="4">另行公布</td></tr>
<tr><td>CRH380B</td></tr>
<tr><td>CRH380BL</td></tr>
<tr><td>CRH380CL</td></tr>
</table>

续上表

车型	一级检修	二级检修	三级检修	四级检修	五级检修
CRH2A	≤(4 000+400)km 或运用 48 h	另行公布	60 万 km 或 1.5 年	120 万 km 或 3 年	240 万 km 或 6 年
CRH2A 统					
CRH2B					
CRH2E					
CRH2C 一阶段					
CRH2C 二阶段					
CRH380A					
CRH380AL					

注：1. 动车组检修周期以走行公里周期为主、时间周期为辅的检修模式，先到为准；

2. 二级检修项目允许按二级修维修卡片规定的检修周期延后 10%组织施修(有调整检修周期范围的除外)；

3. 高级检修间隔不超过一个三级检修周期。

第三节　动车组检修作业计划及一体化检修作业

一、检修计划

动车组运用检修计划按月、周、日编制，高级检修计划按年、月编制。高级检修动车组送修前应填写动车组扣修单。

动车组二级检修月计划由动车(客车)段负责编制，报铁路局备案；二级检修周计划、运用检修日计划由动车所编制并组织实施。

动车组在检查库内一级检修时间不得少于 4 h。

动车(客车)段应加强动车组运用检修计划管理，努力提高动车组检修计划兑现率。对未按计划兑现的组项应及时调整不得超期失修。

二、动车组一体化检修作业

动车组运用检修工作涉及车辆、机务、供电、电务、客运、运输、公安及动车组售后服务等部门，必须加强统一领导、明确职责，使各部门、单位既分工负责又协调联动，形成动车组运用检修的一体化管理体系。

铁路局制定有动车组运用检修一体化管理办法，建立定期协调沟通及一体化奖惩机制。铁路局、动车(客车)段每月组织召开动车组一体化作业联席会议，协调解决并考核各专业结合部问题。

动车所应统筹考虑各部门(专业)的作业特点，结合本所设施设备、站场布局及维修整备作业量的实际，制定动车组一次入(出)库检修整备综合作业流程，明确作业时间节点。

在动车所内作业时，各部门(专业)应在动车所的统一组织下，按作业计划、作业流程和作业标准，实施动车组检修、整备作业。

动车组电务车载设备检修，保洁、吸污等整备作业须与运用检修作业同步进行。

三、动车组管理信息系统

动车组管理信息系统的系统目标是借鉴国际先进的设计理念，立足我国铁路动车组运用检修实际，建设具有国际先进水平、自主知识产权的铁路动车组管理信息系统。保障动车组安全高效运用、支持动车组维修网络优质运转，达到"安全可控、质量可靠、检修高效、决策科学"。

动车组管理信息系统由中国铁路总公司（以下简称总公司）级动车组管理信息系统、铁路局级动车组管理信息系统、动车段管理信息系统、动车运用所管理信息系统组成。结构上分为三级四层，即总公司、铁路局、动车段（运用所）三级管理，总公司、铁路局、动车段、动车运用所四个业务层面。

运用所动车组管理信息系统主要任务是制定包括车辆定期检修在内的车辆运用及检修计划，通过自动化的检测装置实时掌握车辆的技术状态，根据测定的数据进行预防性的维修，并对检修以及检修材料的库存进行信息化管理，以提高检修的效率，实现各项作业管理的程序化，标准化。各个职能科室、动车运用所、检修车间之间以广域网连接，实现统一的管理和信息共享。

动车组运用与检修系统包括 7 个子系统：

1. 动车组技术履历系统

动车组履历信息是动车组运用检修的依据，是全生命周期管理的基础。系统提供动车组履历集中管理，实现全路动车组履历的自动同步，一车一档、档随车走，有效支持动车组网络化运用检修业务的开展。

2. 动车组运用系统

主要管理动车组运用方案、走行公里、使用效率等。

3. 动车组检修计划系统

主要根据走行公里和运用时间，编制检修计划，并管理计划推进情况。

4. 动车组技术状态分析系统

主要记录动车组在使用和检修过程中发生并处理故障的情况，同时依据车载安全系统、地面安全监控系统和地面专家分析系统，指导检查作业，分析故障规律，制定对策措施。

5. 材料管理系统

主要用来管理材料配件和换件修及集中修计划，保证零部件正常周转，统计分析成本支出情况。

6. 生产管理系统

依据作业程序和作业计划，从工位级开始管理，采用刷卡上岗、退岗的方式，保证各级修程下的检修工作严格按照规定程序推进。

7. 检修记录管理系统

主要管理部件、系统和整车的检修及试验数据。

第四节　动车组配属

一、动车组配属管理

动车组实行统一编号、固定配属管理，配属工作由车辆部门负责。车辆部门应根据动车组运行图、车底交路、技术特点、维修生产需求、动车所检修及存放能力，做好动车组配属工作。

1. 动车组配属原则

动车组配属应遵循同一线路车型相对集中，同一车型定员基本一致，同一动车所担当尽量单一的原则。

2. 动车组配属方式

动车组新造配属及局间转属由总公司负责；局管内段配属及段间转属由铁路局负责；段管内动车所配属及动车所间转属由动车(客车)段负责。

3. 动车组配属转移

已签订高级检修合同的动车组转属时，由转出方和转入方共同与检修单位变更合同，权利和义务相应转移。

4. 动车组租赁

铁路局可根据运输需要，自主向其他配属单位租用动车组，租借双方需签订租用协议，明确租用车型、车组号、期限、权益及电务车载设备等，报总公司运输局核备。

租用、代管动车组的运用检修按配属动车组管理，并承担相应的安全、质量责任。

二、路用动车组

路用动车组包括检测、维修、试验、公务等特定用途的动车组，由总公司负责配属。

1. 路用动车组维修

(1)路用动车组车辆及电务车载设备的维修由配属(代管)铁路局负责，检测、维修、试验等专业设备、设施的维修由产权单位负责。

(2)路用动车组执行路网性检测、维修、试验任务前，使用单位须与配属(代管)铁路局沟通，制定一级、二级检修计划，保证检修不超期。其一级检修及整备作业，由检测计划指定的铁路局负责；二级检修由配属(代管)铁路局负责。

(3)公务动车组由总公司专运处负责运用维护和保养。

2. 运营动车组属性变更

运营动车组改为路用动车组时须报总公司批准。

3. 非铁路单位使用的路用动车组

配属给非铁路局单位使用的路用动车组须委托铁路局代管，并签订代管协议。

第五节 动车组车辆方位及零部件位置编号规则

一、动车组车辆方位

动车组车辆方位规则有如下

1. CRH1 型动车组车辆方位。CRH1A、CRH1B 型动车组各车辆以靠近客室侧门端为 1 位端(主机厂及外方称 A 端，下同)，另一端为 2 位端(B 端)。

CRH1E 型动车组分为两个 8 编组的动力单元，每个单元中各车辆以靠近车头端为 1 位端(A 端)，另一端为 2 位端(B 端)。

2. CRH2 型动车组车辆方位。各车辆以靠近 1 号车车头方向为 1 位端，相反方向为 2 位端。

3. CRH3 型动车组车辆方位。EC(01、00)车以有司机室端为 1 位端，TC(02、07)、IC(03、06)、FC(05)车以有卫生间端为 1 位端，BC(04)车以有乘务室端为 1 位端，另一端为 2 位端。

4. CRH5 型动车组车辆方位。M_C2(01)、M2s(02)、T_P(03)、T2(05)车以靠近 01 车车头

方向为 1 位端，相反方向为 2 位端；M2(04)、Tpb(06)、Mh(07)、Mcl(00)车以靠近 00 车车头方向为 1 位端，相反方向为 2 位端。

5. CRH380A(L)型动车组车辆方位。各车辆以靠近 1 号车车头方向为 1 位端，相反方向为 2 位端。

6. CRH380B(L)/CL 型动车组车辆方位。CRH3808 型动车组的 EC(01、00)车以有司机室端为 1 位端，TC(02、07)、IC(06)、FC(03、04)车以有卫生间端为 1 位端，BC(05)车以有乘务室端为 1 位端，另一端为 2 位端。

CRH380BL、CRH380CL 型动车组的 EC(01、00)车以有司机室端为 1 位端，TC(02、07、10、15)、VC(03)、IC(06、08、11、14)、FC(04、05)、SC(12、13)车以有卫生间端为 1 位端，BC(09)车以有乘务室端为 1 位端，另一端为 2 位端。

7. CRH380D 型动车组车辆方位以靠近车头端为 1 位端(A 端)，另一端为 2 位端(B 端)。

二、动车组同名零部件位置编号规则

1. 基本原则

CRH 型动车组车辆同名零部件位置编号规则如下：以观察者在 1 位端面向车辆为基准，左手方向为 1 位侧，右手方向为 2 位侧。对于排列在纵向对称轴上的零部件，由 1 位端顺序向 2 位端编号，如转向架、车轴、内端门等均可按此编号；对于分布在纵向对称轴左右的零部件，按先从 1 位侧向 2 位侧、再从 1 位端向 2 位端的顺序进行编号，如车轮、轴箱、制动盘等均可按此编号；对于上下排列的零部件按从上至下的顺序并结合左右、前后位置进行编号，如 CRH3 型动车组的抗蛇行减振器等。

2. 动车组车辆定位及配件位置编号示意图(图中车端、车侧括号内容为主机及外方的方位名称)

(1)CRH1 型动车组车辆定位及配件编号(图 1-1)

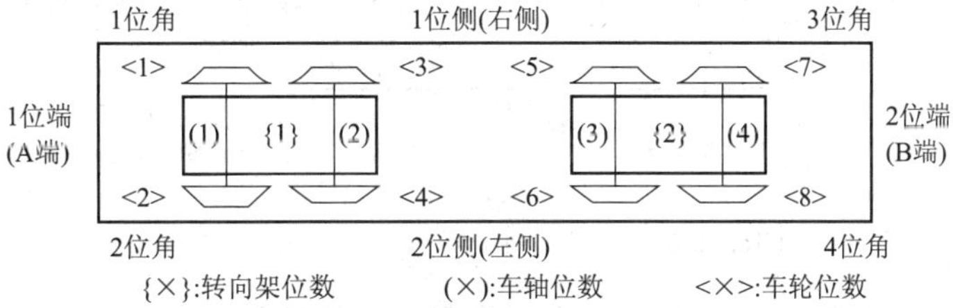

图 1-1　CRH1 型动车组车辆定位及配件编号示意图

(2)CRH2 型动车组车辆定位及配件编号(图 1-2)

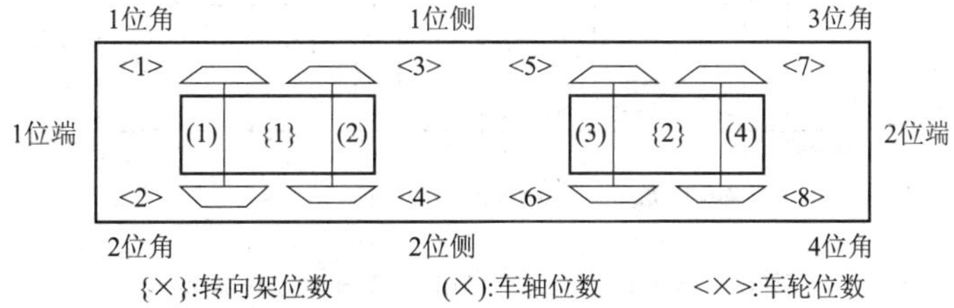

图 1-2　CRH2 型动车组车辆定位及配件编号示意图

(3)CRH3 型动车组车辆定位及配件编号(图 1-3)

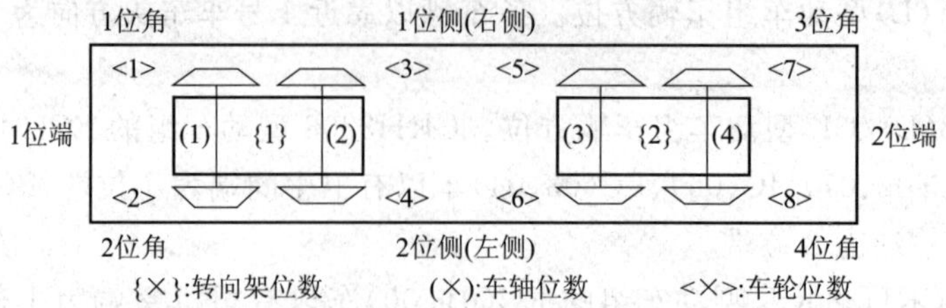

图 1-3　CRH3 型动车组车辆定位及配件编号示意图

(4)CRH5 型动车组车辆定位及配件编号(图 1-4)

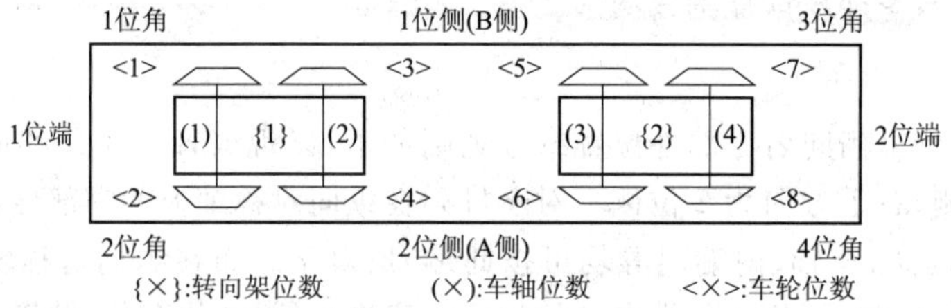

图 1-4　CRH5 型动车组车辆定位及配件编号

(5)CRH380A(L)型动车组车辆定位及配件编号(图 1-5)

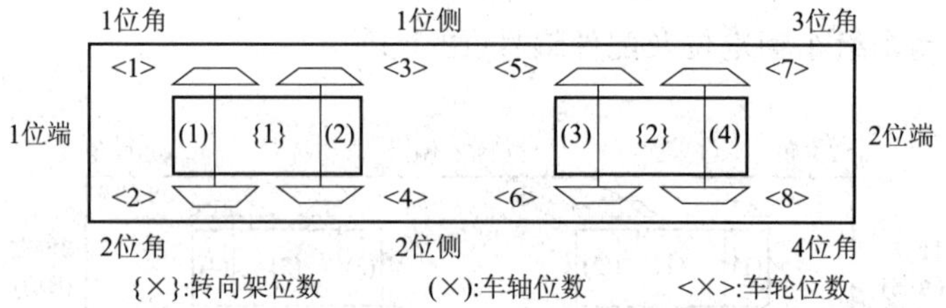

图 1-5　CRH380A(L)型动车组车辆定位及配件编号示意图

(6)CRH380B(L)/CL 型动车组车辆定位及配件编号(图 1-6)

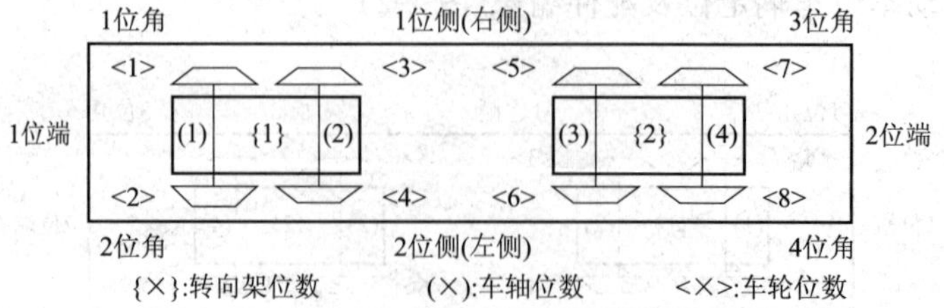

图 1-6　CRH380B(L)/CL 型动车组车辆定位及配件编号示意图

(7)CRH380D 型动车组车辆定位及配件编号(图 1-7)

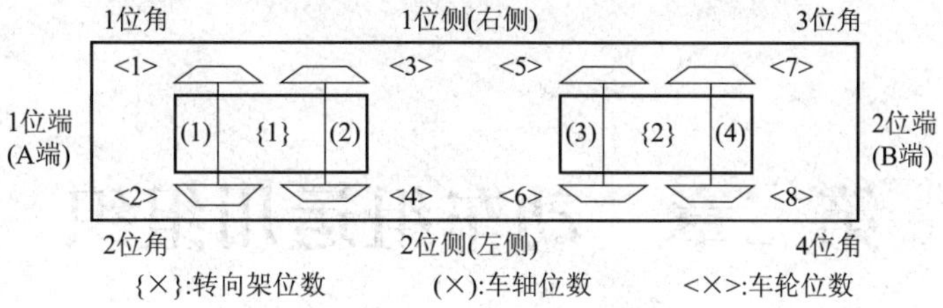

图 1-7　CRH380D 型动车组车辆定位及配件编号示意图

第六节　动车组报废

一、动车组报废条件

动车组经鉴定具备下列条件之一时，可以办理整列或部分车辆报废手续。

1. 动车组整列运用超过设计寿命(表 1-2)

表 1-2　动车组整列运用设计寿命

序　　号	车　　型	设计寿命(年)	序　　号	车　　型	设计寿命(年)
1	CRH1	25	5	CRH380A(L)	20
2	CRH2	20	6	CRH380B(L)	20
3	CRH3	20	7	CRH380C(L)	20
4	CRH5	30	8	CRH380D	20

2. 动车组发生事故或遭遇意外灾害

动车组整列或部分车辆发生事故或遭遇意外灾害，修理费用超过其重置价 70%或车体结构变形、破损严重无法修复的。

二、动车组报废程序

1. 动车组的报废鉴定由配属局组织

在事故发生地的由配属局委托所在地铁路局，在造修企业的由配属局委托造修企业组织鉴定，配属局应派员参加。

2. 经鉴定委员会鉴定符合报废条件

产权单位应按规定程序办理，并报总公司批准。

3. 批准报废的动车组

经总公司批准报废的动车组不允许整列或部分车辆出租、销售、转让。

4. 非总公司所属企业动车组的报废

凡在国家铁路及委托总公司所属企业管理的合资铁路线上运营的非总公司所属企业动车组的报废可参照执行。

复习思考题

1. 动车组运用维修所需要遵守的规章规范有哪些？
2. 动车组运用计划的编制有哪些方式？
3. 动车组配属分哪几类？
4. 动车组车辆方位的规则有哪些？各型号动车组是否一致？

第二章　动车组运用组织

《铁路技术管理规程》(以下简称《技规》)是中国铁路总公司颁发的我国铁路技术管理的法规,规定了各部门、各单位在运输生产中,必须遵循的基本原则、工作方法、作业程序、具体要求和相互关系等。本节根据《技规》对行车组织工作的规定及涉及车辆运用的有关内容,加以叙述和说明。

第一节　列　　车

一、列车的定义

列车是按照列车编组计划和列车运行图规定的编挂条件、车组、重量或长度等要求编成的车列,并挂有机车及规定的列车标志。列车重量应根据机车牵引力、区段内线路状况及其设备条件确定。列车长度应根据运行区段内各站到发线的有效长。并须预留 30 m 的附加制动距离确定。动车组列车为自走行固定编组列车。单机、大型养路机械及重型轨道车,虽未完全具备列车条件,亦应按列车办理。

旅客列车的尾部标志应使用电灯,动车组以外的旅客列车尾部标志灯的摘挂、保管,由车辆部门负责。对中途转向的动车组以外的旅客列车应有备用标志灯,以备转向时使用。

在铁路运输生产中,根据需要和服务对象,每列列车分别担任着不同的运输任务。按运输性质和任务的不同,列车分为以下几种:

1. 旅客列车

旅客列车是指运送旅客及行李、包裹、邮件的列车。按其运行途程、运行速度及性质不同可分为:

(1)高速动车组旅客列车分直通、管内高速动车组旅客列车。

(2)城际动车组旅客列车。

(3)动车组旅客列车分直通、管内动车组列车。

(4)直达特快旅客列车(160 km/h)分直通、管内直达特快旅客列车。

(5)特快旅客列车(140 km/h)分直通、管内特快旅客列车。

(6)快速旅客列车(120 km/h)分直通、管内快速旅客列车。

(7)普通旅客列车(120 km/h)分直通、管内普通旅客快车和直通、管内普通旅客慢车。

(8)通勤列车:铁路职工上下班列车。

(9)临时旅客列车(100 km/h)分直通、管内临时旅客列车。

(10)旅游列车(120 km/h)分直通、管内旅游列车。

2. 特快货物班列(160 km/h)

列车运行速度 160 km/h,固定到发车站、固定车次和运行线路、明确开行周期、发到时刻和编组内容的特快货物列车。

3. 货物列车

货物列车是指运送货物和排送空货车的列车。它包括：

(1)快运货物列车

①快速货物班列(120 km/h)。列车运行速度 120 km/h,固定到发车站、固定车次和运行线路、明确开行周期、发到时刻和编组内容的快速货物列车。

②货物快速列车(120 km/h)。列车运行速度 120 km/h 的货物列车,分为直通、管内货物快速列车。

③中欧、中亚集装箱班列、铁水联运班列。分为列车运行速度 120 km/h 的中欧、中亚集装箱班列、普通货车标尺的中亚集装箱班列、普通货车标尺的铁水联运班列。

④普快货物班列。普通货车标尺的快速货物列车。

(2)直达货物列车。在装(卸)车站或技术站编组,通过一个及以上编组站不进行改编作业的列车。其中：

①始发直达列车。在一个车站或在同一区段(或相邻区段)的几个车站装车后组成的直达列车。

a. 煤炭直达列车。整列煤炭或以煤炭为基本组的始发直达列车。

b. 石油直达列车。整列石油或以石油为基本组的始发直达列车。

②空车直达列车。在一个或数个卸车站,或者在技术站由空车编组而成的直达列车。

③技术直达列车。在技术站以中转车及货物作业车等编组而成的直达列车。

(3)直通货物列车。在技术站编组,通过一个及以上区段站不进行改编作业的列车。

(4)区段货物列车。在技术站编组,到达相邻技术站,在区段内不进行摘挂作业的列车。

(5)摘挂列车。在技术站编组,在相邻区段内的中间站进行摘挂作业的列车。

(6)小运转列车。在技术站和邻近区段规定范围内的几个车站间开行的列车为小运转列车。

(7)自备车列车。车辆产权属于企业的始发直达、整列短途列车。

(8)超限货物列车。挂有装载超限货物的车辆并冠以超限列车车次的列车。

(9)重载货物列车。在装车站或技术站组织,由单机或多机牵引满足重载条件的列车。

(10)保温列车。由机械冷藏车组编组而成的列车。

4. 军用列车

用于运送军队与军用物资的列车。

5. 单机和路用列车

(1)单机

①客车单机。

②货车单机。

③小运转单机。

(2)补机。

(3)动车组检测、确认列车

①动车组检测列车

动车组检测列车分直通、管内 300 km/h 检测列车和直通、管内 250 km/h 检测列车。

②动车组确认列车

分直通和管内动车组确认列车。

(4)试运转列车。

分为普通客、货列车、300 km/h 以上动车组、250 km/h 动车组试运转列车。

(5)轻油动车、轨道车。

(6)路用列车。专为运送铁路自用物资而开行的列车。

(7)救援列车。

(8)回送客车车底列车。

分为有火回送动车组车底、无火回送动车组车底、无火回送普速客车底、回送图定客车底、因故折返旅客列车。

二、列车车次

为了便于组织列车和进行作业，每一列车必须编有车次。列车的车次表示了该列车的运输性质、种类及运行方向。列车分类和列车车次的规定如表 2-1 所示。

表 2-1　列车分类和列车车次的规定

列车种类	车次范围	备注
1. 旅客列车		
(1)高速动车组旅客列车	G1～G9998	"G"读"高"
其中：直通	G1～G4998	G4001～G4998 为临客预留
管内	G5001～G9998	G9001～G9998 为临客预留
(2)城际动车组旅客列车	C1～C9998	"C"读"城" C9001～C9998 为临客预留
(3)动车组旅客列车	D1～D9998	"D"读"动"
其中：直通	D1～D4998	D4001～D4998 为临客预留
管内	D5001～D9998	D9001～D9998 为临客预留
(4)直达特快旅客列车(160 km/h)	Z1～Z9998	"Z"读"直"
其中：直通	Z1～Z4998	Z4001～Z4998 为临客预留
管内	Z5001～Z9998	Z9001～Z9998 为临客预留
(5)特快旅客列车(140 km/h)	T1～T9998	"T"读"特"
其中：直通	T1～T3998	T3001～T3998 为临客预留
管内	T4001～T9998	T4001～T4998 为临客预留
(6)快速旅客列车(120 km/h)	K1～K9998	"K"读"快"
其中：直通	K1～K4998	K4001～K4998 为临客预留
管内	K5001～K9998	K5001～K6998 为临客预留
(7)普通旅客列车(120 km/h)	1001～7598	
①普通旅客快车	1001～5998	
其中：直通	1001～3998	3001～3998 为临客预留
管内	4001～5998	
②普通旅客慢车	6001～7598	
其中：直通	6001～6198	
管内	6201～7598	

续上表

列车种类	车次范围	备注
(8)通勤列车	7601～8998	
(9)临时旅客列车(100 km/h)	L1～L9998	"L"读"临"
其中:直通	L1～L6998	
管内	L7001～L9998	
(10)旅游列车(120 km/h)	Y1～Y998	"Y"读"游"
其中:直通	Y1～Y498	
管内	Y501～Y998	
2. 特快货物班列(160 km/h)	X1～X198	"X"读"行"
3. 货物列车		
(1)快运货物列车		
①快速货物班列(120 km/h)	X201～X398	
②货物快运列车(120 km/h)	X2401～X2998、X401～X998	
其中:直通	X2401～X2998	
管内	X401～X998	
③中欧、中亚集装箱班列,铁水联运班列	X8001～X9998	
其中:中欧、中亚集装箱班列(120 km/h)	X8001～X8998	
中亚集装箱(普通货车标尺)	X9001～X9500	
铁水联运班列(普通货车标尺)	X9501～X9998	
④普快货物班列(普通货车标尺)	80001～81998	
(2)煤炭直达列车	82001～84998	
(3)石油直达列车	85001～85998	
(4)始发直达列车	86001～86998	
(5)空车直达列车	87001～87998	
(6)技术直达列车	10001～19998	
(7)直通货物列车	20001～29998	
(8)区段货物列车	30001～39998	
(9)摘挂列车	40001～44998	
(10)小运转列车	45001～49998	
(11)自备车列车	60001～69998	
(12)超限货物列车	70001～70999	
(13)重载货物列车	71001～77998	
(14)保温列车	78001～78998	

续上表

列　车　种　类	车　次　范　围	备　　注
4. 军用列车	90001～91998	
5. 单机和路用列车		
(1)单机	50001～52998	
其中：客车单机	50001～50998	
货车单机	51001～51998	
小运转单机	52001～52998	
(2)补机	53001～54998	
(3)动车组检测、确认列车		“DJ”读“动检”
①动车组检测车	DJ1～DJ8998	
a. 300 km/h 检测列车	DJ1～DJ998	
其中：直通	DJ1～DJ400	
管内	DJ401～DJ998	
b. 250 km/h 检测列车	DJ1001～DJ1998	
其中：直通	DJ1001～DJ1400	
管内	DJ1401～DJ1998	
②动车组确认列车	DJ5001～DJ8998	
其中：直通	DJ5001～DJ6998	
管内	DJ7001～DJ8998	
(4)试运转列车	55001～56998	
其中：普通客货列车	55001～55998	
300 km/h 以上动车组	G55001～G55998	
250 km/h 动车组	D56001～D56998	
(5)轻油动车、轨道车	56001～56998	
(6)路用列车	57001～57998	
(7)救援列车	58101～58998	
(8)回送客车底列车		“00”均为数字
①有火回送动车组车底	001～00100	
②无火回送动车组车底	00101～00298	
③无火回送普速客车底	0030100498	
④回送图定客车车底	图定车次前冠以数字“0”	
⑤因故折返旅客列车	原车次前冠以“F”	“F”读“返”

三、列车运行方向与行车时刻

1. 列车运行方向

列车运行方向原则上以开往北京方向为上行，车次编为双数；驶离北京方向为下行，车次编为单数。但在一些线路上，列车运行方向与开往或驶离北京并不明显，为了统一上、下行方向，全国各线的列车运行方向，以铁路总公司规定为准。在枢纽地区，列车运行方向由各铁路局规定。在个别区间，使用直通车次时可与规定方向不符。

2. 行车时刻

为贯彻行车工作的集中领导，统一指挥，全国的铁路行车时刻均以北京时间为标准，从零时起计算，实行 24 小时制。

第二节　列车运行图

列车运行图是运用坐标原理来表示列车运行时空过程的一种图解形式，是铁路行车组织工作的基础。所有与列车运行有关的铁路各部门，必须按列车运行图的要求，组织本部门的工作，以保证列车按运行图运行。

一、列车运行图的作用

在组织旅客和货物运输的生产过程中，列车运行是一个很复杂的环节，它要利用多种铁路设备，要求各部门、各工种、各项作业之间相互协调配合，才能保证行车安全和提高运输效率。

列车运行图是用以表示列车在铁路区间运行及在车站到发站或通过时刻的技术文件，它规定各次列车占用区间的顺序，列车在每个车站的到达和出发时刻，列车在区间的运行时间，列车在车站的停靠时间以及机车交路、列车重量、长度等，是全路组织列车运行的基础。

列车运行图一方面是铁路运输企业实现列车安全、正点运行和经济有效地组织铁路运输工作的运输生产计划，它规定了铁路线路、站场、机车、车辆、等设备的运用以及行车各有关部门的工作，并通过列车运行图把整个铁路网的运输生产活动联系成一个统一的整体，严格按照一定的程序有条不紊地进行工作，保证列车按运行图运行。另一方面，它又是铁路运输企业向社会提供运输供应能力的一种有效形式。从这个意义上讲，供社会使用的铁路旅客列车时刻表及“五定”货运班列运行计划，实际上就是铁路运输服务能力目录。因此，列车运行图又是铁路组织运输生产和产品供应销售的综合计划，是铁路运输生产联结厂矿企业生产和社会生活的纽带。

铁路通过能力与列车正点运行及列车运行的流水性密切相关。列车运输生产计划即列车运行图的实现有赖于铁路区段通过能力的保证，特别是当列车运行过程中发生波动，亦即发生偏离于计划的情况时，只有在有充分通过能力保证的条件下，才能确保运输生产按计划准时进行，列车才有可能重新恢复正点运行。

二、列车运行图的表示

列车运行图是运用坐标原理对列车运行时间、空间关系的图解表示，因而实际上它是对列车运行时空过程的图解。在列车运行图上，对列车运行时空过程的图解可以有两种不同的形式。其一为以横坐标表示时间，纵坐标表示距离。这时列车运行图上的水平线表示分界点的中心线,水平线间的间距表示分界点间的距离;垂直线表示时间。其二为以横坐标表示距离,纵坐标表示时间。这时列车运行图上的水平线表示时间,垂直线表示分界点中心线,垂直线间的距离表示分界点间的距离。目前,我国铁路列车运行图采用的是第一种表示方法。

为了适应使用上的不同需要,列车运行图按时间划分方法的不同,有如下三种格式:

1. 二分格运行图

它的横轴以 2 min 为单位用细竖线加以划分,10 min 线和小时线用较粗的竖线表示。二分格主要在编制新运行图时使用,如图 2-1 所示。

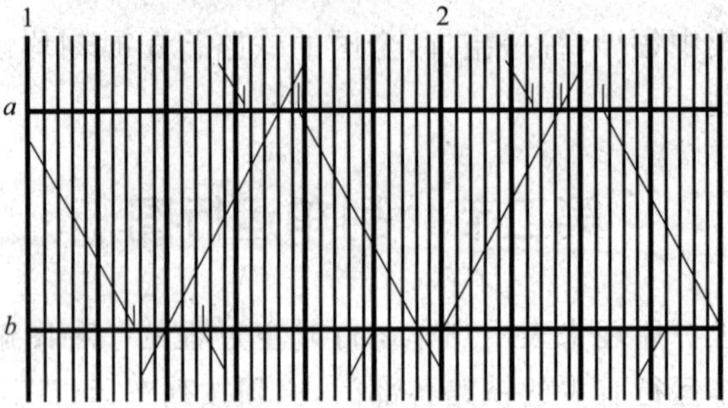

图 2-1　二分格运行图

2. 十分格运行图

它的横轴以 10 min 为单位用细竖线加以划分,半小时格用虚线表示,小时格用较粗的竖线表示。十分格主要供列车调度员在日常调度指挥工作中编制调度调整计划和绘制实际运行图时使用,如图 2-2 所示。

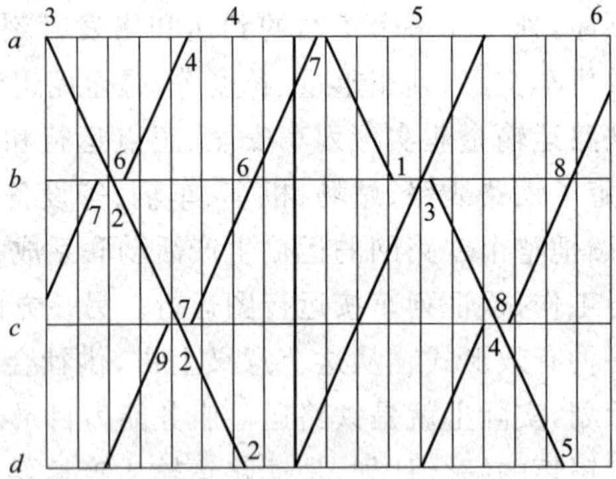

图 2-2　十分格运行图

3. 小时格运行图

它的横轴以 1 h 为单位用竖线加以划分,小时格图主要在编制旅客列车方案图和机车周转图时使用,如图 2-3 所示。

在运行图上,以横线表示车站中心线的位置,它可以有下列两种确定方法:

1. 按区间实际里程的比率确定

即按整个区段内各车站间实际里程的比例来确定横线位置。采用这种方法时,运行图上的站间距离完全反映实际情况,能明显地表示出站间距离的大小。但由于各区间线路平面和纵断面不一样,列车运行速度有所不同,这样列车在整个区段的运行线往往是一条斜折线,既不整齐,也不易发现列车区间运行时分上的差错,所以一般不采用这种方法。

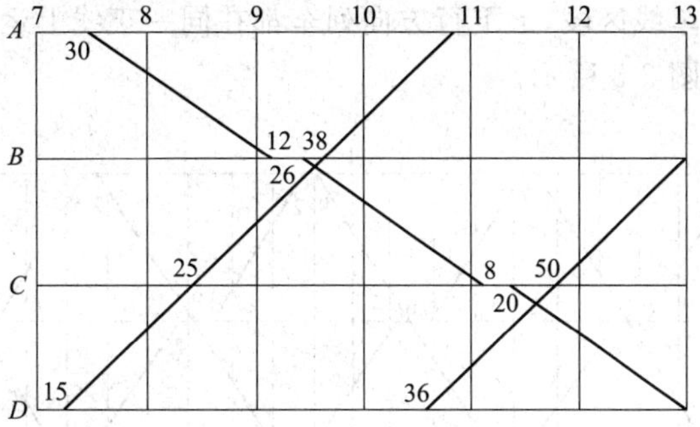

图 2-3　小时格运行图

2. 按区间运行时分的比率确定

即按整个区段内各车站间列车运行时分的比例来确定横线位置。采用这种方法时，可以使列车在整个区段的运行线基本是一条斜直线，即整齐美观，也易于发现列车区间运行时分上的差错，所以一般采用这种方法，如图 2-4 所示。

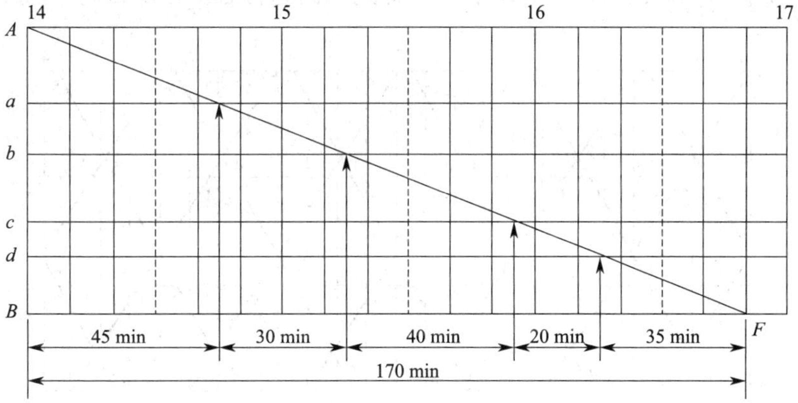

图 2-4　按区间运行时分的比率确定的运行图

为了便于识别，对运行图上不同种类列车运行线采用不同的表示方法，并对每一列车冠以规定的车次，标在区段的首末两端区间相应列车运行线的上方。

三、列车运行图的类型

按照使用范围以及铁路线路的技术设备(单线、复线)和列车运行速度、上下行方向的列车数量、列车的运行方式等条件，列车运行图可以分为多种不同类型的列车运行图。

1. 按使用范围

(1)铁路内部使用的列车运行图。它是铁路组织运输生产的依据，是实现“按图行车”的技术组织措施，是确保铁路运输产品质量的基础。在我国，通常以图、表等技术文件形式提供各部门使用。

(2)社会使用的列车运行图。它对铁路来说是铁路运输产品的供销计划，而对社会用户来说，则是旅客安排旅行计划、货主安排货物销售计划的依据。目前在我国，有旅客列车时刻表、快运货物列车时刻表等多种形式供社会使用。

2. 按照区间正线数

(1)单线运行图。在单线区段,上下行方向列车都在同一正线上运行,因此,两个方向列车必须在车站进行交会,如图 2-5 所示。

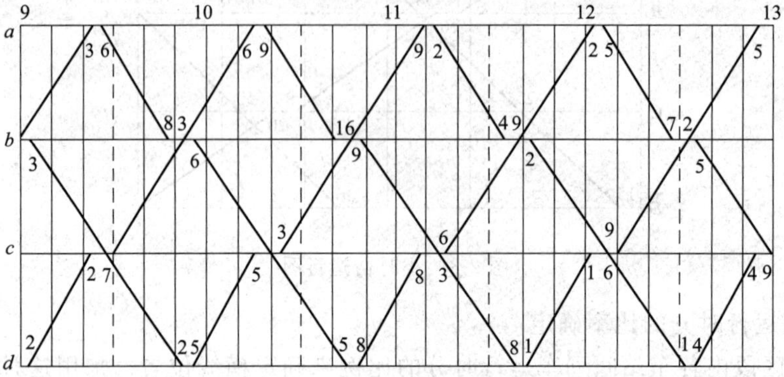

图 2-5　单线运行图

(2)双线运行图。在双线区段,上下行方向列车在各自的正线上运行,因此,上下行方向列车的运行互不干扰,可以在区间内或车站交会,但列车的越行必须在车站进行,如图 2-6 所示。

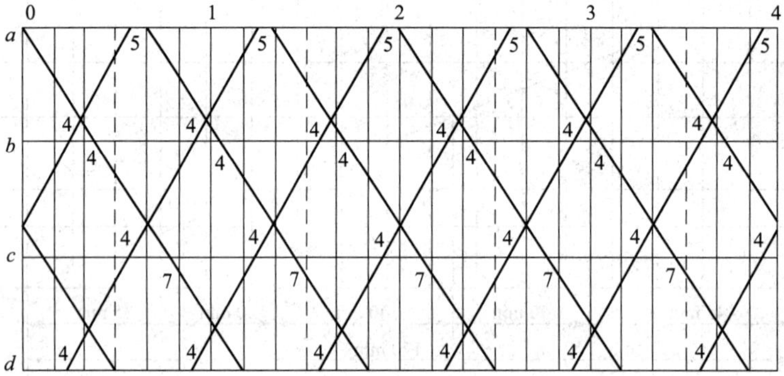

图 2-6　双线运行图

(3)单双线运行图。在有部分双线的区段,单线区间和双线区间各按单线运行图和双线运行图的特点铺画运行线,如图 2-7 所示。

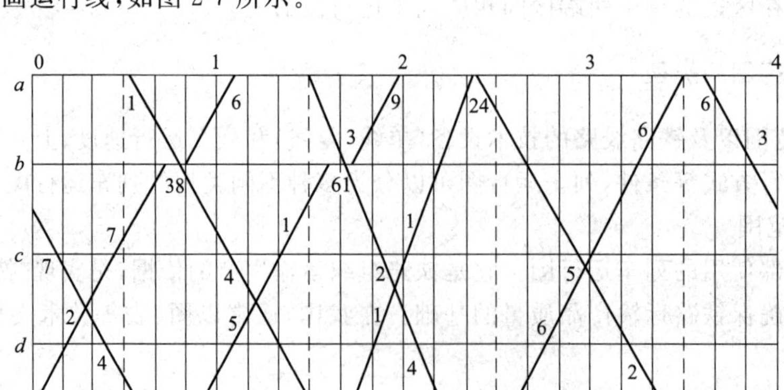

图 2-7　单双线运行图

3. 按照列车运行速度

(1)平行运行图。在同一区间内,同一方向列车的运行速度相同,且列车在区间两端站的到发、通过的运行方式也相同,因而列车运行线相互平行,如图 2-8 所示。

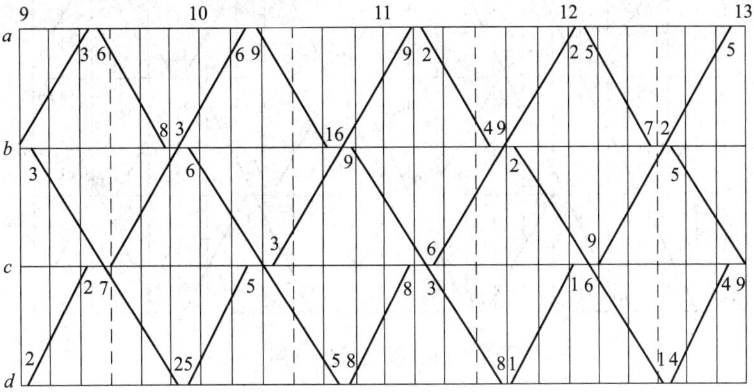

图 2-8 平行运行图

(2)非平行运行图。在运行图上铺画了各种不同速度的列车,且列车在区间两端站的到发、通过的运行方式不同,因而列车运行线不相互平行,如图 2-9 所示。

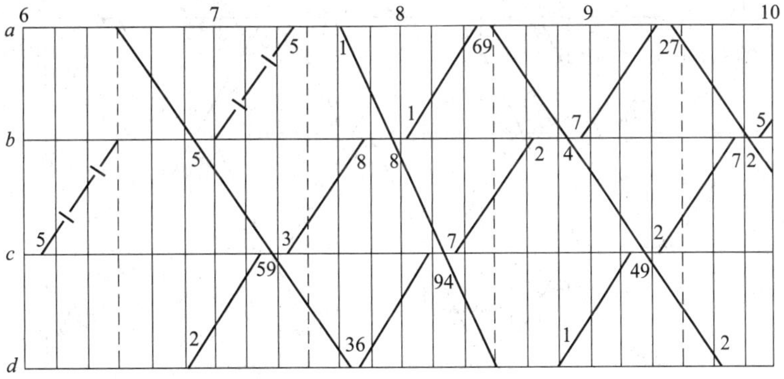

图 2-9 非平行运行图

4. 按照上下行方向列车数

(1)成对运行图。指上下行方向列车数相等的列车运行图,如图 2-10 所示。

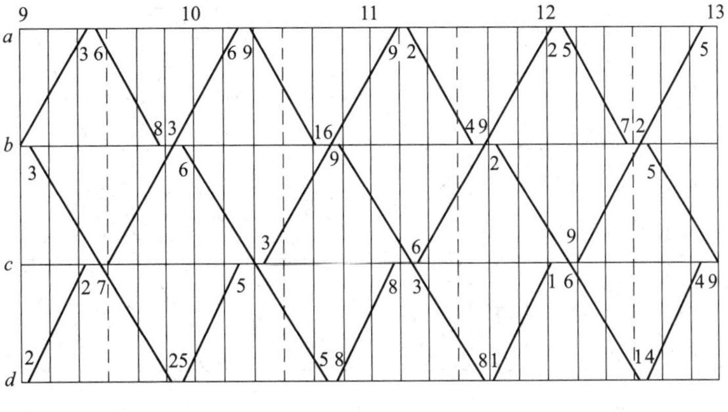

图 2-10 成对运行图

(2)不成对运行图。指上下行方向列车数不相等的列车运行图,如图 2-11 所示。

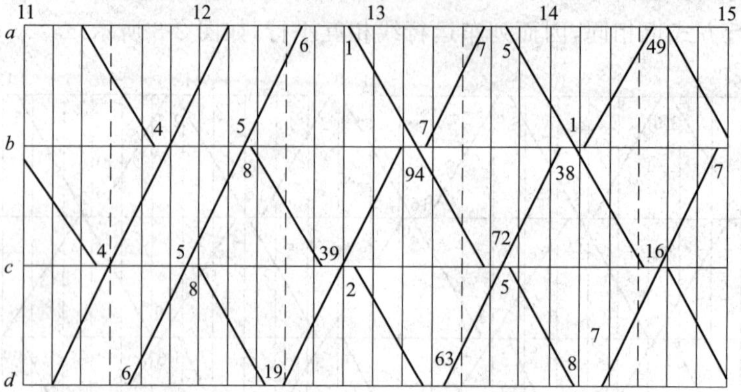

图 2-11　不成对运行图

5. 按照同方向列车运行方式

(1)连发运行图。在这种运行图上,同方向列车的运行以站间区间为间隔。单线区段采取这种运行图时,在连发的一组列车之间不能铺画对向列车,如图 2-12 所示。

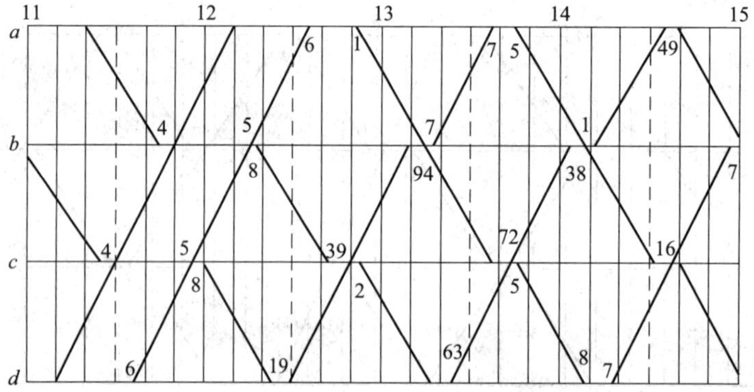

图 2-12　连发运行图

(2)追踪运行图。在这种运行图上,同方向列车的运行以闭塞分区为间隔,在装有自动闭塞的单线或者双线区段上采用,如图 2-13 所示。

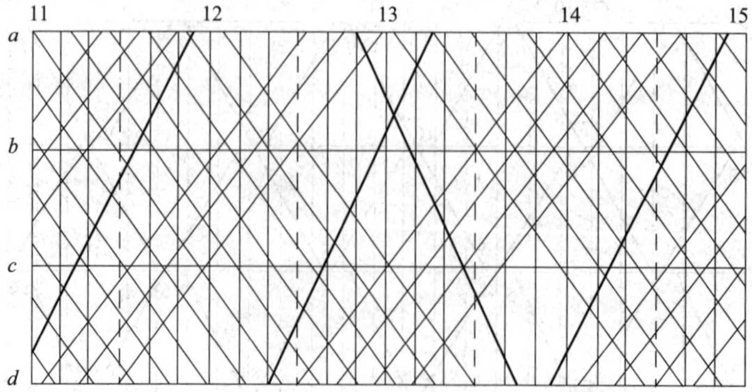

图 2-13　追踪运行图

应该指出，上述分类都是针对列车运行图的某一特点而加以区别的，实际上每张列车运行图都具有多方面的特点，例如某一区段的列车运行图，既是双线的，非平行的，又是追踪的。

四、高速铁路列车运用组织

1. 运行图

高速铁路列车运行图一般有以下特点：高峰时段更加突出；旅行速度的限制更加严格；列车运行线的安排要求有更大的弹性；注意充分利用有效时间带。

动车组运行图应根据客运量、区段通过能力等因素确定列车对数，并符合下列要求：

(1)列车运行、车站间隔、技术作业等时间标准；

(2)迅速、便利地运输旅客；

(3)充分利用通过能力，经济合理地运用动车车底和安排施工、维修天窗；

(4)做好列车运行线与客流和旅客出行规律的结合；

(5)各站、各区段间的协调和均衡；

(6)合理安排乘务人员作息时间。

与传统普通列车运行图图示方式有所不同，高速列车运行图需要精确到秒，因此计算机铺画和打印出的高速列车运行图通常以分带秒的方式，表示在目前使用的二分格列车运行图上，且偶数分或偶数分带秒的标点符号画在二分格的格线上，奇数分或奇数分带秒的标点符号画在两格线的中间。

为了在高速列车运行图上能简明地表示出分和秒来，采用标识符号和数字相结合的记录方法，如下行列车时刻用标识符号可表示成如图 2-14 所示的形式，动车组运行图实例如图 2-15所示。

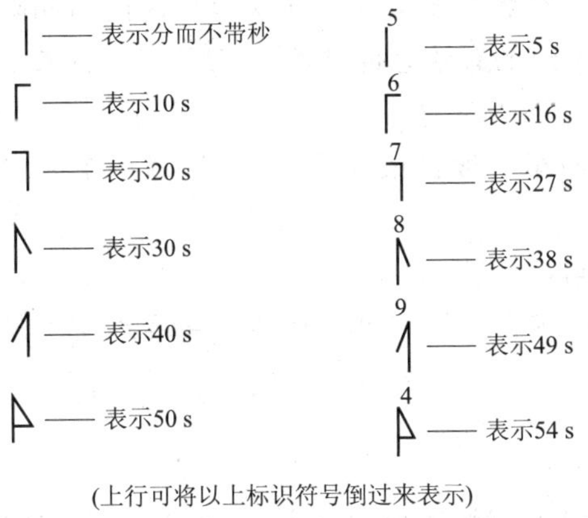

图 2-14 带分秒的下行列车时刻表示法

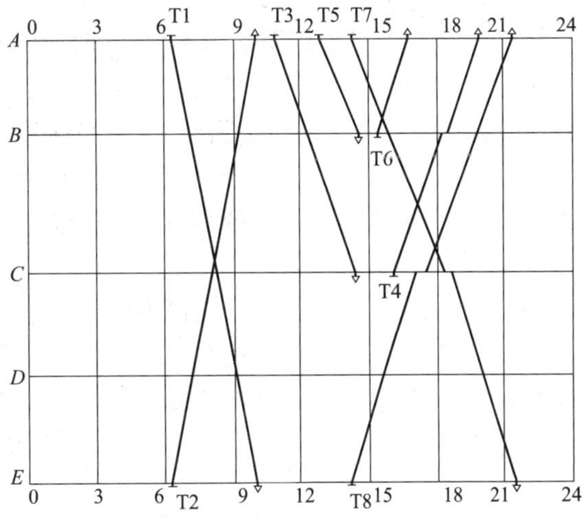

图 2-15 动车组运行图实例

也就是整数秒(即 0、10、20、30、40、50 s)用单一的标点符号表示，每个 10 数倍中间的 1～9 s 用该 10 数倍秒的标点符号上面加该秒数表示，这样在图上即能准确看出所在站的精确时刻了。

2. 动车组运用技术指标

(1)运用交路。所谓动车组运行区段(即交路)是指担当运输任务的动车组的运行周转区段,即动车组从动车段所在站(即配属站)出发到折返站之间往返运行的线路区段。

根据高速铁路动车组运用与整备、维修一体化的思想,高速动车组的运用方案主要有以下三种:

①固定交路方案。这种方案与既有铁路客车车底的运用方案一致,高速动车组只在固定的区段内往返运行。

②不固定交路方案。不固定交路方案是指在假定各动车组之间没有差别的情况下,动车组完成一次列车任务后,下一次所担当列车的运行区段没有限制,一列动车组可多车次套用,原则上长短编组独立套用。

③半固定交路方案。半固定运行区段的使用方案是一些动车组采用固定使用方案,而其余动车组采用不固定使用方案。它是介于固定使用方案和不固定使用方案之间的一种方案。

(2)动车组周转时间。动车组运行周转是指当一列动车组完成一趟列车的运行任务后,在满足一定条件的情况下,继续担当下一趟列车的运行任务。

①一套动车组的周转时间($T_{车底}$)

$$T_{车底}=T_{基}+T_{折}+2T_{旅}$$

式中 $T_{基}$——车底在基本段的作业时间,h;

$T_{折}$——车底在折返段的作业时间,h;

$T_{旅}$——列车运行图中单程旅行时间,h。

②每天动车组的总周转时间($T_{总}$)

$$T_{总}=T_2+(T_1+T_3)\times(1+\alpha)$$

式中 T_1——全天所开行的动车组总运行时间(含中间停站时间),h;

T_2——在动车组有效运行时间段 18h 内所发生的整备作业和一级修作业时间之和,h;

T_3——动车组终到、始发在站停留时间,h。

α——列车运行图备用系数,一般取值 0.1。

(3)动车组每小时开行对数。动车组每小时开行对数主要取决于在该运行区段内扣除线路和接触网等设备维修所必须的“天窗”时间后,动车组的有效运行时间,一般按下式计算

$$n_{对}=n/t_{有效}$$

式中 n——每日需要开行的旅客列车对数,旅客列车一般都成对运行,只计算一个方向即可,列;

$t_{有效}$——动车组在某运行区段内的有效运行时间,一般取 18 h。

(4)动车组开行数量。动车组列车的开行数量可根据动车组开行区段每年客运需求量进行测算,一般可根据下式进行计算

$$n=\frac{N\times10^4}{365\cdot\alpha\cdot k}$$

式中 n——每日需要开行的旅客列车对数,旅客列车一般都成对运行,只计算一个方向即可,列;

N——开行区段年度单向客流密度,万人;

α——动车组定员,人/列;

k——动车组上座率,一般可在 0.70~0.80 间取值。

在高速列车到发站及其数量已定的情况下,可通过绘制列车流量图,计算出各区段开行的

旅客列车数。

(5)车组需要量。车组需要量 $N_{车底}$ 可以用图解法和分析计算法两种方法确定,在运行方案不详的情况下,可用分析计算法进行计算。

①不同类型列车所需的车底量

$$N_{车底}=T_{车底}\times K_h$$

式中 K_h——每小时平均发出的列车数,列。

②不同类型列车所需的车底量

$$N_{车底\,i}=T_{车底\,i}\times n_i$$

式中 $T_{车底i}$——i 类车底周转时间,h;

n_i——单位时间内发出的 i 类列车数,列。

③动车组配属套数的确定。通常,一列动车组的工作状态有三种:运用、检修、备用。日常检查和整备作业是动车组运用管理的重要内容之一,也是影响动车组运用的一个重要因素。根据《技规》规定,动车组在连续运行里程达到 3 000~4 000 km 时,应进入相关动车段(所)进行一次日常检查作业和整备作业。因此,动车组配属套数可以按照下式确定

$$N_{配属}=N_{运用}+N_{检修}+N_{备用}$$

式中 $N_{运用}$——运用动车底数,$N_{运用}=T_{总}/18$;

$N_{检修}$——检修动车底数,$N_{检修}=N_{三级修}+N_{四级修}+N_{五级修}$;

$N_{三级修}$——三级修占用动车底数,列/天;

$N_{四级修}$——四级修占用动车底数,列/天;

$N_{五级修}$——五级修占用动车底数,列/天;

$N_{备用}$——备用动车底数,$N_{备用}=0.06N_{运用}$。

第三节 编组列车

一、列车编组

列车应按《技规》、列车运行图和列车编组计划规定的编挂条件、重量或长度编组。

动车组为固定编组。动车组以外的旅客列车按列车编组表编组,行李车、邮政车、发电车等非乘坐旅客的车辆应分别挂于机车后第一位和列车尾部。

单组动车组运用状态下不得解编,两组短编组同型动车组可重联运行。救援等特殊情况下,两组不同型号的动车组可重联运行。

动车组禁止加挂各型机车车辆(无动力调车时的调车机车、救援机车、无动力回送时的本务机车及回送过渡车除外),禁止编入其他列车。

超过检修期限的动车组禁止上线运行(经车辆部门鉴定的回送动车组除外)。

二、下列机车车辆禁止编入列车

(1)插有扣修、倒装色票的及车体倾斜超过规定限度的;

(2)曾经发生冲突、脱轨、火灾、爆炸或曾编入发生特别重大、重大、较大事故列车内以及在自然灾害中损坏,未经检查确认可以运行的;

(3)装载货物超出机车车辆限界,无挂运命令的;

(4)装载跨装货物(跨及两平车的汽车除外)的平车,无跨装特殊装置的;

(5)平车及敞车装载货物违反装载和加固技术条件的；

(6)未关闭侧开门、底开门以及平车未关闭端、侧板的(有特殊规定者除外)；

(7)由于装载的货物需停止自动制动机的作用，而未停止的；

(8)企业自备机车、车辆、自轮运转特种设备和城市轨道车辆、进出口机车车辆过轨时，未经铁路机车车辆人员检查确认的；

(9)缺少车门的(检修回送车除外)；

(10)超过定期检修期限的客车车辆(经车辆部门鉴定的回送客车除外)禁止编入旅客列车。

三、列车中机车车辆的编挂和连挂

1. 列车中机车的编挂与连挂

(1)工作机车应挂于列车头部，正向运行(牵引路用、救援列车的机车除外)。

(2)双机或多机牵引时，本务机车的职务由第一位机车担当。

(3)动车组以外的旅客列车遇特殊情况须附挂跨铁路局的回送机车时，按铁路总公司调度命令办理。

(4)回送机车，应挂于本务机车次位，挂有重联机车时为重联机车次位。禁止办理机车专列回送。

(5)不得办理铁路救援起重机回送作业(在高速铁路救援时除外)。

2. 列车中车辆的编挂与连挂

(1)旅客列车、回送客车底不准编挂货车，编入的客车车辆最高运行速度等级必须符合该列车规定的速度要求。

(2)旅客列车中，与机车相连接的客车端门及编挂在列车尾部的客车后端门须加锁。动车组驾驶室与旅客乘坐席间的门须锁闭。

(3)动车组以外的列车中相互连挂的车钩中心水平线的高度差，不得超过 75 mm。

3. 列车中机车车辆摘挂分工

(1)动车组以外的列车中车辆的连挂，由调车作业人员负责。连结软管，有列检作业的始发列车由列检人员负责；无列检作业的，由调车作业人员负责。

(2)动车组采用机车调车作业时，随车机械师或动车段(所)胜任人员负责过渡车钩和专用风管的安装与拆卸、电气连接线的连结与摘解并打开车门，调车人员负责车钩连结与摘解、软管摘结。

动车组无动力回送或被救援时，过渡车钩、专用风管的安装与拆卸由随车机械师负责，司机配合。

(3)列车机车与第一辆车的连挂，由机车乘务员负责。单班单司机值乘的由列检人员负责；无列检作业的列车，由车辆乘务员负责；无车辆乘务员的列车，由车站人员负责。

列车机车与第一辆车的车钩摘解、软管摘结，由列检人员负责。无列检作业的列车，车钩、软管摘解由机车乘务员(单班单司机值乘的由车辆乘务员)负责，软管连结由车辆乘务员负责；无车辆乘务员的列车，由机车乘务员(单班单司机值乘的由车站人员)负责。

列车机车与第一辆车电气连接线的连结与摘解由客列检作业人员负责，无客列检作业人员时，由车辆乘务员负责。

旅客列车在途中摘挂车辆时，车辆的摘挂和软管摘结，由调车作业人员负责，密封风挡和电气连接线的连结与摘解由车辆乘务员负责，其他由列检作业人员负责，无列检作业人员时，由车辆乘务员负责，必要时打开车门，以便于调车作业。装有密接式车钩的客车车辆摘挂时，过渡车钩的安装和拆卸由列检人员负责，无列检人员时由车辆乘务员负责。

列车机车与动车组过渡车钩的连结与摘解、软管摘结、电气连接线的连结与摘解，由随车机械师负责。

(4)两列动车组重联或解编时，由动车组机械师负责引导，司机确认。动车组重联时，被控动车组应退出占用，主控动车组使用调车模式与被控动车组连接。解编操作时，主控动车组转换为调车模式后，必须一次移动 5 m 以上方可停车。

4. 列尾装置的摘挂及运用

(1)动车组以外的旅客列车应安装列尾装置。特殊情况下，无法安装或使用列尾装置时，按有关规定执行。

(2)旅客列车列尾装置尾部主机的安装与摘解、风管及电源的连接与摘解，由车辆部门负责。

(3)列尾装置在使用前，必须按规定进行检测，合格后方可投入运用。

(4)路用列车尾部可不挂列尾装置。

第四节　编组动车组

一、动车组编组要求

1. 单列动车组采用固定编组方式，运用状态下不得解编。

2. 两列同型短编(8 辆编组)动车组可重联编组。重联、解编作业执行《动车组重联及解编作业办法》。

3. 动车组禁止加挂各型机车车辆(无动力调车时的调车机或公铁两用车、救援或无动力回送时的机车及回送过渡车除外)。

4. 动车组禁止编入其他列车。

二、动车组编组形式

1. CRH1 型动车组

CRH1 型动车组由 8 辆车组成，其中 5 辆动车 3 辆拖车，首尾车辆设有司机室，可双向驾驶，编组后结构如图 2-16 所示。

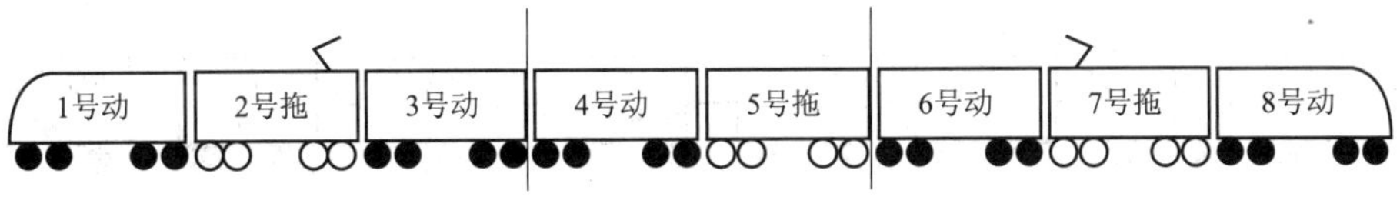

图 2-16　CRH1 动车组编组

CRH1 型动车组头车长度 26.95 m，中间车长度 26.6 m，总长 213.5 m，车体宽度 3.328 m，车体高度 4.04 m。编组总重 420.4 t。

CRH1 型长编动车组由 16 辆车组成，其中 10 辆动车 6 辆拖车，首尾车辆设有司机室，可双向驾驶。头车长度 26.95 m，中间车长度 26.6 m，总长 426.3 m，车体宽度 3.328 m，车体高度 4.04 m。编组总重 851 t。

2. CRH2 型动车组

CRH2 型动车组由 8 辆车组成，其中 4 辆动车 4 辆拖车；首尾车辆设有司机室，可双向驾驶，编组后结构如图 2-17 所示。

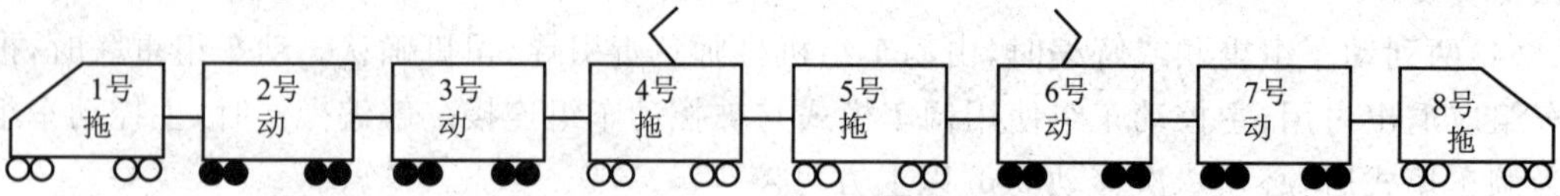

图 2-17 CRH2 动车组编组

CRH2 型动车组头车长度 25.7 m，中间车长度 25 m，总长 201.4 m，车体宽度 3.38 rn，车体高度 3.7 m。编组总重为 345 t。

CRH2 型长编动车组由 16 辆车组成，其中 8 辆动车 8 辆拖车；首尾车辆设有司机室，可双向驾驶，头车长度 25.7 m，中间车长度 25 m，总长 401.4 m，车体宽度 3.38 rn，车体高度 3.7 m。编组总重为 716.3 t。

3. CRH3 型动车组

CRH3 型动车组由 8 辆车组成，其中 4 辆动车 4 辆拖车；动车组的两端端车（又称为控制车）上设司机室，列车正常运行时由前端司机室操纵（只需一人操作）。两列动车组可以连挂在一起运行（只需一人操作）。

CRH3 型的动力配置与辅助供电系统的示意图如图 2-18 所示。

图 2-18 CRH3 动车组编组

CRH3 型动车组端车长度 25.86 m，中间车长度 25 m。车体宽度 3.265 m。车辆高度（车顶距轨面高度，新轮，不含受电弓）3.89 m，受电弓落弓时高度 4.50 m。

不同车种的定义：EC 01/00 端车（头车/尾车）、TC 02/07 变压器车、IC 03/06 中间变流器车、BC 04 便餐车、FC05 一等车。

4. CRH5 型动车组

CRH5 型动车组由 8 辆车组成. 其中 5 辆动车 3 辆拖车；首尾车辆设有司机室，可双向驾驶，编组后结构示意如图 2-19 所示。

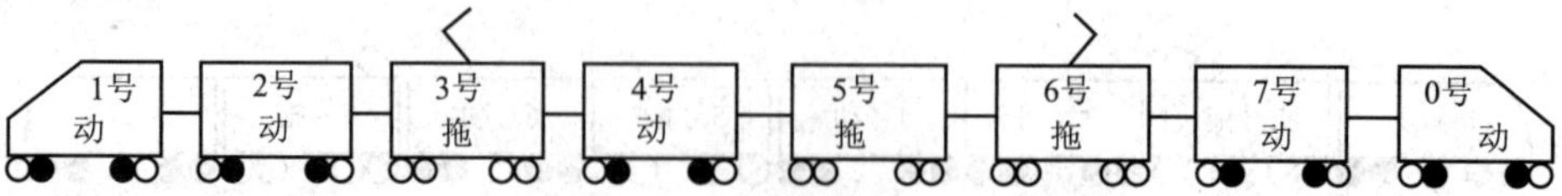

图 2-19 CRH5 动车组编组

CRH5 型动车组头车长度 27.6 m，中间车长度 25 m，总长 211.5 m，车体宽度 3.2 m，车体高 4.27 m。编组总重为 451 t。

5. CRH380 型动车组

CRH380A 型动车组由 8 辆车组成，其中 6 辆动车 2 辆拖车；首尾车辆设有司机室，可双向驾驶，头车长度 26.25 m，中间车长度 25 m，总长 202.5 m，车体宽度 3.38 m，车体高度 3.7 m。

编组总重为 398.2 t。

CRH380AL 型长编动车组由 16 辆车组成，其中 14 辆动车 2 辆拖车；首尾车辆设有司机室，可双向驾驶，头车长度 26.5 m，中间车长度 25 m，总长 403 m，车体宽度 3.38 m，车体高度 3.7 m。编组总重为 815.23 t。

CRH380B 型动车组由 8 辆车组成，其中 4 辆动车 4 辆拖车；首尾车辆设有司机室，可双向驾驶，头车长度 25.85 m，中间车长度 24.825 m，总长 202.9 m，车体宽度 3.26 m，车体高度 3.73m。编组总重为 444.2 t。

CRH380BL 型长编动车组由 16 辆车组成，其中 8 辆动车 8 辆拖车；首尾车辆设有司机室，可双向驾驶，头车长度 25.85 m，中间车长度 24.825 m，总长 399.25 m，车体宽度 3.25 m，车体高度 3.89 m。编组总重为 878.7 t。

CRH380CL 型长编动车组由 16 辆车组成，其中 8 辆动车 8 辆拖车；首尾车辆设有司机室，可双向驾驶，头车长度 26.2 m，中间车长度 24.175 m，总长 400 m，车体宽度 3.25 m，车体高度 3.89 m。编组总重为 860.23 t。

CRH380D 型动车组由 8 辆车组成，其中 4 辆动车 4 辆拖车；首尾车辆设有司机室，可双向驾驶，头车长度 27.85 m，中间车长度 26.6 m，总长 215.3 m，车体宽度 3.36 m，车体高度 4.16 m。编组总重为 471 t。

6. 动车组编号规则

(1)动车组的型号和列车编号构成

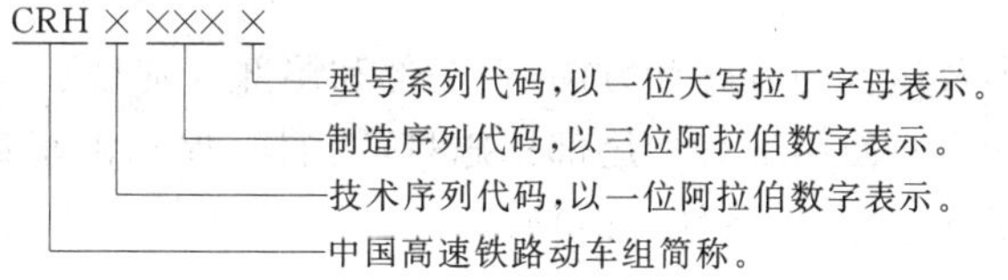

(2)动车组中车辆的车种和编号构成

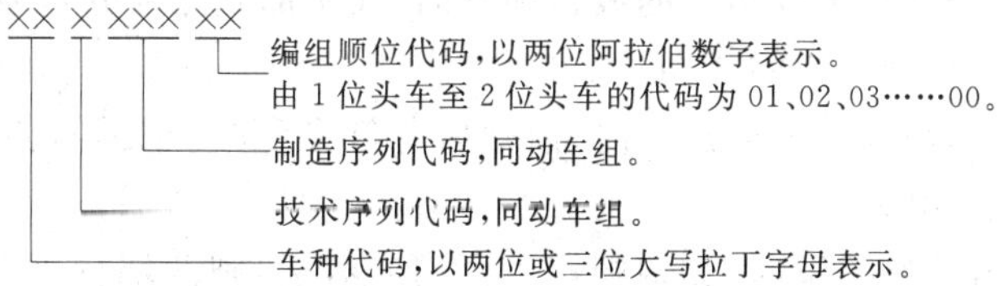

(3) 动车组编组中的车种代码是汉语拼音缩写(表 2-2)

表 2-2 动车组的车种代码

车种	一等座车	二等座车	软卧车	硬卧车	餐车(含酒吧车)	二等座车/餐车	餐车卧车合造车
代码	ZY	ZE	WR	WY	CA	ZEC	CW

(4)各型动车组的技术序列代码分配如下：四方庞巴迪公司生产的动车组定为“1”，中车青岛四方机车车辆股份有限公司生产的动车组定为“2”，中车唐山机车车辆有限公司生产的动车组定为“3”，中车长春轨道客车股份有限公司生产的动车组定为“5”。

(5)各型动车组的制造序列代码按不同的技术序列单独编排，顺序由 001～999 依次排列。

(6)各型动车组的型号系列代码按动车组的速度等级、车种确定。对已有的动车组规定如下：

A——运行时速 200 km、8 辆编组、座车。

B——运行时速 275 km、8 辆编组、座车。

C——运行时速 350 km、8 辆编组、座车。

(7)动车组编组顺位代码以两位阿拉伯数字表示，位置排列编号自首车起从“01”开始顺序排列，尾车的排列编号为“00”。

(8) 动车组编号示例如下：

【示例 1】 动车组的型号和车号

CRH 1 010 A

A——运行时速 200 km、8 辆编组、座车

010——制造顺序第 10 列

1——BSP 动车组

CRH——中国高速铁路动车组

【示例 2】 动车组中车辆的车种和编号

ZE 1 010 00

00——尾车

010——制造顺序第 10 列

1——BSP 动车组

ZE——二等座车

第五节　列 车 运 行

一、列车标志

1. 旅客列车标志

列车应根据其种类及运行的线路和方向，在头部和尾部分别显示不同的列车标志。

旅客列车的尾部标志应使用电灯。尾部标志灯的摘挂、保管由车辆部门负责。对中途转向的旅客列车应有备用标志灯，以备转向时使用。

2. 动车组标志

动车组列车应根据其种类及运行的线路和方向，在头部和尾部分别显示不同的列车标志。列车标志的显示方式，昼间与夜间相同。

(1)列车在双线区段正、反方向运行时，前端白色灯光(并可根据需要切换近光、远光)；尾部向后显示两个红色灯光。

(2)列车在站内或区间停留时，如两端司机台均未激活，则两端分别向前和向后显示两个红色灯光；如一端司机台激活(则为前端)，其前端与尾部标志与第(1)条相同。

二、列车乘务组

为完成列车运行中的各项作业，及时处理列车运行中发生的各种情况，根据列车任务、要求和运行条件，列车应设有列车乘务组。

1. 列车乘务组组成

列车乘务组按下列规定组成：

(1)动车组列车应有动车组司机，其他列车应有机车乘务人员；

(2)动车组列车应有随车机械师，其他旅客列车应有车辆乘务人员；

(3)旅客列车应有客运乘务组。

2. 列车司机

(1)动车组列车司机在列车运行中，应做到：

①开车前司机要选定机车综合无线通信设备通信模式和运行线路，确认机车综合无线通信设备和GSM-R手持终端的车次号及机车号注册成功。装备列车运行监控装置(LKJ)的动车组列车还应按规定输入监控装置有关数据。

②遵守列车运行图规定的运行时刻和各项允许及限制速度。彻底瞭望，确认信号，认真执行呼唤应答制度，严格按信号显示要求行车，确保列车安全正点。遇有信号显示不明或危及行车和人身安全时，应立即采取减速或停车措施。

③机车信号、机车综合无线通信设备、列车运行监控装置(LKJ)、列控车载设备必须全程运转，严禁擅自关机、隔离。

④起动稳，加速快，精心操纵，停车准确，按规定鸣笛。

⑤注意操纵台各种仪表及车载信息监控装置的显示。

⑥正常情况在列车运行方向最前端司机室操纵，非操纵端司机室门、窗及各操纵开关、手柄均应置于断开或锁闭位。关闭非操纵端司机室机车综合无线通信设备电源。

⑦动车组列车停车后，必须使列车保持制动状态。更换乘务组(同向换乘除外)或司机室操纵端、使用紧急制动停车、重联或解编后再开车前必须进行相关试验。

⑧等、会列车时，不准关闭辅助电源装置，并应按规定显示列车标志。

⑨向列车有关乘务人员传达列车调度员的有关命令、指示。

⑩将列车运行中发生的问题及使用紧急制动装置的情况，及时报告列车调度员。

(2)动车组以外的列车司机在列车运行中，应做到：

①列车在出发前输入监控装置有关数据；按规定对列车自动制动机进行试验，在制动保压状态下列车制动主管的压力1 min内漏泄不得超过20 kPa，确认列尾装置作用良好。

装备机车综合无线通信设备的机车，开车前司机要选定机车综合无线通信设备通信模式和运行线路。

②遵守列车运行图规定的运行时刻和各项允许及限制速度。彻底瞭望，确认信号，认真执行呼唤应答制度，严格按信号显示要求行车，确保列车安全正点。遇有信号显示不明或危及行车和人身安全时，应立即采取减速或停车措施。

③机车信号、列车无线调度通信设备、列车运行监控装置(LKJ)、轨道车运行控制设备(GYK)和列尾装置必须全程运转，严禁擅自关机。

④起动稳，加速快，精心操纵，停车准确，按规定鸣笛，防止列车冲动和断钩。

⑤随时检查机车总风缸、制动主管的压力。检查内燃机车柴油机的润滑油压力、冷却水的温度及其转数等情况。注意电力机车的各种仪表的显示及接触网状态。

⑥在区间内列车停车进行防护、分部运行、装卸作业或使用紧急制动阀停车后再开车时，司机必须检查、试验列车制动主管的贯通状态，确认列车完整，具备开车条件后，方可起动列车。

⑦单机、自轮运转特种设备在自动闭塞区间紧急制动停车或被迫停在调谐区内后，司机须立即通知后续列车司机、向列车调度员(两端站)报告停车位置(具备移动条件时司机须先将机车移动不少于15 m)，并在轨道电路调谐区外使用短路铜线短接轨道电路。

⑧等、会列车时，不准关闭空气压缩机，并应按规定显示列车标志。

⑨将列车运行中发生的问题及使用紧急制动阀的情况，及时报告列车调度员。

3. 动车组列车随车机械师及其他旅客列车车辆乘务员

(1)动车组列车随车机械师

随车机械师应按技术作业过程的规定检查动车组；在列车运行途中，应监控动车组设备技术状态，及时处理车辆故障，经处置确认无法正常运行时，通知司机选择维持运行或停车。随车机械师应配备 GSM-R 手持终端和无线对讲设备及响墩、火炬、短路铜线、信号旗(灯)等防护用品，在值乘中还应做到：

①列车发生紧急制动停车后，联系司机，检查车辆技术状态，可继续运行时通知司机开车；

②向司机通报使用紧急制动装置的情况，并协助司机处理有关行车事宜。

(2)其他旅客列车车辆乘务员

车辆乘务人员应按技术作业过程的规定检查车辆，并参加制动试验。在列车运行途中，应监控车辆运用状态，及时处理车辆故障，并将本身不能完成的不摘车检修工作，预报前方站列检。前方站列检应积极组织人力修复车辆故障，保持原编组运用。是否摘车检修，由当地列检决定、处理。

车辆乘务员应配备 GSM-R 手持终端和无线对讲设备及响墩、火炬、短路铜线、信号旗(灯)等防护用品，在值乘中还应做到：

①列尾装置故障时，列车出发前、停车进站前和出站后，应按规定与司机核对列车尾部风压；

②列车发生紧急制动停车后应联系司机，检查车辆技术状态，可继续运行时通知司机开车；

③向司机通报使用紧急制动阀的情况，并协助司机处理有关行车事宜。

三、动车组运行

1. 基本要求

(1)严禁检修过期动车组上线运营。

(2)动车组可组织定期换向运营，换向运营按有关规定执行。

2. 制动试验相关要求

(1)动车组在动车所(存放点)出发前，需进行全部制动试验。动车组一级检修作业时进行全部制动试验，出发前不再进行全部制动试验。

(2)动车组在始发前、更换操纵端后、途中解编或重联后开车前，需进行简略制动试验。

(3)制动试验按《动车组制动试验办法》执行。

3. 其他要求

(1)动车组在始发、终到、通过站不安排客列检进行技术作业。铁路局应积极推广使用动车组运行故障动态图像检测系统，有效提高动车组运用安全防范能力。

(2)红外线轴温探测系统必须对运行动车组轴温进行探测。探测动车组热轴报警时，红外线值班员按规定程序向列调报警，但不进行列车拦停。列调须立即通知动车组司机，动车组司机立即通知动车组随车机械师，由动车组随车机械师根据车载轴温检测系统探测情况，确定动车组是否继续安全运行，由动车组司机将处理情况反馈列调，列调反馈红外线值班员。

(3)CRH2C 型和 CRH380A 型动车组不允许超员，其余动车组超员率不得超过 15%。

(4)动车组正常运行中，严禁打开气密窗。

(5)动车组列车运行中出现故障时，动车组司机应按车载信息监控装置的提示，按规定及时处理；需要由动车组随车机械师处理时，应通知动车组随车机械师，动车组随车机械师如需下车检查处置时，须按规定插设、撤除安全防护号志。经处置确认无法正常运行时，动车组司机应按车载信息监控装置的提示和动车组随车机械师的要求，选择维持运行或停车等方式，并报告列车调度员。

(6)动车组随车机械师发现或接到车辆设备故障通知后，应及时判明故障，按《动车组应急故障处理手册》正确处置，并按规定报告故障信息。担当所须在故障发生后及时将故障信息录人动车组管理信息系统。

(7)动车组随车机械师下车检查、处理故障前需按照相关规定申请邻线限速或封锁。

(8)动车组列车因车辆设备故障在规定时间内不能修复时，动车组随车机械师应立即通知动车组司机，由动车组司机请求救援。同时，动车组随车机械师要向事故发生地铁路局动车调度员报告。

(9)救援动车组可采用动车组、机车两种救援方式，优先采用动车组救援。具体按《动车组相互救援办法》执行。

(10)车辆部门应建立应急指挥中心，对动车组车辆设备故障的应急处置提供实时远程技术支持。

(11)动车组吸污在动车所内由车辆部门负责，在车站由铁路局指定部门负责。

(12)动车组列车吸污、上水作业完毕后，作业人员须及时关(锁)闭吸污口盖板、上水口盖板并确认。

(13)动车组设有餐车专用上货门，上货门由餐车人员管理使用，禁止上下旅客。

(14)旅客信息系统报站及服务信息内容由客运部门录制，车辆部门上载；列车运行交路信息由车辆部门编制、上载；音视频节目由铁路局指定部门录制，车辆部门上载。

(15)旅客信息系统自动播报功能故障或播报错误时，由客运乘务员负责进行人工播报或更正。

四、紧急制动阀的使用

车辆乘务员、客运乘务组等列车乘务人员发现下列危及行车和人身安全情形时，应使用紧急制动阀(紧急制动装置)停车。

(1)车辆燃轴或重要部件损坏；

(2)列车发生火灾；

(3)有人从列车上坠落或线路内有人死伤；

(4)其他危及行车和人身安全必须紧急停车时。

使用车辆紧急制动阀时，不必先行破封，立即将阀手把向全开位置拉动，直到全开为止，不得停顿和关闭。遇弹簧手把时，在列车完全停车以前不得松手。在长大下坡道上，必须先看制动主管压力表，如压力表指针已由定压下降 100 kPa 时，不得再行使用紧急制动阀(遇折角塞门关闭时除外)。

动车组列车遇上述情况时，随车机械师、客运乘务组等列车乘务人员应立即报告司机采取停车措施；来不及报告时，应使用客室紧急制动装置停车。

列车乘务人员应将使用紧急制动阀(紧急制动装置)的情况报告司机。

五、动车组回送要求

(1)动车组回送按旅客列车办理，原则上采用自走行方式。无动力回送时可根据回送技术条件加挂回送过渡车，使用客运机车牵引，回送过渡车须挂于机后第一位。8 辆编组的动车组可两列重联回送。未装备 LKJ 的动车组需在 CTCS-0/1 级区段回送时，应采取无动力回送方式。

（2）动车组回送运行时，须安排动车组司机及随车机械师值乘。有动力回送时，非担当区段应指派带道人员。

（3）动车组回送不进行客列检作业。

（4）动车组安装过渡车钩回送时，按规定限速运行，尽可能避免实施紧急制动。发生紧急制动后，本务司机必须通知随车机械师，经随车机械师检查过渡车钩状态良好后方可继续运行。

（5）动车组回送时，相关动车段（所）、造修单位应提出限速、回送方式（有动力、无动力）、可否折角运行等注意事项。

第六节　调度指挥

一、调度日计划

调度日计划是一日内的运输工作计划，包括列车开行计划和施工、维修计划。

1. 调度日计划主要内容。

（1）列车开行计划主要内容：

①列车开行车次。

②临时定点列车始发站、终到站、沿途客运业务办理站及其到（发）时分、动车组股道运用计划。

③开行动车组列车所对应的车组（型号、重联）、动车组车底运用方案及路用列车开行计划。

④重点事项。

（2）施工计划主要内容：

①施工编号、等级、项目。

②施工日期、作业内容、地点（含线别、区间、车站、股道、道岔、行别、里程）和时间。

③施工限速、影响范围、行车方式变化及设备变化。

④施工单位（含配合单位）、施工负责人。

⑤路用列车进出区间方案。

⑥区间及站内装卸路料计划。

（3）维修计划主要内容：

维修计划主要包括作业项目、地点、时间、作业单位、配合作业单位、作业负责人、影响范围、路用列车进出区间方案等。

2. 调度日计划编制的主要依据：

（1）基本列车运行图（包括分号列车运行图）。

（2）有关文件、电报、调度命令。

（3）动车组运用（车型、组数）、检修计划及回送申请。

（4）月度施工计划（含临时文电批复的）及主管业务处提报的施工计划、路用列车开行、设备维修作业计划申请。

二、日常运输组织

1. 列车调度

有关行车人员必须执行列车调度员命令、口头指示，服从调度指挥。

列车调度员负责组织实现列车运行图、调度日计划，应做到：

(1)检查列车运行图和调度日计划的执行情况，及时发布有关调度命令和口头指示；

(2)严格按列车运行图指挥行车，遇列车发生晚点时，应积极采取措施，组织有关人员恢复正点；

(3)注意列车运行情况，正确、及时地处理临时发生的问题。

2. 列车等级

列车运行等级顺序如下：

(1)列车运行等级顺序

①动车组列车；

②特快旅客列车；

③特快货物班列

④快速旅客列车；

⑤普通旅客列车；

⑥军用列车

⑦货物列车

⑧路用列车。

(2)开往事故现场救援、抢修、抢救的列车应优先办理。

(3)特殊指定的列车的等级应在指定时确定。

3. 调度命令

铁路总公司、铁路局调度在组织指挥日常运输工作中，应及时正确发布与运输有关的调度命令，下级调度以及行车有关单位、人员必须执行。

(1)调度命令项目

指挥列车运行的命令(运行揭示调度命令除外)和口头指示，只能由列车调度员发布。

遇表 2-3 所列情况须发布调度命令。

表 2-3　行车调度命令项目表

顺序	命令项目	受令者	
		司机	车站值班员
1	封锁、开通区间		○
2	向封锁区间开行救援列车、路用列车	○	○
3	临时变更或恢复原行车闭塞法		○
4	停止使用基本闭塞法发出列车	○	○
5	双线反方向行车、由双线改为单线或恢复双线行车	○	○
6	变更列车径路	○	○
7	动车组列车在区间被迫停车后返回(退回)后方站	○	○
8	向区间发出停车作业的列车	○	○

续上表

顺序	命令项目	受令者	
		司机	车站值班员
9	在车站、区间临时停车上、下人员	○	○
10	列车需临时降弓运行	○	○
11	因行车设备故障、灾害或施工，以及列车中挂有限速的机车车辆等，需要使列车临时限速运行(纳入运行揭示调度命令或本务机车、动车组自身设备原因限速时除外)	○	○
12	动车组列车空调失效需打开部分车门限速运行	○	○
13	车站使用总辅助按钮		○
14	准许列车越过故障的进站、出站、进路信号机或线路所通过信号机(能开放引导信号时除外)	○	○
15	调度日计划以外，临时加开或停运列车(单机除外)	○	○
16	按地面信号显示运行的列车改按天气恶劣难以辨认信号的办法行车或恢复正常行车	○	○
17	动车组列车转入或退出隔离模式(被救援时除外)	○	○
18	动车组列车在列控车载设备控车和 LKJ 控车之间人工转换	○	○
19	越出站界调车	○	○
20	利用天窗施工、维修作业		○
21	施工、维修作业较指定时间延迟结束		○
22	运行揭示调度命令与实际限速、行车方式或设备不符时	○	○
23	正线、到发线接触网停电或送电(接触网倒闸、跳闸后试送电、向中性区送电或弓网故障排查除外)		○
24	正线、到发线接触网停电后准许登顶作业	○	○
25	动车组列车按隔离模式运行需以不超过 80 km/h 的速度越过接触网分相	○	
26	双管供风旅客列车运行途中改为单管供风	○	○
27	列车调度员认为有必要记录的上述以外的命令	有关人员	

注：(1)划○者为受令人员。

(2)受令者为车站值班员的调度命令，不发给集控站车务应急值守人员；集控站转为车站控制由车站值班员指挥行车时应发给车站值班员，并须将前发有关调度命令一并发给车站值班员。第 5 项调度命令应发给集控站车务应急值守人员。

(3)动车组列车改按 LKJ 方式运行需将列控车载设备隔离时，列车调度员仅发布改按 LKJ 方式行车的调度命令。

(4)仅发给车站值班员的命令只涉及集控站时不发布(转为车站控制时除外)。

上述调度命令如涉及其他单位和人员时应同时发给。

(2)发布调度命令的基本规定

①调度命令发布前，应详细了解现场情况，听取有关人员的意见，命令内容、受令处所必须正确、完整、清晰。

②使用计算机、传真机发布调度命令时，命令接受人员确认无误后应及时反馈回执。

③使用电话发收调度命令时，应填记“调度命令登记簿”(附件 2)，指定受令人员中一人复诵，并记明发、收人员姓名及时刻。

④列车调度员应使用调度命令无线传送系统，向司机发布书面调度命令，司机应及时签认接收，不再与列车调度员核对，有疑问时须立即询问列车调度员。无线传送系统故障时，可按规定使用语音记录装置良好的列车无线调度通信设备发布，司机接到命令后须与列车调度员

核对。由车站交付的调度命令，车站值班员可使用调度命令无线传送系统或按规定使用语音记录装置良好的列车无线调度通信设备向司机转达。

⑤已发布的调度命令，遇有错、漏或变化时，必须取消前发命令，重新发布全部内容的调度命令。

(3)发布行车调度命令的规定

①调度命令必须在列车进入关系区间(站)前交付；在未确认司机已收到调度命令(得到回执)前，不得开放接发该次列车的出站或进站信号。

②作为行车凭证的调度命令，在接发列车进路准备妥当后，方可向司机发布(转达)。

③使用调度命令无线传送系统传送行车凭证，列车调度员办理接发列车时，由列车调度员传送，车站值班员办理接发列车时，由车站值班员传送。

④对跨铁路局(调度台)的列车，接车局(调度台)列车调度员可委托邻局(调度台)列车调度员转发调度命令，接车局(调度台)要将需转发的调度命令号码和内容发给邻局(调度台)，邻局(调度台)将受令情况向接车局(调度台)列车调度员通报。

⑤遇调度命令需跨铁路局(调度台)执行时，发布调度命令的列车调度员须发布给列车担当全区段的调度命令，需要列车运行前方各调度指挥区段掌握和执行的调度命令，还应将调度命令抄知相关调度台。

⑥更换机车或变更限速条件时，应由有关铁路局列车调度员重新发给相关调度命令。途中乘务人员换班时，应将调度命令内容交接清楚。

(4)发布施工、维修作业调度命令的规定

①列车调度员根据施工、维修日计划及开始作业的请求，发布准许进行施工、维修作业调度命令。

②施工作业结束并销记后，列车调度员应及时发布施工作业结束的调度命令。天窗维修作业在指定时间内完成销记时，列车调度员不再发布维修作业结束的调度命令。

③施工开通后有第1,2,3…列限速要求的列车，由列车调度员单独发布限速调度命令，可不设置列控限速。

④因施工提前、延迟或其他原因造成运行揭示调度命令与实际限速、行车方式或设备不符时，列车调度员应取消前发运行揭示调度命令，向有关司机、车站值班员、施工负责人重新发布全部内容的调度命令；相符时仍按前发运行揭示调度命令执行。

(5)发布运行揭示调度命令的规定

①运行揭示调度命令是指由调度所施工调度发布的涉及限速、行车方式变化和设备变化的调度命令。

②运行揭示调度命令应包括时间、地点、因由、速度、行车方式变化、设备变化等内容，机务部门应根据运行揭示调度命令及时将有关内容写入IC卡。

③发布运行揭示调度命令，不得含有与受令处所无关的内容和命令。

第七节　接发列车

一、乘务组

动车组列车由列车长确认旅客上下完毕后，通知司机关闭车门；列车进站停车时，司机按动车组停车位置标停车，确认列车停稳、对准停车位置后开启车门。按钮不在司机操作台上的，由列车长通知随车机械师关闭车门；列车到站停稳后，由随车机械师开启车门。如自动开关门装置故障或特殊情况需单独开关车门时，由司机通知列车工作人员手动开关车门。动车组列车在车站出发，动车组列车司机在确认行车凭证和开车时间，车门关闭后，即可起动列车。

动车组以外的其他列车在车站出发，司机确认行车凭证正确，发车条件完备后，直接起动列车；办理客运业务时，车站客运人员确认旅客乘降、上水、行包装卸完毕后，通过无线对讲设备通知司机，司机须得到车站客运人员的报告后，方可起动列车。

二、车　站

(1)车站应不间断地接发列车，严格按列车运行图行车。车站值班员办理接发列车(列车调度员人工办理接发列车)时，应亲自办理闭塞、布置进路(包括听取进路准备妥当的报告)、开闭信号、交接凭证。由于设备或业务量关系，车站值班员除布置进路(包括听取进路准备妥当的报告)外，其他各项工作可指派信号员或其他人员办理；列车调度员人工办理接发列车时，除办理闭塞、布置进路(包括听取进路准备妥当的报告)外，其他各项工作可指派车务应急值守人员或其他人员办理。

(2)人工办理进路接车前，必须亲自或通过有关人员确认接车线路空闲、影响进路的调车作业已经停止后，方可准备进路、开放进站信号机，准备接车；人工办理进路发车前，确认影响进路的调车作业已经停止后，方可准备进路、开放出站信号机，交付行车凭证。下达准备接发车进路命令时，必须简明清楚，正确及时，讲清车次和占用线路(一端有两个及以上列车运行方向或双线反方向行车时，应讲清方向、线别)，并要受令人复诵，核对无误。

(3)人工准备进路时，应严格按照接发列车命令、调车作业计划执行。

在扳动道岔、操纵信号时，认真执行"一看、二扳(按)、三确认、四显示(呼唤)"制度；对进路上不该扳动的道岔，也应认真进行确认。其他人员接发列车进路准备完了后，应及时报告车站值班员或列车调度员(能从设备上确认的除外)。

(4)进站信号机外制动距离内，进站方向为超过 6‰的下坡道，而接车线末端无隔开设备时，禁止办理相对方向同时接车和同方向同时发接列车(仅运行动车组列车的区段除外)。

在接发列车的同时，接入列控车载设备及列车运行监控装置(LKJ)均故障的动车组列车、制动力部分切除的动车组列车、列车运行监控装置(LKJ)或轨道车运行控制设备(GYK)故障的其他列车，而接车线末端无隔开设备时，禁止办理相对方向同时接车和同方向同时发接列车。

相对方向不能同时接车时，应先接不适于在站外停车的列车、停车后起动困难的列车或后面有续行列车的列车。

遇两列车不能同时接发时，原则上应按列车运行计划顺序接发。

(5)人工办理时，开放信号机的时机在《高速铁路行车组织细则》中规定。出站信号机已开放或行车凭证已交付，如需取消发车进路，列车调度员(车站控制时为车站值班员)应与司机联系，确认列车尚未起动，收回行车凭证后，再取消发车进路。

(6)接发列车应在正线或到发线上办理，并应遵守下列原则：

①旅客列车应接入规定线路。

②动车组列车在车站办理客运业务时，须固定股道、固定站台、固定停车位置。动车组列车遇特殊情况需变更办理客运业务的固定股道时，须经调度所值班主任(值班副主任)准许。

③通过列车原则上应在正线办理。原规定为通过的旅客列车由正线变更为到发线接车及

动车组列车、特快旅客列车遇特殊情况必须变更基本进路时，须经列车调度员准许并预告司机；如来不及预告时，应使列车在站外停车后，开放信号机，再接入站内。

④动车组列车按列控车载设备方式行车时，禁止在未设置列控信息的股道及进路上接发。

三、列车调度员

(1)在动车组列车运行时段内，特殊情况需开行路用、救援列车(利用动车组、单机担当救援时除外)时，列车调度员口头通知邻线会车范围内运行的动车组列车司机限速 160 km/h 运行，不设置列控限速。

(2)列车调度员(车站控制时为车站值班员)应保证有不间断接车的空闲线路。在站内无空闲线路的特殊情况下，只准许接入为排除故障、事故救援、疏解车辆等所需要的救援列车、不挂车的单机及重型轨道车。上述列车均应在进站信号机外停车，由列车调度员(车站控制时为车站值班员)指定的胜任人员向司机通知事由后，以调车手信号旗(灯)将列车领入站内。

(3)列车进站后，应停于接车线警冲标内方。在设有出站(进路)信号机的线路，列车头部不得越过出站(进路)信号机。

如列车尾部停在警冲标外方或压轨道绝缘时，列车调度员(车站控制时为车站值班员)应使用列车无线调度通信设备等通知司机，使列车向前移动。

(4)进站、接车进路信号机不能使用时，应使用引导信号。引导信号无法使用时，列车调度员应向司机发布调度命令，司机根据调度命令越过该信号机。

引导接车时，列车以不超过 20 km/h(动车组列车为不超过 40 km/h)速度进站，并做好随时停车的准备。

在无联锁的线路上接发列车时，除严格按接发列车手续办理外，并应将进路上无联锁的道岔及邻线上防护道岔加锁。进路上无联锁的分动外锁闭道岔无论对向或顺向，均应对密贴尖轨、斥离尖轨和可动心轨加锁。具体加锁办法，由铁路局规定。

四、站内临时停车

列车在站内临时停车，待停车原因消除且继续运行时，应按下列规定办理：

(1)司机主动停车时，自行起动列车；

(2)其他列车乘务人员使用紧急制动装置(紧急制动阀)停车时，由随车机械师(车辆乘务员)通知司机开车；

(3)列车调度员(车站值班员)使列车在站内临时停车时，由列车调度员(车站值班员)通知司机开车；

(4)其他原因的临时停车，列车调度员(车站值班员)应组织司机、随车机械师(车辆乘务员)等查明停车原因，在列车具备运行条件后，由列车调度员(车站值班员)通知司机开车。

上述第(1)、(2)、(4)项列车停车后，司机应立即报告列车调度员(车站值班员)，并说明停车原因。

五、非正常情况

(1)在非正常情况下，集控站转为车站控制时，车务应急值守人员应报告站段指派胜任人员赶赴现场，协助做好非正常行车工作。

除因危及行车安全必须立即转换为非常站控外，列车调度员提出需转为非常站控时，须经调度所值班主任(值班副主任)准许。

转为非常站控时,车务应急值守人员和列车调度员须在"CTC控制模式转换登记簿"内登记,记明转换的原因。车务应急值守人员与列车调度员核对设备状况、站内停留车情况、列车运行计划、邻站(线路所)控制模式及与本站(线路所)有关的调度命令等情况。转为非常站控后,应通知司机、车站(线路所)转为非常站控。转为非常站控的原因消除后,双方均需在《CTC控制模式转换登记簿》(附件3)内登记,并及时转回。

(2)动车组列车按隔离模式由车站(线路所)开往区间时,须按站间组织行车,列车按地面信号显示运行,待该列车到达前方站(线路所)后方可放行后续列车。

第八节　调 车 作 业

一、一般要求

1. 调车作业人员

车站、动车段(所)的调车工作,应按列车运行图、车站或动车段(所)的技术作业过程及调车作业计划进行。参加调车作业有关人员应做到:

(1)及时办理动车组出入段(所)、转线及车底取送等作业,保证按列车运行图的规定时刻发车,不影响接车;

(2)充分运用一切技术设备,采用先进工作方法,用最少的时间完成调车任务;

(3)认真执行作业标准,保证调车有关人员的人身安全及行车安全。

2. 通信信号设备使用

调车作业时,应使用机车综合无线通信设备、调度台(车站)FAS终端或注册的GSM-R手持终端进行联系。

使用机车进行调车作业时,应使用无线调车灯显设备(机车摘挂、转线等不进行车辆摘挂的作业除外),并使用规定频率,其显示方式须符合有关要求。无线调车灯显设备应与列车运行监控装置(LKJ)配合使用,无线调车灯显设备的使用、维修及管理办法由铁路局规定。

无线调车灯显设备正常使用时停用手信号,对灯显以外的作业指令采用通话方式;无线调车灯显设备发生故障时,改用手信号作业。

3. 动车段(所)内调车作业

动车段(所)设动车组地勤司机,负责动车组在动车段(所)内调车、试运行等调移动车组的作业。

4. 禁止溜放

禁止溜放调车、手推调车和跟踪出站调车作业。

5. 调车作业人员停车上下

在作业中,调车作业人员须停车上、下。

6. 连结全部软管

调车作业必须连结全部软管。摘车时必须停妥,按规定采取好防溜措施,方可摘开车钩;挂车时,没有连挂妥当,不得撤除防溜措施。

7. 调车作业要准确掌握速度及安全距离,并遵守下列规定

(1)在空线上牵引运行时,不准超过40 km/h;推进运行时,不准超过30 km/h;动车组后端操作时,不准超过15 km/h。

(2)调动乘坐旅客车辆时,不准超过 15 km/h。

(3)接近被连挂的车辆时,不准超过 5 km/h。

(4)在尽头线上调车时,距线路终端应有 10 m 的安全距离;遇特殊情况,必须近于 10 m 时,要严格控制速度。

(5)电力机车、动车组在有接触网终点的线路上调车时,应控制速度,距接触网终点标应有 10 m 的安全距离;遇特殊情况,必须近于 10 m 时,要严格控制速度。

(6)旅客未上下车完毕,除本务机车、补机摘挂作业外,不得进行旅客列车(车底)的连挂作业。

(7)遇天气不良等非正常情况,应适当降低速度。

8. 调车信号机故障不能开放

调车信号机故障不能开放时,进路准备人员应将相关道岔操纵至所需位置并单锁,在调车进路准备妥当后通知调车指挥人(司机)准许越过故障的调车信号机。

二、领导及指挥

1. 车站调车作业

车站调车作业由列车调度员(由车站负责办理调车进路时为车站值班员或车务应急值守人员)担当调车领导人。分场时的调车工作,由负责该场调车进路的列车调度员(车站值班员或车务应急值守人员)领导。

2. 调车长单一指挥

调车作业由调车长单一指挥,遇有特殊情况,可由经鉴定、考试合格的胜任人员担当指挥工作。动车组自走行调车作业、机车及自轮运转特种设备转线等作业由司机负责,不另设调车指挥人。

3. 认真检查

调车长在调车作业前必须亲自并督促组内人员充分做好准备,认真进行检查。在作业中应做到:

(1)组织调车人员正确及时地完成调车任务;

(2)正确及时地显示信号(发出指令),指挥作业;

(3)负责调车人员的人身安全和行车安全。

4. 司机在调车作业中应做到

(1)组织动车组(机车、自轮运转特种设备)乘务人员正确及时地完成调车任务;

(2)负责操纵动车组(机车、自轮运转特种设备),做好整备,保证机车、自轮运转特种设备质量良好;

(3)时刻注意确认信号,不间断地进行瞭望,认真执行呼唤应答制,正确及时地执行信号显示(作业指令)和调车速度的要求。没有信号(指令)不准动车,信号(指令)不清立即停车;

(4)负责调车作业的安全。

5. 调车工作的领导及指挥

动车段(所)调车工作的领导及指挥由铁路局规定。

三、计划及准备

1. 计划的编制及下达

(1)调车领导人应正确及时地编制、布置调车作业计划。

(2)进行有车辆摘挂的调车作业时,应使用有示意图的调车作业通知单(示意图可另附)。

(3)变更调车作业计划时,调车领导人应通知调车指挥人(无调车指挥人时为司机)停止作业,重新编制调车作业计划并下达,待司机和有关人员清楚无误后,方可继续作业。

(4)调车指挥人应根据调车作业计划制定具体作业方法,连同注意事项,亲自向司机交递和传达;对其他有关人员,应亲自或指派连结员进行传达。

(5)调车指挥人确认有关人员均已了解调车作业计划后,方可开始作业。

2. 动车组、路用列车及机车、自轮运转特种设备转线

动车组、路用列车及机车、自轮运转特种设备需转线时,司机根据需要向列车调度员(车站值班员或车务应急值守人员)提出申请。列车调度员(车站值班员或车务应急值守人员)可不编制书面调车计划,但需将作业办法、内容和注意事项向司机传达、布置清楚并听取复诵无误,在准备好进路后,通知司机开始作业。

3. 调车作业必须做好下列准备

(1)提前核对计划及相关调度命令,确认进路;

(2)进行车辆摘挂、转线的作业,提前检查线路、道岔(集中联锁区除外)、停留车及车辆防溜措施等情况;

(3)准备足够的良好防溜器具;

(4)无线调车灯显设备试验良好。

4. 动车段(所)调车工作的计划

动车段(所)调车工作的计划编制及下达办法由铁路局规定。

四、动车组调车作业

(1)动车组进行调车作业时,原则上采用自走行方式,凭地面信号机的显示运行。

(2)动车组禁止连挂其他机车车辆(救援机车、附挂回送过渡车以及动车组无动力调车时的调车机、公铁两用牵引车除外)调车。

(3)动车组调车作业时,司机应在运行方向的前端操作,前方进路的确认由司机负责。在不得已情况下必须在后端操作时,应指派随车机械师或其他胜任人员站在动车组运行方向的前端指挥。发现危及行车或人身安全时,应立即使用紧急停车按钮(紧急制动装置)或通知司机停车。

五、动车组以外的调车作业

1. 调车作业时,凭地面信号机的显示运行

调车作业时,有调车指挥人时,凭调车指挥人的指令及地面信号机的显示运行;没有看到调车指挥人的起动信号,不准动车。

2. 信号显示

(1)调车作业时,调车人员必须正确及时地显示信号;机车乘务人员要认真确认信号,并回示。

(2)推进车辆连挂时,要显示十、五、三车的距离信号,没有显示十、五、三车的距离信号,不准挂车,没有司机回示,应立即显示停车信号。

(3)推送车辆时,要先试拉。车列前部应有人瞭望,及时显示信号。

(4)当调车指挥人确认停留车位置有困难时,应派人显示停留车位置信号。

3. 除机车、自轮运转特种设备转线外，调车作业应有足够的调车人员

(1)施工路用列车、自轮运转特种设备调车作业时，由施工(使用)单位或所属单位提供调车动力和调车人员，具体办法由铁路局规定。其他调车作业，由车站人员担当调车人员或列车调度员指定单位派调车人员。

(2)调车人员不足两人，不准进行调车作业。

4. 调车作业中，机车、自轮运转特种设备运行或牵引车辆的运行

调车作业中，机车、自轮运转特种设备运行或牵引车辆运行时，前方进路的确认由司机负责；推进车辆运行时，前方进路的确认由调车指挥人负责，如调车指挥人所在位置确认前方进路有困难时，可指派调车组其他人员确认。

六、在正线、到发线上的调车作业

1. 在正线、到发线上调车

在正线、到发线上调车时须经过列车调度员(车站控制时为车站值班员)准许。

2. 接发列车

接发列车时应按《高速铁路行车组织细则》规定的时间，停止影响列车进路的调车作业和对列车运行安全有影响的其他作业。

3. 接发旅客列车

接发旅客列车时，与接发列车进路没有隔开设备或脱轨器的线路，不准向能进入接发列车进路的方向调车。本务机车在停留线路内摘挂除外。

4. 同一股道只允许一端调车作业

同一股道只允许一端调车作业，禁止两端同时向同一股道排列调车进路。

5. 调车作业中应执行钩钩联系制度

每钩作业前，司机(调车指挥人)应主动向列车调度员(车站负责办理调车进路时为车站值班员或车务应急值守人员)请求进路；进路准备妥当后，列车调度员(车站值班员或车务应急值守人员)方可通知司机(调车指挥人)。

6. 越出站界调车

(1)越出站界调车时必须区间(自动闭塞区间正方向为第一闭塞分区)空闲，单线区间闭塞系统还应在发车位置；由列车调度员发布准许越出站界调车的调度命令后，方可进行。

(2)越出站界调车期间，相邻站(线路所)禁止向该区间放行列车。越出站界调车作业完毕，司机或调车指挥人应报告列车调度员(车站值班员或车务应急值守人员)。车站值班员、车务应急值守人员应及时报告列车调度员，列车调度员通知两端站(线路所)后方可组织行车。

(3)需在未设调车信号机的线路上调车作业时，根据需要可按越出站界调车作业办理。由列车调度员办理列车进路(进、出站信号机常态为灭灯时，应点灯)，发布准许越出站界调车的调度命令，司机根据调度命令和进、出站信号机的显示进行调车作业。

第九节 机车车辆停留

一、机车车辆停留

(1)有动车组以外的旅客列车上线运行的高速铁路，在动车组运行时段，除动车组、旅客列

车车底及本务机车外，车站正线、到发线不应停留其他机车车辆。特殊情况下确需在到发线停留时，由铁路局制定相应安全措施。

(2)仅运行动车组列车的高速铁路，在动车组运行时段，车站正线、到发线不应停留动车组以外的其他机车车辆。特殊情况下确需在到发线停留时，由铁路局制定相应安全措施。

(3)临时停留公务车线路上的道岔应开通不能进入该线的位置并加锁(集中联锁的道岔可在控制台上进行锁闭)。

(4)安全线上禁止停留机车车辆。

二、机车车辆防溜

1. 动车组防溜

(1)动车组无动力停留时，有停放制动装置的动车组，由司机负责将动车组处于停放制动状态。未装备停放制动装置的动车组在线路平坦区域停放时，由司机操纵制动手柄使动车组处于紧急制动状态，必要时由随车机械师对动车组设置止轮器防溜。动车组无停放制动装置或在坡度为20‰以上的区间无动力停留时，由司机通知随车机械师进行防溜，防溜时应使用止轮器牢靠固定。

(2)重联动车组在设置止轮器防溜时，仅设置前列。

(3)如需在同一股道内停留两列不重联的动车组时，两列动车组间应间隔不小于20 m的安全防护距离(动车段、动车所内的股道除外)，并分别做好防溜。

(4)在动车段(所)内动车组停留的防溜措施的设置和撤除办法，由铁路局规定。

2. 车辆防溜

(1)车辆在车站停留时，应连挂在一起，拧紧两端车辆的人力制动机，并以铁鞋牢靠固定。特殊情况下分组停放时，应分别采取防溜措施。

(2)一批作业中临时停留的车辆，须拧紧两端车辆的人力制动机或以铁鞋止轮。

(3)调车作业实行“谁作业、谁防溜(撤除)”的原则，防溜措施的设置和撤除由调车人员(机车及自轮运转特种设备为司机，其他无调车人员的为设备使用单位人员)负责。

3. 机车及自轮运转特种设备在车站停留

机车及自轮运转特种设备在车站停留时，由司机负责将其保持制动(防溜)状态，并按规定采取止轮措施。

4. 施工路用车辆及自轮运转特种设备需在车站停留

施工路用车辆及自轮运转特种设备需在车站停留时，使用单位应派人负责看守。其他车辆在车站到发线停留时，由车站人员(车务应急值守人员或其他胜任人员)对其防溜措施进行检查、确认。

三、防溜器具管理

(1)车站行车室必须配备足够良好的防溜器具，由车站值班员(车务应急值守人员)负责保管和交接。有关作业人员领取、使用、交回时，须办理登记交接手续，领取(交回)人与保管人共同清点数量、编号无误，确认状态良好后分别签认。

(2)车站值班员(车务应急值守人员)须在行车室对停留车及其防溜情况进行揭示。作业人员采取或撤除防溜措施后，应立即告知车站值班员(车务应急值守人员)，一批作业结束后双方进行签认。

第十节 信号显示

信号是指示列车运行及调车作业的命令，有关行车人员必须严格执行。铁路信号分为视觉信号和听觉信号。

一、视觉信号

1. 视觉信号的基本颜色

(1)红色——停车；

(2)黄色——注意或减低速度；

(3)绿色——按规定速度运行。

2. 视觉信号种类

视觉信号分为昼间、夜间及昼夜通用信号。在昼间遇降雾、暴风雨雪及其他情况，致使停车信号显示距离不足 1 000 m，注意或减速信号显示距离不足 400 m，调车信号及调车手信号显示距离不足 200 m 时，应使用夜间信号。

隧道内只采用夜间或昼夜通用信号。

二、听觉信号

1. 听觉信号种类

(1)机车、动车组、自轮运转特种设备等的鸣笛声。

(2)号角、口笛等发出的音响。

2. 时间及间隔

听觉信号，长声为 3 s，短声为 1 s，音响间隔为 1 s。重复鸣示时，须间隔 5 s 以上。

3. 鸣笛方式

机车、动车组、自轮运转特种设备作业中提示注意、相互联系等应使用通信设备方式。遇联系不通或危及行车人身安全时，应采用鸣笛方式。机车、动车组、自轮运转特种设备鸣笛鸣示方式见表 2-4。

表 2-4 机车、动车组、自轮运转特种设备鸣笛鸣示方式

名 称	鸣示方式	使 用 时 机
起动注意信号	一长声 —	1. 列车起动或机车车辆前进时(双机牵引或使用补机时，本务机车鸣笛后，补机应回答，本务机车再鸣笛一长声后起动) 2. 接近鸣笛标、道口、桥梁、隧道、行人、施工地点或天气不良时 3. 电力机车、动车组、轨道车等在检修及整备中，准备降下或升起受电弓时
退行信号	二长声 — —	列车、机车车辆、单机开始退行时
召集信号	三长声 — — —	要求防护人员撤回时
牵引信号	一长一短声 — ·	途中本务机车要求补机牵引运行时(补机应以同样信号回答)
惰行信号	一长二短声 — · ·	本务机车要求补机惰力推进或要求补机断开主断路器时(补机应以同样信号回答)
途中降弓信号	一短一长声 · —	1.电力机车双机牵引中，本务机车司机要求补机降下受电弓时(补机须以同样信号回答) 2.电力机车司机在途中发现降弓手信号时，应鸣此信号回示

续上表

名　称	鸣示方式	使 用 时 机
途中升弓信号	一短二长声 · — —	1. 电力机车双机牵引中，本务机车司机要求补机升起受电弓时(补机须以同样信号回答) 2. 电力机车司机在途中发现升弓手信号时，应鸣此信号回示
呼唤信号	二短一长声 · · —	机车要求出入段时
警报信号	一长三短声 — · · ·	发现线路有危及行车安全的不良处所时
试验自动制动机及复示信号	一短声 ·	1. 试验制动机开始减压时 2. 接到试验制动结束的手信号，回答试风人员时 3. 调车作业中，表示已接受调车长所发出的手信号时
缓解信号	二短声 · ·	1. 试验制动机缓解时 2. 要求列车乘务组缓解人力制动机时
拧紧人力制动机信号	三短声 · · ·	1. 要求列车乘务组拧紧人力制动机时 2. 要求就地制动时
紧急停车信号	连续短声 · · · · · · · ·	司机发现(或接到通知)邻线发生障碍，向邻线上运行的列车发出紧急停车信号时。邻线列车司机听到此种信号后，应紧急停车

4. 口笛、号角方式(表 2-5)

表 2-5　口笛、号角鸣示方式表

用途及时机	鸣示方式	
发车、指示机车向显示人反方向移动	一长声	—
指示机车向显示人方向移动	一短一长声	· —
试验制动机减压	一短声	·
试验制动机缓解	二短声	· ·
试验制动机结束及安全信号	一短一长二短声	· — · ·
一道	一短声	·
二道	二短声	· ·
三道	三短声	· · ·
四道	四短声	· · · ·
五道	五短声	· · · · ·
六道	一长一短声	— ·
七道	一长二短声	— · ·
八道	一长三短声	— · · ·
九道	一长四短声	— · · · ·
十道	二长声	— —
二十道	二短二长声	· · — —
十、五、三车距离信号：十车	三短声	· · ·
十、五、三车距离信号：五车	二短声	· ·
十、五、三车距离信号：三车	一短声	·
连结及停留车位置	一长一短一长声	— · —
停车	连续短声	· · · · · ·

续上表

用途及时机	鸣示方式	
要求司机鸣笛	二长三短声	— — · · ·
试拉	一短声	·
减速	连续二短声	· · · ·
取消	二长一短声	— — ·
再显示	二长二短声	— — · ·
列车接近通报信号：上行	二长声	— —
列车接近通报信号：下行	一长声	—

复习思考题

1. 列车按照运输性质和任务的不同分为哪几种？
2. 列车车次的编号有哪些规律？
3. 动车组有哪几种编组形式？
4. 简述列车乘务组人员的组成。
5. 简述接发列车、调车作业的概念。
6. 简述铁路信号显示的种类。

第三章　动车组运用检修信息化管理

随着我国高速铁路运输体系的建成，动车组开行里程和网络化维修规模扩大。动车组的运用效率和检修质量直接关系到高速铁路的安全运营和服务品质，我国在既有机车车辆的运用和检修方面已经积累了丰富的经验，而动车组是高新技术集成体，开行速度快、检修标准高。因此，动车组的运用和检修方式与既有机车车辆有较大差异，呈现高度的专业化、程序化、集约化和系统化等特点。信息化管理平台是高速列车运用和检修工作的重要保障，日本建设了列车综合运行管理系统（COSMOS），德国高速铁路配备了先进的故障自诊断系统、运行控制与生产管理系统，法国高速铁路建设了维修辅助信息处理系统。借鉴国际先进的信息化管理理念，立足于中国动车组的运用检修实际，建设信息化支撑平台，通过信息化手段保障动车组的高效率运用和高质量检修成为了重要的研究课题。

第一节　动车组运用检修信息化管理目标

一、保证安全生产，避免人为疏漏

动车管理信息系统通过对关键业务的卡控，对动车组检修过程中的供、断电和监护、登顶作业、调车作业、防溜作业、检修防护、出库联检实行严格卡控，确保动车组检修、运行安全，避免人为失误导致的各类安全质量问题，实现作业现场的安全过程管理。

二、细化管理粒度，精细过程管理

利用动车管理信息系统，细化动车组运用检修的管理粒度，严格卡控检修质量和作业安全，提供实时监控、作业流程时间点分析和单据回填内容的统计，实现对动车组运用间隙过程、故障处理过程、运用检修状态、关键业务数据的闭环卡控管理，做到过程可控。

三、加强数据积累，提高分析水平

我国幅员辽阔，动车组的运行环境多变、网络化运营里程和检修规模巨大。需要通过信息化管理手段，不断累积基础数据和业务数据，确保全路各类动车组运用管理信息的一致性和完备性，并通过对业务数据的深度挖掘，形成专家知识库，对动车组的运用检修决策提供支持。

四、协同组织作业，提高检修效率

动车组的检修作业涵盖各个专业、工种及项目，通过信息化系统合理安排动车组一体化检修作业过程，建立与检修和设备能力相匹配的一体化管理制度，科学安排平行、交叉作业，根据检修实际情况合理安排时间并严格执行，有效地压缩检修时间，提高作业效率，确保检修质量，实现动车组的均衡检修。

第二节　动车组运用检修管理信息系统框架

一、总体框架

动车组运用检修管理信息系统需要提供涵盖动车组运用和一二级修程内主要业务的信息化管理功能。包括动车组调度管理、作业管理、技术管理、物流管理、设备管理、安全管理、质量管理、综合管理8个子系统功能模块。完成动车组日常运用检修数据的采集和处理，支撑动车组的日常运用检修业务。总体架构如图3-1所示。

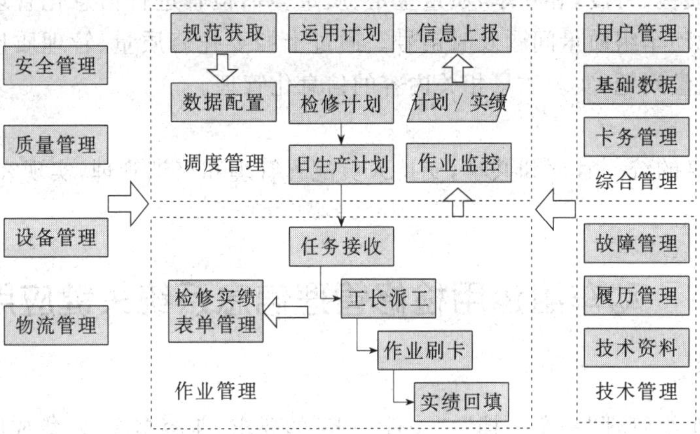

图3-1　动车组运用检修管理信息系统总体框架图

二、系统总体功能

1. 调度管理

根据图定交路和动车组配属情况，安排开行计划和乘务排班计划；结合动车组的开行情况、检修规范和检修实绩制定动车组月、周检修计划；在此基础上制定运用所的日生产计划，包括：调车建议计划、检修任务安排、作业派工，作业过程监控和进度调节。还提供各数据上报和运用所的接送车管理功能。

2. 作业管理

依据调度下达的日生产计划和作业工单，结合生产能力资源状况，进行工长派工，使作业人员了解工作内容和技术标准；依据检修工艺、安全和质量管理要求，监控作业活动，实施一体化作业进度控制、安全卡控和质量管理，规范作业人员行为；提供电子化检修作业记录和记名检修管理，采集工时量、安全质量等信息，积累作业过程数据和检修数据。

3. 技术管理

提供对动车所内动车组履历、配件履历、各类技术文件进行管理、查询、统计的功能，为生产运行提供技术指导；采集和整合人工检查及设备检测、诊断信息，建立故障库和故障维修知识库，支持动车组技术分析和配件寿命管理。

4. 物流管理

以仓储管理为基础，与检修生产紧密结合，对仓库物料的收、发、存进行管理，提供区域物料库存信息查询、区域内物料调拨、仓库的盘点、库存预警及保质期预警等功能。

5. 设备管理

管理各种设备、设施的技术档案，维修规程，巡检、点检、保养、临修、检修记录，监控设备的运用状态，确保动车运用所的各种设备运行处于受控状态。

6. 安全管理

通过对安全检查、安全会议、安全问题上报进行信息化管理，实现安全问题库闭环管理，确保生产作业安全有序，检修作业高效可控。

7. 质量管理

通过对日常质检、月度(春秋季)质量鉴定、质量整治检查进行信息化管理，实现质量问题库闭环管理，保障动车组质量问题及时销号。通过卡控委托修质量、管理质量文件资料、考核质量绩效、分析质量问题，实现质量相关内容的信息化管理。

8. 综合管理

实现基础信息的统一管理和共享，支持人员配置管理和培训管理，实现客观公正的绩效评估与考核。

第三节　动车组运用检修管理信息系统关键应用简介

一、履历管理

系统实现动车组管理“一车一档”、“一件一卡”的要求，兼容多车型、集成度高、易于扩展的履历数据模型，满足各级用户在多种业务场景下检索和查询履历信息需求，便于履历数据更新维护管理和同步更新，保持履历共享信息的一致性、完整性及时效性。履历管理架构如图 3-2 所示。

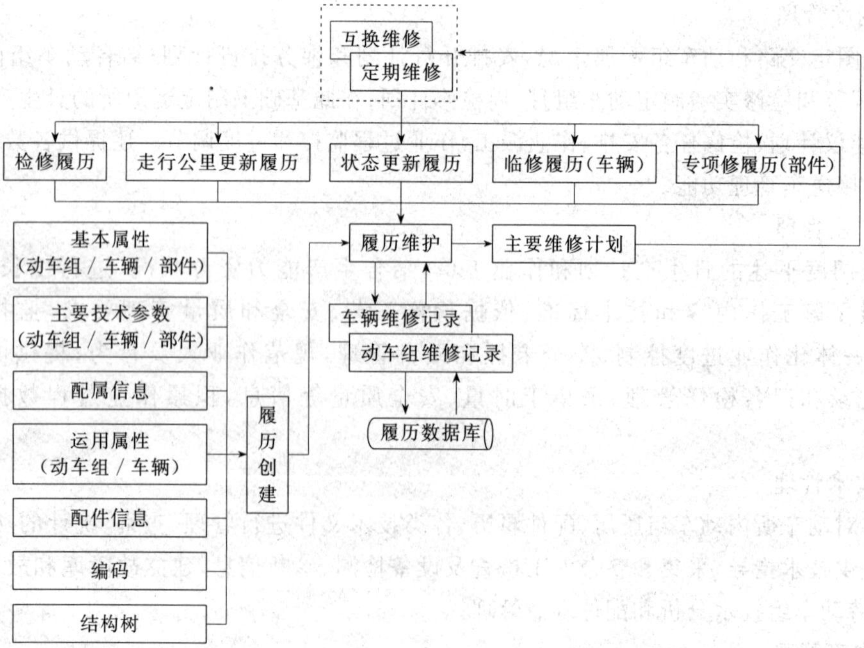

图 3-2　履历管理架构图

二、计划管理

系统主要根据走行公里数和运用时间编制检修计划，并管理计划推进情况，使动车组维修任务量、动车段能力资源（检修线、检修人员）及设备利用率趋于均衡，提高动车组单位利用率、资源及设备的平均利用率。总结维修规律和计划编制经验，实现计划修多于非计划修，逐步提高状态修比例，不断调整、改进和优化动车组维修策略，使维修体制向更高层次过渡。计划管理架构如图 3-3 所示。

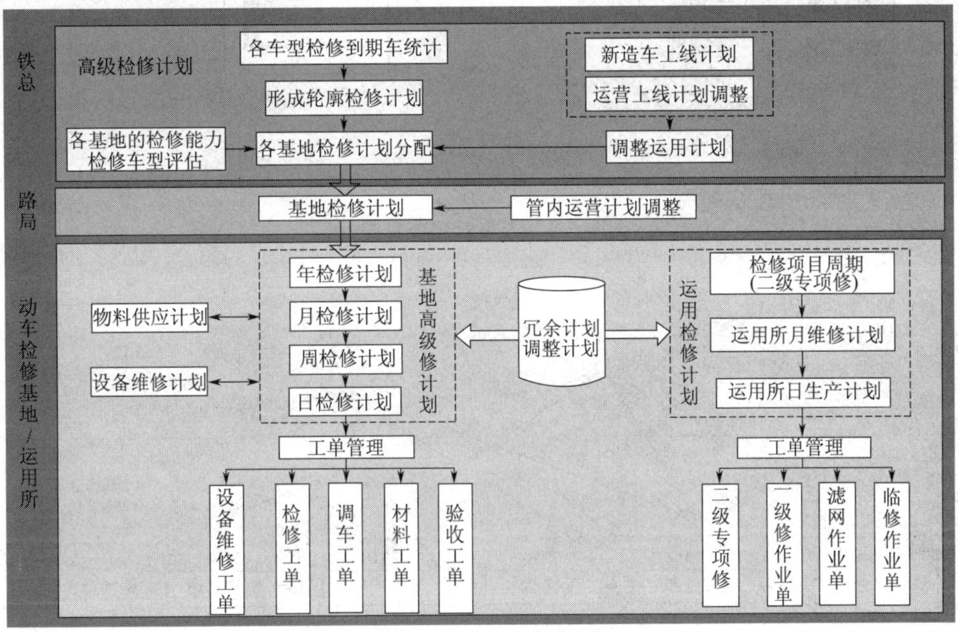

图 3-3　计划管理架构图

三、工单管理

系统根据最新印发的《关于公布动车组运用维修技术信息管理平台的通知》（运辆动车电[2014]301 号）要求，一二级修检修表格以通过信息系统发布的为准，统一进行更新。工单管理项目如图 3-4 所示。

四、动态监控

系统实时监控动车段内车流、物流、人流、作业流等生产动态，及时协调、组织、调整各车间、班组的生产活动，促进业务流程高效运转。

1. 车流监控

通过在股道旁或检修台位旁设置电子标签识别 AEI 装置，实现动车组位置和股道占用状态信息的实时采集。根据联锁采集的站场信息及各咽喉区 AEI 系统采集的车号信息，由调车辅助管理系统实现对动车基地集中控制区的动车组位置的追踪与车号识别。

2. 现车监控管理（图 3-5）

五、人流、作业流监控

系统通过上、下岗考勤机、门禁、工位终端、管理终端、刷卡或系统登陆操作，以及手持终端

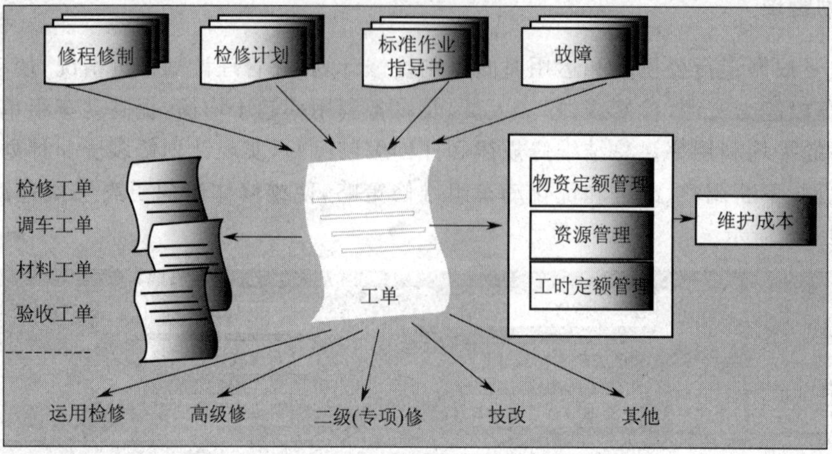

图 3-4　工单管理项目图

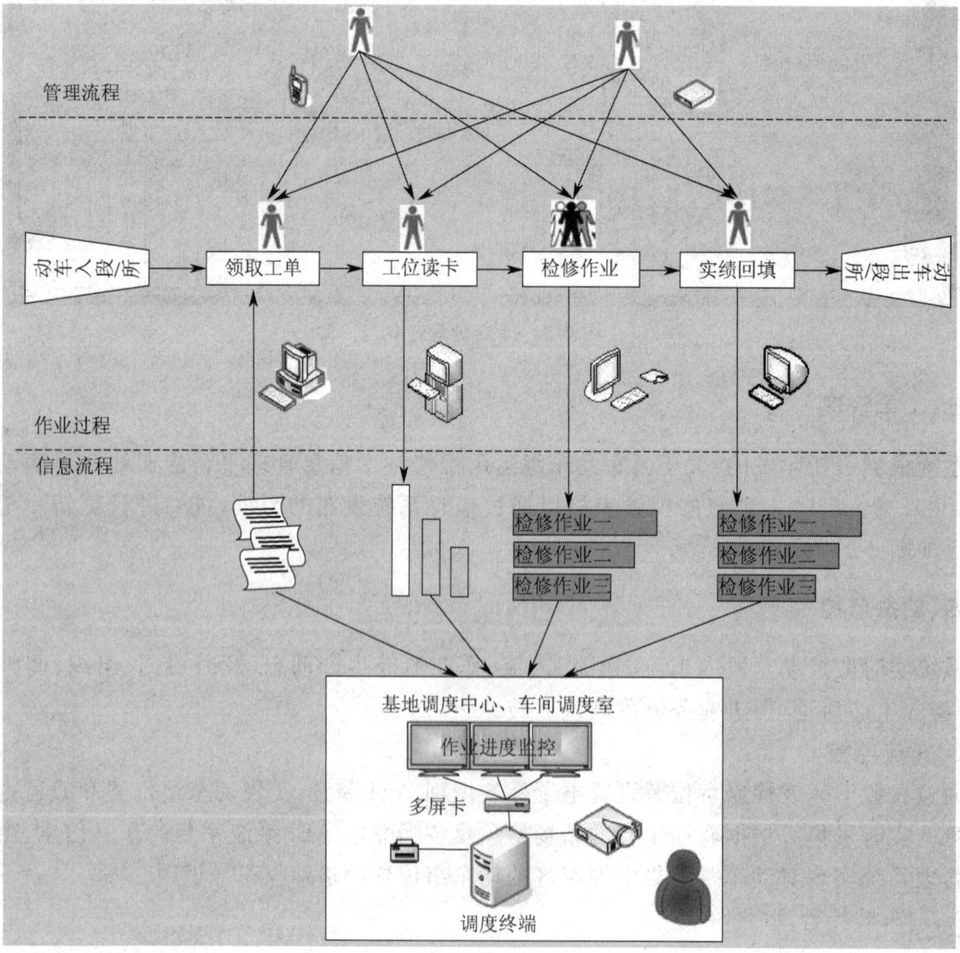

图 3-5　物流监控图

定位信息、作业记录填报和作业实绩反馈，实时采集人员位置，与出退勤计划、作业派工等信息相结合，实时跟踪人员活动及检修作业过程。作业过程监控如图 3-6 所示。

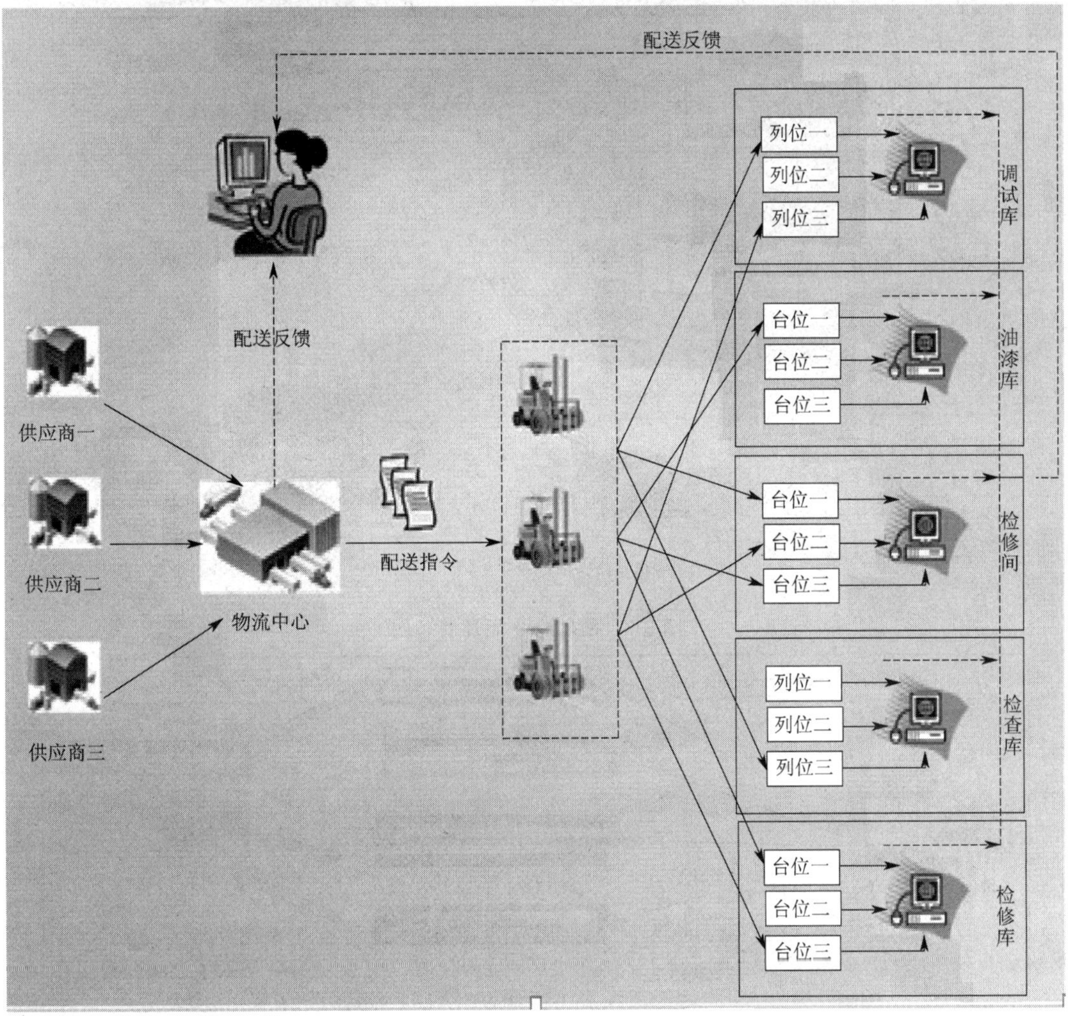

图 3-6　作业过程监控图

六、故障管理

系统可对动车组运用、维修故障实行登录、分类、统计、分析，实现对动车组维修计划、维修策略的支持和改进，通过一套规范化的程序，使动车组发生的故障能得到及时报告，查清原因，正确纠正，防止再现，从而实现动车组可靠性增长，达到对动车组可靠性的预期要求，形成“故障信息闭环管理系统”(FRACAS)。也可利用车载系统数据远程下载，实现对在线运行列车故障处理、入库列车检修提前安排的及时响应。故障信息闭环管理控制如图 3-7 所示，运行故障管理如图 3-8 所示。

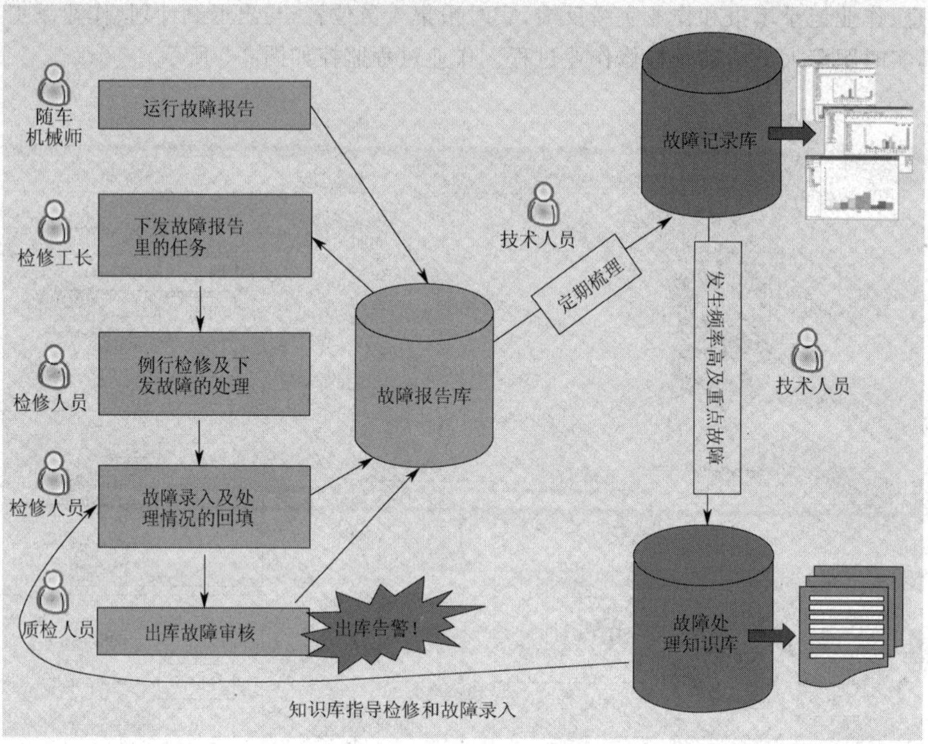

图 3-7　故障信息闭环管理图

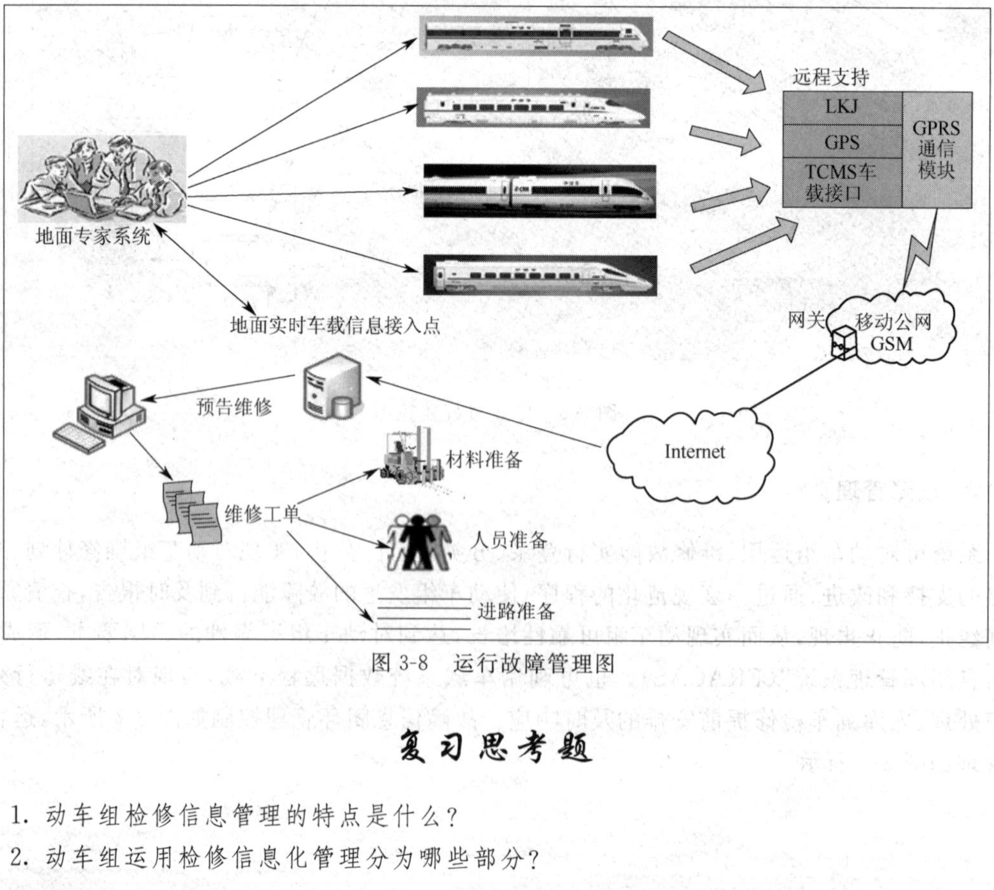

图 3-8　运行故障管理图

复习思考题

1. 动车组检修信息管理的特点是什么？
2. 动车组运用检修信息化管理分为哪些部分？

第四章　动车组运用检修管理

第一节　动车组运用所

一、基本条件

1. 设置原则

(1)动车组运用所是动车组进行日常运用维修的场所，应设置在路网客运中心和始发终到客流较大的地区，其设置、建设、维护应符合相关规范、规定，满足快速检修、安全可靠、高效运营的技术要求。

(2)新建动车所检查库原则上不少于6线12标准组位，存放线、临修库能力应与检查库能力相匹配；洗车库(线)、检测线能力应满足动车组密集入所检测、整备需要。

(3)新建动车所启用或新车型配属前，铁路局须组织相关部门对动车所设施、设备、规章制度、作业标准、安全管理、劳动组织、职工素质、备品备件等方面进行评估，评估合格后方可投入使用。

2. 设施设备

新建动车所应合理配备以下基本的设施、设备，根据检修实际配齐、配全相关工装器具。

(1)基础设施、设备。基础设施、设备应设有检查库、临修库、洗车机(库)、检查地沟、人工清洗线、融冰除雪设施、三层作业平台、轨道桥、地面电源、安全监控系统、真空卸污系统、动车组管理信息系统、立体仓库、上水设施、空压机间等基础设施、设备。

(2)检修设施、设备。检修设施、设备应设有不落轮镟轮车床、转向架更换设备、公铁两用车、除尘设备、头车检修平台、转轮器、救援用悬轮装置等检修设施、设备。

(3)检测设施、设备。检测设施、设备应设有轮对故障动态检测系统、受电弓动态检测系统、作业监控评价管理系统、动车组运行故障动态图像检测系统、移动式空心车轴探伤设备、在线移动式轮辋、轮辐探伤设备、便携式空心车轴探伤设备、便携式轮对轮辋探伤仪、4.2万V耐压试验设备、油样化验设备(目前各动车所尚无油样化验设备，上海地区为段统一化验，外地委托机务化验)等检测设施、设备。

3. 其他

(1)动车所应满足一体化相关单位检修、整备作业条件。

(2)动车所产权单位应保证动车所设施设备建设、维护投入满足动车组运用维修需要。动车所设施设备管理相关单位要规范设施设备的“管、用、养、修”，保持技术状态良好。

二、基本功能

(1)动车所承担动车组整备、运用维修、电务车载设备检修等工作，涉及车辆、机务、供电、电务、客运、运输及造修企业的售后服务等部门(单位)。车辆部门应加强统一领导，结合各专业特点，不断优化完善作业流程，形成既分工负责，又协调联动的动车组运用检修整备管理机制。

(2)运用维修班组是动车组运用维修工作的主体,承担动车组一级、二级检修和整备,负责动车组检查、维修、试验、故障处理;负责检修设备操作及日常保养;负责动车组回送、交接和试运行等工作。处理外属动车组随车机械师填报的影响运行安全的重点故障或外所委托检修的项目。对检修范围内的质量安全负责。

(3)动车组乘务组担负着管理和操作动车组设备、监控列车运行和设备技术状态的重要职责。随车机械师须按一次出乘作业标准值乘,正确判断、妥善处置车辆设备故障,办理相关交接并承担部分行车组织职能。

三、动车运用所组织机构和岗位职责

动车运用所的生产组织由所长负责。在所长(值班所长)的领导下,所内各单位在动车运用所调度值班员的统一指挥下,按照计划开展生产活动,如图 4-1 所示。

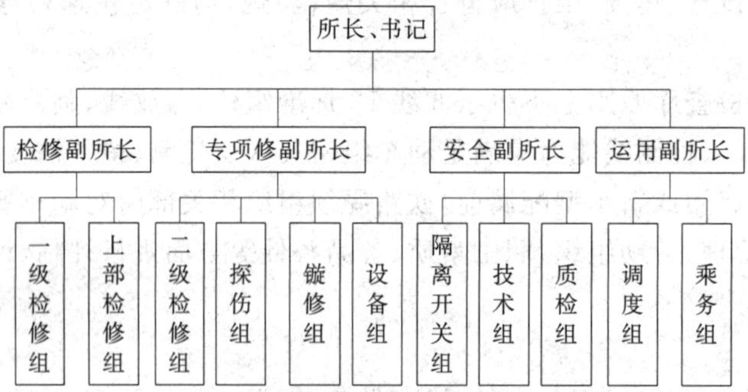

图 4-1　动车运用所组织机构和岗位职责

1. 所长、书记、副所长岗位职责

(1)所长岗位职责。在段长及主管段长领导下,履行以下职责。

①负责动车所全面工作,承担安全及管理责任;

②传达并贯彻执行上级指示和文件精神,完成上级下达的各项生产任务和经济指标;

③落实各项管理制度,抽查动车组质量及各项安全措施落实情况并严格考核;

④开展技术攻关,改进作业方法,提升检修能力;

⑤修订内部分配办法;

⑥完成上级交办的其他任务。

(2)书记岗位职责。在段党委领导下,履行以下职责。

①负责动车所党支部全面工作,对党支部、工会、共青团工作的领导,根据上级指示和文件精神安排各项工作;

②落实段党委制定的各项工作任务,检查支部工作计划执行情况,按时向党员大会和上级组织汇报工作;

③坚持党内各项制度,负责思想政治工作和精神文明建设,加强领导班子自身建设,做好形势任务教育、安全生产教育、职业道德教育、维护职工队伍稳定和安全生产稳定,充分发挥党支部和党员的模范带头作用;

④组织党员开展各类攻关活动,结合安全生产月、春运、暑运、专项整治等阶段性工作,开展专题安全生产宣传教育、党员技术演练等活动,提高党员和职工的政治素质和技术素质;

⑤研究和指导党支部工作，做好积极分子的考察和培养及党员发展和预备党员转正工作；

⑥组织开展党内活动，抓好党支部“安全屏障工程”建设和党员“创岗建区”活动，严格控制党员“两违”；

⑦组织完成上级交办的其他任务。

(3)检修副所长

①负责一级检修、上部质量、清网、外皮保洁等各项管理工作；

②审定分管范围内的工作计划，组织落实，处理生产过程中发生的问题；

③参加分管范围内动车组重点故障、设备故障、人员伤亡等事件分析会；

④处理分管范围内各类问题；

⑤负责组织完成上级交办的其他任务。

(4)专项修副所长

①负责二级检修、空心轴探伤、LU 探伤、临修、设备等各项管理工作；

②审定分管范围内的工作计划，组织落实，处理生产过程中发生的问题；

③参加分管范围内动车组重点故障、设备故障、人员伤亡等事件分析会；

④处理分管范围内各类问题；

⑤负责组织完成上级交办的其他任务。

(5)安全副所长

①负责安全管理、技术管理、质量管理、职工教育等工作；

②负责审定分管范围内的工作计划，组织落实，负责班组安全管理，协调处理生产过程中发生的问题，检查检修计划的制定和落实；

③对运行故障、设备故障、人员伤亡等负责组织召开安全专题分析会议；

④处理分管范围内各类问题；

⑤负责组织完成上级交办的其他任务。

(6)运用副所长

①负责调度、乘务的各项管理工作；

②审定分管范围内的工作计划，组织落实，处理生产过程中发生的问题；

③参加分管范围内动车组重点故障、设备故障、人员伤亡等事件分析会；

④处理分管范围内各类问题；

⑤负责组织完成上级交办的其他任务。

2. 技术专职岗位职责

(1)检修专职岗位职责

在所长及主管副所长领导下，履行以下职责。

①负责制定动车组月度检修计划，监督计划兑现情况；

②负责动车组专项检修的技术管理，对突发故障提出处理意见；

③对现场检修提供技术指导；

④落实安全风险关键项点(闸片、受电弓碳滑板、自动车钩、转向架、注油、制动、电气)及卡控措施；

⑤负责春、秋季动车质量鉴定的迎检；

⑥制定动车组防寒整备计划并组织落实；

⑦提出改进二级修工艺和修改完善作业指导书的意见，上报技术科；

⑧所内指定的临时性工作。

(2)运用专职岗位职责

在所长及主管副所长领导下,履行以下职责。

①负责组织管理文件的完善和修订工作;

②落实标准化动车所建设相关组织工作;

③负责编制、更新运行图调整后随车机械师作业图表;

④负责编制、更新运行图调整后动车组语音报站数据、广告文数据;

⑤对动车组运行故障进行统计、分析;

⑥参加月度一体化协调会议并形成会议纪要;

⑦所内指定的临时性工作。

(3)轮轴专职岗位职责

在所长及主管副所长领导下,履行以下职责。

①负责动车组探伤的管理工作,落实动车组探伤、镟轮的工艺和质量标准;

②制定动车所探伤、镟轮计划,纳入检修计划;

③认真落实安全风险关键项点及卡控措施;

④负责轮轴履历管理工作;

⑤负责动车组探伤缺陷、齿轮箱异常油样的跟踪工作;

⑥所内指定的临时性任务。

(4)安全专职岗位职责

在所长及主管副所长领导下,履行以下职责。

①负责安全基础管理(安全预测分析、安全基础台帐管理、牌卡统计分析、安全风险管理系统、客运服务系统等)工作;

②负责安全、事故案例宣传教育;

③参加月度专业联席会议并形成会议纪要;

④参加应急预案的编制;

⑤对动车所内的消防设施进行检查;

⑥所内指定的临时性工作;

(5)设备专职岗位职责

在所长及主管副所长领导下,履行以下职责。

①负责动车所设备管理;

②落实设备操作规程,掌握设备的数量、动态、技术状况;

③负责动车所设备维护、维修的现场盯控和协调联系工作;

④认真落实安全风险关键项点及卡控措施;

⑤负责动车所视频评价系统的管理工作;

⑥负责动车所各工具、工装的维修、报废、申请工作;

⑦所内指定的临时性工作。

(6)信息化专职岗位职责

在所长及主管副所长领导下,履行以下职责。

①负责动车组信息系统管理工作;

②负责动车组技术履历信息系统维护;

③兼管所内办公微机及网络管理、QC 管理、科技管理；

④所内指定的临时性工作。

(7)值班技术员岗位职责

在值班所长的领导下，履行以下职责。

①负责动车组一级修技术管理和指导工作；

②协助值班所长对现场进行安全卡控和提供技术支持；

③盯控动车组出入库接送车、出库联检、一体化作业；

④落实安全风险关键项点及卡控措施；

⑤所内指定的临时性工作。

3. 调度岗位职责

(1)行车调度岗位职责

①负责文件电报、命令、行车信息等传递工作；

②负责调度命令的申请、调车计划制定及行车组织指挥；

③制定一级修计划；

④负责动车信息管理系统运用板块内容录入，负责填写动车所作业计划表、检修情况统计；

⑤参加生产交班会和生产协调会，将有关信息在会上进行通报。

(2)检修调度岗位职责

①负责司机和随车机械师的出、退乘管理；

②负责检修台账、运用管理台账、厂家作业申请单及乘务日志的管理；

③办理隔离开关供断电登记；

④负责各种钥匙的领用和回收；

⑤负责监控受电弓检测系统(SJ)及动车组轮轴故障动态检测系统(LY)的报警情况。

4. 质检岗位职责

(1)参加班前生产协调会；

(2)按照质检工作范围盯控作业标准和质量标准；

(3)组织动车组联检出库，动车组运用质量鉴定；

(4)落实安全风险关键项点及卡控措施；

(5)积极配合动车所完成其他生产任务。

5. 地勤机械师岗位职责

(1)遵守安全管理制度；

(2)落实作业标准；

(3)参加班组开工会，完成工长分配的生产任务；

(4)填写检修记录；

(5)落实安全风险关键项点及卡控措施。

6. 随车机械师岗位职责

(1)遵守安全管理制度；

(2)监控途中运行技术状态；

(3)管理和操作动车组设备；

(4)应急处理途中突发故障；

(5)承担部分行车组织职能；

(6)上部设施质量交接；

(7)参与司机换乘交接；

(8)确认委托作业情况；

(9)落实安全风险关键项点及卡控措施。

7. 辅助人员岗位职责

(1)空心轴探伤工岗位职责

①遵守安全管理制度；

②开工前对探伤设备进行日常性能校验，每季度对探伤设备进行季度性能校验；

③参加班组开工会，完成工长分配的生产任务；

④领取动车组主控钥匙；

⑤按照探伤设备操作规程进行设备操作；

⑥分析判定探伤结果，填写探伤记录，在信息系统中录入空心轴探伤数据；

⑦落实安全风险关键项点及卡控措施。

(2)空心轴探伤辅助工岗位职责

①遵守安全管理制度；

②参加班组开工会，完成工长分配的生产任务；

③落实作业标准及“一轴一盒”制度；

④填写轴端螺栓拆装记录表及探伤记录；

⑤落实安全风险关键项点及卡控措施。

(3)探伤质检员岗位职责

①参加班组开工会；

②参加探伤设备日常性能校验、季度性能校验。盯控辅助工使用扭矩校验仪进行扭力扳手校验；

③负责按照“一轴一盒”配齐本作业小组所需新品物料；

④盯控轴端部件拆装，对轴端内部及轴端部件状态进行确认，对轴端各扭力进行校核，并涂打防松标记；

⑤开工前确认接触网已断电，插设安全防护号志；

⑥负责收齐清点本组作业过程中置换的的废旧物料并交还物资料；

⑦作业完成后，确认动车组恢复情况，撤除安全防护号志；

⑧检查探伤记录；

⑨认真落实安全风险关键项点及卡控措施。

(4)LU 探伤工岗位职责

①遵守安全管理制度；

②对 LU 探伤设备进行日常性能校验及季度性能校验；

③参加班组开工会，完成工长分配的生产任务；

④领取动车组主控钥匙；

⑤按照 LU 探伤设备操作规程进行设备操作；

⑥分析判定探伤结果并认真填写“CRH 移动式轮辋辐板探伤系统检测结果记录表”，在信息系统中录入 LU 探伤数据；

⑦落实安全风险关键项点及卡控措施。

(5)LU 探伤辅助工岗位职责

①遵守安全管理制度；

②参加班组开工会，完成工长分配的生产任务；

③落实作业标准；

④填写部件拆装记录表及探伤记录；

⑤落实安全风险关键项点及卡控措施。

(6)LU 探伤质检员岗位职责

①参加班组开工会；

②参加探伤设备日常性能校验。盯控辅助工使用扭矩校验仪进行扭力扳手校验；

③配齐本作业小组所需新品物料；

④开工前确认接触网已断电，插设安全防护号志；

⑤盯控辅助工拆装撒砂管等作业，确认制动已切除；辅助工安装所拆部件后进行扭矩校核，涂打防松标记；

⑥负责收齐清点本组作业过程中置换的的废旧物料并交还物资料；

⑦作业完成后，确认动车组恢复情况，撤除安全防护号志；

⑧检查探伤记录；

⑨认真落实安全风险关键项点及卡控措施。

(7)隔离开关操作员岗位职责

①遵守安全管理制度；

②落实作业标准；

③填写作业台账；

④落实安全风险关键项点及卡控措施。

(8)不落轮镟床操作工岗位职责

①遵守安全管理制度；

②落实作业标准；

③按照不落轮镟床操作规程进行操作，在信息系统中录入镟修数据；

④做好不落轮镟床的保养维护；

⑤落实安全风险关键项点及卡控措施。

(9)转向架更换设备操作人员岗位职责

①遵守安全管理制度；

②落实作业标准；

③按照转向架更换设备操作规程进行操作；

④做好转向架更换设备的保养维护；

⑤落实安全风险关键项点及卡控措施。

8. 特种设备操作人员岗位职责

(1)天车操作人员岗位职责

①遵守安全管理制度；

②落实作业标准；

③按天车操作规程进行操作；

④做好天车的保养维护；

⑤落实安全风险关键项点及卡控措施。

(2)电瓶车操作人员岗位职责

①遵守安全管理制度；

②落实作业标准；

③按电瓶车操作规程进行操作；

④做好电瓶车的保养维护；

⑤落实安全风险关键项点及卡控措施。

(3)叉车操作人员岗位职责

①遵守安全管理制度；

②落实作业标准；

③按叉车操作规程进行操作；

④做好叉车的保养维护；

⑤落实安全风险关键项点及卡控措施。

(4)公铁两用车操作人员岗位职责

①遵守安全管理制度；

②落实作业标准；

③按公铁两用车操作规程进行操作；

④做好公铁两用车的保养维护；

⑤落实安全风险关键项点及卡控措。

9. 班组长岗位职责

(1)参加运用所当日交班会，领取当日生产任务及其他工作，记录会议内容和上级指示；

(2)负责召开本组班前会，布置生产任务及其他工作，传达上级精神和领导指示；

(3)落实各项规章制度及作业标准，协调班组成员完成生产任务，检查班组人员日常作业标准执行及台账填写情况；

(4)开展班组经济活动分析；

(5)召开班组收工会，对班组安全情况和任务完成情况进行分析总结；

(6)做好考勤、工作考核、奖金分配、奖罚事由的公开工作；

(7)落实班组场地定置、卫生要求；

(8)组织班组人员完成领导交付的临时任务。

四、动车运用所的基本设施和设备

1. 检查整备设施

动车组检查作业需在库内进行，应满足车下、车内和车顶检修检查作业的要求，设置三层作业平台。检修库内检修线按三层作业面设置，如图 4-2 所示。

第一层设在轨面以下 0.95 m 标高处，为基本作业平台，用于走行部及下部设施检查、维修和材料运输；第二层设在轨面以上 1.25 m 标高处，为车内及侧墙作业平台；第三层设在轨面以上 3.8 m 标高处，为车顶作业平台。无车顶作业平台一侧应设置防止车顶作业人员跌落的防护设施。

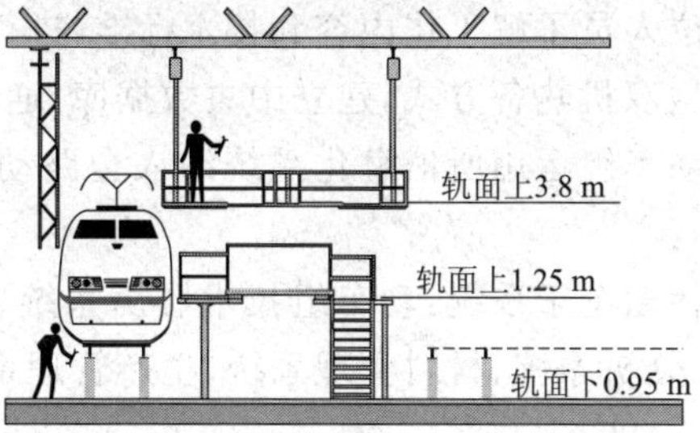

图 4-2　检修库内检修线三层作业面设置

2. 临修设施

动车组运用所应设有临修设施，可以完成动车组转向架、轮对以及车顶部件的更换。临修作业重点是对动车组走行部、上部设施出现的临修故障进行及时处理。宜设转向架、轮对更换装置、接触网活动侧移装置和起重设备。

3. 走行部故障诊断和镟轮设施

进行轮对踏面故障的在线诊断，对故障轮对进行不落轮镟修。检修库前走行线上应设置轮对踏面诊断装置。动车组从诊断装置通过时自动检查出轮对踏面的裂纹、磨耗和不圆度，并通过计算机网络将检测数据传输到检修库，动车组入库后进行相应检修。运用所应设置不落轮镟轮库。库内设置不落轮镟轮设备。不落轮镟轮设备基础前后各设 30 m 整体道床。不落轮镟轮线作业区段两端的曲线半径应不小于 400 m。

4. 车体外部自动清洗设施

进行动车组车体的外部自动清洗。动车组运用所应设动车组外部自动清洗设施，清洗线采用贯通式布置，车体外清洗设备应设置在平直线上。根据不同地区的需求，考虑是否设置清洗库。

5. 集便器排污设施

接收动车组运营中产生的污水及污物，经过基本处理后排入段内污水处理系统。固定方式真空管道应布置在工作平台下，其长度应能满足最大编组列车的卸污要求。真空管道应同时满足相邻两股整备线停留列车卸污要求且污物箱容积按满箱计算，如图 4-3 所示。

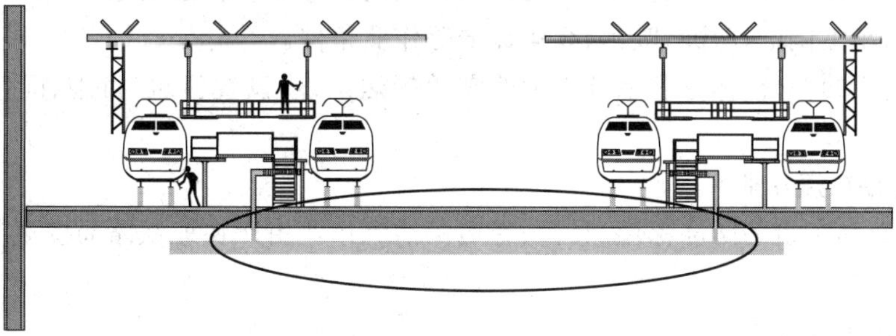

图 4-3　集便器排污设施

6. 管理信息化总体方案

实现动车组管理信息化是动车组检修基地现代化的重要标志。动车组管理信息化系统，由铁总统一制定实施方案，统一组织软件研发，纳入全路动车组信息化管理体系。

动车组运用所信息化设施，通过硬件平台的搭建，延伸管理到技术整备作业的各个环节。通过软件平台的应用，对动车组技术、生产、调度、安全监控、配件配送等各项工作进行全面的、实时的信息化管理，使各级管理人员及时掌握动车组技术安全运行情况，进行有效管理和科学决策。通过信息共享使各岗位人员了解工作内容和技术标准,进行工作质量管理和控制。

硬件平台的搭建采用小型双机热备方式,建立中央数据库,通过运行终端和检测试验设备的联网运行实现信息共享。动车组运用所信息化系统纳入全路动车组信息化管理系统,实现全路信息共享。

信息管理系统至少应包括七个子系统:动车组技术履历系统、动车组运用系统、动车组检修计划系统、动车组技术状态分析系统、材料管理系统、生产管理系统、检修记录管理系统。

7. 存车设施(图 4-4)

动车组存放设施应满足运量需要,预留发展条件。

存车线有效长度应满足能停放一列长编组动车组及 50 m 安全距离的要求。存车线线间距采用 4.6 m。设有接触网立柱或灯桥柱的存车线线间距不宜小于 6.5 m。存车场应设照明设施、消防设施及通道。

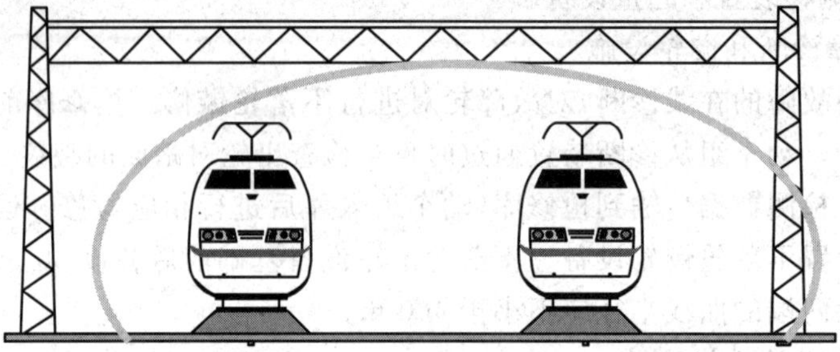

图 4-4　存车设施

五、动车组存放点

动车组因运输需要,在动车所外停留或存放时,存放点由铁路局指定,并报铁路总公司核准。

1. 动车组存放点须满足以下要求

(1)实行封闭管理,禁止闲杂人员进入。

(2)配备消防设施、灭火器材,交通、通信工具及监控等安全防范设施,并确保完好有效。

(3)具备动车组供电、防冻、吸污、客运保洁等作业条件。

(4)具备适当的办公、休息和乘务人员待乘及接送条件,设置值班、待乘、间休室及应急备品存放间等。

2. 动车组存放点作业

停留或存放动车组的防冻保温、吸污、客运保洁等作业由所在地铁路局按规范程序确定作业单位。

3. 动车组存放点管理

存放点应设专(兼)职车辆调度人员、动车组地勤机械师、动车组地勤司机,建立作业登记、钥匙交接、出退乘签到、动车组调车作业等管理制度,规范相关作业。

第二节　动车组临修及加装改造

一、临修作业

动车组发生故障需扣车临修时须填写"动车组扣修单";修竣后须填写"动车组扣修竣工单"。

二、加装改造

动车组结构改变、参数调整、软件升级等加装改造须按有关规定审批。加装改造可在动车组造修企业或具备改造条件的动车(客车)段、动车所内进行。

三、动车组试运行

上线运营的动车组须符合出所质量标准。遇下述情况时须安排动车组试运行：

(1)模拟试运行(新型动车组运营、新线开通前)；

(2)动车组新造出厂、高级检修修竣后；

(3)临修更换转向架、轮对、万向轴、主变压器、牵引电机后；

(4)重要部件、软件加装、升级后进行运用考核；

(5)专项试运行。

第三节　动车组质量卡控

一、动车组质量标准

(1)动车组一级检修须符合动车组一级检修质量标准。

(2)动车组二级检修须符合动车组二级检修质量标准。

(3)上线运营的动车组须符合《动车组出所质量标准》。

二、动车组质量监督

动车(客车)段应制定动车组运用检修质量管理办法,完善作业者自检、工长巡检、质检员专检、管理人员现场盯控的质量监督机制,落实作业者岗位负责制。

动车(客车)段须设置质量检查机构,配备质量检查人员,负责动车组质量过程控制和结果确认;应制定动车组运用检修质量检查办法,明确检查范围及工作要求。质检员基本职责：

(1)一级检修作业质量抽检、故障处理确认；

(2)二级检修作业质量确认；

(3)临修作业质量确认；

(4)出库联检；

(5)动车组运用质量鉴定。

三、动车组二级检修对规办法

铁路局、动车(客车)段应每月组织一次二级检修对规检查,对规结果逐级上报。

1. 总体要求

动车组二级检修项目按其对动车组安全性能影响的重要程度,由低到高分为A、B、C三类,具体分类见动车组二级检修质量标准。

(1)总公司每年结合标准化动车所评定工作对C类项目进行抽查对规。

(2)铁路局每月组织二级检修对规检查,每次对规检查B、C类项目均不得少于两项,年内覆盖所有C类项目。

(3)动车(客车)段每月组织二级检修对规检查，每次对规检查A、B、C类项目均不得少于三项，年内覆盖所有 B、C 类项目。

(4)铁路局、动车(客车)段应根据动车组重点故障情况、季节性特点、二级检修计划等因素，按照年度对规覆盖要求，有针对性地制定年度、月度对规计划。

2. 对规内容

动车组二级检修对规主要是针对动车组二级检修的计划、办法、过程、质量、记录进行对标检查。

(1)作业计划对规，主要检查作业项目是否存在漏修或过期检修情况。

(2)作业标准对规，主要检查运用检修作业办法、作业指导书可操作性和正确性。

(3)作业过程对规，主要检查作业准备，作业流程、质量卡控及作业安全。

(4)作业质量对规，主要检查作业项目完成的质量情况。

(5)作业记录对规，主要检查作业记录的填写情况。

3. 结果评定

动车组二级检修对规采用百分制，90 分及以上为优秀，80～89 分为良好，70 分～79 分为合格，70 分以下失格。具体评分标准见"动车组二级检修对规记录单"。

凡发生对规项目漏修或过期检修、发生人身伤害、无证上岗等问题，该项目失格，记 0 分。

4. 对规总结

(1)铁路局、动车(客车)段每月及时下发对规通报，并逐级上报。对规发现的重大问题须立即组织分析并专题汇报。

(2)铁路局、动车(客车)段每半年须做对规情况分析总结，统计汇总动车组运用检修质量标准存在的问题，提出修订建议，并逐级上报。

四、动车组运用质量鉴定办法

铁路总公司每年，铁路局每半年，动车(客车)段每月组织动车组运用质量鉴定，鉴定结果逐级上报。

1. 鉴定方式

(1)铁路总公司组织鉴定时，对各动车所随机抽取一定数量的动车组，须覆盖动车所内所有车型。

(2)铁路局组织鉴定时，每次覆盖所有动车所、配属车型，鉴定列数原则上不得少于 30 列，配属不足 30 列的全覆盖。

(3)动车(客车)段组织鉴定时，每季度对配属动车组全覆盖。

(4)每列动车组鉴定辆数不得少于编组的 50%，头车与餐车必抽，其他车辆随机抽查。

2. 考核评定

动车组运用质量鉴定故障类别见表 4-1。

(1)故障扣分标准。鉴定故障分为 A、B、C、D 四类，A 类每处每件扣 5 分，B 类每处每件扣 10 分，C 类每处每件扣 20 分，D 类每处每件扣 100 分。鉴定评分标准见表 4-1。

(2)动车组鉴定得分。每列动车组满分为 1 000 分，实际得分＝1 000－鉴定辆均扣分×8，成绩不得出现负分。

(3)动车组等级评定。实际得分 900～1 000 分为 A 级动车组，800～899 分为 B 级动车组，700～ 799 分为 C 级动车组，700 分以下为 D 级动车组。

(4)动车所鉴定成绩按列均得分排名。

(5)铁路总公司鉴定成绩纳入标准化动车所质量管理考评成绩，铁路局、动车(客车)段鉴定成绩纳入相关考核办法。

表 4-1　动车组运用质量鉴定故障

系统名称	质量标准	故障类别			
		A	B	C	D
1. 车体及车端连接					
车体结构	车顶、侧墙、端墙、底架、司机室结构无变形、无破损；车体倾斜不超限	车顶、侧墙、端墙、底架、司机室结构轻微变形1处		车体结构破损1处；车体倾斜超限	
侧门	侧门门页外观良好，玻璃无裂损，滑道无杂物、排水畅通；指示灯，开关门按钮，防护罩，各锁、阀、门把手等配件齐全、安装牢固、外观良好；集控、本地、紧急开关门功能良好、无异音；密封胶条、防挤压胶条无破损、脱出、功能正常；供风管路无漏泄；脚踏、站台补偿器、翻板配件齐全、作用良好	配件松动1处；安装螺栓松动1处；滑道有杂物；表面脱漆大于30 mm×30 mm 1处；翻板间隙过大	密封胶条、防挤压胶条破损超过30 mm 1处；供风管路漏泄1处；指示灯、开关门按钮、防护罩、各锁、阀、门把手等配件作用不良1处；门玻璃裂(未贯穿)	门玻璃破损密封失效；集控、本地、紧急开关门功能作用不良，隔离锁失效、门压紧、防挤压功能不良1处；脚踏、站台补偿器、翻板作用不良1处	车门无法正常开、闭
车窗	车窗玻璃无裂损，密封良好；窗框安装牢固、胶条无脱落	密封胶条破损不超过50mm 1处	密封胶条破损超过A类范围；车窗玻璃裂(未贯穿)	车窗玻璃破损密封失效	
	司机室前窗挡风玻璃完整、无裂损，密封良好、加热系统工作良好	密封胶条破损不超过50mm 1处	密封胶条破损超过A类范围；前窗玻璃裂(未贯穿)	加热系统不良	前窗玻璃破损密封失效
	司机室侧窗玻璃无裂损、胶条完整、无脱落；固定框架单元无变形；支撑杆、接地线安装牢固、作用良好；活动把手、安装牢固、作用良好；逃生拉手完整	配件松动1处；安装螺栓松动1处；密封胶条破损不超过50 mm 1处	支撑杆、接地线、活动把手作用不良1处；门玻璃裂(未贯穿)，逃生拉手破损	侧窗玻璃破损密封失效	
车钩缓冲装置	前端车车钩配件齐全、安装牢固，作用良好；各传感器安装牢固、无破损；各空气管路无漏泄，塞门把手位置正确；车钩高度符合限度要求；橡胶缓冲器无开裂	配件松动1处	各传感器、空气管路、塞门把手破损、缺失1处；橡胶缓冲器开裂；管路漏泄，塞门把手位置不到位	车钩作用不良；车钩高度超限	
	中间车车钩配件齐全、安装牢固，连接状态良好；压溃管外观无变形、无裂纹，连接卡箍状态良好，连接螺栓紧固；车钩横向油压减振器、车端减振器状态良好，安装无松动、无漏油；安全钢丝绳无丢失；车钩连接风管连接状态良好，无漏泄；车钩安装座、缓冲器及后座橡胶固定螺母安装紧固	配件松动1处；安装螺栓松动1处；安全钢丝绳丢失	减振器漏油、裂损1处；配件破损1处；风管漏泄	减振器漏油、裂损1处；配件破损1处；风管漏泄	中间车钩连接状态不良；压溃管变形、裂纹

续上表

系统名称	质量标准	故障类别			
		A	B	C	D
头罩装置	头罩完整无变形、无破损，紧固件无松动；开闭机构完整无变形、作用良好；锁紧装置作用良好；前部盖板四角锁作用良好，锁闭到位，各部件无脱漆；各气缸安装牢固，功能良好；外部电源连接器盖板锁闭到位，无缺损；蜂鸣器状态良好	配件松动1处；安装螺栓松动1处；蜂鸣器状态不良；表面脱漆大于30 mm×30 mm 1处	锁紧装置、前部盖板四角锁作用不良；头罩破损1处	气缸、开闭机构作用不良	
风挡	内、外风挡，车顶风挡及防雪风挡安装牢固、无破损；渡板无破损，翻转自如；锁紧装置作用良好	安装松动1处	风挡破损不超过50 mm（未贯穿）；渡板破损或作用不良；锁闭不良	风挡破损长度超过B类范围者	
车体附件	主、辅助排障器安装螺栓紧固、无丢失，安装高度符合限度要求；导流罩、玻璃钢裙板、设备舱、万向轴防护架、端墙盖板整体完整，无脱漆、无变形、无破损，安装牢固	配件松动1处；安装螺栓松动1处；表面脱漆大于30 mm×30 mm 1处	排障器安装限度不符合规定；主排障器安装螺栓松动1处	排障器安装螺栓缺失1处	排障器丢失
车体附件	裙板外观良好，无变形、无破损，各部安装螺丝紧固无松动；各附属配件齐全、安装牢固、作用良好；各类盖板齐全、状态良好，外观完整无破损、无变形，防护玻璃无雾化，显示灯作用良好；牵引电机冷却风机进风口盖板锁闭良好，格栅、滤网无变形、破损；各部支架、骨架无裂纹，安装牢固	配件松动1处；安装螺栓松动1处；表面脱漆大于30 mm×30 mm 1处；防护玻璃雾化；裙、底板及各类盖板破损1处；格栅破损1处；滤网脏堵、变形1处	裙、底板及各类盖板锁闭不良1处；显示器、水位显示灯功能不良1处；各附属配件丢失1处；各安装支架、骨架断裂1处	排污口、注水口、注砂口、注油口、塞门等盖板缺失	裙、底板缺失
车体外观	车体油漆良好；标记完整清晰	表面脱漆大于30 mm×30 mm 1处；标记不完整	标记不清晰		
2. 转向架					
构架组成	构架、联系枕梁、天线梁、制动梁及电机吊架外观良好，无变形、裂纹及腐蚀；制动梁弹性橡胶节点无老化、龟裂，球形节点及心轴状态良好、无腐蚀	表面脱漆大于30 mm×30 mm 1处	橡胶节点老化、开裂、破损1处	各梁及吊架裂纹	各梁及吊架断裂
构架组成	横向橡胶止挡和挡板无缺失、松动和破损	横向橡胶止挡和挡板松动、破损		横向橡胶止挡和挡板缺失	
轮对轴箱组成	轮对及制动盘各部配件齐全、紧固件无松动；各部限度符合规定；制动盘内无杂物；轴身防腐涂层无损伤、剥落	制动盘内有杂物	轴身防腐涂层剥落1处	安装螺栓松1处；制动盘磨耗、裂纹过限	轮轴各部裂纹、擦伤、剥离、缺损超限
轮对轴箱组成	轴箱及定位装置各部配件齐全，无松动、裂损；橡胶节点无老化、龟裂；轴箱前后盖安装螺栓紧固，无松动、甩油	节点橡胶老化、龟裂1处；橡胶防尘盖、呼吸器、铰链缺损1处	轴箱有渗油痕迹	轴箱前后盖安装螺栓松动1处	轴箱体有裂纹、破损

续上表

系统名称	质量标准	故障类别			
		A	B	C	D
一系悬挂	轴箱弹簧无断裂，橡胶护套无破损；垂向减振器状态良好，安装无松动、无漏油；垂向止挡、轴箱拉杆状态良好；防振橡胶无老化、龟裂	防松铁丝失效；橡胶护套破损1处；防振橡胶老化、龟裂	垂向减振器漏油、裂损1处；垂向止挡、轴箱拉杆作用不良；内外弹簧组裂纹1处	安装螺栓缺失、断裂1处；内外弹簧组断裂1处	
二系悬挂	牵引拉杆、中心销外观及安装状态良好；牵引座无裂纹；牵引杆橡胶节点无老化、龟裂	防松铁丝失效1处	橡胶节点老化、开裂、破损1处	安装螺栓松动1处	裂纹1处
	抗侧滚扭杆及扭杆吊杆装置安装牢固，安全吊绳安装牢固		橡胶节点老化、开裂、破损1处；抗侧滚扭杆左右间隙超限	安装螺栓松动1处	裂纹1处
	减振器状态良好，安装无松动、无漏油；减振器座无裂纹，各橡胶节点无老化、龟裂	防松铁丝失效1处；橡胶护套破损	减振器漏油、裂损1处；橡胶节点老化、开裂、破损1处	安装螺栓松动1处	减振器座裂纹
	高度调整阀及托架安装牢固；各阀及连接管路无漏泄；高度调整杆无弯曲变形，连接可靠；定位螺栓无松动	定位螺栓松动1处	高度调整杆弯曲变形、连接不良1处；高度调整阀及托架安装松动；阀及连接管路漏泄1处	高度调整阀失效	
	空气弹簧气囊无严重龟裂、划伤，无漏泄；其附属配件齐全、安装牢固、作用良好，连接空气管系无腐蚀、裂损、漏泄	附属配件安装松动1处	气囊龟裂、划伤超过限度	漏泄	
驱动装置	齿轮箱整体密封良好，安装螺栓紧固，无漏油现象；齿轮箱油位及油色正常；其附属配件齐全，安装牢固；挡水密封圈状态良好	防松铁丝失效1处；齿轮箱油窗不清晰	油窗裂损、漏油1处，配件松动1处；挡水密封圈脱出	油位、油色不符合要求；附属配件缺失1处	
	万向轴安装螺栓齐全、紧固；万向轴无裂纹；轴承套管无变色或过热痕迹；弹性挡圈无错位；注油嘴、防尘帽无缺失；十字接头无损伤	注油嘴、防尘帽缺失1处	安装螺丝松动1处；轴承套管有变色或过热痕迹；弹性挡圈错位	十字接头损伤	万向轴裂纹
	联轴器外观及安装状态良好；联轴器各连接螺栓安装紧固，无漏油		漏油	螺栓丢失或松动1处	联轴器裂纹或脱出
转向架附件	各传感器、管件、管卡、接地线及线盒等配件齐全，无破损、无松动；半主动控制装置、轮缘润滑装置、撒砂装置、失稳检测装置安装牢固，作用良好	各传感器、管件、管卡、接地线及线盒等配件松动1处；撒砂装置缺砂、轮缘润滑装置缺油	各传感器、管件、接地线及线盒等配件破损1处；管卡缺失1处	各传感器、装置作用不良	
	辅助排障器安装牢固；挡块及胶皮无丢失和弯曲变形、不超限	挡块或胶皮弯曲变形、缺损1处	与轨面距离超限	安装螺栓松动1处	

续上表

系统名称	质量标准	故障类别			
		A	B	C	D
3. 高压牵引系统					
	受电弓各部件安装牢固，无丢失、变形、松动，气路无漏泄；各关节转动灵活；弓头弹簧无裂损；弓角、碳滑板符合限度规定；软编线完好；气囊无裂损；升弓控制盒锁闭良好		配件裂损、变形（不影响使用）；安装螺栓松动1处；软编线断股超限；升弓控制盒锁闭不良；气囊龟裂、划伤超过限度	弓角、碳滑板超限；软编线折断；气路漏泄	受电弓无法正常使用
高压电器	真空断路器、高压隔离开关各连接点接线牢固、无松动，表面清洁；接地开关动作灵活	清洁不良	橡胶老化、裂损1处，接地开关动作不良；螺栓松动1处	接线松动1处	
	各绝缘子安装牢同、清洁良好，无破损、老化、龟裂，防污闪喷涂到位	清洁不良1处；防污闪涂层脱落1处	破损超限1处	螺栓松动1处	
	高压设备箱、高压控制箱清洁、密封良好，管路无漏泄，接线、部件牢固、无破损，联锁机构良好	清洁不良	密封不良	接线松动1处；管路漏泄1处	联锁失效
	高压电缆，高压连接器、接头，滤波单元，避雷器，高压互感器，网端检测装置，综合测量仪，谐波滤波电路电阻器箱，MUB，制动变阻器等接线牢固、无破损	接地线断股1处；清洁不良1处；防污闪涂层脱落1处	电缆上的绝缘层破损1处	接线及安装螺栓松动1处；熔断器失效	
	牵引变压器及冷却单元、牵引变流器及冷却单元、牵引辅助变流器、滤波器箱等清洁、接线牢固，功能良好；风扇转动无异音；液位正常，干燥剂不失效	清洁不良1处	接线松动1处；干燥剂失效	风扇转动异音；液位低或溢油；牵引变流器失效	牵引变压器失效
牵引装置	限压电阻器、制动电阻器安装牢固、接线良好	接地线断股1处	接线及安装螺栓松动1处	功能失效	
	牵引电机各螺栓无松动，电机安装座、吊杆、板簧无裂纹、无松动；电机电源线、接地线、传感器及配线无破损、状态良好；电机注油堵安装良好；冷却风道无破损，安装牢固；排风口良好	注油堵安装不良1处；冷却风道安装不牢固或破损1处	配件松动1处；接线破损1处；注油堵缺失1处；排风口堵塞	电源线、传感器及配线松动破损1处	安装座裂纹1处；电机作用不良
4. 辅助电气系统					
	各电源插座安装牢固、无裂损，插孔无烧损、导通良好	电源插座安装松动、裂损1处	导通不良1处	插孔烧损1处	
	各配电盘、配电柜、配电箱、接线箱等门、柜体、箱体、保护盖安装牢固，无变形、无损坏，标识牌、线号齐全、清晰；柜内清洁，各电器元件齐全、安装牢固、作用良好、设定值符合规定；接线端子无锈蚀、无变色；电气配线外皮无老化、无破损，连接良好	门、柜体、箱体、保护盖等变形、破损1处，铰链、安装螺栓松动1处，门锁作用不良1处；标识牌缺失、不清晰1处；控制柜清洁不良1处	接线端子锈蚀、变色或松动1处；各电器元件安装松动1处；线号缺失、不清晰1处	电气配线外皮老化、破损1处；接线端子松脱、烧损1处；电器元件设定值不符合规定1处	电气元件烧损1处

续上表

系统名称	质量标准	故障类别			
		A	B	C	D
	中、低压电气连接电缆连接良好，电缆外皮、护套无老化、无烧损；线盒盖安装螺栓齐全、密封良好；线卡齐全、无松动；各接地线连接良好、无破损	线盒盖安装螺栓松动、缺失1处；线卡松动1处	电气连接电缆护套破损、老化1处；线卡缺失1处；各接地线连接不良	电气连接电缆外皮老化、破损1处；连接不良1处	
	蓄电池液位、电压符合要求，表面清洁；各接线端子紧固无腐蚀、无变色；蓄电池接触器、充电机功能良好，表面清洁，各接线端子紧固无变色；蓄电池箱滑道功能正常，箱体无变形、无腐蚀	表面不清洁；滑道卡滞；箱体变形、腐蚀	接线端子锈蚀、变色或松动1处	蓄电池液位、电压不符合要求1处；蓄电池接触器、充电机功能不良	
	辅助电源装置，辅助整流装置，单、双辅助变流器，单相逆变器，单相逆变电源，各电源模块功能良好			功能不良1处	功能不良2处及以上
5. 供风及制动系统					
供风装置	主空压机、辅助空压机运行状态良好，安装牢固，电气连接器连接牢固，油位、油色正常、无漏泄；各风缸、供风管路、各阀、滤尘器等安装牢固，无损伤、无漏泄；橡胶管路无老化、无鼓泡	各风缸、供风管路、各阀、滤尘器等安装松动1处	主空压机、辅助空压机、电气连接器安装松动1处；油位、油色异常，渗油1处；橡胶管路老化、鼓泡1处；漏泄1处	主空压机、辅助空压机运行状态不良1处；安全阀失效1处	
制动控制装置	各部配件齐全、安装牢固、状态良好	配件安装松动1处	漏泄1处	状态不良1处	
基础制动装置	制动夹钳装置配件齐全、安装牢固、无漏泄；踏面清扫装置、闸片无裂损、安装正确、限度符合规定；停放制动手缓装置安装牢固、作用良好； 增压缸安装牢固、无变形，悬吊部件无裂纹，管路无漏泄，行程杆符合限度要求；防滑阀状态良好	松动、变形1处	踏面清扫装置、闸片裂损、超限1处；停放制动手缓装置作用不良1处；漏泄1处；增压缸行程杆超限1处	制动夹钳作用不良1处；闸片开口销缺失1处；增压缸悬吊部件裂纹1处；防滑阀作用不良1处	踏面清扫装置、闸片错装、缺失1处
6. 网络控制系统					
	自动过分相装置安装牢固、配件齐全、功能良好、限度符合要求	安装松动1处	接收装置破损1处、高度不符合要求；配线连接不良1处；配件缺失1处	系统工作不良	
	烟火报警器、主机安装牢固，接线无松动，人机界面显示正常，功能良好	安装松动1处	探头失效1处；主机显示不良	系统工作不良	
	各监视器、列车总线，车辆总线、各控制单元、各控制模块接线无松动、功能良好	接线松动1处		各监视器工作不良；网络通信传输不良	
7. 旅客信息系统					
	车内、外信息显示装置安装牢固，无变形、无破损，显示正常	变形、安装松动1处	显示异常、显示屏裂损1处		

续上表

系统名称	质量标准	故障类别			
		A	B	C	D
	影视系统配件齐全、安装牢固、功能良好	安装松动1处	电视显示不良1处	电视烧损1处	
	各主机及输入设备配件齐全、安装牢固、功能良好	安装松动1处	缺失、损坏1处;功能不良1处		
	广播联络装置配件齐全、安装牢固、功能良好	安装松动1处	缺失、损坏1处;功能不良1处		
	FM、GPS天线齐全,安装座安装牢固、无变形、无裂纹	安装松动1处	天线座变形、裂纹1处	天线缺失1处	
8. 车内环境控制系统					
空调装置	空调机组部件安装牢固、壳体无变形;冷凝风机扇叶无抗磨、防护网完整,工作无异音;制冷、加热、通风系统工作正常;换热器翅片无倒伏,排水畅通;各传感器安装牢固,各风口格栅无变形、无堵塞	部件安装松动1处;空调机组壳体变形1处;各风口格栅变形或堵塞1处	冷凝风机扇叶抗磨、防护网断裂1处;换热器翅片倒伏,影响换热,排水不畅1处	空调机组运行有异音;单台压缩机不能工作;系统不制热	系统不制冷
	室内采暖装置各电加热器安装牢固、内部清洁、功能良好,各接线端子紧固无变色	安装松动1处;有杂物	接线端子锈蚀、变色或松动1处	电加热器失效	
	逆变器箱、应急逆变电源、司机室空凋电源箱、司机室空调变压器功能良好,表面清洁;各接线端子紧固无变色	安装松动1处;有杂物	接线端子锈蚀、变色或松动1处	功能不良1处;接线端子松脱、烧损1处	
	换气装置、压力波装置等安装牢固、功能良好,表面清洁;风道无破损、无脏堵;空气过滤器清洁无杂物	安装松动1处;有杂物	压力波装置失效;风道破损	换气装置失效	
照明装置	灯具及配件齐全、安装牢固、灯色一致、作用良好;灯罩清洁、无裂损	安装松动1处;灯罩脏、裂损1处;客室灯1处不亮;灯色不一致	司机室、卫生间灯1处不亮	照明失效	
9. 给排水及卫生系统					
供排水装置	管系、净水箱无漏泄,注水装置功能良好;防寒层无破损	防寒层破损1处	漏泄1处;净水箱、注水装置功能不良	净水箱、注水装置无法进水	
饮水设施	电开水炉、饮水机各部配件、标识齐全、作用良好;电气控制柜柜门无变形,锁闭状态良好;柜内接线无松动、锈蚀;各指示灯显示正常;管系无漏泄,炉体无锈蚀;积水托盘、滤网无堵塞	配件松动1处;柜门锁闭不良1处;标识不齐1处	指示灯作用不良1处;接线端子松动;管系漏泄或锈蚀1处;配件缺损1件	不能正常工作	
盥洗设施	温水器、洗面台、皂液器、衣帽钩、水龙头、纸盒、干手器、垃圾箱、门帘、照面镜等安装牢固、无裂损、配件齐全、作用良好	松动、裂损、缺失1处;作用不良1处			

续上表

系统名称	质量标准	故障类别			
		A	B	C	D
厕所	厕所配件齐全、安装牢固、无裂损、作用良好；照面镜无裂损；便器、洗手盆工作良好、无堵塞，滤网无缺失，皂液器功能良好；紧急呼叫装置性能良好，婴儿护理桌及扶手状态良好；垃圾箱锁闭良好，活页门状态良好；各电气装置接线良好、无锈蚀；控制柜内各气路、水路管系紧固无漏泄	各配件安装松动、裂损或锁闭不良1处；垃圾箱活页门作用不良；皂液器功能不良；洗手盆作用不良；照面镜裂损	接线不良、端子锈蚀1处；配件缺少1件，气路、水路管系漏泄1处；紧急呼叫装置功能不良；婴儿护理桌及扶手使用不良；便器作用不良1处		
集便装置	污物箱、管系无漏泄；排污阀、冲洗口作用良好，无漏泄；防寒层无破损	污物箱变形1处；防寒层破损1处	漏泄1处；排污阀、冲洗口作用不良		
伴热装置	净水箱、污物箱、管系伴热装置功能正常		净水箱、污物箱、管系伴热装置功能不良1处		
10. 车内设施					
内装	墙板、顶板、地板无松动、无磨损、无变形；顶板不渗水，地板不积水；窗帘清洁、无破损、伸缩正常，卡扣齐全，功能良好	板体松动、磨损、变形1处；窗帘脏污、破损1处，伸缩不良，卡扣缺失、功能不良1处	板体破损1处	顶板渗水，地板积水	
内部门	内、外端门安装牢固，玻璃完整、无裂损；门板无变形，功能良好；胶条无脱落、破损；门锁作用良好、状态指示清晰；自动开关门功能正常	配件安装松动1处；胶条脱落、破损1处；门锁作用不良、状态指示不清晰1处	门板变形、划伤超过100 mm（不影响使用）；状态选择开关作用不良1处；玻璃裂纹1处；开关门卡滞	门板裂损；门作用不良	
	卫生间门安装牢固，门板无裂损、无变形，功能良好；胶条无脱落、破损；门锁作用良好、状态指示清晰；残疾人厕所门自动开关门功能正常	配件安装松动1处；胶条脱落、破损1处；门锁作用不良、状态指示不清晰1处	门板变形、划伤超过100 mm（不影响使用）；状态选择开关作用不良1处；开关门卡滞	门板裂损；门作用不良	
	司机室、监控室、乘务员室、多功能室等门安装牢固，门扇无裂损、无变形；玻璃完整、无裂损；胶条无脱落、破损；门锁作用良好，开关门功能正常	配件安装松动1处；胶条脱落、破损1处	门板变形、划伤超过100 mm（不影响使用）；状态选择开关作用不良1处；玻璃裂纹1处；开关门卡滞；门锁作用不良	门板裂损；门作用不良	
客室设施	座椅配件齐全，固定螺栓无松动；标识齐全、调整功能良好；座椅外壳无变形、裂损；扶手转动良好，无磨损；网兜、坐垫无破损、脏污；脚蹬作用良好、无裂损；活动茶几板、茶几扣、衣帽钩安装状态良好；旋转座椅旋转功能良好	脚蹬作用不良或裂损1处；坐垫、网兜破损1个；固定螺栓松动、缺失1处；扶手松动或磨损1处；座椅外壳变形、裂损1处；茶几板、茶几扣、衣帽钩功能不良1处	调节功能作用不良1处；旋转座椅旋转不良1处；座椅靠背无法固定		

续上表

系统名称	质量标准	故障类别			
		A	B	C	D
客室设施	司机座椅各部配件齐全、安装牢固，头枕、扶手无破损，翻转灵活，各项调节功能良好	安装螺栓松动1处；头枕或扶手破损	配件缺失1处；调节功能作用不良1处		
	行李架无变形、无破损，安装状态良好；大件行李架配件安装牢固	行李架变形、破损1处；安装不牢1处			
	茶桌、衣帽钩安装牢固、配件齐全、作用良好；餐车、禁烟、儿童购票线等各种标识齐全，安装牢固、清晰	标识缺少或安装不牢1处；配件安装松动1处；衣帽钩折损失效；茶桌破损1处			
	备品柜、储物柜、垃圾箱外观状态良好，锁闭功能正常，活页门作用良好	外观破损1处；锁闭不良1处；活页门作用不良			
	监控室、乘务员室、多功能室内部配件齐全、安装牢固；工作台面、座椅无破损、状态良好；各显示屏状态良好，各储物柜状态良好，锁闭到位	松动1处；储物柜、工作台面状态不良，储物柜锁闭不良；工作台面破损1处；座椅破损1处	功能状态不良1处；配件缺失1处		
厨房设施	制冷、加热等餐饮电气设备齐全、外观良好、功能正常；吧台、酒吧桌、餐桌、座椅、百叶窗、展示柜、清洗池、储物柜等设备安装牢固、无破损、状态良好	部件破损1处；各门、翻板作用不良1处；指示灯作用不良1处；展示柜状态不良	制冷、加热作用不良		
应急备品	应急备品配置齐全，安全锤、灭火器安装牢固、状态良好，铅封未破封	安装松动1处	铅封破封；检定过期或失效；压力指示不正常；挂具不良	应急备品缺失	
11. 驾驶设施					
	操纵台面板安装牢固、外观良好；各手柄、按钮、指示灯等设备安装牢固、作用良好；仪表检定不过期	面板变形、松动、破损	仪表检定过期1处；按钮、指示灯安装松动1处	手柄松动、卡滞；指示灯失效1处	手柄、按钮失效
	各显示器显示清晰，各系统当前无故障；后视摄像机安装牢固、外体无变形、破损，镜头清洁	安装松动1处；外壳变形，镜头脏	镜头保护盖破损1处	显示器显示异常	
	雨刷器部件齐全、安装牢固、作用良好；前照灯、标志灯外观良好、清洁无裂损、功能正常；前舱设备齐全、安装牢固、无漏泄，各阀位置正确	雨刮器喷水不正常，管系漏泄、堵塞；灯罩清洁不良	雨刷器臂破损或变形；胶条破损或脱落；传动机构卡滞，刮雨行程不够；灯罩裂损1处；前舱设备管系漏泄1处	配件缺少1处；电机不工作；标志灯灭1处；阀位置不正确1处	前照灯灭；标志灯全灭
	升、换弓操作、牵引试验、制动试验、手柄试验、灯试验、集控开关门试验、风笛试验、司机安全警惕装置试验良好			灯、风笛、司机安全警惕装置试验不良	升、换弓操作、牵引试验、制动试验、手柄试验、集控开关门试验等试验不良

五、动车组出库质量标准

1. 车体及车端连接

(1)车体结构

①车顶、侧墙、端墙、底架、司机室结构无变形、无破损。

②车体倾斜不超限。

(2)侧门

①侧门门页外观良好，玻璃无裂损，滑道无杂物、排水畅通；密封胶条、防挤压胶条无破损、脱出、功能正常。

②指示灯，开关门按钮，防护罩，各锁、阀、门把手等配件齐全、安装牢固、外观良好。

③集控、本地、紧急开关门功能良好、无异音；供风管路无漏泄。

④脚踏、站台补偿器、翻板配件齐全、作用良好。

(3)车窗

①车窗玻璃无裂损，密封良好；窗框安装牢固、胶条无脱落。

②司机室前窗挡风玻璃完整、无裂损，密封良好、加热系统工作良好。

③司机室侧窗玻璃无裂损、胶条完整、无脱落；固定框架单元无变形；支撑杆、接地线安装牢固，作用良好；活动把手安装牢固，作用良好；逃生拉手完整。

(4)车钩缓冲装置

①前端车钩配件齐全、安装牢固，作用良好；各传感器安装牢固、无破损；各空气管路无漏泄，塞门把手位置正确；车钩高度符合限度要求；橡胶缓冲器无开裂。

②中间车钩配件齐全、安装牢固，连接状态良好；压溃管外观无变形、无裂纹，连接卡箍状态良好，连接螺栓紧固；安全钢丝绳无丢失。

③车钩横向油压减振器、车端减振器状态良好，安装无松动、无漏油。

④车钩连接风管连接状态良好，无漏泄；安装座、缓冲器及后座橡胶固定螺母安装紧固。

(5)头罩装置

①头罩完整无变形、无破损，紧固件无松动。

②开闭机构完整无变形、作用良好；锁紧装置作用良好；各气缸安装牢固，功能良好。

③前部盖板四角锁作用良好，锁闭到位，各部件无脱漆；外部电源连接器盖板锁闭到位，无缺损。

④蜂鸣器状态良好。

(6)风挡

①内、外风挡，车顶风挡及防雪风挡安装牢固、无破损。

②渡板无破损，翻转自如；锁紧装置作用良好。

(7)车体附件

①主、辅助排障器安装螺栓紧固、无丢失，安装高度符合限度要求。

②导流罩、玻璃钢裙板、设备舱、万向轴防护架、端墙盖板整体完整，无脱漆、无变形、无破损，安装牢固。

③裙板外观良好，无变形、无破损，各部安装螺栓紧固无松动；各附属配件齐全、安装牢固、作用良好；格栅、滤网无变形、破损。

④各类盖板齐全、状态良好，外观完整无破损、无变形，防护玻璃无雾化，显示灯作用良好。

⑤牵引电机冷却风机进风口盖板锁闭良好。

⑥各部支架、骨架无裂纹，安装牢固。

(8)车体外观

①车体油漆良好。

②标记完整清晰。

2. 转向架

(1)构架组成

①构架、联系枕梁、天线梁、制动梁及电机吊架外观良好，无变形、裂纹及腐蚀。

②制动梁弹性橡胶节点无老化、龟裂，球形节点及心轴状态良好、无腐蚀。

③横向橡胶止挡和挡板无缺失、松动和破损。

(2)轮对轴箱组成

①轮对及制动盘各部配件齐全、紧固件无松动；各部限度符合规定；制动盘内无杂物；轴身防腐涂层无损伤、剥落。

②轴箱及定位装置各部配件齐全，无松动、裂损；橡胶节点无老化、龟裂；前后盖安装螺栓紧固，无松动、甩油。

(3)一系悬挂

①轴箱弹簧无断裂，橡胶护套无破损。

②垂向减振器状态良好，安装无松动、无漏油。

③垂向止挡、轴箱拉杆状态良好。

④防振橡胶无老化、龟裂。

(4)二系悬挂

①牵引拉杆、中心销外观及安装状态良好；牵引座无裂纹；橡胶节点无老化、龟裂。

②抗侧滚扭杆及扭杆、吊杆装置安装牢固，安全吊绳安装牢固。

③减振器状态良好，安装无松动、无漏油；减振器座无裂纹，各橡胶节点无老化、龟裂。

④高度调整阀及托架安装牢固；定位螺栓无松动；各阀及连接管路无漏泄；高度调整杆无弯曲变形，连接可靠。

⑤空气弹簧气囊无严重龟裂、划伤，无漏泄；附属配件齐全、安装牢固、作用良好，连接空气管系无腐蚀、裂损、漏泄。

(5)驱动装置

①齿轮箱整体密封良好，安装螺栓紧固，无漏油现象；油位及油色正常；附属配件齐全，安装牢固；挡水密封圈状态良好。

②万向轴安装螺栓齐全、紧固，无裂纹；轴承套管无变色或过热痕迹；弹性挡圈无错位；注油嘴、防尘帽无缺失；十字接头无损伤。

③联轴器外观及安装状态良好；各连接螺栓安装紧固，无漏油。

(6)转向架附件

①各传感器、管件、管卡、接地线及线盒等配件齐全，无破损、无松动。

②半主动控制装置、轮缘润滑装置、撒砂装置、失稳检测装置安装牢固，作用良好。

③辅助排障器安装牢固；挡块及胶皮无丢失 和弯曲变形，不超限。

3. 高压牵引系统

(1)高压电器

①受电弓各部件安装牢固，无丢失、变形、松动，气路无漏泄；各关节转动灵活；弓头弹簧无裂损；弓角、碳滑板符合限度规定；软编线完好；气囊无裂损；升弓控制盒锁闭良好。

②真空断路器、高压隔离开关各连接点接线牢固、无松动，表面清洁；接地开关动作灵活。

③各绝缘子安装牢固、清洁良好，无破损、老化、龟裂，防污闪喷涂到位。

④高压设备箱、高压控制箱清洁、密封良好，管路无漏泄，接线、部件牢固、无破损，联锁机构良好。

⑤高压电缆，高压连接器、接头，滤波单元，避雷器，高压互感器，网端检测装置，综合测量仪，谐波滤波电路电阻器箱，MUB，制动变阻器等接线牢固、无破损。

(2)牵引装置

①牵引变压器及冷却单元、牵引变流器及冷却单元、牵引辅助变流器、滤波器箱等清洁、接线牢固，功能良好；风扇转动无异音；液位正常，干燥剂不失效。

②限压电阻器、制动电阻器安装牢固、接线良好。

③牵引电机各螺栓无松动，电机安装座、吊 杆、板簧无裂纹、无松动；电源线、接地线、传感器及配线无破损、状态良好；注油堵安装良好；冷却风道无破损，安装牢固；排风口良好。

4. 辅助电气系统

(1)各电源插座安装牢固、无裂损，插孔无烧损、导通良好。

(2)各配电盘、配电柜、配电箱、接线箱等门、柜 体、箱体、保护盖安装牢固，无变形、无损坏，标识牌、线号齐全、清晰；柜内清洁，各电器元件齐全、安装牢固、作用良好、设定值符合规定；接线端子无锈蚀、无变色；电气配线外皮无老化、无破损，连接良好。

(3)中、低压电气连接电缆连接良好，电缆外皮、护套无老化、无烧损；线盒盖安装螺栓齐全、密封良好；线卡齐全、无松动；各接地线连接良好、无破损。

(4)蓄电池液位、电压符合要求，表面清洁；各接线端子紧固无腐蚀、无变色；蓄电池接触器、充电机功能良好，表面清洁，各接线端子紧固无变色；蓄电池箱滑道功能正常，箱体无变形、无腐蚀。

(5)辅助电源装置，辅助整流装置，单、双辅助变流器，单相逆变器，单相逆变电源，各电源模块功能良好。

5. 供风及制动系统

(1)供风装置

①主空压机、辅助空压机运行状态良好，安装牢固，电气连接器连接牢固，油位、油色正常、无漏泄。

②各风缸、供风管路、各阀、滤尘器等安装牢固，无损伤、无漏泄；橡胶管路无老化、无鼓泡。

(2)制动控制装置

各部配件齐全、安装牢固、状态良好。

(3)基础制动装置

①制动夹钳装置配件齐全、安装牢固、无漏泄。

②踏面清扫装置、闸片无裂损、安装正确、限度符合规定。

③停放制动手缓装置安装牢固、作用良好。

④增压缸安装牢固、无变形，悬吊部件无裂纹，管路无漏泄，行程杆符合限度要求。

⑤防滑阀状态良好。

6. 网络控制系统

(1)自动过分相装置安装牢固、配件齐全、功能 良好、限度符合要求。

(2)烟火报警器、主机安装牢固,接线无松动,人机界面显示正常,功能良好。

(3)各监视器、列车总线,车辆总线、各控制单元、各控制模块接线无松动、功能良好。

7. 旅客信息系统

(1)车内、外信息显示装置安装牢固,无变形、无破损,显示正常。

(2)影视系统配件齐全、安装牢固、功能良好。

(3)各主机及输入设备配件齐全、安装牢固、功能良好。

(4)广播联络装置配件齐全、安装牢固、功能良好。

(5)FM、GPS 天线齐全,安装座安装牢固、无变形、无裂纹。

8. 车内环境控制系统

(1)空调装置

①空调机组部件安装牢固、壳体无变形;冷凝风机扇叶无抗磨、防护网完整,工作无异音;制冷、加热、通风系统工作正常;换热器翅片无倒伏,排水畅通;各传感器安装牢固,各风口格栅无变形、无堵塞。

②室内采暖装置各电加热器安装牢固、内部清洁、功能良好,各接线端子紧固无变色。

③逆变器箱、应急逆变电源、司机室空调电源箱、司机室空调变压器功能良好,表面清洁;各接线端子紧固无变色。

④换气装置、压力波装置等安装牢固、功能良好,表面清洁;风道无破损、无脏堵;空气过滤器清洁无杂物。

(2)照明装置

灯具及配件齐全、安装牢固、灯色一致、作用良好;灯罩清洁、无裂损。

9. 给排水及卫生系统

(1)供排水装置

管系、净水箱无漏泄,注水装置功能良好;防寒层无破损。

(2)饮水设施

①电开水炉、饮水机各部配件、标识齐全、作用良好;管系无漏泄,炉体无锈蚀;积水托盘、滤网无堵塞。

②电气控制柜柜门无变形,锁闭状态良好;柜内接线无松动、锈蚀;各指示灯显示正常。

(3)盥洗设施。温水器、洗面台、皂液器、衣帽钩、水龙头、纸盒、干手器、垃圾箱、门帘、照面镜等安装牢固、无裂损、配件齐全、作用良好。

(4)厕所

①厕所配件齐全、安装牢固、无裂损、作用良好。

②照面镜无裂损;便器、洗手盆工作良好、无堵塞,滤网无缺失;皂液器功能良好;垃圾箱锁闭良好,活页门状态良好。

③紧急呼叫装置性能良好,婴儿护理桌及扶手状态良好。

④各电气装置接线良好、无锈蚀;控制柜内各气路、水路管系紧固无漏泄。

(5)集便装置。污物箱、管系无漏泄;排污阀、冲洗口作用良好,无漏泄;防寒层无破损。

(6)伴热装置。净水箱、污物箱、管系伴热装置功能正常。

10. 车内设施

(1)内装

①墙板、顶板、地板无松动、无磨损、无变形；顶板不渗水，地板不积水。

②窗帘清洁、无破损、伸缩正常，卡扣齐全，功能良好。

(2)内部门

①内、外端门安装牢固，玻璃完整、无裂损；门板无变形，功能良好；胶条无脱落、破损；门锁作用良好、状态指示清晰；自动开关门功能正常。

②卫生间门安装牢固，门板无裂损、无变形，功能良好；胶条无脱落、破损；门锁作用良好、状态指示清晰；残疾人厕所门自动开关门功能正常。

③司机室、监控室、乘务员室、多功能室等门安装牢固，门扇无裂损、无变形；玻璃完整、无裂损；胶条无脱落、破损；门锁作用良好，开关门功能正常。

(3)客室设施

①座椅配件齐全，固定螺栓无松动；标识齐全、调整功能良好；外壳无变形、裂损；扶手转动良好，无磨损；网兜、坐垫无破损、脏污；脚蹬作用良好、无裂损；活动茶几板、茶几扣、衣帽钩安装状态良好；旋转座椅旋转功能良好。

②司机座椅各部配件齐全、安装牢固；头枕、扶手无破损、翻转灵活；各项调节功能良好。

③行李架无变形、无破损，安装状态良好；大件行李架配件安装牢固。

④茶桌、衣帽钩安装牢固、配件齐全、作用良好。

⑤餐车、禁烟、儿童购票线等各种标识齐全，安装牢固、清晰。

⑥备品柜、储物柜、垃圾箱外观状态良好，锁闭功能正常，活页门作用良好。

⑦监控室、乘务员室、多功能室内部配件齐全、安装牢固；工作台面、座椅无破损、状态良好；各显示屏状态良好，各储物柜状态良好，锁闭到位。

(4)厨房设施

①制冷、加热等餐饮电气设备齐全、外观良好、功能正常。

②吧台、酒吧桌、餐桌、座椅、百叶窗、展示柜、清洗池、储物柜等设备安装牢固、无破损、状态良好。

(5)应急备品

①应急备品配置齐全。

②安全锤、灭火器安装牢固、状态良好，铅封未破封。

11. 驾驶设施

(1)操纵台面板安装牢固、外观良好；各手柄、按钮、指示灯等设备安装牢固、作用良好；仪表检定不过期。

(2)各显示器显示清晰，各系统当前无故障；后视摄像机安装牢固、外体无变形、破损，镜头清洁。

(3)雨刷器部件齐全、安装牢固、作用良好；前照灯、标志灯外观良好、清洁无裂损、功能正常。

(4)前舱设备齐全、安装牢固、无漏泄，各阀位置正确。

(5)升换弓操作、牵引试验、制动试验、手柄试验、灯试验、集控开关门试验、风笛试验、司机安全警惕装置试验良好。

六、检测监控

铁路局应不断完善动车组状态检测、人员作业监控手段，保障动车组运用维修质量。

动车(客车)段应建立健全动车组车载数据下载分析制度,提高动车组故障分析和超前防范能力。

七、质量分析

动车(客车)段、动车所要坚持动车组故障日统计、周分析、月总结。

动车组质量实行全寿命周期管理,运用维修和高级检修故障均须纳入动车组故障库。动车组运用维修中发生的典型故障和倾向性问题须逐级上报。

复习思考题

1. 动车组运用检修分为哪些部门？各有什么作用？
2. 动车组临修时需填写什么单据？
3. 简述动车组质量卡控的体系。

第五章　动车组一级检修

动车组一级检修是对运用动车组的车顶、车下、车体两侧、车内和司机室等部位实施快速例行检查、试验和故障处理的检修作业，须在动车所检查库内实施。

动车组一级检修可采用无电（可接外接电源）—有电或有电—无电—有电作业模式。

动车组一级检修时，短编（8 辆编组）由 1 个作业小组实施，长编（16 辆编组）由 2 个作业小组实施。

动车（客车）段（所）应结合动车组密集入（出）所、每班工作量等，合理确定作业小组数量。

备用动车组累计备用时间超过 48 h、检修动车组修竣后，上线运营前须进行一级检修。

动车组一级检修原则上应在本所进行。确需入外所检修时，局管内的由铁路局批准，跨局的由总公司批准。

动车组入外所检修时，配属段须与承修段签订委托检修协议，明确质量、安全责任、检修费用等相关内容。

一级检修修竣后须填写“动车组一级检修竣工单”。

第一节　CRH2 型动车组一级检修

一、作业流程图（图 5-1）

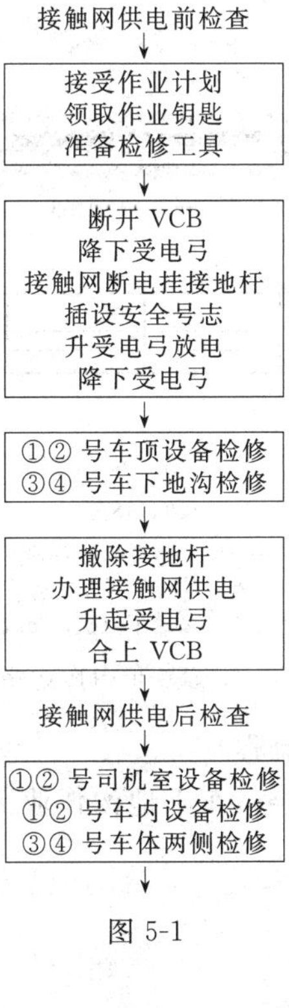

图 5-1

图 5-1　一级检修作业流程图

二、作业流程与作业步骤

1. 检修作业分工

检修作业小组人员 4 名，自检自修。其中①、②号负责车内设施、司机室设备、车载信息系统、车顶设备检查及相关性能试验及维修。③、④号负责车体、裙板、底板、转向架、钩缓连接、制动等下部检查、维修及侧门试验的动作确认。

2. 检修作业路线图

(1)车顶作业路线(①、②号作业流程)(图 5-2)

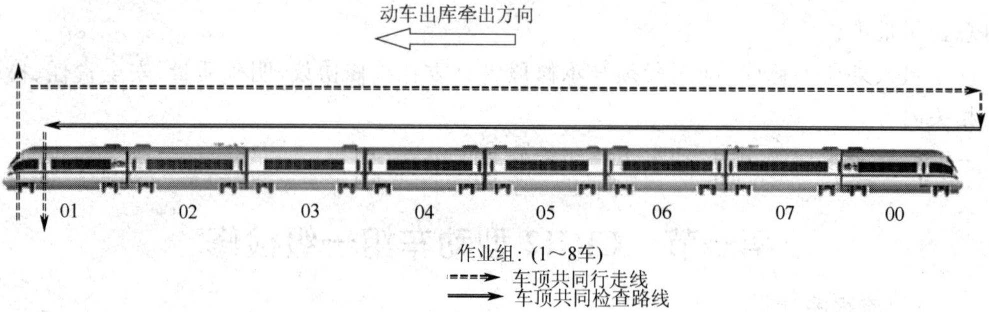

图 5-2　①②号车顶作业路线图

(2)车内作业路线(图 5-3)

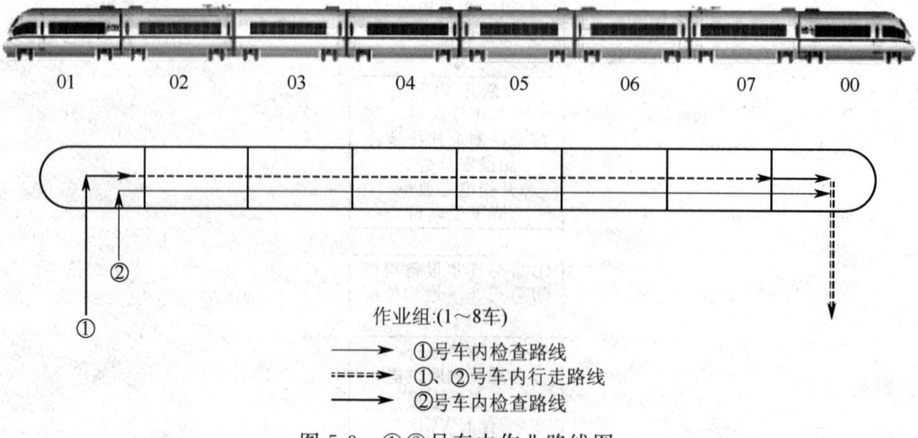

图 5-3　①②号车内作业路线图

(3)车下作业路线(③、④号作业流程)

车下车体两侧作业路线见图 5-4(a)，车下地沟作业路线见图 5-4(b)。

3. 作业步骤

接触网供电前检修

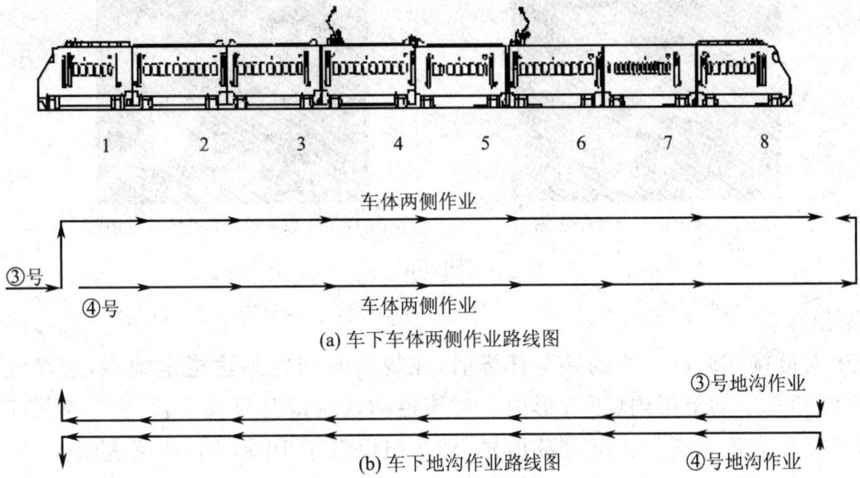

图 5-4

步骤一：①②③④号共同到值班室接受作业计划、掌握运行故障及维修重点，领取作业钥匙，检查检修工具后列队出发，在检查库等待动车组到达。

步骤二：①号进入司机室断开 VCB，降下受电弓；接触网工在车下确认受电弓降下；③④号共同插设安全号志。

步骤三：①②号共同办理接触网断电，接触网工挂接地杆。①号升起受电弓进行放电，放电结束后降下受电弓。

步骤四：①②③④号会合，准备开始作业。

步骤五：①②号进行车顶设备检修，③④号进行车下地沟检修。

步骤六：①号确认②③④号作业完毕。

步骤七：接触网工撤除接地杆，①②号办理接触网供电，进入司机室，升起受电弓，合上 VCB。

接触网供电后检修

步骤八：①②号司机室设备检修和车内设备检修；③④号车体两侧检修。①②号在两司机室分别进行侧门开关试验时，通知③④号确认侧门动作显示。

步骤九：①②号在司机室断开 VCB，降下受电弓；③④号撤除安全号志。

步骤十：①②③④号会合后共同到值班室，交还作业钥匙，报告作业情况，等待下次作业。

三、作业程序

1. 预备工作（图 5-5）

(1)运用所调度根据本所配属动车组运行情况编制当天一级修作业计划单，在交班会上传下达计划并明确各注意事项和各协作单位作业任务等；

(2)检修组、乘务组工长接受作业计划单后，对一级修作业人员指派作业任务并打印下发动车组故障单，在信息系统刷卡分配当班检修任务；

(3)检修组①号及乘务组作业人员对当天检修的动车组故障进行查阅；

(4)各作业人员领取相应的材料、配件，并准备相关作业工具；

(5)检修组①号到值班室申请领取主控钥匙，司机室钥匙。

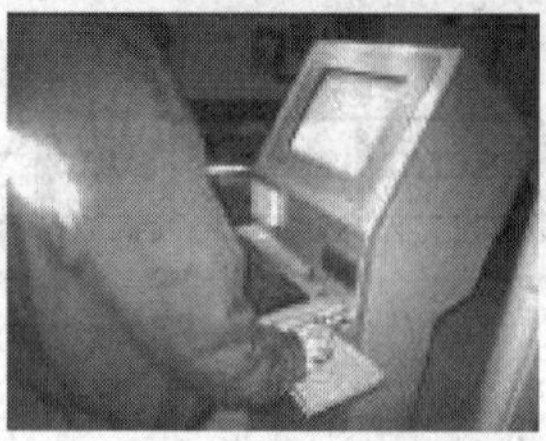

(a) 检修工长刷卡分配任务

(b) ①号领取主控钥匙及司机室钥匙

图 5-5

2. 接车工作(图 5-6)

(1)接车人员接到调度下达的接车任务后,在规定时间内到达指定地点,接车人员两人分别站在轨道两侧规定的范围内(正方形内),对该道的现场情况目视了解,做好清道工作。完成后,通知调度接车准备完毕。调度开放信号,动车组以低于 10 km/h 速度进库。

(2)接车人员通知检修作业组长,准备作业。在动车进库时,接车人员分别站在轨道两侧规定的范围内(正方形内),听取轮对及车下设备运转有无异音、风机运转是否正常,查看车号及目的地显示器、侧门指示灯显示器、车体有无擦伤等情况,并向调度汇报接车情况。

(a) 接车人员清道等待接车

(b) 接车

图 5-6

3. 作业前准备工作

(1)动车组进库停妥后,司机切断 VCB,按下受电弓折叠或降弓(CRH2B、2E)按钮,降弓,拔取主控钥匙,完成后到调度室办理交接,检修作业小组①号到库内工位机刷卡,作业开始,如图 5-7 所示。

(2)检修作业小组①号填写供断电申请单(图 5-8),向监护人员申请相应股道的接触网断电。

图 5-7　刷卡作业开始

图 5-8　填写供断电申请单

(3)监护人员确认受电弓已降下后,通知接触网工受电弓已降下,申请接触网断电。在得到调度人员给出断电信号后,1 列位的接触网工操作隔离开关,对该股道实施断电作业,如图 5-9 所示。

(a) 接触网有电　　(b) 1列位接触网断电

图 5-9　断电操作

(4)1、2 列位监护人员确认隔离开关断开(分闸)后协助接触网工进行验电操作,确认无电后挂接地杆(一人操作、一人监护),操作完毕相互确认后,接触网工通知调度,调度确认隔离开关断开,接地杆已可靠挂设,之后接触网工告知监护人员进行断电作业完毕的刷卡。在确认监护人员刷卡完毕后,通知该股道检修作业组的①号断电完毕,如图 5-10 所示。

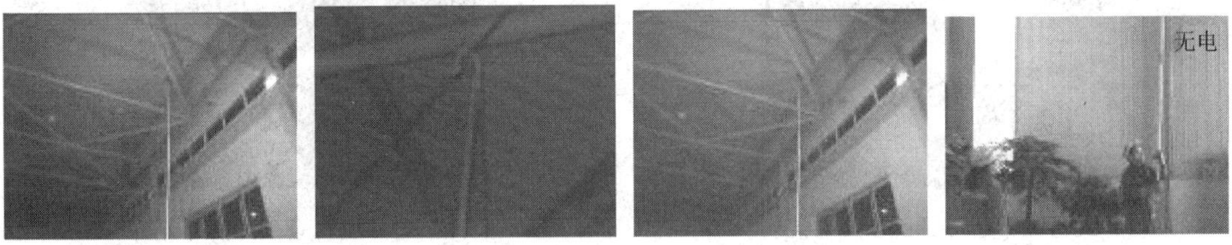

(a) 1列位验电挂接地杆　　(b) 2列位验电挂接地杆

图 5-10　1、2 列位验电挂接地杆

(5)检修作业组①号在接到接触网断电完毕的通知后,确认断电工序完成后,进入 2 列位司机室投入主控钥匙并升起受电弓放电 2 min,同时在 MON 检修模式下查询故障(特别是空转滑行次数,作为轮对踏面重点检查依据),完毕后降下受电弓,将 BV 手柄置于拔取位,牵引手柄置于切位,方向手柄置于关位,挂上禁动牌(重联车由 2 列位一级修作业组的①号实施该作业),如图 5-11 所示。

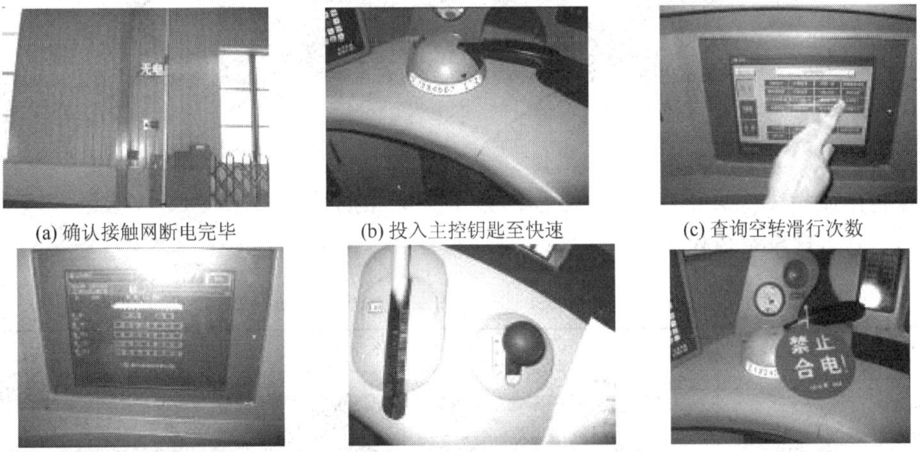

(a) 确认接触网断电完毕　　(b) 投入主控钥匙至快速　　(c) 查询空转滑行次数

(d) 记录发生空转滑行的车号　　(e) 司机台牵引制动手柄　　(f) 挂禁动牌

图 5-11　检修作业流程

(6)1 列位作业小组③号作业人员(短编重联车或长编组座卧车)或 2 列位作业小组③号

(短编单列)在动车组出库方向的头车左侧插设安全号志,如图 5-12 所示。

(7)上述工作完成后,①②③④号在交接台汇合,由①号讲解从司机、随车机械师交接了解的途中故障以及乘务日记上记录的运行故障。由调度通知轮对检测装置检测情况并开出人工复检单和其它注意事项。

(8)相关检修作业人员在交接台查阅乘务日记记录的上部设施故障。

4. 无电作业

1)准备工作

(1)检修作业组①号进行工位机刷卡,并通知升亮等可开始作业,①②号到交接台处申请登顶作业,填写登顶申请单,办理登顶申请手续,领取门禁卡,检修作业组①号通知调度开启检修股道门禁,要求登顶,如图 5-13 所示。

图 5-12　③号插设安全号志

图 5-13　填写登顶作业申请单

(2)门禁系统刷卡,②号负责放完三层作业平台所有渡板,然后返回。①号和②号同步在车顶开始作业,如图 5-14 所示。

(a) 刷门禁　　(b) ②号放三层平台渡板

图 5-14

2)检修作业组①②号车顶作业(表 5-1、表 5-2、表 5-3)

表 5-1 为一号车车顶作业。

表 5-1　一号车车顶作业

序号	顺序	检查步骤	部件作业图示	检查内容与要求
1	一号车车顶无电天线检查	(1)车顶天线 ①450M/CIR ②GPS/CIR ③GSM/LKJ ④GPRS/LKJ ⑤GSM-R1/CIR ⑥800M/CIR	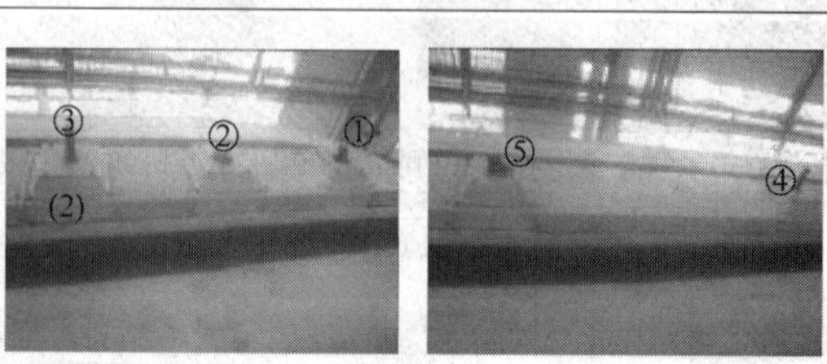	(1)车顶天线无裂损、变形、断裂,外观及安装状态良好 (2)安装基座安装牢固,无变形,螺栓无松动或缺失,

续上表

序号	顺序	检查步骤	部件作业图示	检查内容与要求
1	一号车车顶无电天线检查	⑦GSM-R2/CIR ⑧GSM-R1/ATP ⑨GSM-R2/ATP (2)天线安装基座	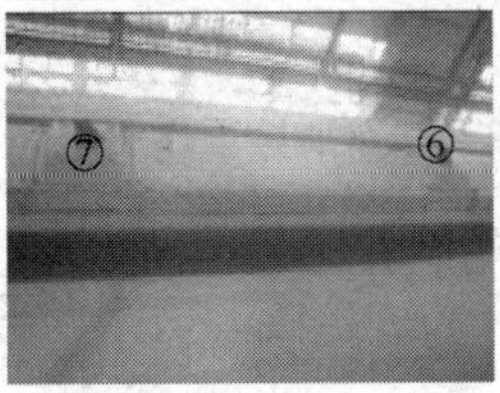  无线电天线	防松标志清晰无错位
2	一号车车顶板及风挡	①车顶板 ②外风挡 ③内风挡 ④锁闭装置	 车顶板 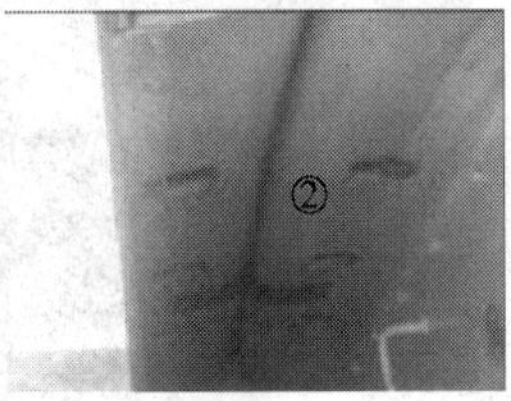 外风挡 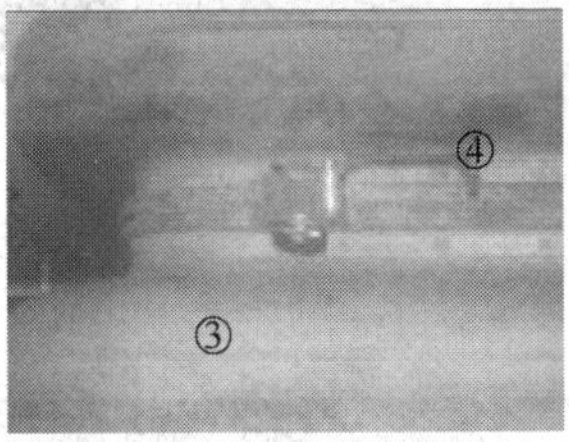 内风挡及锁闭装置	(1)车顶板无塌陷、变形,防滑地胶无剥离磨损 (2)外风挡无变形破损,安装状态良好,螺栓安装紧固无缺失,防松标志清晰无错位 (3)内风挡无变形破损,安装状态良好 (4)内风挡连接部锁闭装置状态良好,橡胶套无脱落

表 5-2 为二号车车顶作业流程。

表 5-2 二号车车顶作业

序号	顺序	检查步骤	部件作业图示	检查内容与要求
3	车顶电缆接头	电缆接头	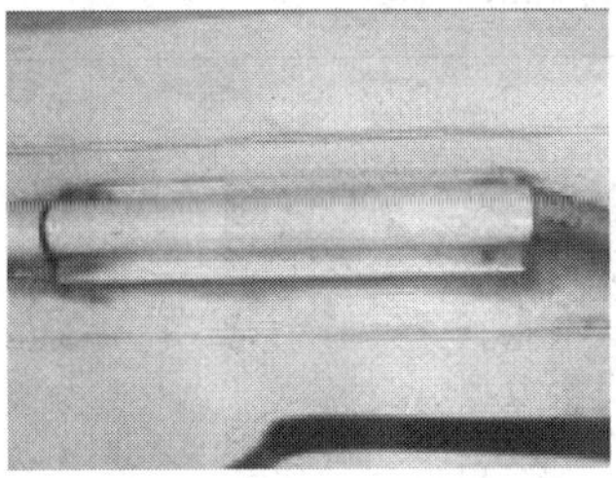 电缆接头	电缆接头外观及安装状态良好,螺栓紧固无缺失
4				参考序号 2 车顶板及风挡检查的内容及要求
5	车顶高压电缆直接头	①直线型连接器 ②高压电缆 ③特高压橡胶套 (CRH2A:2、3、4、5、6 号车;CRH2B、2E:2、3、4、5、6、10、11、12、13、14 号车)	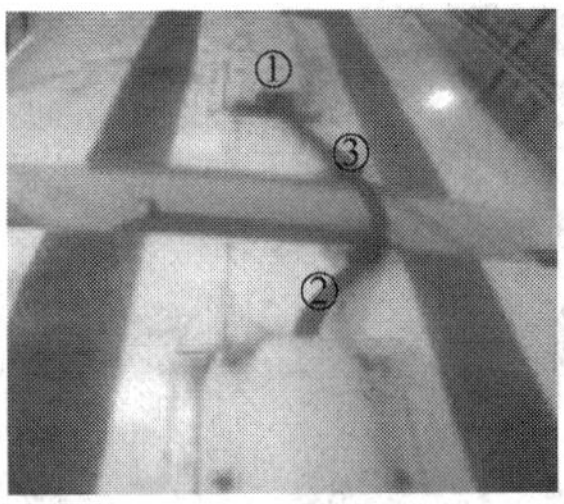 高压电缆直接头	(1)直线型连接器焊接无裂纹、变形,螺栓防松标志清晰无错位 (2)高压电缆无电蚀,老化等现象,外观状态良好 (3)特高压橡胶套安装紧固,磨耗不过限,喉箍安装牢固,无断裂、松脱

(三号车)(参照二号车车顶检查的内容及要求,参照检查顺序为序号 5 车顶高压电缆直接头→2 车顶板及风挡→5 车顶高压电缆直接头)。

表 5-3(四号车)(此车车顶所有绝缘子由①号负责检查和擦拭清洁)

表 5-3 四号车车顶检查作业

序号	顺序	检查步骤	部件作业图示	检查内容与要求
6				参照序号 5 车顶高压电缆直接头检查内容及要求
7	高压隔离开关	①绝缘子 ②闸刀 ③安装基座 (短编组 27 列之前无此部件) 注:CRH2B、CRH2E 04 和 13 车各两套	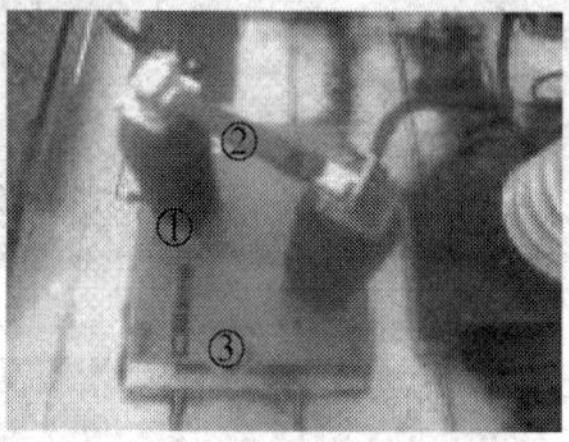 高压隔离开关	1)绝缘子 (1)表面擦拭清洁,无破损、变形,本体无裂纹 (2)同一绝缘子的损伤在 7 处以下 (3)同一褶边的损伤在 2 处以下 (4)损伤的大小、沿着周长方向长度在 60 mm以下 (5)同一褶边在有 2 处损伤情况下,任何一处的损伤在 30 mm 以下 (6)绝缘子胴体部分没有裂纹;直径的减少在 20 mm 以下 2)闸刀和刀座外观及安装状态良好,确认闸刀与刀座接触可靠,闸刀动作顺滑 3)安装基座焊接无裂纹和变形
8	保护接地装置	①绝缘瓷瓶 ②闸刀 ③连接电线 ④供风管路及接头 ⑤安装基座 注:CRH2B、CRH2E 04 和 13 车各两套	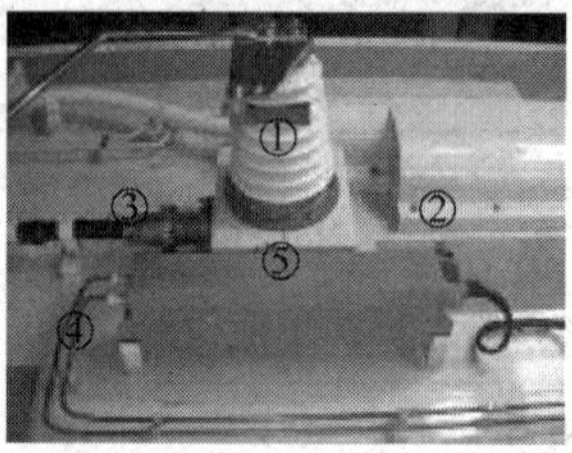 保护接地装置	(1)参照序号 7 中①检查的内容及要求 (2)闸刀和刀座外观及安装状态良好,手动确认闸刀与刀座接触可靠,闸刀动作顺滑,无损伤 (3)连接电线紧固,无损伤,断股 (4)供气管路及接头无破损、松动及漏风 (5)安装基座安装牢固,无变形,螺栓无松动和缺失,防松标志清晰无错位
9	受电弓	①滑板 ②弓头组装检查 ③上导杆 ④上臂组装 ⑤下导杆 ⑥下臂组装 ⑦弓装配 ⑧升弓装置 ⑨阻尼器 ⑩底架组装 ⑪ADD 阀 ⑫受电弓 PU-4 绝缘管 ⑬受电弓编导线 (CRH2A:4、6 号车车顶各一套 CRH2B、CRH2E:4、13 号车车顶各两套)	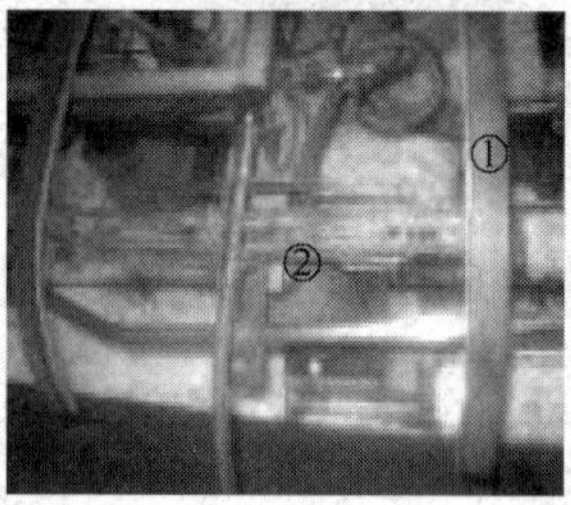 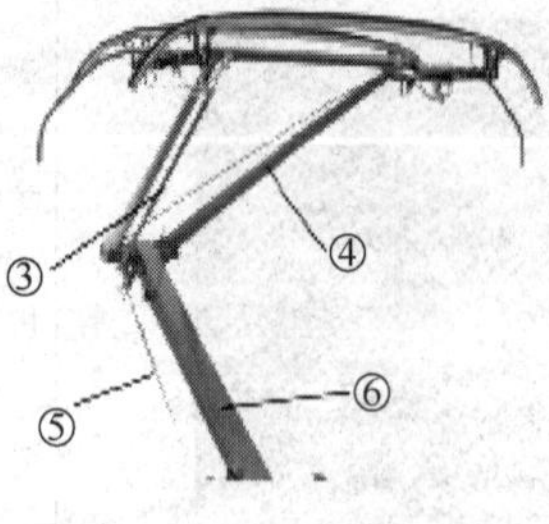 	(1)滑板。碳滑板总高度≥22mm,磨耗后厚度≥5mm,表面不得有缺陷、断裂,安装牢固无变形,宽度方向破损不超过 1/2;如更换滑板,两个滑板高度差不超过 3mm (2)弓头无变形,销子、开口销齐全。框架表面平整,无变形、裂纹,安装牢固。减振簧和平衡簧无裂损 (3)上导杆无变形,轴承转动自如 (4)上臂组装无脱焊,外观检查无变形 (5)下导杆无变形,轴承转动自如 (6)下臂组装无脱焊,外观检查无变形 (7)弓装配无明显变形,安装紧固 (8)升弓装置气囊无老化或裂纹,螺栓安装紧固无松动 (9)阻尼器无磨损、漏油,动作灵活,外层防护套无破损,卡箍紧固不松动 (10)底架组装支撑绝缘子擦拭表面清洁,无破损、变形,安装牢固,本体无裂纹。安装基座安装牢固,无变形,螺栓无松动和缺失,防松标志清晰无错位

续上表

序号	顺序	检查步骤	部件作业图示	检查内容与要求
9	受电弓		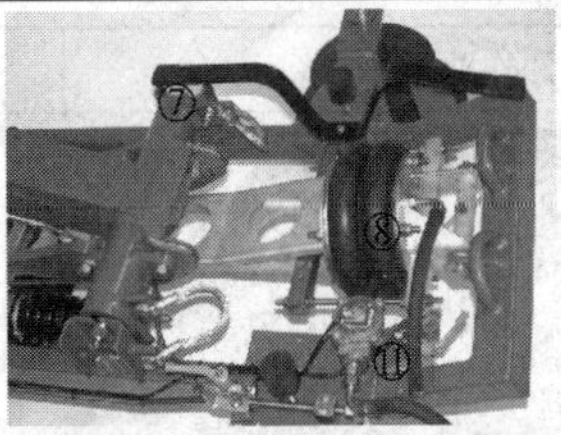   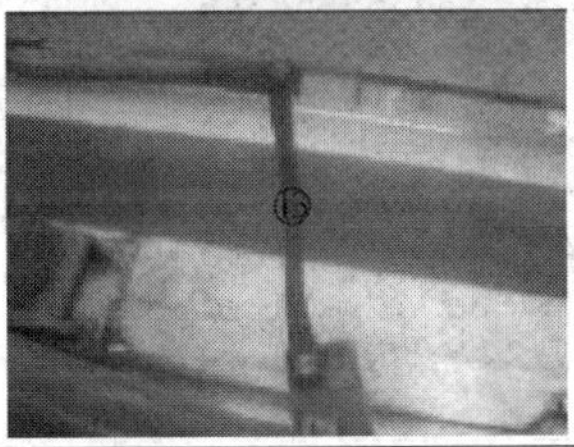	(11)ADD 阀塞门正位，风管绑扎牢固；连接管路螺栓紧固无松动，橡胶管路无老化、裂纹或破损 (12)PU-4 绝缘管安装紧固，无破损，表面擦拭清洁 (13)受电弓网铜线外观无松动、无变形，编导线安装紧固，芯线缺损小于 15% 注：1)对受电弓各个部件状态检查完后，用清洗过的海绵或无纺布对受电弓支撑绝缘子、高压隔离开关支撑绝缘子以及保护接地装置绝缘子进行擦拭清洁。要求参照序号 10 中①号检查的内容及要求 2)对碳滑条检查务必做到以下几点 (1)用手电对准碳滑板进行检查 (2)使用钢板尺测量碳滑板最薄部位 (3)如测量正常，口呼“碳滑板厚度大于 5 mm”；如发现碳滑板厚度超限及裂纹时，口呼“碳滑板厚度(裂纹)超限”，并及时更换
10				参照序号 2 车顶板及风挡检查的内容及要求
11	2 位车顶 5°高压电缆倾斜接头	①5°倾斜连接器 ②绝缘子 ③高压连接线 (CRH2B、CRH2E 型车电缆连接器参考序号 5 检查内容及要求)	 5°倾斜连接器 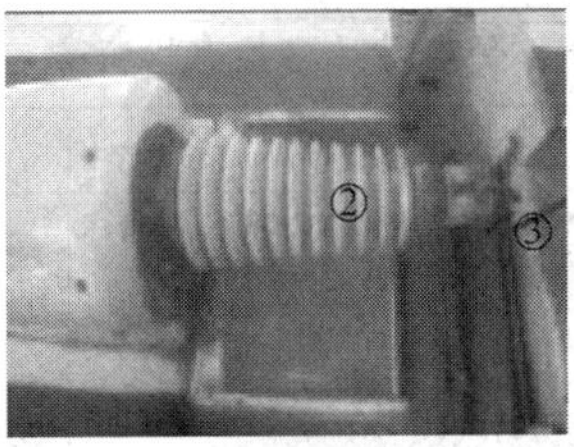 绝缘子及连接线	1. 5°倾斜型连接器焊接无裂纹、变形，螺栓防松标志清晰无错位 2. 绝缘子参照序号 7 中①的要求 3. 高压连接线无电蚀，老化等现象，外观状态良好，线端与连接器连接紧固

(五号车)(参照四车车顶相关检查内容及要求，参照检查顺序为序号 11 车顶 5°高压电缆倾斜接头→2 车顶板及风挡→5 车顶高压电缆直接头。)(此车绝缘子由②号负责擦拭清洁。)

表 5-4(六号车)(此车车顶所有绝缘子主要由②号负责检查和擦拭清洁)

表 5-4　六号车车顶检查作业

序号	顺序	检查步骤	部件作业图示	检查内容与要求
12	1位 3通 高压 电缆 接头	①3通型连接器 ②高压电缆 ③特高压橡胶套	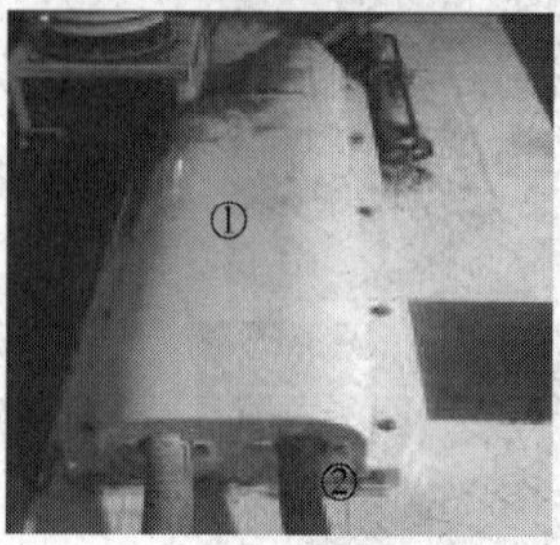 三通高压电缆接头	1. 3通型连接器焊接无裂纹、变形,螺栓防松标志清晰无错位 2. 高压电缆无电蚀、老化等现象,外观状态良好 3. 特高压橡胶套安装紧固,磨耗不过限
13				参照序号7、8、9、2检查内容及要求,参照检查顺序为:7高压隔离开关→8保护接地装置→9受电弓→2车顶板及风挡

表 5-5 为七号车车顶检查作业。

表 5-5　七号车车顶检查作业

序号	顺序	检查步骤	部件作业图示	检查内容与要求
14	车顶 收音 机天 线	①车顶FM天线 ②信号线 ③安装基座 (CRH2B在3号车CRH2E在8号车)	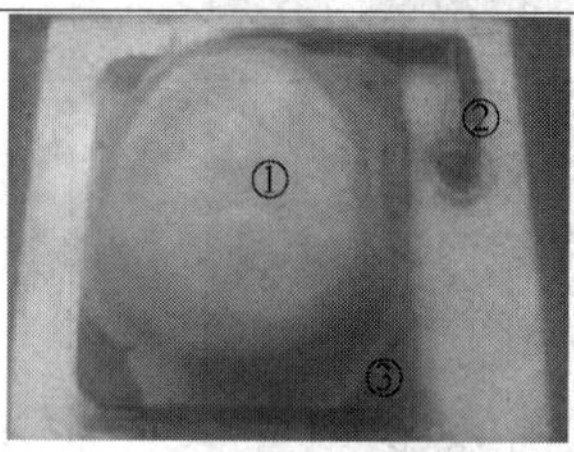 FM天线	1. FM天线无裂损、变形,外观及安装状态良好 2. 信号线无脱落,安装紧固,外观状态良好 3. 安装基座安装牢固,无变形,螺栓无松动和缺失,防松标志清晰无错位
15				参照序号2车顶板及风挡检查内容及要求

(八号车)(参照一号车车顶检查的内容及要求,参照检查顺序为序号2车顶板及风挡→1车顶天线)

检修作业组①②号联合上顶按上述步骤进行检查。检查完毕后,①号刷门禁卡下车顶配合②号进行升降弓状态检查且不再登顶作业。②号负责车顶两个受电弓升弓状态检查,检查步骤如下:

表 5-6 为四号车受电弓升弓状态检查。

表 5-6　受电弓升弓状态检查

序号	顺序	检查步骤	部件作业图示	检查内容与要求
16	受 电 弓	升降弓状态检查: ①受电弓PU-4绝缘管及各管件 ②压缩空气连接接头及碳滑条 ③升弓装置 ④升弓压力测试	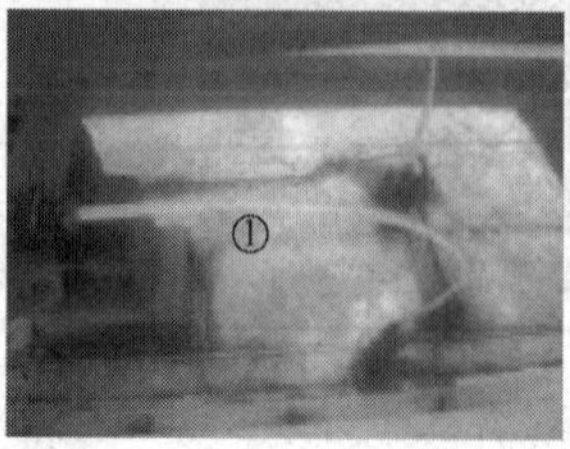 PU-4管	由①号在司机室配合升降弓,②号查看升降弓状态检查,检查内容如下 (1)升弓时间应不大于5.4s,且不允许受电弓有任何回跳;降弓时间应不大于4s,且降弓时应有缓冲,上交叉管应落在两个橡胶减振器上,允许降弓时,在降弓位弹跳 (2)PU-4管接头外观良好,安装紧固,无漏风,表面擦试干净;其余管路连接良好,无漏风

续上表

序号	顺序	检查步骤	部件作业图示	检查内容与要求
16	受电弓		 压缩空气连接接头  上导杆与下导杆连接处  升弓装置  升弓压力检测	(3)手动感觉压缩空气连接接头及碳滑条，无漏风，接头连接紧固 (4)升弓装置外观良好，无破损、变形，销轴处保持润滑，转动灵活，没有缺损，用肥皂水检查气囊无泄露 (5)测量受电弓接触压力，在高出车顶1.6 m处测量(用专用链条确定高度)；同一高度，上推力和下拉力两个值之差不应超过20N。上推力和下拉力是通过弹簧秤使受电弓以0.05 m/s的速度匀速朝下运动时，在1.6 m处读出所测得力，平均值应在(70±5)N，且上推力最小值不小于55N，下拉力最大值不超过85N

表5-7为六号车受电弓升弓状态检查。

表5-7　六号车受电弓升弓状态检查

序号	顺序	检查步骤	部件作业图示	检查内容与要求
17	受电弓	①受电弓PU-4绝缘管及各管件 ②压缩空气连接接头及碳滑条 ③升弓装置 ④升降弓状态检查	参照表5-6中的图示	参照序号16检查的内容及要求

(1)车顶所有作业完毕后，②号负责收回所有渡板，刷门禁卡下顶，并告知①号车顶作业

完毕。

(2)①②号下顶后务必及时归还门禁卡并填写供断电申请单，签字确认无误。

3)检修作业组③④号车下作业(表 5-8)

表 5-8　检修作业组③④号车下作业

序号	顺序	检查步骤	部件作业图示	检查内容与要求
1	头车头端部	①前挡风玻璃 ②前头罩 ③主排障器 ④辅助排障器	 车头  辅助排障器	(1)前挡风玻璃无破损，无异物 (2)前头罩锁闭良好、无缝隙，状态良好 (3)主排障器无变形，安装牢固 (4)辅助排障器外观及安装状态良好，橡胶板无破损，距轨面高度 20～28 mm
2	头车车端下部	①车端底板 ②STM 天线	 头车车端下部  CRH2A、CRH2B、CRH2E 动车组 STM 天线	(1)车端下部外露底架、支架梁，无裂缝、安装螺栓紧固 (2)STM 天线安装架无开焊，螺栓安装牢固无松动，紧固扎带无松脱，天线外壳无破裂，接线无破损、脱落
3	轮侧端板	端板	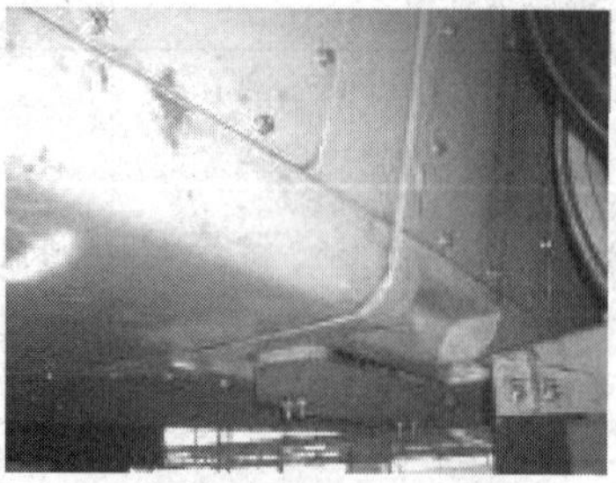 端板	端板无变形、缺损，安装螺栓外观状态良好，安装紧固、无缺失，防松标记清晰无错位

续上表

序号	顺序	检查步骤	部件作业图示	检查内容与要求
4	转向架排障器	①排障器安装臂 ②橡胶板	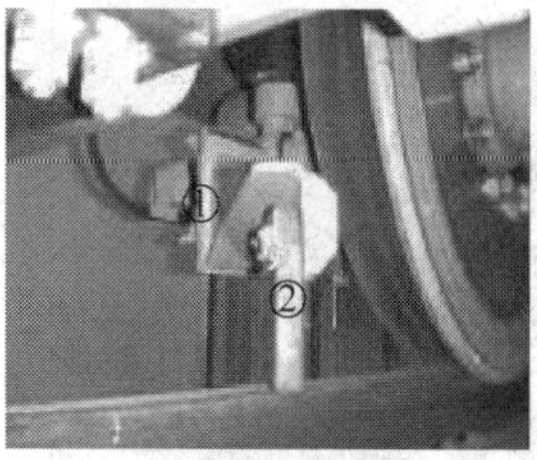 转向架排障器	(1)转向架排障器螺栓安装牢固(CRH2A:0、1号车，CRH2B、CRH2E:1、0号车)，安装臂无裂损、变形 (2)橡胶板无破损，距轨面距离5～7 mm
5	拖车车轴	拖车车轴	 拖车车轴	(1)轮轴外观状态良好，各部位无裂纹 (2)轴身打痕、碰伤、擦伤深度限度要求≤2 mm (3)轴身油漆无划伤
6	制动装置轴盘	①制动轴盘安装螺栓 ②轴盘摩擦面 ③轴盘散热层	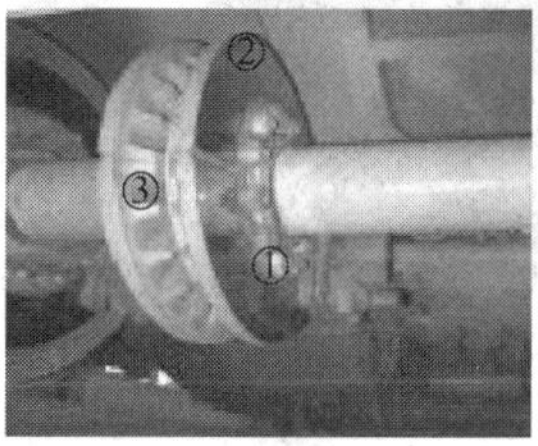 制动轴盘	(1)制动轴盘螺栓安装牢固，防松扎带无断裂 (2)盘面裂纹不过限；轮盘摩擦面裂纹沿半径方向≤127 mm；拖车轴盘厚度(单侧)≥11.3 mm，表面凹槽≤1 mm，制动盘偏磨最高点和最低点之差≤1.5 mm (3)轴盘散热层无杂物
7	轴盘制动夹钳	①闸片 ②橡胶波纹管 ③闸调器 ④闸片托、固定销	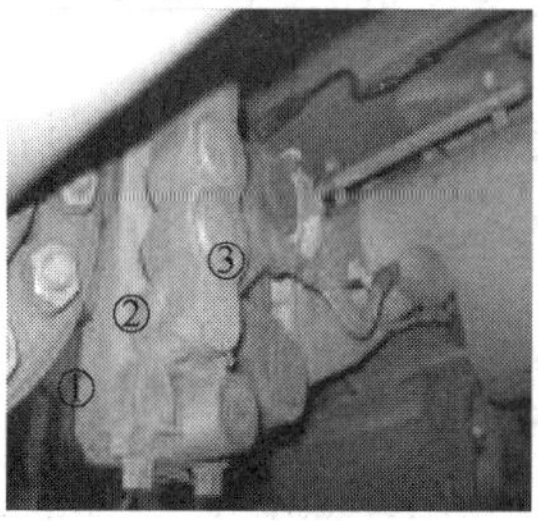 制动夹钳	(1)闸片外观状态良好，无偏磨、无大面积掉块现象，闸片缓解时，夹钳两幅闸片与制动盘两边间隙之和应在5～7 mm，闸片厚度≥7 mm (2)橡胶波纹管完好，无脱落、损坏 (3)闸调器波纹管无油脂溢出 (4)闸片托安装螺栓无松动，弹性销、悬挂弹片无缺损，固定销波纹管、隔热板无缺损、无漏油，防缓铁丝绑扎牢固，无折断
8	制动轮盘及夹钳	①制动轮盘安装螺栓 ②轮盘摩擦面 ③轮盘制动夹钳	 制动轮盘	(1)制动轮盘螺栓安装牢固，防松扎带无断裂 (2)盘面裂纹不过限；轮盘摩擦面裂纹沿半径方向≤127 mm；拖车轮盘厚度(单侧)≥9.3 mm，表面凹槽≤1 mm，制动盘偏磨最高点和最低点之差≤1.5 mm (3)轮盘制动夹钳参考轴盘制动夹钳检查内容和要求

续上表

序号	顺序	检查步骤	部件作业图示	检查内容与要求
9	轮对	①轮对踏面 ②轮缘	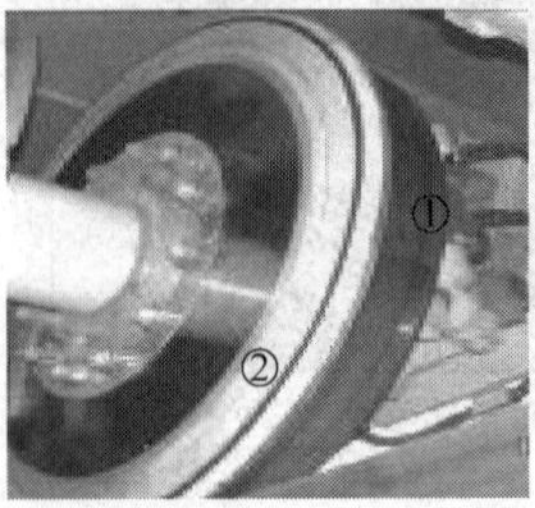 轮对	(1)踏面擦伤，踏面剥离不过限；车轮踏面擦伤深度≤0.5 mm；车轮踏面连续碾长≤70 mm；车轮踏面剥离一处长度≤20 mm、两处长度每处≤10 mm (2)轮缘无缺损，磨耗不过限；轮缘高度≤35 mm (3)轮对各部尺寸不过限；车轮直径≥790 mm，车轮轮对内侧距离 1 353±2/1；车轮直径之差：同一车轮≤0.5 mm，同一轮对≤1 mm，同一转向架≤4 mm，同一车辆≤10 mm，车辆间≤40 mm
10	拖车轮对	拖车车轴	转身检查另一面	参考序号 5 的检查内容和要求
11	轴盘制动夹钳	①制动夹钳装置悬吊螺栓 ②支持销 ③作用缸油管 ④排气堵 ⑤排油堵	 制动夹钳	(1)制动夹钳安装螺丝无松动，防松铁丝无折断 (2)支持销、垫圈、开口销齐全完好，防尘橡胶波纹管无破损 (3)作用缸油管安装牢固无漏油，外层防护丝网无破损 (4)排气堵、放油堵无松动漏油
12	轮对	①轮对踏面 ②轮缘		参考序号 9 轮对检查的内容和要求
13	转向架构架及管线	①空气软管、线管 ②横梁 ③制动夹钳油管	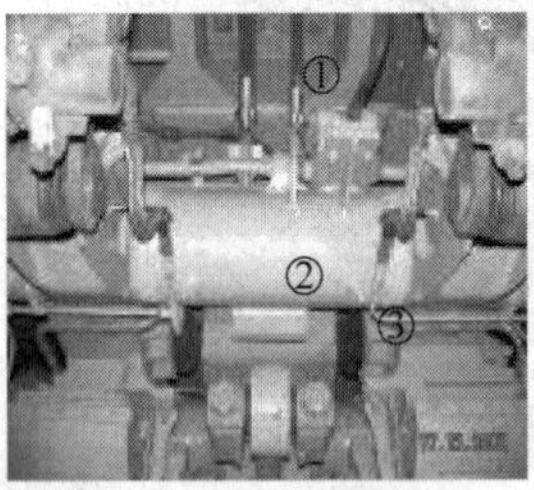 转向架构架各管线	(1)制动软管无老化，管接头安装良好无漏泄，风管、线管管卡安装无脱落 (2)横梁外观无异状，油漆无脱落 (3)油管安装牢固无漏油，管卡安装牢固无脱落
14	增压缸	①增压缸安装螺栓 ②增压缸本体 ③增压缸外罩	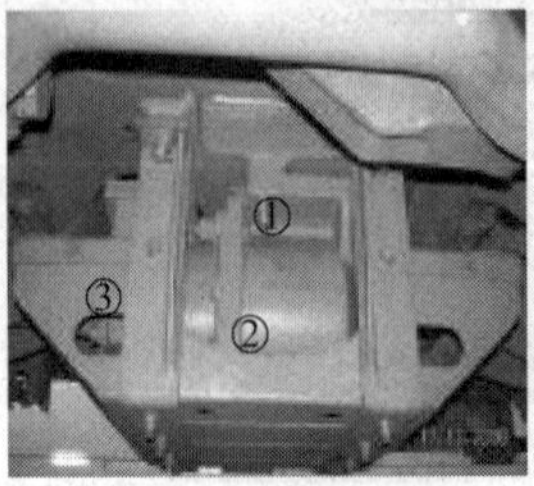 增压缸	(1)增压缸安装螺栓无松动，开口销良好无缺失 (2)增压缸本体无裂纹、漏油、漏风 (3)防护罩无裂纹、破损、变形，油、风管路无漏泄

续上表

序号	顺序	检查步骤	部件作业图示	检查内容与要求
15	牵引拉杆	①牵引拉杆 ②牵引拉杆安装螺栓 ③牵引拉杆橡胶节点 ④橡胶止挡	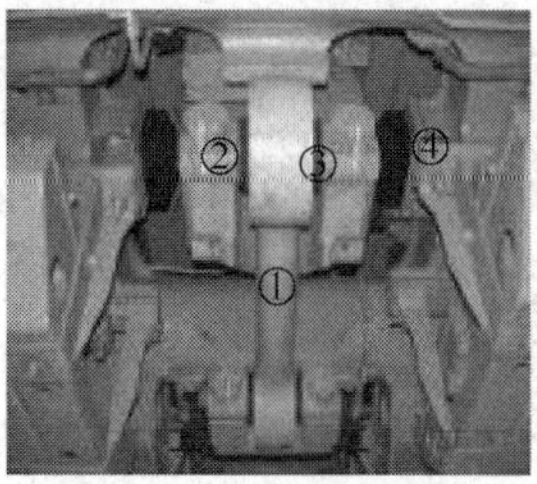 牵引拉杆及橡胶止挡	(1)牵引拉杆外观无异状 (2)安装螺栓无松动、防松标记清晰，防缓铁丝绑扎良好 (3)橡胶节点开裂长度不得超过1/6圆周，橡胶无溶胶现象及显块状橡胶脱出 (4)橡胶止挡无贯通裂纹及深度超过3mm，橡胶无溶胶现象及显块状橡胶脱出，螺栓安装无松动，目测与中心销间隙20+2 mm
16	油压减振器	①减振器安装螺栓 ②橡胶节点 ③减振器体 ④防尘橡胶套	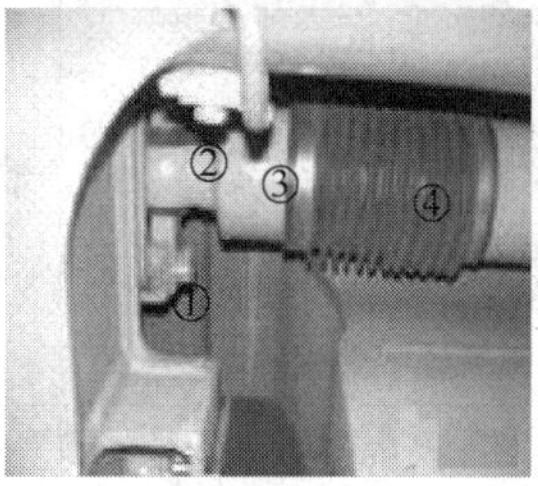 横向油压减震器	(1)横向油压减振器外观状态良好，安装螺栓无松动、防松标记清晰、表面无漏油 (2)橡胶节点开裂长度不得超过1/6圆周，橡胶无溶胶现象及无显块状橡胶脱出 (3)减振器座无裂纹，安装牢固 (4)橡胶外罩无破损，喉箍无脱落
17				参照序号5～13转向架各组成部分检查内容及要求，顺序为：13转向架构架及管线→5拖车车轴→11轴盘制动夹钳→12轮对→10拖车轮对→6制动装置轴盘→7轴盘制动夹钳→8制动轮盘及夹钳→9轮对
18	端板	①端板 ②设备舱通风口滤网	 CRH2B、CRH2E型通风口的端板	(1)端板无变形、缺损；安装螺栓外观状态良好，安装紧固、无缺失，防松标记清晰无错位 (2)CRH2B、CRH2E动车组设备舱端板滤网安装牢固，无破损、脏堵
19	监控装置	①BTM天线 ②天线底板	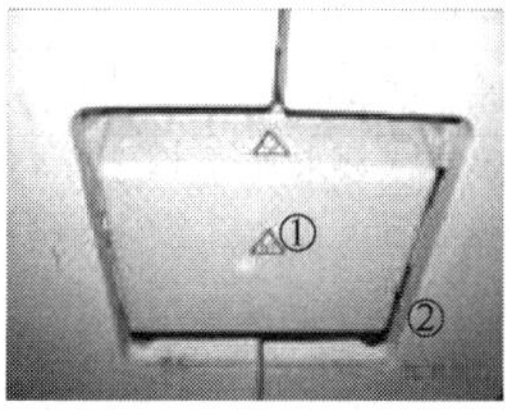 CRH2A、CRH2B、CRH2E动车组BTM天线	(1)BTM天线安装座外观及安装状态良好 (2)底板无变形、缺损；安装螺栓外观状态良好，安装紧固、无缺失，防松标记清晰无错位
20	冷凝器底板	客室空调装置1位端冷凝器底板	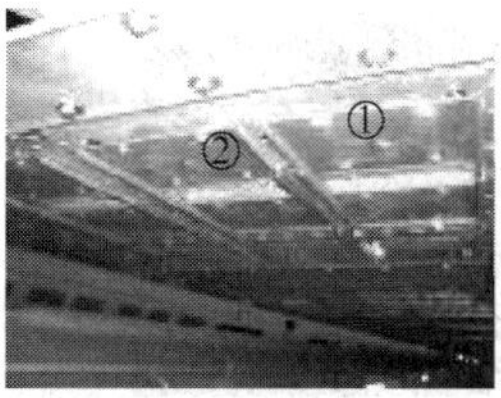 空调冷凝器下底板	(1)空调冷凝器下底板无变形、缺损 (2)安装螺栓外观状态良好，安装紧固、无缺失，防松标记清晰无错位

续上表

序号	顺序	检查步骤	部件作业图示	检查内容与要求
21	换气装置逆变器底板	换气装置逆变器下底板	 换气装置逆变器下底板	底板外观良好无变形、缺损，安装螺栓紧固、无松动
22	辅助电源装置底板	辅助电源装置下底板	 辅助电源装置下底板	底板外观良好无变形、缺损，安装螺栓紧固、无松动
23	水箱下底板	水箱底板	 水箱下底板	(1)水箱下底板无变形、缺损；安装螺栓外观状态良好，安装紧固、无缺失，防松标记清晰无错位 (2)水箱底板无漏水
24	空调下底板	①空调装置蒸发器排水盘 ②空调装置手动排水孔 A ③空调装置排水孔	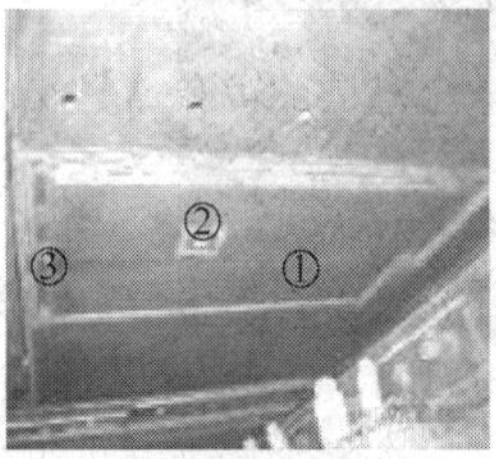 空调装置下底板	(1)排水盘无变形、缺损；安装螺栓外观状态良好，安装紧固、无缺失 (2)手动排水孔安装螺栓无缺失 (3)排水孔无堵塞
25			转身检查端板	参照序号 18 端板检查内容及要求
26	参照序号 5～16 拖车转向架各组成部分检查内容及要求，检查顺序为 5 拖车车轴→6 制动装置轴盘→7 轴盘制动夹钳→8 轮盘及夹钳→9 轮对→10 拖车车轴→11 制动夹钳→12 轮对→13 转向架构架及管线→14 增压缸→15 牵引拉杆→16 油压减振器→13 转向架构架及管线→5 拖车车轴→11 制动夹钳→12 轮对→10 拖车轮对→6 制动装置轴盘→7 轴盘制动夹钳→8 制动轮盘→9 轮对→18 端板			
27	污物箱底板	污物箱底板	 污物箱下部底板	(1)污物箱下底板无变形、缺损；安装螺栓外观状态良好，安装紧固、无缺失，防松标记清晰无错位 (2)污物箱下活动板无卡滞，老化或裂纹

续上表

序号	顺序	检查步骤	部件作业图示	检查内容与要求
28	防雪风挡	防雪风挡	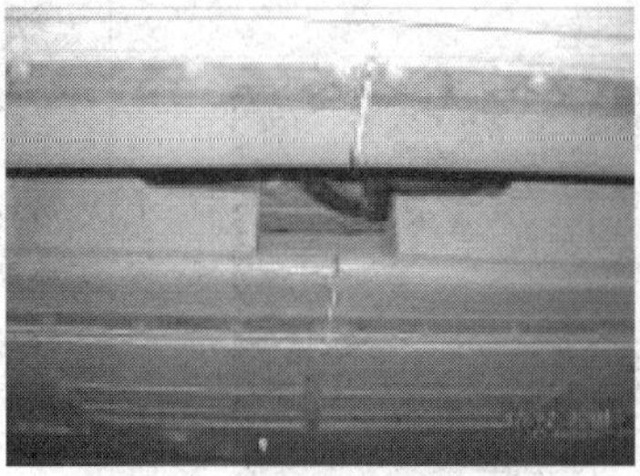 防雪风挡	防雪风挡下部状态良好，外观无损，安装牢固
29	车端连接处及车钩	①橡胶总风管 ②缓冲器托梁 ③车钩电气线缆 ④电器连接器 ⑤锁定装置	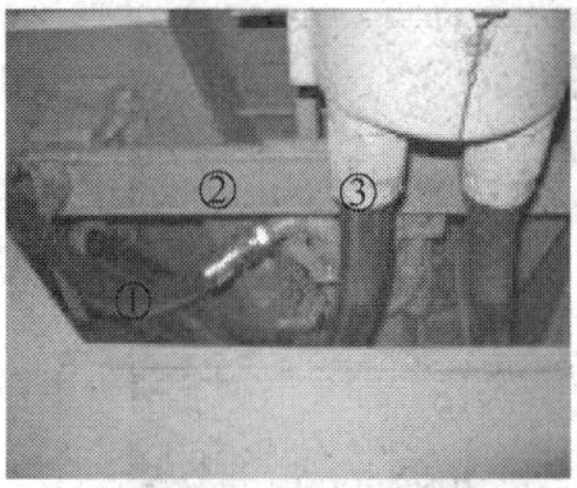 总风管、连接线及缓冲器托板 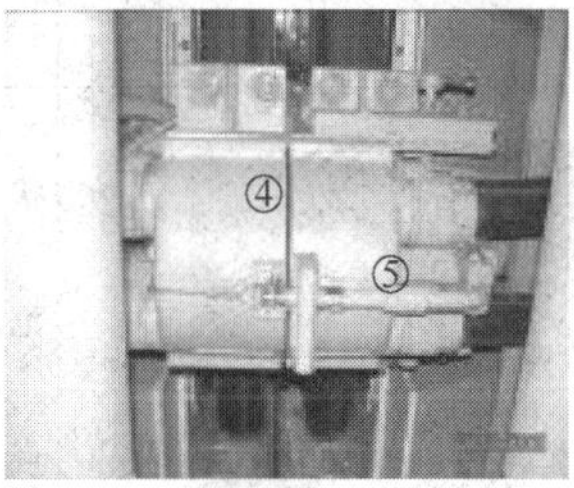 密接车钩及电气连接器	(1)空气橡胶软管无老化、鼓泡、漏气；管接头无松动、无损伤、漏气，管夹无松动、脱落 (2)缓冲器托梁安装螺栓无松动，开口销齐全完好，底架框架支架、支座、支座弹簧箱无变形损伤 (3)车钩电器线缆绝缘层无破损，连接良好无松动，安装牢固，悬挂链无松脱 (4)电气连接器体无损伤、裂纹，安装螺栓无松动，下部连接状态良好 (5)锁定装置锁闭良好，防缓铁丝无断裂
30	内风挡	①内风挡 ②锁闭装置	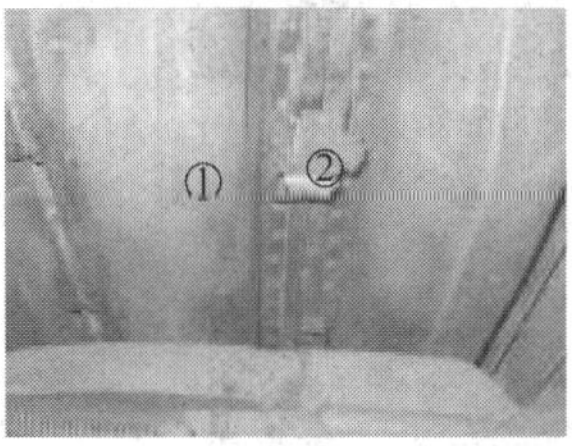 内风挡及锁闭装置	(1)内风挡橡胶无老化、破损 (2)锁闭装置无脱落，安装螺丝无松动
二号车				
31	底板	辅助空压机下方底板	 辅助空气压缩机下底板	辅助空压机下底板无变形、缺损；安装螺栓外观状态良好，安装牢固、无缺失，防松标记清晰无错位

续上表

序号	顺序	检查步骤	部件作业图示	检查内容与要求
32				参照序号18端板检查内容及要求
33	电机传感器线	传感器	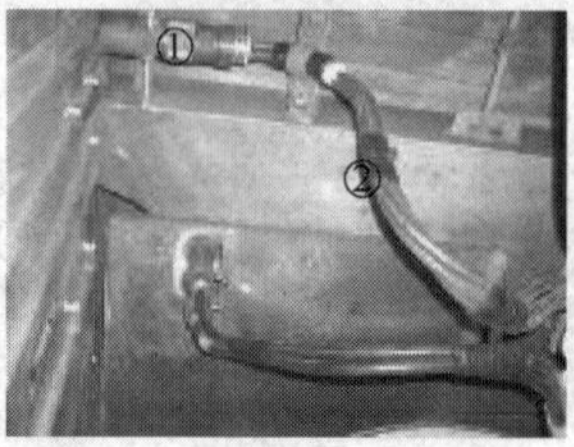 传感器	(1)传感器外观状态良好,无异常,接线无松动,外表无打伤等痕迹 (2)传感器航空插头紧固,无松动,接头无变色
34	动车车轴	动车车轴	 动车车轴	(1)轮轴外观状态良好,各部位无裂纹 (2)轴身打痕、碰伤、擦伤深度限度要求≤2 mm
35	齿轮箱	转身检查 ①齿轮箱体 ②油位表 ③碳刷观察镜 ④接地线 ⑤温度传感器 ⑥溢油孔	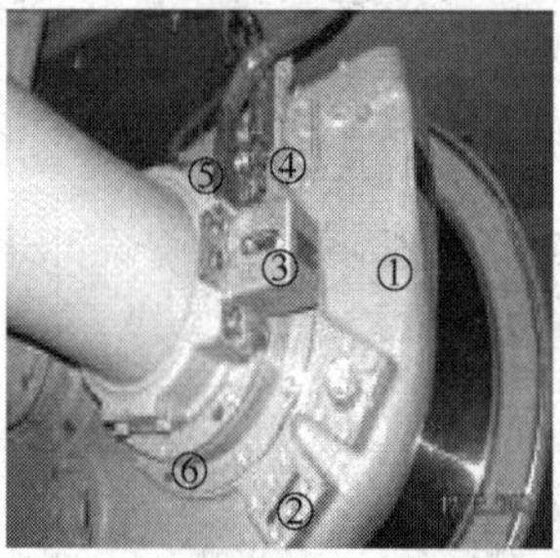 齿轮箱	(1)齿轮箱无漏油、油污以及外观、安装状态良好 (2)齿轮箱油量在油窗标线0～－2 mm范围,无漏油 (3)齿轮箱温度传感器、呼吸器、注油孔盖、排油堵等没有损伤并安装紧固 (4)齿轮箱温度传感器及引线没有损伤 (5)接地装置和碳刷外观及安装状态良好,接地线无松动,检查碳刷磨耗和压紧状态:电刷长度在25 mm以上。导线的芯线缺损量在15%以下
36	齿轮箱排油堵	齿轮箱排油堵	 齿轮箱排油堵	螺堵安装紧固、无松动,防缓铁丝绑扎牢固,无渗油现象
37	轮盘及车轮	①动车轮盘 ②车轮踏面 ③轮缘	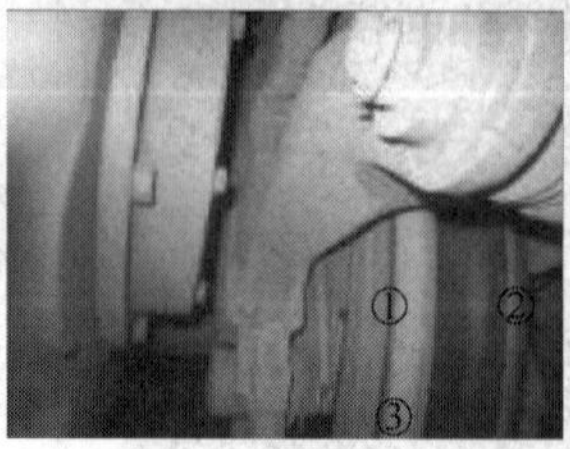 轮盘	(1)盘面裂纹不过限;轮盘摩擦面裂纹沿半径方向≤127 mm;动车制动盘磨耗(单侧)≥14 mm,表面凹槽≤1 mm,制动盘偏磨最高点和最低点之差≤1.5 mm (2)轮盘散热层无杂物 (3)车轮踏面、轮缘检查内容及要求参照序号9相关内容及要求

续上表

序号	顺序	检查步骤	部件作业图示	检查内容与要求
38	牵引电机本体	①电机电源线 ②排风罩 ③电机本体 ④注油孔堵 ⑤牵引电机检查盖	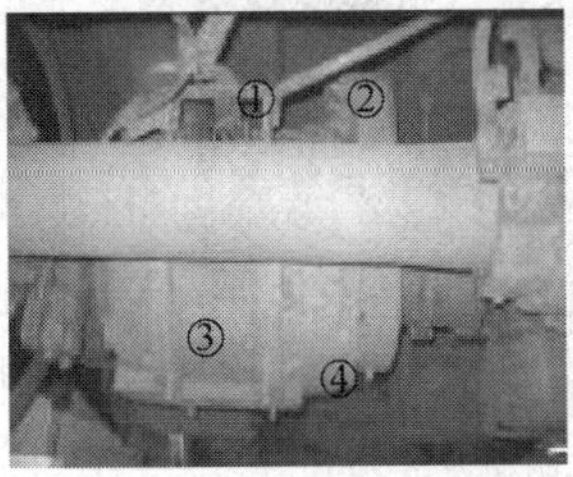 牵引电机 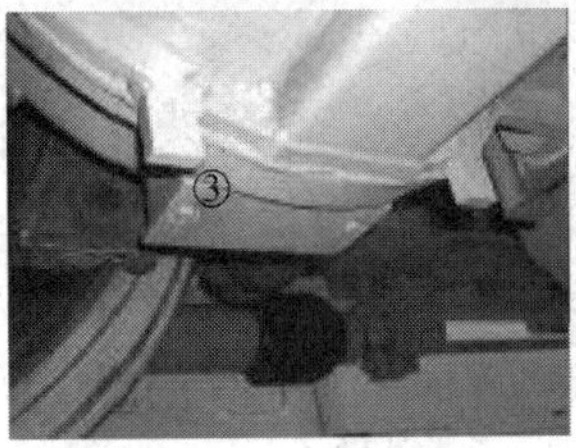 牵引电机检查盖	(1)电机电源线安装状态良好，配线无损伤，管夹无松动、脱落 (2)排风罩外观无裂纹、破损，排风口无堵塞 (3)牵引电动机外观良好安装螺栓无松动、防松标记清晰无错位、各部无裂纹 (4)电机注油孔堵安装良好 (5)电机检查盖紧固无松动，放松标志清晰无错位
39	牵引电机冷却风道	①冷却风道 ②冷却风道卡箍 ③速度传感器	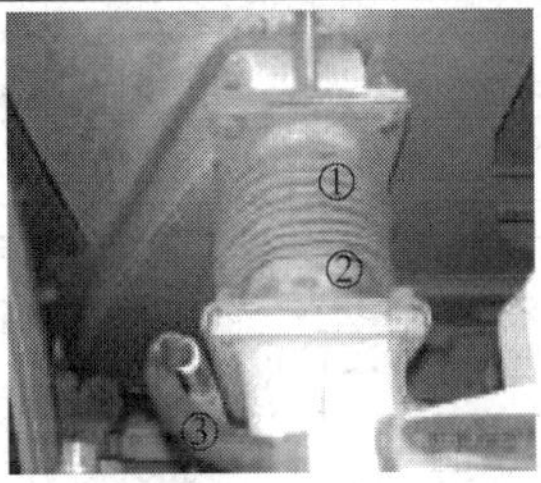 牵引电机冷却风道	(1)牵引电机冷却风道无破损，安装牢固，卡箍无松脱 (2)速度传感器外观及安装状态良好，配线无损伤
40	牵引电机安装座	转身检查 ①牵引电机安装座 ②安装螺栓、防缓铁丝	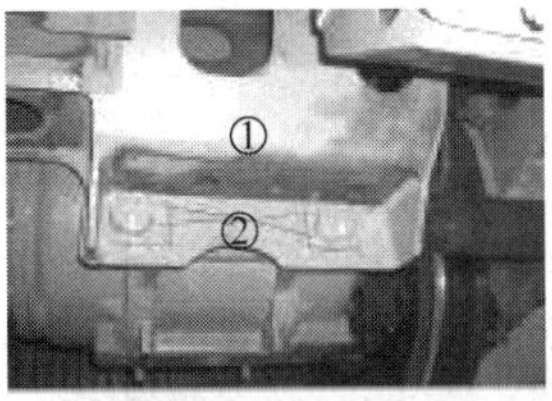 	(1)牵引电机安装座无裂纹或变形，外观状态良好 (2)安装螺栓紧固无松动，放松标志清晰无错位，放松铁丝捆绑正确、无松动
41	联轴器	①联轴节 ②联轴节挡水板	 联轴器	挠性轴接头外观及安装状态良好，联轴节挡水板橡胶无破损，连接螺栓无松动，防松标记清晰无错位
42	齿轮箱	①齿轮箱防脱止挡 ②齿轮箱吊杆 ③安全托架	 齿轮箱吊杆	(1)防脱止挡无变形、裂纹，防脱螺栓安装牢固，开口销无缺失 (2)齿轮箱吊杆橡胶垫无老化，安装紧固 (3)齿轮箱安全托螺栓无松动、防松标记清晰无错位

续上表

序号	顺序	检查步骤	部件作业图示	检查内容与要求
43	轮盘制动夹钳	①支持销 ②开口销 ③防尘橡胶波纹管 ④安装螺丝 ⑤制动夹钳排油 ⑥放气堵 ⑦夹钳油管路	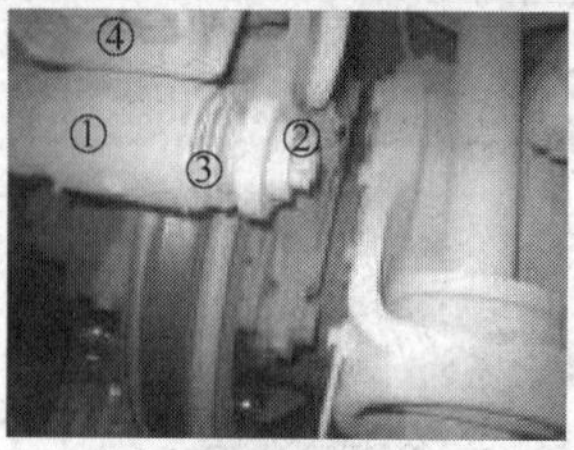 制动夹钳 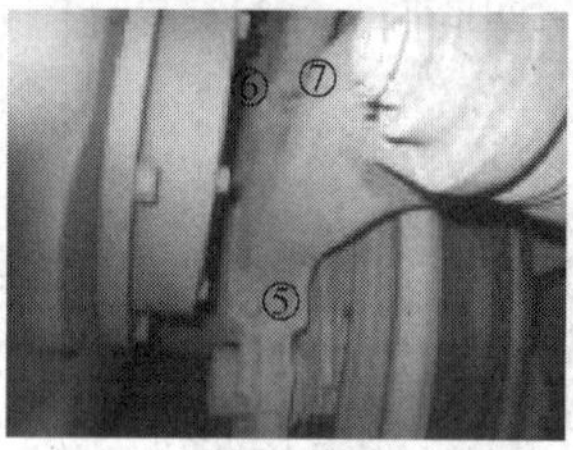 制动夹钳及管路	(1)制动夹钳安装螺丝无松动,防缓铁丝无折断 (2)支持销、垫圈、开口销齐全完好,防尘橡胶波纹管无破损 (3)作用缸油管安装牢固无漏油,外层防护丝网无破损 (4)排气堵、放油堵无松动漏油
44				参照序号 37 动车轮对检查内容及要求
45				参照序号 14 增压缸检查内容及要求
46				参照序号 15 牵引拉杆检查内容及要求
47	参照序号 13、33～44 转向架各组成部分检查内容及要求,参照检查顺序为 13 转向架构架及管线→40 牵引电机安装座→41 联轴器→42 齿轮箱→43 轮盘制动夹钳→44 轮对→38 牵引电机本体→39 牵引电机冷却风道→34 动车车轴→→35 齿轮箱→36 齿轮箱排油堵→37 轮盘及车轮→33 电机传感器线			
48				参照序号 18 端板检查内容及要求
49				参照序号 20 冷凝器下底板检查内容及要求
50				参照序号 21 换气装置逆变器底板检查内容及要求
51	高压机器箱下方底板	高压机器箱下方底板	 高压机器箱下底板	高压机器箱下方底板无变形、缺损;安装螺栓外观状态良好,安装紧固、无缺失,防松标记清晰无错位
52	主变压器下底板	主变压器下底板	 主变压器下底板	主变压器下底板无变形、缺损;安装螺栓外观状态良好,安装紧固、无缺失,防松标记清晰无错位

续上表

<table>
<tr><th>序号</th><th>顺序</th><th>检查步骤</th><th>部件作业图示</th><th>检查内容与要求</th></tr>
<tr><td>53</td><td>牵引变流器底板</td><td>牵引变流器下底板</td><td>
牵引变流器下底板</td><td>牵引变流器下底板无变形、缺损；安装螺栓外观状态良好，安装紧固、无缺失，防松标记清晰无错位</td></tr>
<tr><td>54</td><td colspan="4">参照序号32～48检查内容及要求，参照检查顺序为32端板→33电机传感器线→34动车车轴→35齿轮箱→36齿轮箱排油堵→37轮盘及车轮→38牵引电机本体→39牵引电机冷却风道→40牵引电机安装座→41联轴器→42齿轮箱→43轮盘制动夹钳→44动车轮对→45增压缸→46牵引拉杆→13转向架构架及管线→40牵引电机安装座→41联轴器→42齿轮箱→43轮盘制动夹钳→44轮对→38牵引电机本体→39牵引电机冷却风道→34动车车轴→→35齿轮箱→36齿轮箱排油堵→37轮盘及车轮→33电机传感器线→32端板</td></tr>
<tr><td>55</td><td>接触器箱底板</td><td>接触器箱下方底板</td><td>
接触器箱下方底板</td><td>底板无变形、缺损；安装螺栓外观状态良好，安装紧固、无缺失，防松标记清晰无错位</td></tr>
<tr><td>56</td><td></td><td></td><td></td><td>参照序号28～30检查内容及要求，参照检查顺序为：28防雪风挡→29车端连接处及车钩→30内风挡</td></tr>
<tr><td colspan="5">三号车</td></tr>
<tr><td>序号</td><td colspan="4">顺　　序</td></tr>
<tr><td>57</td><td colspan="4">参照一、二号车相关检查内容及要求，参照检查顺序为：18端板→33电机传感器线→34动车车轴→35齿轮箱→36齿轮箱排油堵→37轮盘及车轮→38牵引电机本体→39牵引电机冷却风道→40牵引电机安装座→41联轴器→42齿轮箱→43轮盘制动夹钳→44动车轮对→45增压缸→46牵引拉杆→13转向架构架及管线→40牵引电机安装座→41联轴器→42齿轮箱→43轮盘制动夹钳→44轮对→38牵引电机本体→39牵引电机冷却风道→34动车车轴→35齿轮箱→36齿轮箱排油堵→37轮盘及车轮→33电机传感器线→32端板→20冷凝器底板→53牵引变流器底板</td></tr>
<tr><td>58</td><td>主空压机底板</td><td>主空压机下方底板</td><td>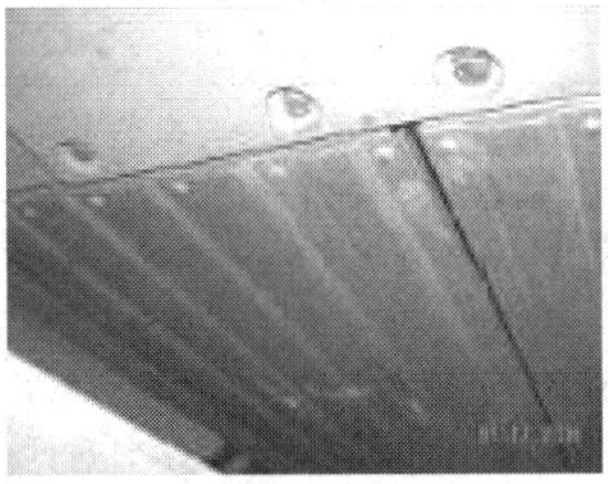
主空气压缩机下底板</td><td>底板无变形、缺损；安装螺栓外观状态良好，安装紧固、无缺失，防松标记清晰无错位</td></tr>
</table>

续上表

<table>
<tr><td>序号</td><td colspan="4">顺　　序</td></tr>
<tr><td>59</td><td colspan="4">参照一、二号车相关检查内容及要求，参照检查顺序为23水箱下底板→21换气装置逆变器底板→18端板→33电机传感器线→34动车车轴→35齿轮箱→36齿轮箱排油堵→37轮盘及车轮→38牵引电机本体→39牵引电机冷却风道→40牵引电机安装座→41联轴器→42齿轮箱→43轮盘制动夹钳→44动车轮对→45增压缸→46牵引拉杆→13转向架构架及管线→40牵引电机安装座→41联轴器→42齿轮箱→43轮盘制动夹钳→44轮对→38牵引电机本体→39牵引电机冷却风道→34动车车轴→35齿轮箱→36齿轮箱排油堵→37轮盘及车轮→33电机传感器线→32端板→27污物箱底板→28防雪风挡→29车端连接处及车钩→30内风挡</td></tr>
<tr><td colspan="5">四号车</td></tr>
<tr><td>序号</td><td colspan="4">顺　　序</td></tr>
<tr><td>60</td><td>自动过分相传感器</td><td>①自动过分相天线
②天线座螺栓</td><td>

自动过分相传感器</td><td>(1)自动过分相仪天线外观状态良好，无变形或损伤，安装牢固，螺栓紧固无松动，距轨面高度(110+20)mm
(2)天线座安装螺栓紧固，无松动</td></tr>
<tr><td>61</td><td colspan="4">参照一、二号车相关检查内容及要求，参照检查顺序为31辅助空压机下方底板→18端板→5拖车车轴→6制动装置轴盘→7轴盘制动夹钳→8轮盘及夹钳→9轮对→10拖车轮对→11制动夹钳→12轮对→13转向架构架及管线→14增压缸→15牵引拉杆→16油压减振器→13转向架构架及管线→5拖车车轴→11轴盘制动夹钳→12轮对→10拖车轮对→6制动装置轴盘→7轴盘制动夹钳→8制动轮盘及夹钳→9轮对→18端板→20冷凝器底板→21换气装置逆变器下底板</td></tr>
<tr><td>62</td><td>底板</td><td>车体底板</td><td>
车体底板</td><td>底板无变形、缺损；安装螺栓外观状态良好，安装紧固、无缺失，防松标记清晰无错位</td></tr>
<tr><td>63</td><td colspan="4">参照一、二号车相关检查内容及要求，参照检查顺序为31空调下底板→18端板→5拖车车轴→6制动装置轴盘→7轴盘制动夹钳→8制动轮盘及夹钳→9轮对→10拖车轮对→11轴盘制动夹钳→12轮对→13转向架构架及管线→14增压缸→15牵引拉杆→16油压减振器→13转向架构架及管线→5拖车车轴→11制动夹钳→12轮对→10拖车轮对→6制动装置轴盘→7轴盘制动夹钳→8制动轮盘及夹钳→9轮对→18端板→55接触器下底板→28防雪风挡→29车端连接处及车钩→30内风挡</td></tr>
<tr><td colspan="5">五号车</td></tr>
<tr><td>序号</td><td colspan="4">顺　　序</td></tr>
<tr><td>64</td><td colspan="4">参照一号车相关检查内容及要求，参照检查顺序为：18端板→5拖车车轴→6制动装置轴盘→7轴盘制动夹钳→8制动轮盘及夹钳→9轮对→10拖车轮对→11轴盘制动夹钳→12轮对→13转向架构架及管线→14增压缸→15牵引拉杆→16油压减振器→13转向架构架及管线→5拖车车轴→11轴盘制动夹钳→12轮对→10拖车轮对→6制动装置轴盘→7轴盘制动夹钳→8制动轮盘及夹钳→9轮对→18端板→58主空压机底板→23水箱下底板→24空调底板→18端板→5拖车车轴→6制动装置轴盘→7轴盘制动夹钳→8制动轮盘及夹钳→9轮对→10拖车轮对→11轴盘制动夹钳→12轮对→13转向架构架及管线→14增压缸→15牵引拉杆→16油压减振器→13转向架构架及管线→5拖车车轴→11轴盘制动夹钳→12轮对→10拖车轮对→6制动装置轴盘→7轴盘制动夹钳→8制动轮盘及夹钳→9轮对→18端板→27污物箱底板→28防雪风挡→29车端连接处及车钩→30内风挡</td></tr>
</table>

续上表

六号车	
序号	顺　　序
65	参照四号车相关检查内容及要求，参照检查顺序为60过分相检查→31辅助空压机底板→18端板→33电机传感器线→34动车车轴→35齿轮箱→36齿轮箱排油堵→37轮盘及车轮→38牵引电机本体→39牵引电机冷却风道→40牵引电机安装座→41联轴器→42齿轮箱→43轮盘制动夹钳→44动车轮对→45增压缸→46牵引拉杆→13转向架构架及管线→40牵引电机安装座→41联轴器→42齿轮箱→43轮盘制动夹钳→44动车轮对→38牵引电机本体→39牵引电机冷却风道→34动车车轴→35齿轮箱→36齿轮箱排油堵→37轮盘及车轮→33电机传感器线→32端板→55接触器箱下方底板→27冷凝器底板→28换气装置逆变器底板→50高压机器箱底板→51主变压器底板→52牵引变流器底板→18端板→33电机传感器线→34动车车轴→35齿轮箱→36齿轮箱排油堵→37轮盘及车轮→38牵引电机本体→39牵引电机冷却风道→40牵引电机安装座→41联轴器→42齿轮箱→43轮盘制动夹钳→44动车轮对→45增压缸→46牵引拉杆→13转向架构架及管线→40牵引电机安装座→41联轴器→42齿轮箱→43轮盘制动夹钳→44动车轮对→38牵引电机本体→39牵引电机冷却风道→34动车车轴→35齿轮箱→36齿轮箱排油堵→37轮盘及车轮→33电机传感器线→32端板→28防雪风挡→29车端连接处及车钩→30内风挡
七号车	
66	参照二号车相关检查内容及要求，参照检查顺序为58主空压机底板→18端板→33电机传感器线→34动车车轴→35齿轮箱→36齿轮箱排油堵→37轮盘及车轮→38牵引电机本体→39牵引电机冷却风道→40牵引电机安装座→41联轴器→42齿轮箱→43轮盘制动夹钳→44动车轮对→45增压缸→46牵引拉杆→13转向架构架及管线→40牵引电机安装座→41联轴器→42齿轮箱→43轮盘制动夹钳→44动车轮对→38牵引电机本体→39牵引电机冷却风道→34动车车轴→35齿轮箱→36齿轮箱排油堵→37轮盘及车轮→33电机传感器线→32端板→27冷凝器底板→28换气装置逆变器底板→52牵引变流器底板→18端板→33电机传感器线→34动车车轴→35齿轮箱→36齿轮箱排油堵→37轮盘及车轮→38牵引电机本体→39牵引电机冷却风道→40牵引电机安装座→41联轴器→42齿轮箱→43轮盘制动夹钳→44动车轮对→45增压缸→46牵引拉杆→13转向架构架及管线→40牵引电机安装座→41联轴器→42齿轮箱→43轮盘制动夹钳→44动车轮对→38牵引电机本体→39牵引电机冷却风道→34动车车轴→35齿轮箱→36齿轮箱排油堵→37轮盘及车轮→33电机传感器线→32端板→29车端连接处及车钩→30内风挡
八号车底板	
67	参照一号车相关检查内容及要求，参照检查顺序为18端板→5拖车车轴→6制动装置轴盘→7轴盘制动夹钳→8制动轮盘及夹钳→9轮对→10拖车轮对→11轴盘制动夹钳→12轮对→13转向架构架及管线→14增压缸→15牵引拉杆→16油压减振器→13转向架构架及管线→5拖车车轴→11轴盘制动夹钳→12轮对→10拖车轮对→6制动装置轴盘→7轴盘制动夹钳→8制动轮盘及夹钳→9轮对→18端板→20冷凝器底板→21换气装置逆变器底板→22辅助电源装置下底板→24空调底板→19监控装置→18端板→5拖车车轴→6制动装置轴盘→7轴盘制动夹钳→8制动轮盘及夹钳→9轮对→10拖车车轴→11轴盘制动夹钳→12轮对→13转向架构架及管线→14增压缸→15牵引拉杆→16油压减振器→13转向架构架及管线→5拖车车轴→11轴盘制动夹钳→12轮对→10拖车轮对→6制动装置轴盘→7轴盘制动夹钳→8制动轮盘及夹钳→9轮对→18端板→3轮侧端板→2头车车端下部→1头车头端部

4)结束工作

(1)无电作业完毕后，作业组①号确认所有作业人员作业完毕撤离后，①号进行无电作业完毕刷卡。

(2)所有登顶人员下顶后务必及时归还门禁卡并填写供断电申请单。监护人员确认所有登顶人员门禁卡已归还且签字确认无误。

5. 申请供电

(1)检修作业组①号确认所有作业人员作业完毕撤离后,向监护人员申请接触网供电。监护人员在收到检修作业组①号的供电申请后,确认供断电单填写无误,登顶检查,确认受电弓已降下,顶部无人,渡板全部收回,并确认走行部已无人作业后,撤除接地杆。接触网工在得到调度同意供电通知和信号后,对接触网供电,供电结束后通知监护人员进行申请供电结束刷卡。

(2)监护人员进行申请供电结束刷卡后,接触网供电完毕(图 5-15,图 5-16)。

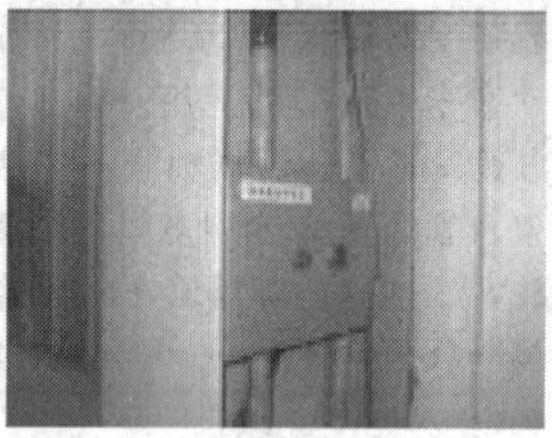

图 5-15　接地杆撤除归位

图 5-16　接触网供电

6. 有电作业

(1)有电作业准备。完成申请接触网供电后,接触网有电,①号升起受电弓,合上 VCB,确认供电正常后,作业组①号需进行有电作业开始刷卡,刷卡后,作业组①号告之各作业人员开始有电作业。

(2)检修作业组①②号车内作业(表 5-9)。

表 5-9　①②号车内作业

序号	顺序	检查步骤	部件作业图示	检查内容与要求
1	一号车司机室标志灯检查	(1)前部标志灯减光开关 (2)前部标志灯减光开关操作 (3)标志灯颜色转换检查	 前部标志灯减光开关   标志灯(前进)　标志灯(尾灯)	(1)①号在司机室检查前部标志减光灯开关作用良好,无损坏 (2)①号在司机室动作前部标志减光灯开关,②号在二层作业平台确认标志灯光颜色转换作用良好(前进与尾灯的转换,对应的标志灯颜色转换良好)

续上表

序号	顺序	检查步骤	部件作业图示	检查内容与要求
2	一号车驾驶台手柄	①主控手柄 ②制动手柄	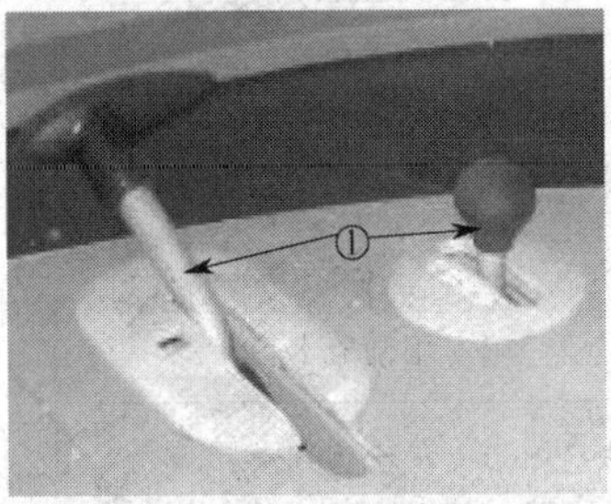 牵引及换向手柄 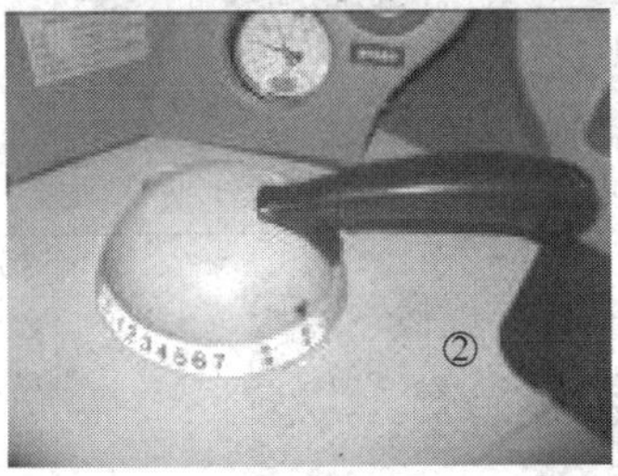 制动手柄	①号在司机室检查 (1)检查牵引手柄、换向手柄无损伤、卡滞、脱挡，安装无松动 (2)检查制动手柄锁闭机构作用良好，制动手柄无损伤、卡滞、脱挡，安装无松动。试验完毕后将制动手柄置于快速位 注意：驾驶台手柄检查和试验必须放在动车组升弓供电前实施
3	一号车蓄电池	①蓄电池电压表 ②转换开关	 2A型蓄电池电压表及转换开关 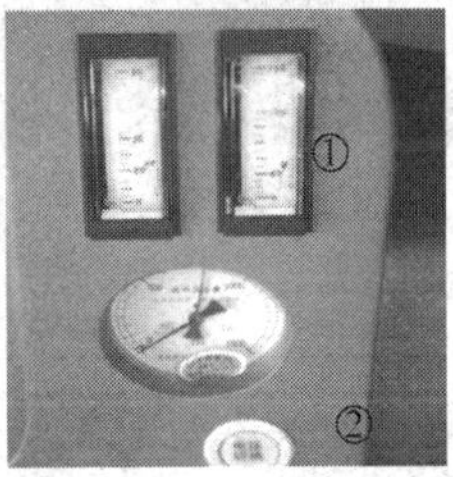 2B、2E电压表及转换按钮	①号检查 (1)断开列车无线蓄电池开关 (2)操作制动手柄BV接通时，驾驶台电压表的显示电压应为87 V以上 (3)按下驾驶台的左侧面板电压表切换按钮，测定无线电蓄电池的电压应为90 V以上 (4)检查司机室内各风表、电压表在有效检定期内
4	一号车驾驶台设备	①监控显示器 ②遮光板、阅读灯 ③司机室座椅、汽笛脚踏 ④空调、照明 ⑤电加热、司机室玻璃 ⑥雨刮器	 驾驶台设备  遮光板、阅读灯 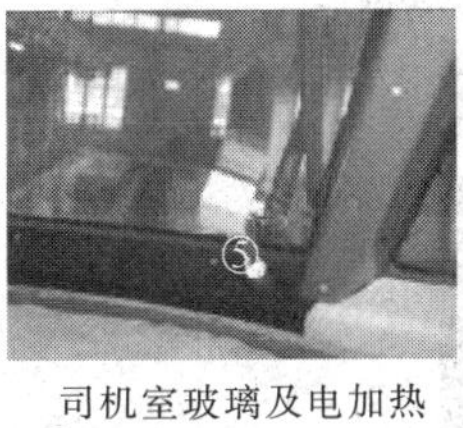 司机室玻璃及电加热 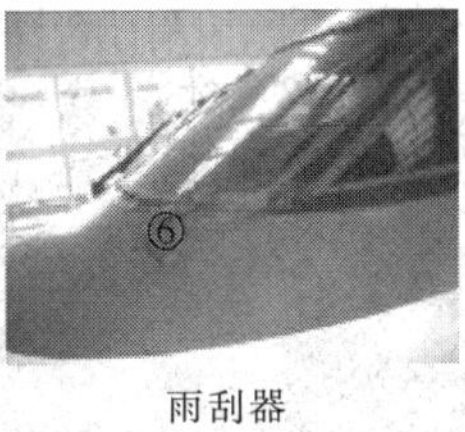 雨刮器	①号检查 (1)检查监控显示器外观状态及显示良好，保护膜无脱落或破损 (2)检查遮光板无破损，作用良好，如损坏需更换。阅读灯显示正常 (3)检查司机和副驾驶座椅安装牢固，升降状态良好，调节手柄橡胶套无脱落；踏下汽笛脚踏，汽笛工作正常 (4)检查室内空调开关作用良好，出风口滤网清洁无脏堵，司机室内空调作用良好，无异音；照明良好，安装罩无松动，如有损坏，需进行更换 (5)检查室内玻璃无破损，电加热外观状态良好，接线无损伤或脱落，工作状态检查良好 (6)检查拉出雨刮器开关并向右转动，雨刮器动作良好，喷水正常。雨刷的动作无打滑，雨刷的橡胶无破损。检查雨刮器储水箱水位不低于1/2

续上表

序号	顺序	检查步骤	部件作业图示	检查内容与要求
4	一号车驾驶台设备	①监控显示器 ②遮光板、阅读灯 ③司机室座椅、汽笛脚踏 ④空调、照明 ⑤电加热、司机室玻璃 ⑥雨刮器	 雨刮器开关  雨刮器水箱  司机室顶灯  空调控制开关	
5	联络电话	(1)检查联络电话安装状态 (2)检查联络电话通话效果	 联络装置	(1)①号在司机室,②号在车厢内,检查联络电话外观状态良好,按键使用正常,话机电线无脱落或破损;安装座紧固,无松动和损坏 (2)①号在司机室进行通话实验,②号配合①号在各车厢和另一个司机室确认通话实验效果,通话正常清晰无杂音 注:CRH2A:0、1、5、7 号车,CRH2B、CRH2E:1、8、00 车
以下由①号检查				
6	司机室前舱	(1)检查头罩开闭机构 (2)检查雨刮器摆动机构 (3)检查司机室空调机 (4)检查车内释放阀 (5)检查舱内 (6)检查辅助制动装置	 头罩开闭机构 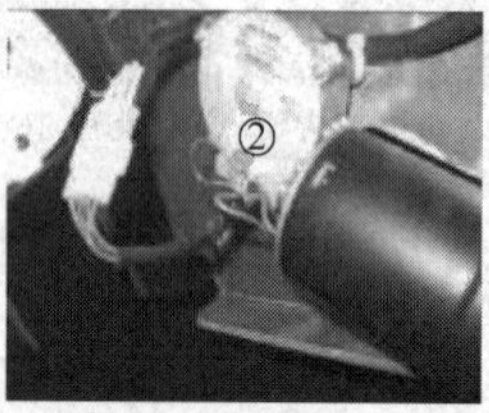 雨刮器摆动机构 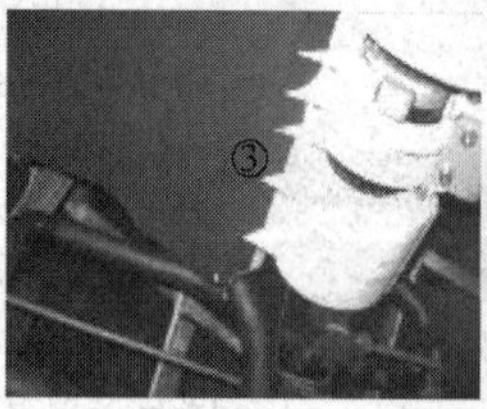 司机室空调机  车内释放阀  辅助制动装置	①号检查 (1)头罩开闭控制机构外观状态良好,管路无漏风、电线无变色 (2)雨刮器摆动机构外观及安装状态良好、摆动机构连接处铆钉无变形或裂纹,电机连接线紧固无脱落或变色等 (3)司机室空调机外观良好、空调回风网无脏堵 (4)车内压力释放阀外观安装状态良好,无损伤,管路紧固无漏风 (5)舱内无漏气和漏水现象 (6)辅助制动装置本体外观及安装状态良好,无异常,电气接线无变色老化痕迹

续上表

序号	顺序	检查步骤	部件作业图示	检查内容与要求
7	司机室前罩	(1)检查前罩门 (2)检查头罩动作机构 (3)检查头罩锁 (4)检查各风管	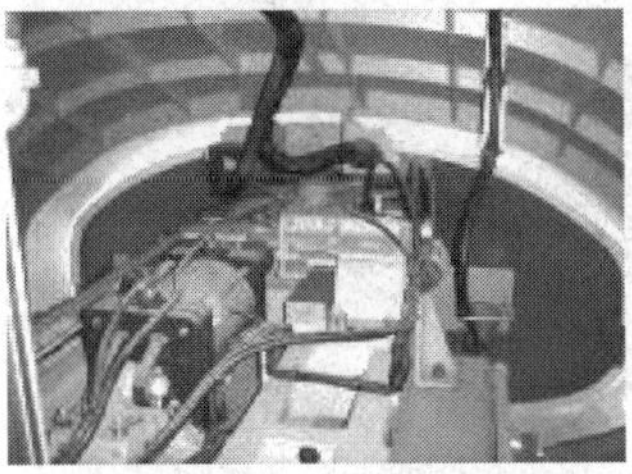 头罩舱	①号检查 (1)前罩门锁紧、开启灵活 (2)检查头罩动作机构安装状态良好 (3)头罩锁安装状态良好、前头罩锁闭良好、无缝隙,状态良好 (4)风管路安装状态良好,无漏气现象
8	空气管开闭器	空气管开闭器	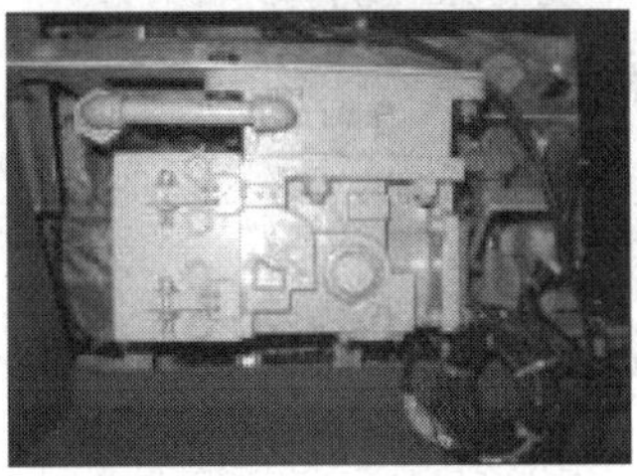 空气管开闭器	①号检查 检查空气管开闭器及配气管路,开闭器处于关闭位,气路无漏泄。(重联动车组重联端开闭器处于开启位。)搭扣搭接良好,无松动。各螺栓紧固,防松标志清晰无错位
9	分并装置	分并装置	 分并装置	①号检查 检查重联分并装置,分并装置处于分割位,气路无漏泄,气路截断塞门处于开启位,电线插头无松动变形(重联动车组重联端分并装置处于闭合位)
10	司机室总配电盘	(1)检查配电盘开关 (2)检查司机室配电盘 (3)检查司机室总配电柜	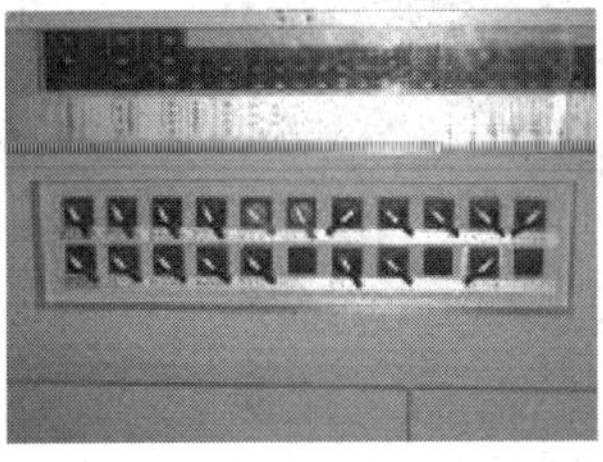 配电盘开关  司机室配电盘	①号检查 (1)检查司机室配电盘,各开关处于正确位置 (2)打开配电盘下方柜门,确认各刀闸开关位置正确,安装无松动。柜内接线端子排、电阻排防松标记良好,制动换读器内开关位置设置正确,各接线无变色、老化或脱落 (3)司机室总配电柜: ①检查司机室总配电盘,各接触器安装牢固,接线无松动、变色痕迹;应急短接开关均处于关闭位 ②电线航空插头(CN1～CN6)安装牢固,无松动 ③继电器单元压板无松动,说明书粘贴牢固 ④时间继电器设置在整定值 ⑤标识灯转换器安装状态良好,接线无松动 ⑥下部端子排接线无松动

续上表

序号	顺序	检查步骤	部件作业图示	检查内容与要求
10	司机室总配电盘	(1)检查配电盘开关 (2)检查司机室配电盘 (3)检查司机室总配电柜	 司机室总配电柜内部 1  司机室总配电柜内部 2	
11	中央控制装置	中央控制装置	 中央控制装置	①号检查 中央控制装置引入和引出光纤及电线航空插头(CNM1～CNM8)无松动。接线无变色痕迹。配电柜底部无积水及杂物
12	分并配电盘	分并配电盘	 分并配电盘	①号检查 (1)检查分并配电盘电线航空插头无松动，强制开关均处于关闭位 (2)检查 PLC 基本部分和增设部分上下部指示灯显示状态，核对指示灯显示与头罩开闭和重联状态一致 (3)上下部电路接线无变色痕迹
13	ATP，LKJ 机柜	(1)检查 ATP 机柜 (2)检查 LKJ 机柜	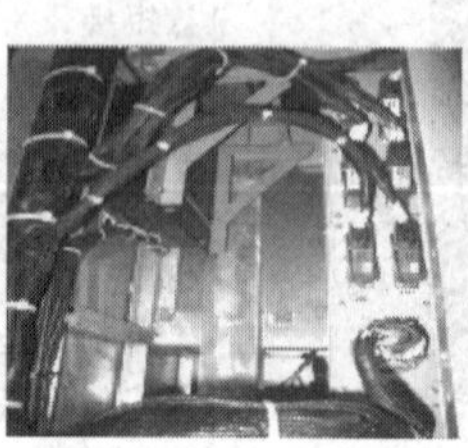  ATP 机柜　LKJ 机柜	①号检查 检查 X40T 线、电线航空插头(CN1～CN8)等安装良好、无松动。配电柜底部无积水及杂物

续上表

序号	顺序	检查步骤	部件作业图示	检查内容与要求
14	CIR机柜	(1)检查CIR电源 (2)检查MON监视终端装置	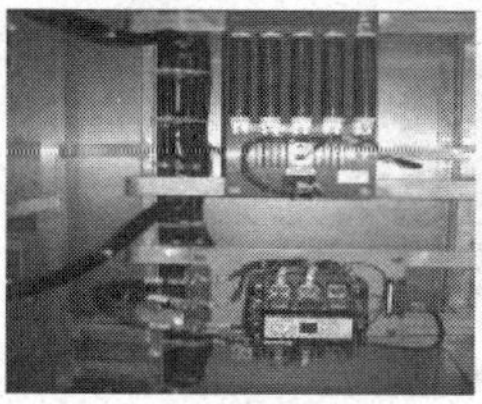 CIR电源部分  MON监视器终端装置	①号检查 (1)检查CIR电源接触器前电阻、配线、桩头无异状 (2)检查MON监视器终端装置安装牢固,电线航空插头连接无松动
以下由②号检查				
15	配电柜检查	(1)运行配电柜 (2)服务配电柜 (3)污物配电柜	 运行配电盘 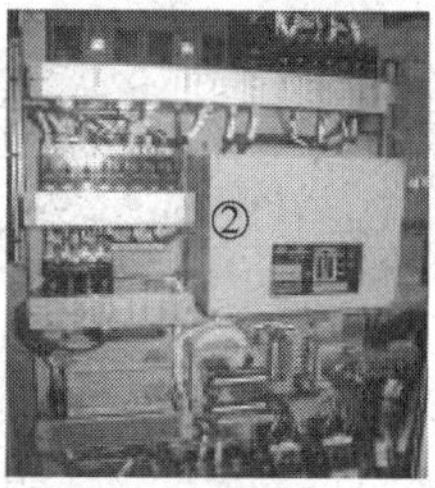 服务配电盘  污物配电盘	②号检查 (1)配电柜箱体无变形、破损,柜门锁作用良好,柜子各拉门外观状态及动作良好 (2)配电柜内各电气元件、接线等无烧损或变色,开关位置正确。空调显示设定器外观检查良好,显示正确 (3)刀片式闸刀位置正确 (4)各标志牌显示正确,字体清晰,张贴说明书粘贴牢固 (5)各配电盘内洁净,无异物,无积水,隔热层良好无破损 (6)各显示灯外观良好,显示正确 注:(1)蓄电池电压表无破损,读数正确,按期校验;(2)蓄电池电压表分别为:CRH2A为2、4、6车,CRH2B为2、4、6、10、12、14车,CRH2E为3、4、7、11、12、15车
16	搭载品	搭载品	 驾驶室搭载用品	②号检查 检查灭火器、信号旗、扩音器、紧急灯、止轮器、外观状态良好,定置存放。响墩、火炬、灭火器不过期
17	2～7号车内检查内容及要求	参照序号15配电柜检查的内容及要求		由②号检查

续上表

序号	顺序	检查步骤	部件作业图示	检查内容与要求
八号车由②号检查				
18	八号车驾驶台手柄	(1)主手柄 (2)制动手柄	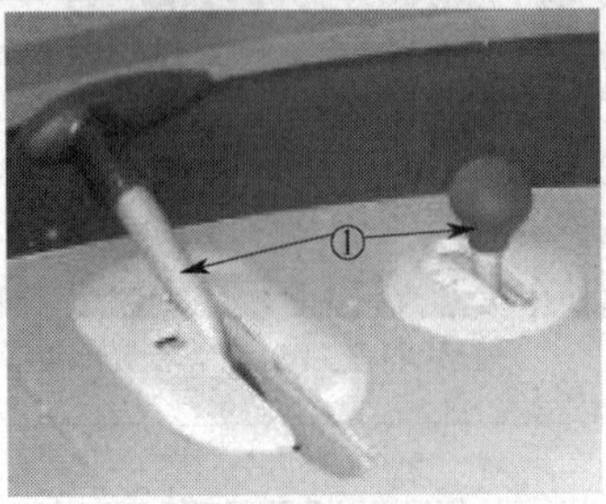 牵引及换向手柄 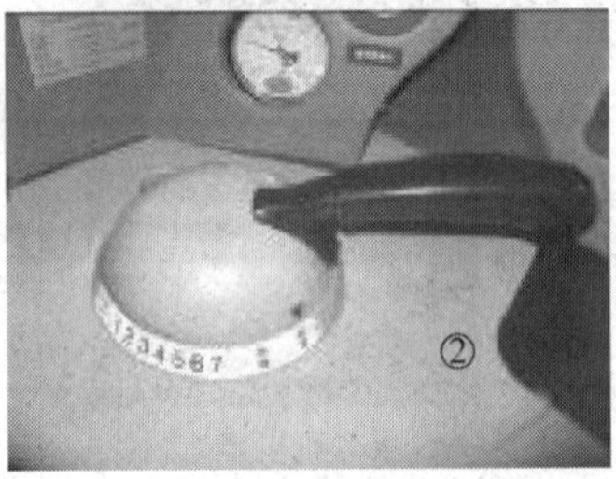 制动手柄	②号检查 (1)检查牵引手柄、换向手柄无损伤、卡滞、脱档,安装无松动 (2)检查制动手柄锁机构作用良好,制动手柄无损伤、卡滞、脱档,安装无松动。试验完毕后将制动手柄置于快速位 注意:驾驶台手柄的检查和试验必须在动车组升弓供电前实施或动车组降弓断电时实施
19	八号车蓄电池	(1)蓄电池电压表 (2)转换开关	 2A 型蓄电池电压表及转换开关 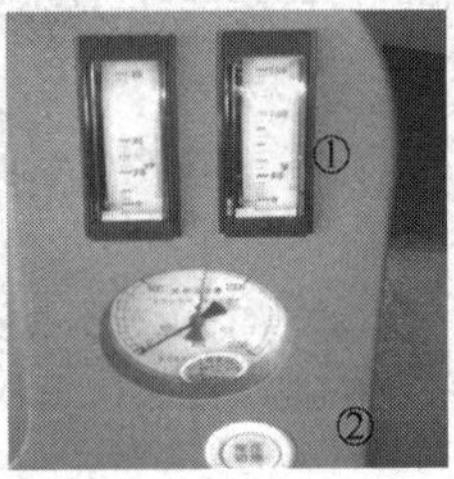 2B、2E 电压表及转换按钮	由②号检查 (1)断开列车无线蓄电池开关 (2)制动手柄 BV 接通时,驾驶台电压表的显示电压应为 87 V 以上 (3)按下驾驶台的左侧面板电压表切换按钮,测定无线电蓄电池的电压应为 90 V 以上 (4)司机室内各风表、电压表在有效检定期内
20	八号车驾驶台设备	(1)监控显示器 (2)遮光板、阅读灯 (3)司机室座椅、汽笛脚踏 (4)空调、照明 (5)电加热、司机室玻璃 (6)雨刮器	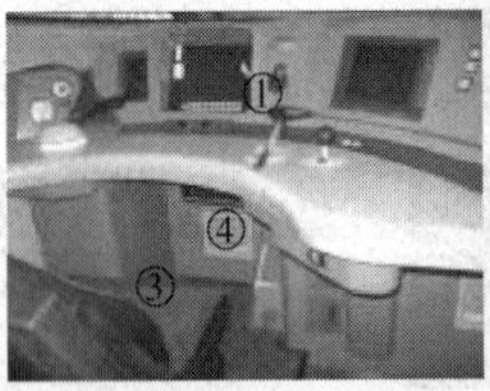 驾驶台设备 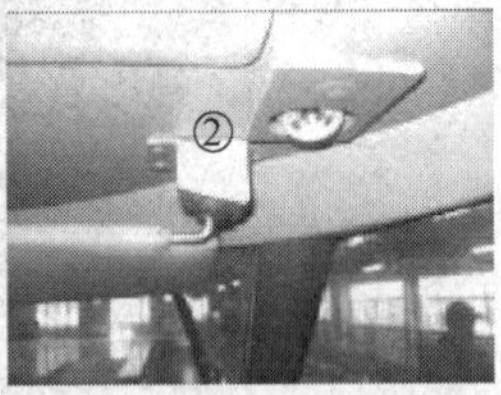 遮光板、阅读灯  司机室玻璃及电加热 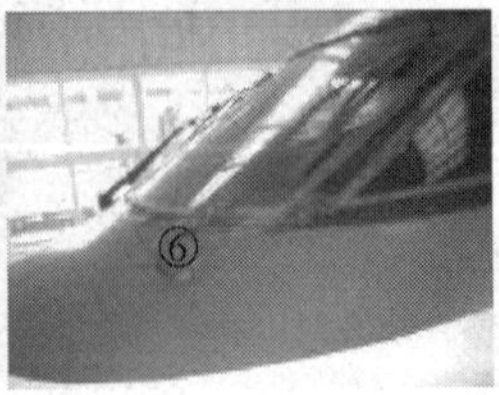 雨刮器	(1)监控显示器外观状态及显示良好,保护膜无脱落或破损 (2)遮光板无破损,作用良好,如损坏需更换。阅读灯显示正常 (3)检查司机和副驾驶座椅安装牢固,升降状态良好,调节手柄橡胶套无脱落;踏下汽笛脚踏,汽笛工作正常 (4)室内空调开关作用良好,出风口滤网清洁无脏堵,司机室内空调作用良好,无异音;照明良好,安装罩无松动,如有损坏,需进行更换 (5)室内玻璃无破损,电加热外观状态良好,接线无损伤或脱落,工作状态检查良好 (6)拉出雨刮器开关并向右转动,雨刮器动作良好,喷水正常。雨刷的动作无打滑,雨刷的橡胶无破损。检查雨刮器储水箱水位不低于 1/2

续上表

序号	顺序	检查步骤	部件作业图示	检查内容与要求
20	八号车驾驶台设备	(1)监控显示器 (2)遮光板、阅读灯 (3)司机室座椅、汽笛脚踏 (4)空调、照明 (5)电加热、司机室玻璃 (6)雨刮器	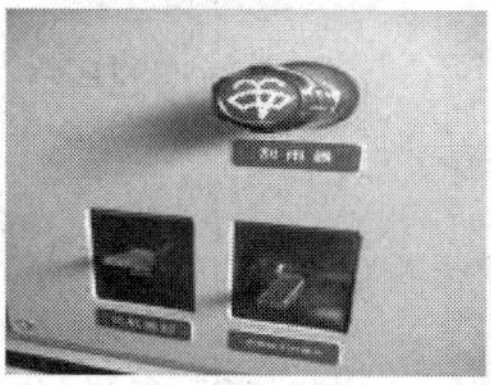 雨刮器开关  雨刮器水箱  司机室顶灯  空调控制开关	
21	联络电话	(1)检查联络电话安装状态 (2)检查联络电话通话效果	 联络装置	(1)联络电话外观状态良好,按键使用正常,话机电线无脱落或破损;安装座紧固,无松动和损坏 (2)①号在司机室进行通话实验,②号配合①号在各车厢和另一个司机室确认通话实验效果,通话正常清晰无杂音
22	司机室前舱	(1)头罩开闭机构 (2)雨刮器摆动机构 (3)司机室空调机 (4)车内释放阀 (5)舱内 (6)辅助制动装置	 头罩开闭机构 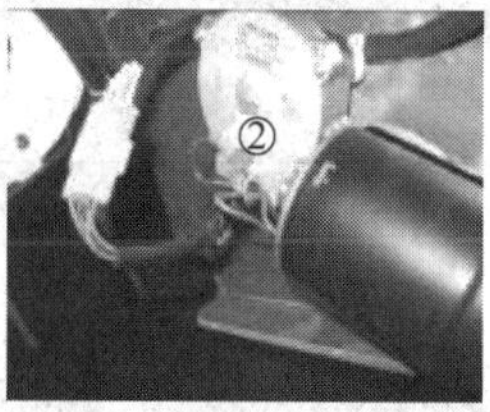 雨刮器摆动机构 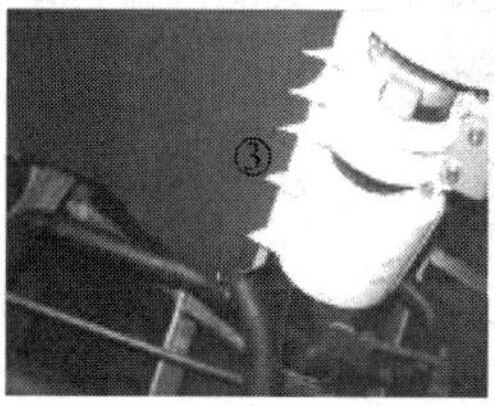 司机室空调机  车内释放阀  辅助制动装置	(1)头罩开闭控制机构外观状态良好,管路无漏风、电线无变色 (2)雨刮器摆动机构外观及安装状态良好、摆动机构连接处铆钉无变形或裂纹,电机连接线紧固无脱落或变色等 (3)司机室空调机外观良好、空调回风网无脏堵 (4)车内压力释放阀外观安装状态良好,无损伤,管路紧固无漏风 (5)舱内无漏气和漏水现象 (6)辅助制动装置本体外观及安装状态良好,无异常,电气接线无变色老化痕迹

续上表

序号	顺序	检查步骤	部件作业图示	检查内容与要求
23	司机室前罩	(1)前罩门 (2)头罩动作机构 (3)头罩锁 (4)各风管	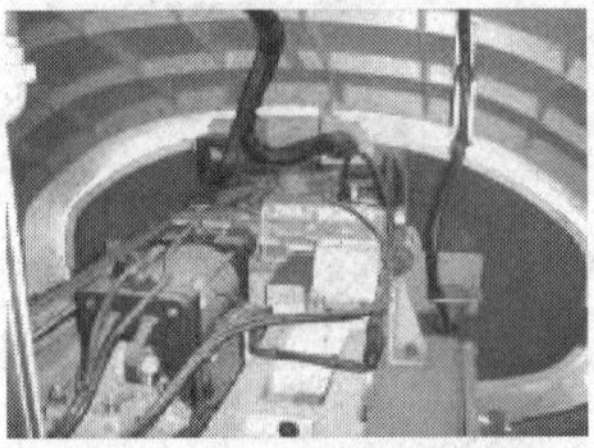 头罩舱	(1)前罩门锁紧、开启灵活 (2)检查头罩动作机构安装状态良好 (3)头罩锁安装状态良好、前头罩锁闭良好、无缝隙,状态良好 (4)风管路安装状态良好,无漏气现象
24	空气管开闭器	空气管开闭器	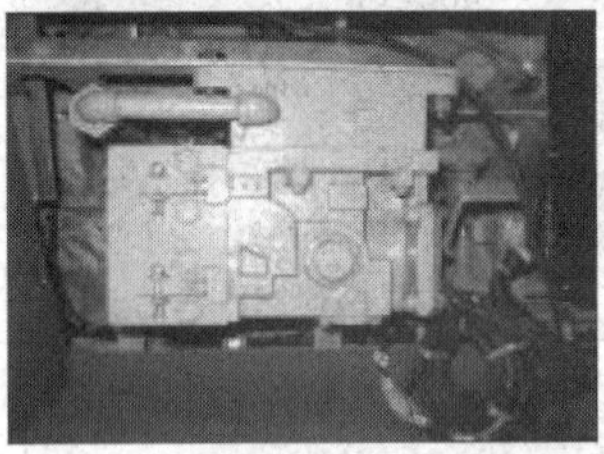 空气管开闭器	检查空气管开闭器及配气管路,开闭器处于关闭位,气路无漏泄。(重联动车组重联端开闭器处于开启位。)搭扣搭接良好,无松动。各螺栓紧固,放松标志清晰无错位
25	分并装置	分并装置	 分并装置	检查重联分并装置,分并装置处于分割位,气路无漏泄,气路截断塞门处于开启位,电线插头无松动变形。(重联动车组重联端分并装置处于闭合位)
26	司机室总配电盘	(1)配电盘开关 (2)司机室配电盘 (3)司机室总配电柜	 配电盘开关  司机室配电盘	(1)检查司机室配电盘,各开关处于正确位置 (2)打开配电盘下方柜门,确认各刀闸开关位置正确,安装无松动。柜内接线端子排、电阻排防松标记良好,制动换读器内开关位置设置正确,各接线无变色、老化或脱落 (3)司机室总配电柜: ①检查司机室总配电盘,各接触器安装牢固,接线无松动、变色痕迹;应急短接开关均处于关闭位 ②电线航空插头(CN1～CN6)安装牢固,无松动 ③继电器单元压板无松动,说明书粘贴牢固 ④时间继电器设置在整定值 ⑤标识灯转换器安装状态良好,接线无松动 ⑥下部端子排接线无松动

续上表

序号	顺序	检查步骤	部件作业图示	检查内容与要求
26	司机室总配电盘	(1)配电盘开关 (2)司机室配电盘 (3)司机室总配电柜	 司机室总配电柜内部1  司机室总配电柜内部2	
27	中央控制装置	中央控制装置	 中央控制装置	中央控制装置引入和引出光纤及电线航空插头(CNM1～CNM8)无松动。接线无变色痕迹，配电柜底部无积水及杂物
28	分并配电盘	分并配电盘	 分并配电盘	(1)检查分并配电盘电线航空插头无松动，强制开关均处于关闭位 (2)检查PLC基本部分和增设部分上下部指示灯显示状态，核对指示灯显示与头罩开闭和重联状态一致 (3)上下部电路接线无变色痕迹
29	ATP，LKJ机柜	ATP机柜 LKJ机柜	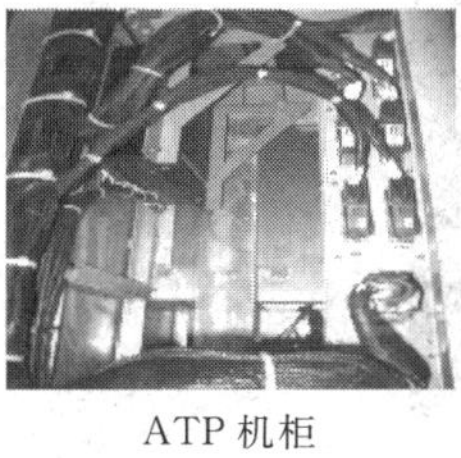  ATP机柜　LKJ机柜	检查X40T线、电线航空插头(CN1～CN8)等安装良好、无松动。配电柜底部无积水及杂物

续上表

序号	顺序	检查步骤	部件作业图示	检查内容与要求
30	CIR机柜	CIR电源 MON监视终端装置	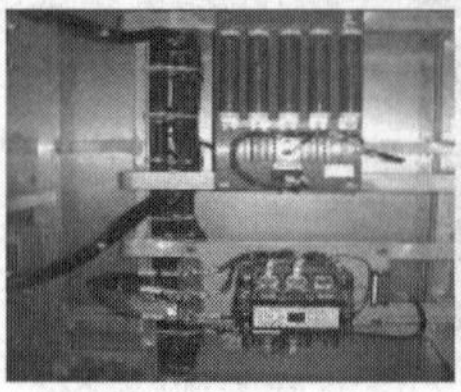 CIR电源部分  MON监视器终端装置	1. 检查CIR电源接触器前电阻、配线、桩头无异状 2. 检查MON监视器终端装置安装牢固,电线航空插头连接无松动
31	司机室标志灯开关	①前部标志灯减光开关	 前部标志灯减光开关	前部标志灯减光开关作用良好,无损坏
32				参照序号1标志灯检查内容及要求
检修作业组①号完成上述司机室检查后进行一号车司机室有电试验,其步骤如下:				
33	辅助电源电压	MON辅助电源电压	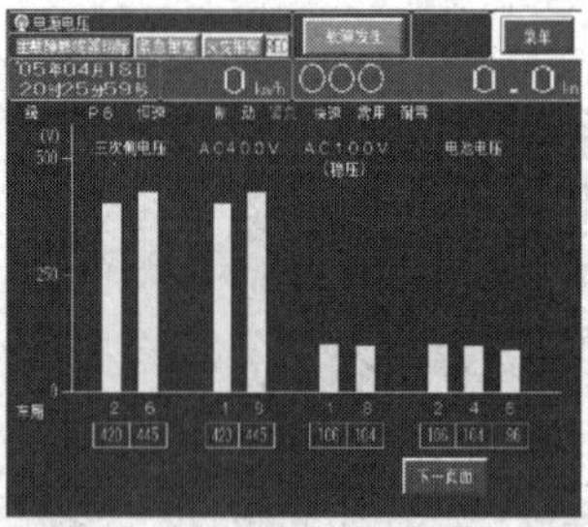 CRH2A型动车组电源电压 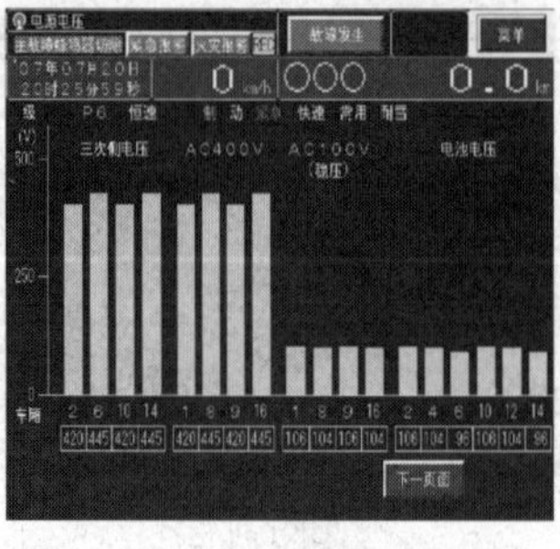 CRH2B、CRH2E型动车组电源	在监控显示器(MON)上查看电源电压画面,稳压电压为AC(100±5)V

续上表

<table>
<tr><th>序号</th><th>顺序</th><th>检查步骤</th><th>部件作业图示</th><th>检查内容与要求</th></tr>
<tr><td>34</td><td>电压表</td><td>①蓄电池电压表
②网压表
③双针压力表</td><td>

CRH2A 型电压表

CRH2B、CRH2E 型电压表及电压转换按钮</td><td>(1)通电时，蓄电池充电电压为(100±5)V，电压表外观及安装状态良好，电压表在有效检定日期内
(2)检查网压表显示正常(17.5～31 kV)，外观及安装状态良好，电压表在有效检定日期内
(3)双针压力表的外观及安装状态良好，显示正常。当总风压力至880 kPa 时，将 BV 手柄置于 1 N，核对双针压力表，每分钟压力下降不得大于40 kPa(1 号或 0 号做一次，用风设备停用)</td></tr>
<tr><td>35</td><td>制动系统试验</td><td>MON 显示 BC 压力值</td><td>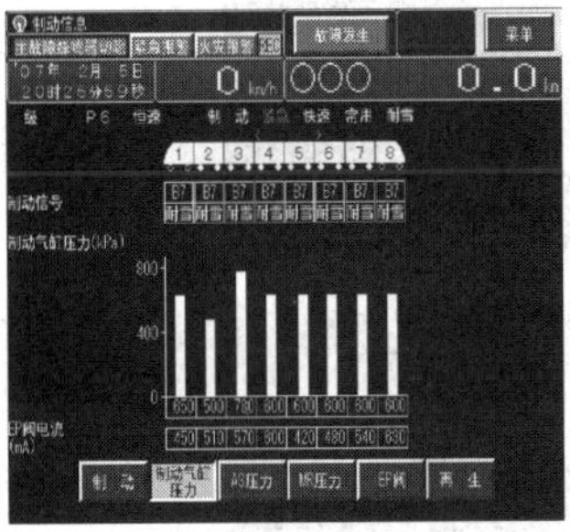
CRH2A 动车 BC 压力
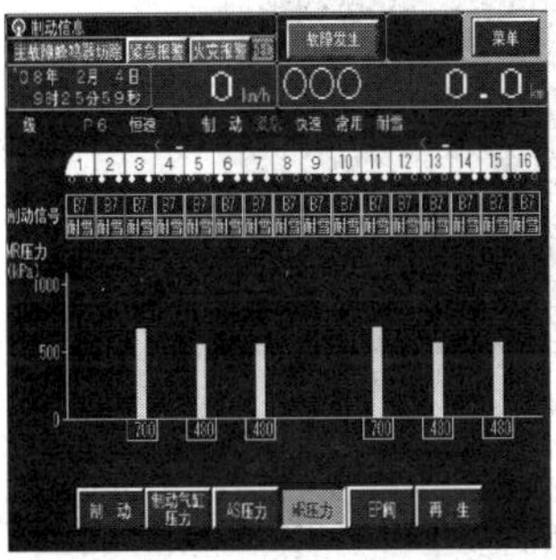
CRH2B、CRH2E 动车 BC 压力</td><td>制动试验，查看监控显示器 BC 压力画面，在各挡位上制动控制装置的 BC 压力符合规定，色标正常。试验完毕后，将制动手柄置于拔取位
CRH2A(CRH2151～2211)
BC 压力参考值(kPa)：公差：±30 kPa
T 车(拖车)
<table>
<tr><th rowspan="2">S 压力</th><th colspan="5">制动级位</th></tr>
<tr><th>1N</th><th>4N</th><th>7N</th><th>EB</th><th>运行</th></tr>
<tr><td>270 kPa</td><td>90</td><td>170</td><td>260</td><td>360</td><td>0</td></tr>
<tr><td>310 kPa</td><td>90</td><td>180</td><td>270</td><td>390</td><td>0</td></tr>
<tr><td>350 kPa</td><td>100</td><td>190</td><td>290</td><td>420</td><td>0</td></tr>
<tr><td>390 kPa</td><td>100</td><td>210</td><td>310</td><td>440</td><td>0</td></tr>
</table>
M 车(动车)
<table>
<tr><th rowspan="2">AS 压力</th><th colspan="5">制动级位</th></tr>
<tr><th>1N</th><th>4N</th><th>7N</th><th>EB</th><th>运行</th></tr>
<tr><td>310 kPa</td><td>90</td><td>170</td><td>260</td><td>380</td><td>0</td></tr>
<tr><td>350 kPa</td><td>90</td><td>180</td><td>280</td><td>410</td><td>0</td></tr>
<tr><td>390 kPa</td><td>100</td><td>190</td><td>290</td><td>450</td><td>0</td></tr>
<tr><td>430 kPa</td><td>100</td><td>210</td><td>310</td><td>470</td><td>0</td></tr>
</table></td></tr>
</table>

续上表

序号	顺序	检查步骤	部件作业图示	检查内容与要求
36	侧门试验	侧拉门开关 MON 侧拉门状态显示	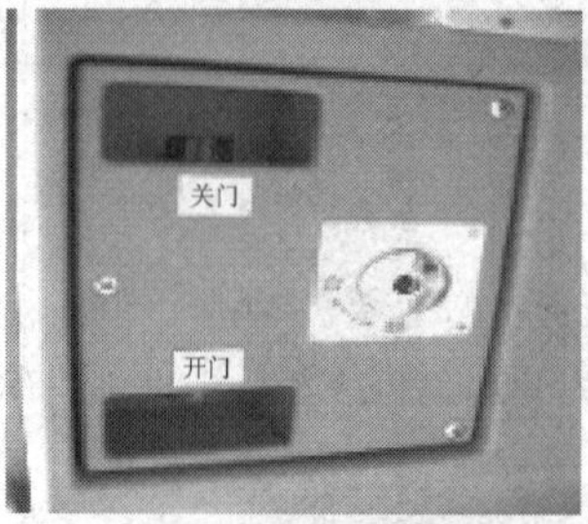 侧拉门开关及锁 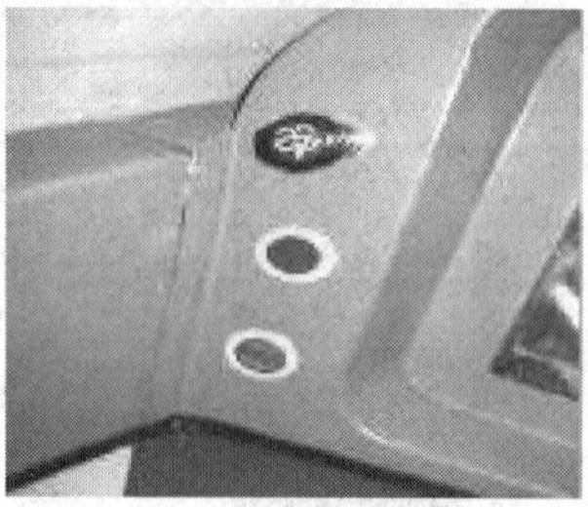 CRH2B、CRH2E 型侧门开关 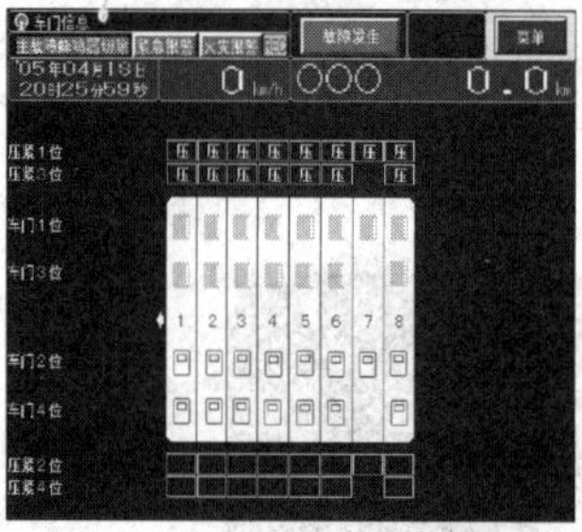 侧拉门监控屏	(1)侧门开关作用良好,外观无异常,开门锁作用良好 (2)操作侧拉门“开门”开关,在监控显示器上确认开门状态良好 (3)操作侧拉门“关门”开关,在监控显示器上确认关门状态良好 (4)操作操纵台“开门”开关,在监控显示器上确认开门状态良好 (5)操作操纵台“关门”开关,在监控显示器上确认关门状态良好
37	走行公里数	MON 累计行车距离	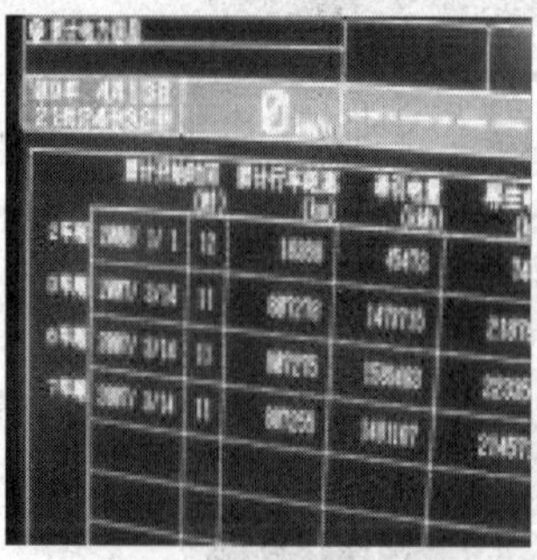 MON 累计电力界面	选取以累计行车距离最大值为记录单记录数据

完成上述测试后,1 号到八号车司机室进行各项性能测试及开关门试验,检查项目同序号 33～37 的内容及要求,如果是重联车在重联端不进行性能测试和开关门试验。

(3)检修作业组③④号有电作业(③④号分两侧作业)(表 5-10)

表 5-10　③④号有电作业

序号	顺序	检查步骤	部件作业图示	检查内容与要求
1	头车前端部	①前头罩 ②主排障器 ③辅助排障器	 前罩  辅助排障器	(1)前头罩外观状态良好,无损伤或变形,锁闭状态良好、无缝隙 (2)主排障器无变形,安装牢固 (3)辅助排障器外观及安装状态良好,橡胶板无破损,距轨面高度 20～28 mm,螺栓紧固无松动
2	头车车体	①外墙板 ②裙板	 车体侧墙及裙板	(1)外墙板无变形、损坏;油漆划痕不超限;装色带无脱落、划痕;外墙表面无涂鸦;车列号等数字或字母清楚无脱落 (2)裙板安装状态良好,安装螺栓(M10X45,扭矩 25 N·m)无松动
3	转向架排障器	①排障器安装臂 ②橡胶板	 转向架排障器	(1)转向架排障器螺栓安装牢固,安装臂无裂损、变形,外观状态良好 (2)橡胶板无破损或变形,距轨面距离 5～7 mm

续上表

序号	顺序	检查步骤	部件作业图示	检查内容与要求
4	转向架构架	侧架	 侧架	转向架侧架无裂纹或脱焊，无划伤、磕碰伤等缺陷，各安装管线状态良好，无抗磨
5	车轮及轮盘	①轮对踏面 ②轮缘 ③制动轮盘	 拖车轮对 	(1)踏面擦伤，踏面剥离不过限；车轮踏面擦伤深度≤0.5 mm；车轮踏面连续碾长≤70 mm；车轮踏面剥离一处长度≤20 mm、2 处长度每处≤10 mm (2)轮缘无缺损，磨耗不过限；轮缘高度≤35 mm (3)轮对各部尺寸不过限；车轮直径≥790 mm，车轮轮对内侧距离 1 353±2/1；车轮直径之差：同一车轮≤0.5 mm，同一轮对≤1 mm，同一转向架≤4 mm，同一车辆≤10 mm，车辆间≤40 mm (4)制动轮盘螺栓安装牢固，防松铁丝无断裂，盘面裂纹不过限。轮盘摩擦面裂纹沿半径方向≤127 mm；表面凹槽≤1 mm；制动盘偏磨最高点和最低点之差≤1.5 mm
6	轴箱及定位装置	①轴端减振器 ②轴箱弹簧 ③轴箱体 ④传感器(LKJ 速度传感与轴温传感器) ⑤轴箱定位装置	 轴箱	

续上表

序号	顺序	检查步骤	部件作业图示	检查内容与要求
6	轴箱及定位装置	①轴端减振器 ②轴箱弹簧 ③轴箱体 ④传感器（LKJ 速度传感与轴温传感器） ⑤轴箱定位装置	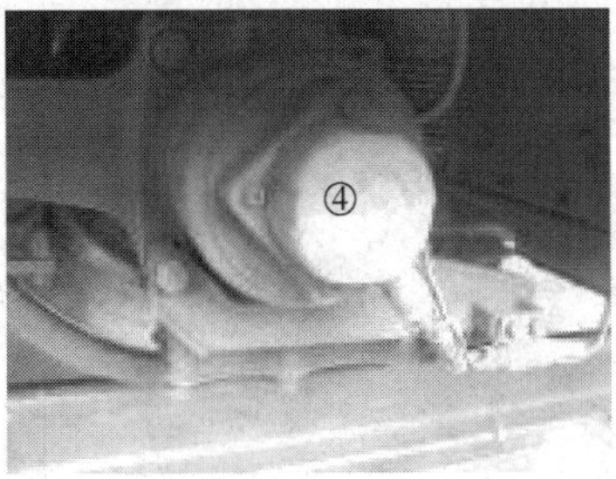 LKJ 速度传感器 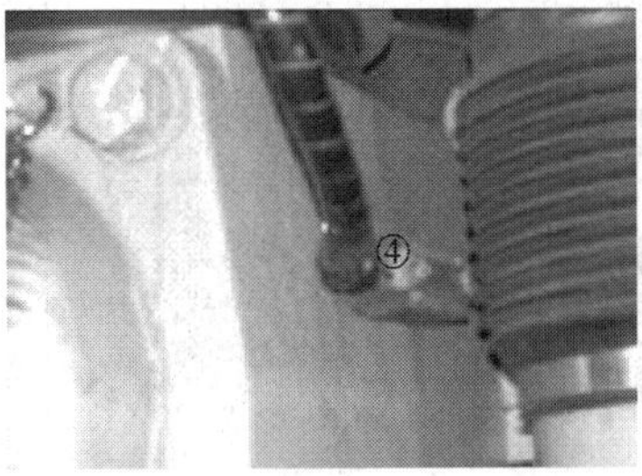 轴温传感器  轴箱定位装置 1  轴箱定位装置 2	(1)轴箱油压减振器无漏油，外观状态良好；减振器座无裂纹，安装螺栓无松动，防松铁丝无断裂，防松标志清晰无错位；橡胶外罩无破损，如有需更换，外罩卡箍无松动或脱落；橡胶节点开裂长度不得超过 1/6 圆周，橡胶无溶胶现象及明显块状橡胶脱出 (2)轴箱弹簧无断裂和折损，橡胶护套无破损及龟裂，外观状态良好 (3)轴箱体外观状态良好，前后盖板无伤痕或裂纹，无漏油现象，螺栓无松动，防松铁丝无断裂。橡胶防尘盖无破损或龟裂，安装不松动；轴箱盖、呼吸器、链配置齐全且连接良好 (4)LKJ 速度传感器和轴温传感器安装牢固，接线无松动、破损，接线端部橡皮泥无脱落，外观状态良好无打击痕；电缆线外部螺旋软管无破损或折断；螺栓无松动，防松铁丝无断裂 (5)轴箱定位装置外观状态良好，橡胶节点无开裂、明显破损、龟裂、老化或膨胀现象，橡胶表面无溶胶现象及明显块状橡胶脱出。螺栓无松动，防松铁丝无断裂，防松标志清晰无错位

续上表

序号	顺序	检查步骤	部件作业图示	检查内容与要求
7	制动装置	①踏面清扫装置 ②研磨子 ③夹钳装置 ④支持销 ⑤制动闸片 ⑥闸片托	 踏面清扫装置 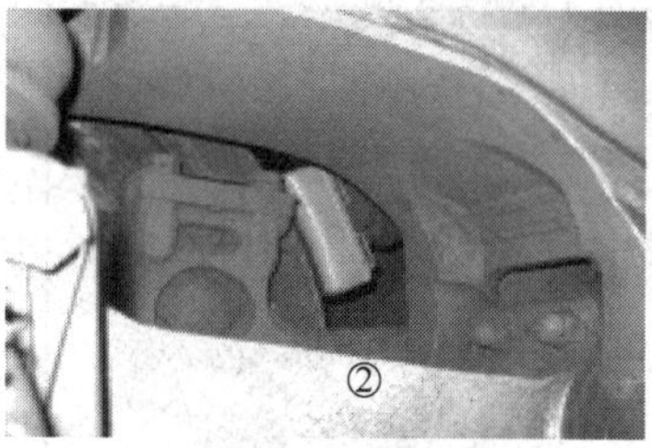 踏面清扫装置  轮盘制动夹钳 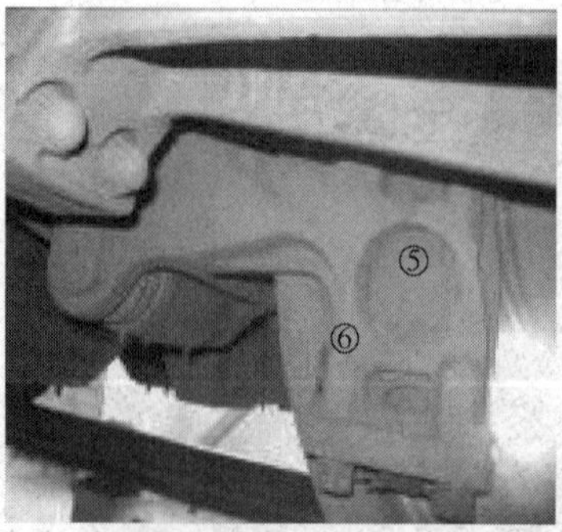 闸片托	(1)踏面清扫装置状态良好，无卡滞，空气管路无漏泄，安装无松动，配件齐全，悬吊部件无裂纹 (2)研磨块安装到位，无偏磨，厚度≥13 mm，与踏面间隙 15～23 mm (3)夹钳装置配件齐全，状态良好；悬吊部件无裂纹 (4)支持销、垫圈、开口销齐全完好，防尘橡胶波纹管完好无破损 (5)闸片外观状态良好，无偏磨、无大面积掉块现象，闸片缓解时，夹钳两幅闸片与制动盘两边间隙之和应在 5～7 mm，闸片厚度≥7 mm (6)闸片托安装螺栓无松动，弹性销、悬挂弹片无缺损，防缓铁丝绑扎牢固，无折断

续上表

序号	顺序	检查步骤	部件作业图示	检查内容与要求
8	高度调整阀及各阀门	①调整杆 ②调整杆座 ③阀门	 空气弹簧高度调整阀 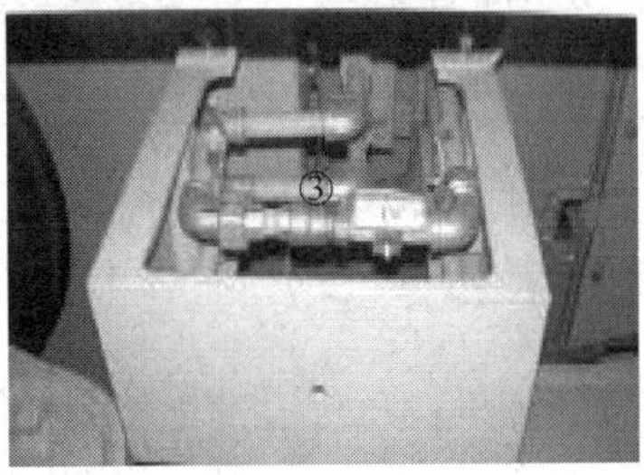 阀门	(1)高度调整阀无漏风，调整杆无变形弯曲，调整杆座接头连接可靠，配件无缺失；锁紧装置紧固，塞门正位，管路无漏泄 (2)阀门无漏风、位置正确，安装牢固；各管路接头连接可靠无松动
9	空气弹簧	①橡胶囊 ②橡胶堆 ③上盖板	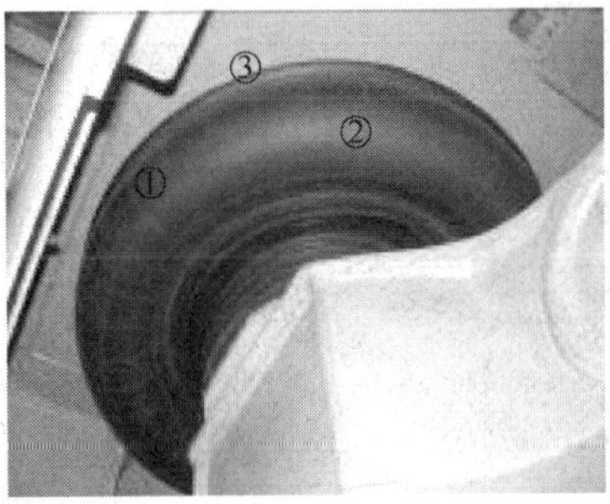 空气弹簧	(1)空气弹簧外观状态良好，无漏风。橡胶囊外观正常，无分离，裂缝，磨耗，外伤，空气泄漏等故障 (2)橡胶堆安装紧固，无龟裂，如龟裂长度在 50 mm 以上，深度在 3 mm 以上或龟裂幅度扩展到 5 mm 以上时需更换 (3)上盖板无缺损或变形，与橡胶囊连接紧凑密封
10	增压缸	①增压缸体 ②油位表 ③行程杆 ④增压缸外罩	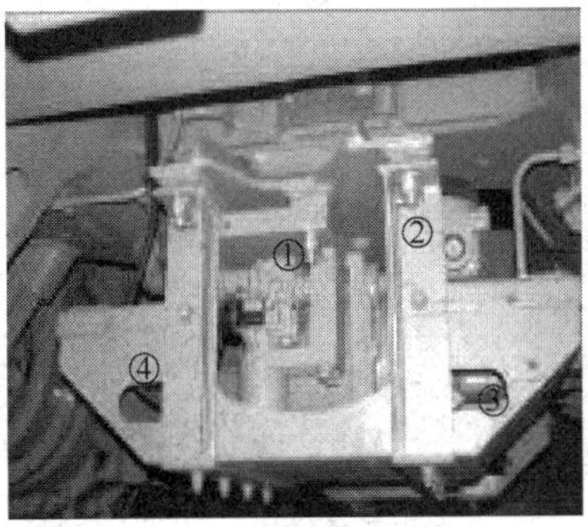 增压缸	(1)增压缸体外观状态良好，无裂纹、漏油、漏风。安装紧固，安装螺栓无松动，悬吊部件无裂纹，管路无泄露，开口销无缺失或变形，安装座焊接无裂纹或变形 (2)增压缸油位正常无变色，油量在适当范围内，油位表无渗油，表面清洁 (3)行程显示杆的动作良好，无卡滞，快速制动时行程杆的伸出在 50 mm 以下 (4)防护罩无裂纹、破损、变形

续上表

序号	顺序	检查步骤	部件作业图示	检查内容与要求
11	抗蛇行减振器	①减振器体 ②橡胶节点 ③减震器安装螺栓 ④橡胶套	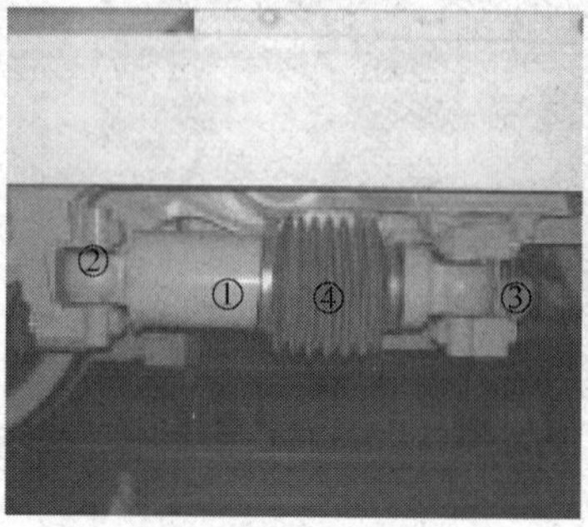 抗蛇行减振器	(1)抗蛇行减振器外观状态良好,表面无漏油 (2)减振器座无裂纹,安装牢固不松动,防松铁丝无断裂 (3)橡胶节点开裂长度不得超过1/6圆周,橡胶无溶胶现象及明显块状橡胶脱出 (4)橡胶套无破损,如有需更换,卡箍无脱落或松动
12				参照序号4转向架构架检查的内容及要求
13				参照序号5车轮及轮盘检查的内容及要求
14				参照序号7制动装置检查的内容及要求
15				参照序号8轴箱及定位装置检查的内容及要求
16	司机室门及侧门	①司机室门 ②侧门 ③排水槽	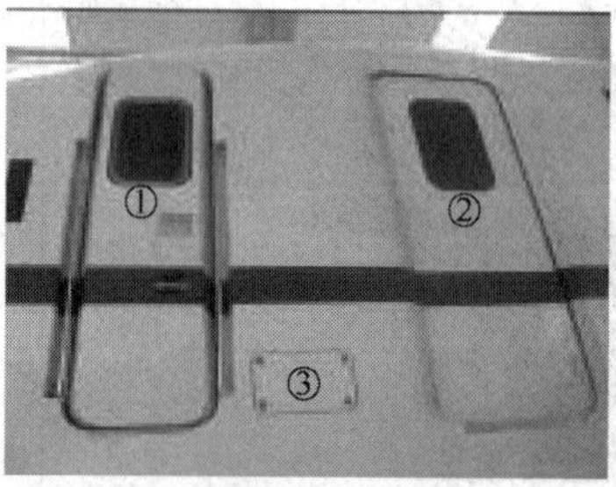 司机室门及侧门	(1)司机室门外观状态良好,玻璃无裂纹,锁闭状态良好,司机室门锁状态良好,无变形 (2)侧门锁闭状态良好,无松动,外观良好无变形,损坏 (3)排水槽螺栓无缺失或松动
17	车号显示器及玻璃	①车号显示器 ②玻璃	 车号显示器及玻璃	(1)车号显示器外观状态良好,显示正常 (2)玻璃无裂纹或击碎点,如裂纹大于10 cm,需进行更换;玻璃与车体连接处无漏风,如有需补胶

续上表

序号	顺序	检查步骤	部件作业图示	检查内容与要求
18	裙板	①无栅栏裙板 ②格栅裙板	 裙板  裙板栅栏	(1)裙板安装状态良好，安装螺栓(M10×45，扭矩 25 N·m)无松动或变形 (2)设备通风装置格栅无变形、破损，活动格栅门锁闭装置锁闭良好
19	车门指示器	车门指示器	 车门指示	车门指示器外观状态良好，无破损，开关门操作时，开关门状态显示正确
20	注水口及排水旋塞	①注水口侧盖板 ②排水旋塞侧盖板 ③上水口	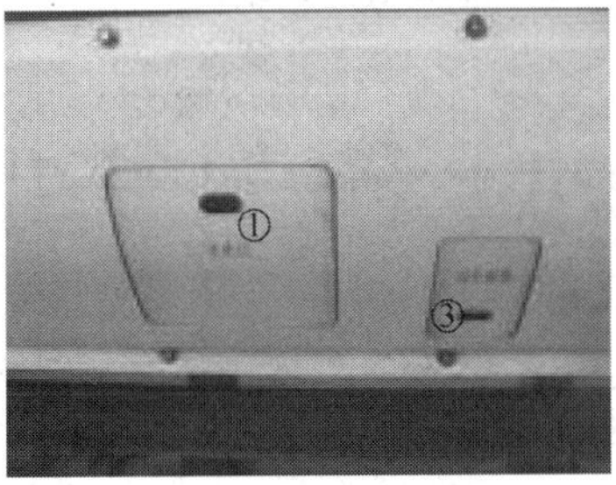 注水口及排水旋塞 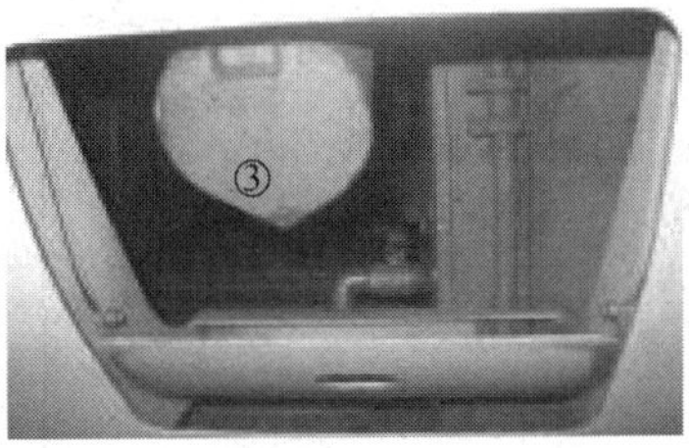 注水口	(1)注水口固定金属件无损伤和安装松弛，作用良好，注水口侧盖板运动自如，与车体接触良好，无变形，盖板上螺栓无缺失，安装紧固无松动，注水口盖板处于关闭位 (2)内部各塞门正位无泄漏。上水口盖板与注水口吻合，无变形

续上表

序号	顺序	检查步骤	部件作业图示	检查内容与要求
21	门总	①门总侧盖板 ②门总手动阀	 门总侧盖板	(1)门总侧盖板固定金属件无损伤和安装松弛,作用良好,侧盖板运动自如,与车体接触良好,无变形;盖板上螺栓无缺失,安装紧固无松动,门总侧盖板处于关闭位 (2)门总手动阀门正位,安装紧固,无漏气
22	空调送风机裙板	①裙板 ②送风机	 空调送风机裙板	(1)空调送风机格栅裙边安装状态良好,无变形、破损,螺栓安装紧固,无松动 (2)空调送风机转动正常,无异音,叶片无明显偏心
23	转向架			参考序号4～11检查的内容和要求;其中4轴7位安装LKJ速度传感器,检查和要求同序号6中的(4)
24	吸污口	①吸污口合页 ②吸污口下拉板	 排污口  排污口下拉板	(1)吸污口合页安装紧固,作用良好,排污口塞门正位无泄露 (2)吸污口下拉板外观状态良好,安装紧固

续上表

序号	顺序	检查步骤	部件作业图示	检查内容与要求
25	车号及目的地显示器	①车号显示器 ②目的地显示器	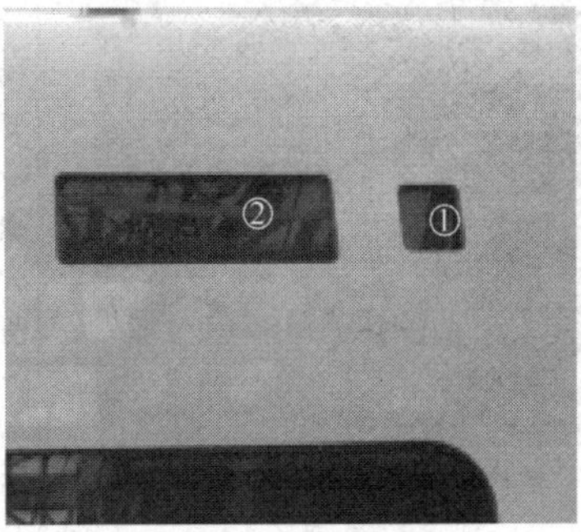 车号及目的地显示器	车号、目的地显示器及车门指示灯外观良好，无损坏，显示正常
26	侧门			参照序号16中(2)、(3)检查的内容及要求
27	外风挡	外风挡	 外风挡	外风挡安装状态良好，安装牢固，风挡橡胶无明显变形或老化，螺栓紧固无缺失
28	车体跨接线	①跨接线 ②接线插头	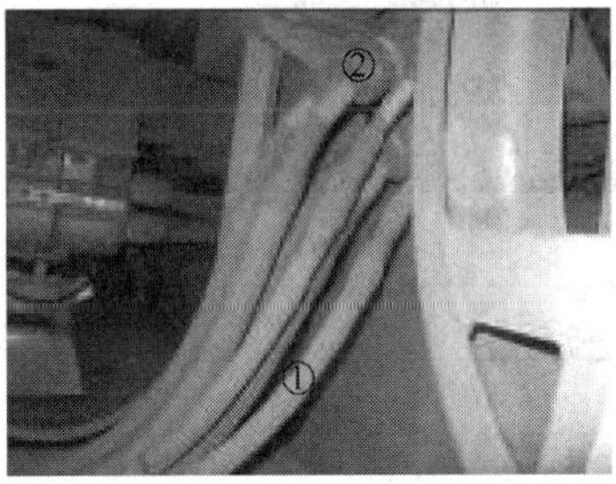 车体跨接线	(1)车体各跨接连接线连接良好，外观无异状，无破损或打击痕迹，跨接连接线与车体无相碰部位 (2)接线插头安装紧固，无松动，外观状态良好
29	内风挡	①内风挡 ②锁闭装置	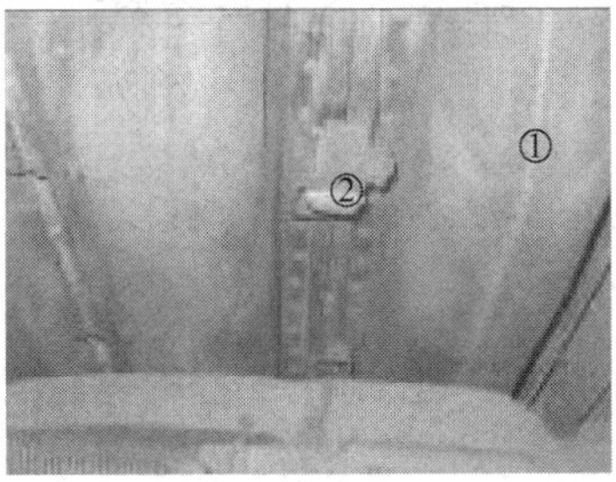 内风挡	(1)内风挡橡胶无老化、破损 (2)锁闭装置无脱落，安装螺丝无松动

续上表

序号	顺序	检查步骤	部件作业图示	检查内容与要求
30	密接式车钩	①车钩 ②电器连接器 ③锁定装置 ④橡胶总风管	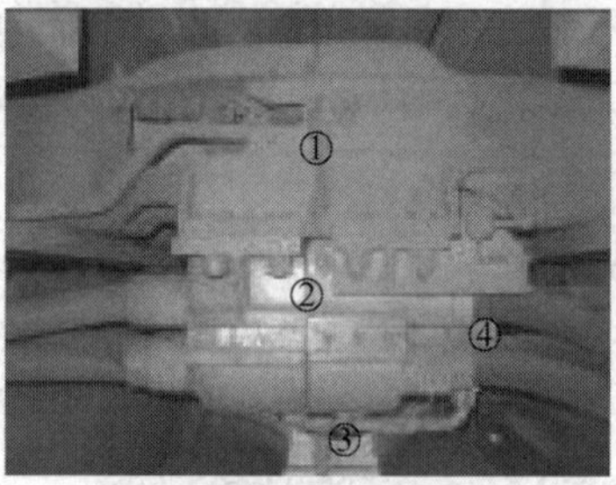 密接车钩及电气连接器	(1)密接车钩外观状态良好，车钩封连线状态良好。弹簧连接状态正常，无变形 (2)电气连接器体无损伤、裂纹，安装螺栓无松动，连接状态良好 (3)锁定装置锁闭良好，防缓铁丝无断裂 (4)空气橡胶软管无老化、鼓泡、漏气；管接头无松动、无损伤、漏气，管夹无松动、脱落
31	防雪风挡	防雪风挡	 防雪风挡	防雪风挡上部状态良好，外观无破损，安装牢固。螺栓紧固无缺失
32	车端减振器	①减振器体 ②橡胶节点 ③减振器安装螺栓 ④橡胶套	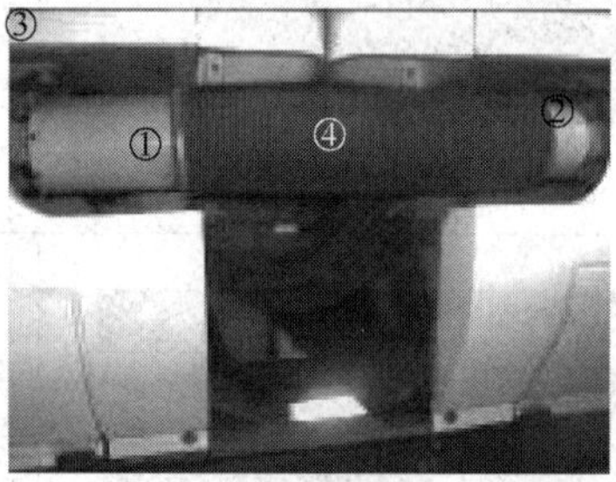 车端减振器	(1)车端减振器外观状态良好，表面无漏油，安装紧固 (2)减振器座无裂纹，安装牢固不松动，防松铁丝无断裂 (3)橡胶节点开裂长度不得超过 1/6 圆周，橡胶无溶胶现象及明显块状橡胶脱出 (4)橡胶套无破损，如有需更换，卡箍无脱落或松动 适用于 CRH2B、CRH2E 型动车组
二号车				
序号	顺序	检查步骤	部件作业图示	检查内容与要求
33				参照序号 31 防雪风挡检查内容及要求
34	跨接线线卡及管卡	线卡 管卡	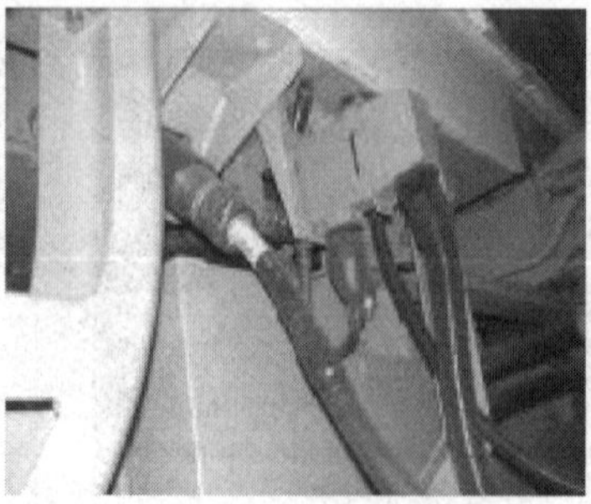 车体跨接线线卡、管卡	管卡及线卡安装状态良好无异常

续上表

序号	顺序	检查步骤	部件作业图示	检查内容与要求
35				参照序号32车端减振器检查的内容及要求
36	辅助空压机侧盖板	侧盖板	辅助空压机侧盖板	裙板安装状态良好，无损伤或变形；安装螺栓（M10×45，扭矩25 N·m）紧固无松动
37				参照序号4～11转向架各部检查内容及要求（其中本车无LKJ速度传感器检查内容）
38				参照序号16～19侧门检查的内容及要求，检查顺序为16侧门→17车号显示器及玻璃→18裙板→19车门指示器
39				参照序号21门总检查的内容及要求
40				参照序号22空调送风机裙板检查的内容及要求
41				参照序号4～11转向架各部分检查的内容及要求（其中本车无LKJ检查内容）
42	接线箱侧盖板	侧盖板	接线箱侧盖板	裙板安装状态良好，无损伤或变形，安装螺栓（M10×45，扭矩25 N·m）紧固，无松动
43				参照序号25车号及目的地显示器检查的内容及要求
44				参照序号16侧门检查的内容及要求
45				参照序号27～32检查的内容及要求，其顺序为27外风挡→28车体跨接线→29内风挡→30密接式车钩→31防雪风挡→32车端减振器

续上表

三号车(参照二号车各检查内容及要求,其检查顺序如下)	
序号	顺　　序
46	参照二号车各检查内容及要求,其检查顺序为 31 防雪风挡→34 跨接线线卡及管卡→32 车端减振器→42 接线箱侧盖板→4～11 转向架各部(其中本车无 LKJ 速度传感器检查内容)→16 侧门→17 车号显示器及玻璃→18 裙板→20 注水口→21 门总→22 空调送风机裙板→4～11 转向架各部(其中本车无 LKJ 检查内容)→24 吸污口→25 车号及目的地显示器→16 侧门→27 外风挡→28 车体跨接线→29 内风挡→30 密接式车钩→31 防雪风挡→32 车端减振器

四号车				
序号	顺序	检查步骤	部件作业图示	检查内容与要求
47				参照序号 31、32、36 检查内容及要求,其顺序为 31 防雪风挡→32 车端减振器→36 辅助空压机侧盖
48	自动过分相传感器	①自动过分相天线 ②天线座	 自动过分相传感器	(1)自动过分相仪天线外观状态良好,无变形或损伤,安装牢固,螺栓紧固无松动,距轨面高度 110+20 mm (2)天线座无裂纹或变形,安装紧固无松动
49	参照一号车相关项目检查内容及要求,其检查顺序为 4～11 转向架各部(其中本车 1 位侧无速度传感器检查内容)→16 侧门→17 车号显示器及玻璃→18 裙板→21 门总→22 空调送风机裙板→4～11 转向架各部(其中本车 1 位侧无速度传感器检查内容)→42 接线箱侧盖板→25 车号及目的地显示器→16 侧门→27 外风挡→28 车体跨接线及管卡→29 内风挡→30 密接式车钩→31 防雪风挡→32 车端减振器			

五号车	
序号	顺　　序
50	参照一、二号车相关项目检查内容及要求,本车检查顺序为 31 防雪风挡→34 车体跨接线线卡管卡→32 车端减振器→42 接线箱侧盖板→4～11 转向架各部(其中本车 1 位侧无速度传感器检查内容)→16 侧门→17 车号显示器及玻璃→18 裙板→20 注水口→21 门总→22 空调送风机裙板→4～11 转向架各部(其中本车 1 位侧无速度传感器检查内容)→24 吸污口→25 车号及目的地显示器→16 侧门→27 外风挡→28 车体跨接线→29 内风挡→30 密接式车钩→31 防雪风挡→32 车端减振器

六号车	
序号	顺　　序
51	参照一、二四号车相关项目检查内容及要求,本车检查顺序为 31 防雪风挡→34 跨接线线卡及管卡→32 车端减振器→36 辅助空压机侧盖板→48 自动过分相传感器→4～11 转向架各部(其中本车无 LKJ 检查内容)→16 侧门→17 车号显示器及玻璃→18 裙板→21 门总→22 空调送风机裙板→4～11 转向架各部(其中本车无 LKJ 检查内容)→42 接线箱侧盖板→25 车号及目的地显示器→16 侧门→27 外风挡→28 车体跨接线→29 内风挡→30 密接式车钩→31 防雪风挡→32 车端减振器

续上表

七号车	
序号	顺　序
52	参照一、二号车相关项目检查内容及要求，本车检查顺序为 31 防雪风挡→34 跨接线线卡及管卡→32 车端减振器→42 接线箱侧盖板→4～11 转向架各部（其中本车无 LKJ 检查内容）→17 玻璃→18 裙板→19 车门指示器→20 注水口→21 门总→22 空调送风机裙板→4～11 转向架各部（其中本车无 LKJ 检查内容）→24 吸污口→25 车号及目的地显示器→16 侧门→27 外风挡→28 车体跨接线→29 内风挡→30 密接式车钩→31 防雪风挡→32 车端减振器
八号车（参照一号车各检查内容及要求，其顺序如下）	
序号	顺　序
53	序号 31 防雪风挡→28 跨接线线卡及管卡→32 车端减振器→42 接线箱侧盖板→4～11 转向架各部→22 空调送风机裙板→16 侧门→19 车门指示显示器→17 车号及目的地显示器→18 裙板→21 门总→17 车号显示器及玻璃→16 司机室门及侧门→22 空调送风机裙板→4～11 转向架各部→3 转向架排障器→2 头车车体→1 头车前端部

7. 作业完毕

（1）相关作业人员结束刷卡完毕后，并呼叫①号。由①号确认该组车作业全部完毕，断 VCB，降受电弓，并将 BV 手柄置于拔取位，牵引手柄置于切位，换向手柄置于关位，并通知③号撤除安全号志（图 5-17）。

(a) 降弓断VCB　　(b) 作业完毕刷卡

图 5-17　撤除安全号志

（2）检修作业组①号在确认受电弓已降下，安全号志已撤除，所有作业人员已离开该车后，进行有电作业完毕刷卡，并通知调度。作业完毕后检修作业组①号到交接台归还主控钥匙，司机室钥匙。

（3）检修作业组①号在交接台集合②、③、④、号作业人员，确认、登记检查故障状况，等待下次作业。

8. 故障统计

（1）作业结束后，由一级检修小组组长将检查过程中发现故障向当班检修工长汇报，由工长将故障分类录入故障库，并将重点故障填入检修交接本中。

（2）由质检组负责对遗留故障进行跟踪，并填写质检日报，在下一工作日晚交接班会上与厂家售后人员进行遗留故障进行核实。

第二节　CRH380B 动车组一级检修

一、工作概述

1. 检修作业分工

一级修组主要负责动车组一级修范围的检查，并承担处理检查范围内的润滑件、磨耗件、紧固件故障。1 个检修作业小组（作业小组由 4 名作业人员）完成。

①、②号负责司机室设备、车载信息、乘务室设备、客室侧门、配电柜、车顶设备检查及相关性能试验。领取主控（占用）钥匙、供断电申请由作业小组的①号负责。

③、④号负责车体、裙板、底板、转向架、钩缓连接、制动、车端连接等下部检查。（注：1. ③、④号在检查各自侧驱动装置齿轮箱时，与齿轮箱连接的牵引电机归齿轮箱检查侧作业人员检查；2. ③、④号地沟作业，前后须间隔 3 m 左右。）

2. 一级检修流程图（图 5-18）

3. 一级检修时间节点（表 5-11）

表 5-11　一级检修时间节点

时间 作业分类	10	20	30	40	50	60	70	80	90	100	110	120	130	140	150	160	170
①、②号作业	车内设施检查 →							车顶检查 →				故障处理 →			相关功能试验 →		
③、④号作业	走行部两侧检查 →							车底设备检查 →				故障处理 →			裙板复位确认 →		
辅助作业							断电作业 →							供电作业 →			
	工具材料的配送 →													工具材料回收 →			
临修作业	临修故障处理 →																
电务部门作业	ATP、CTR 功能和测试 →																
外协作业								吸污作业 →									
	保洁作业 →																

4. 一级检修作业程序

（1）①、②号作业程序（图 5-19）

（2）③、④号作业程序（图 5-20）

5. 一级检修作业路线图

（1）①、②号车内作业路线示意图如图 5-21 所示。

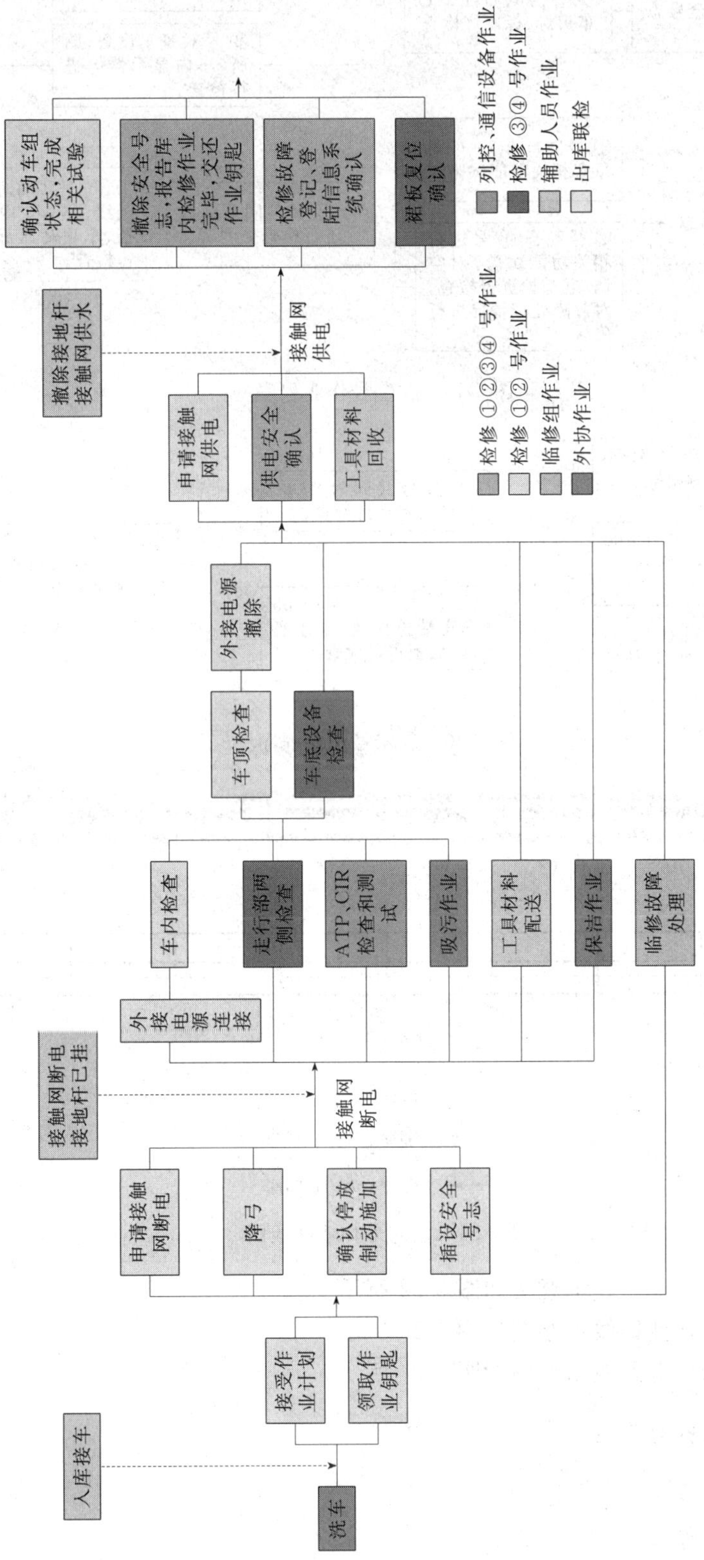

图 5-18　一级检修流程图

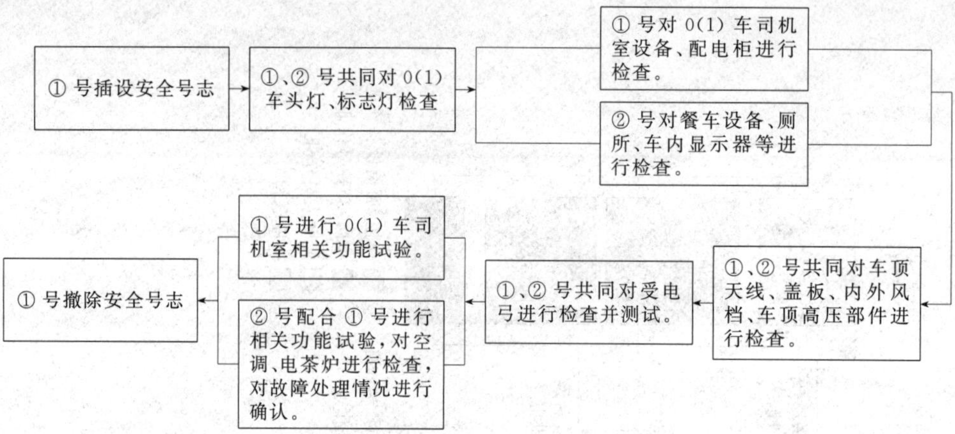

图 5-19　①②号作业程序

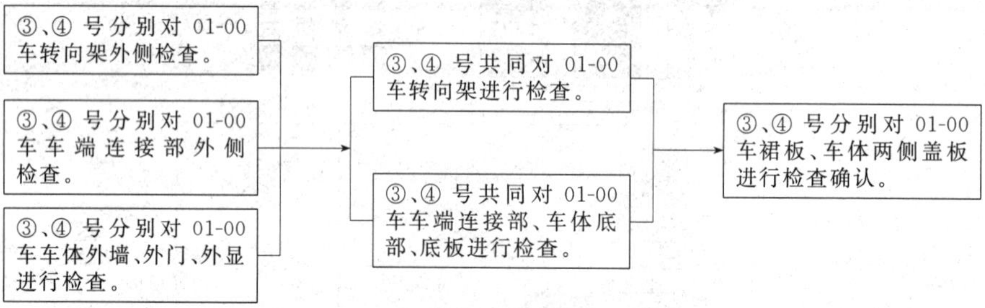

图 5-20　③④号作业程序

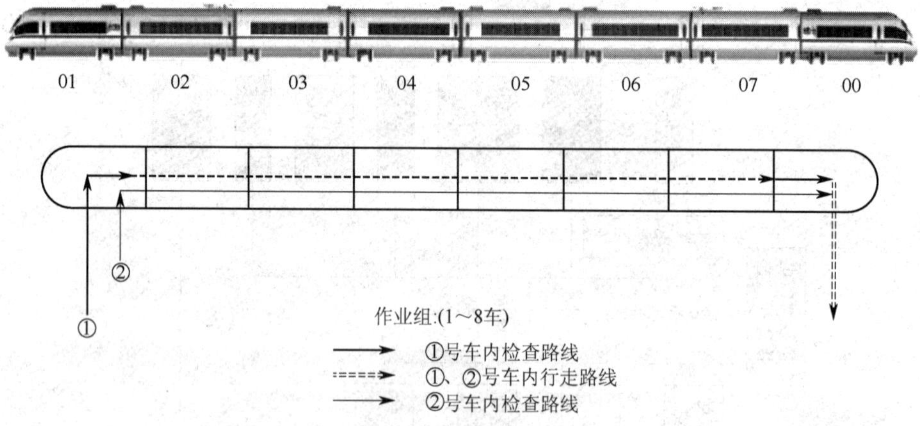

图 5-21　①②号作业路线图

(2)①②号车顶作业路线示意图如图 5-22 所示。

(3)③④号车侧作业路线示意图如图 5-23 所示。

(4)③④号地沟作业路线示意图如图 5-24 所示。

二、动车组一级检修作业

1. 预备工作

(1)①号预备工作

①对当天检修的动车组遗留故障进行查阅和熟悉；

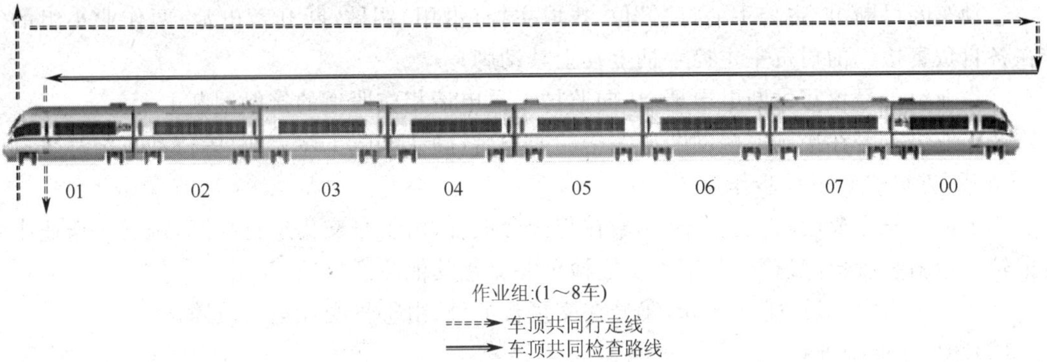

图 5-22　①②号车顶作业路线图

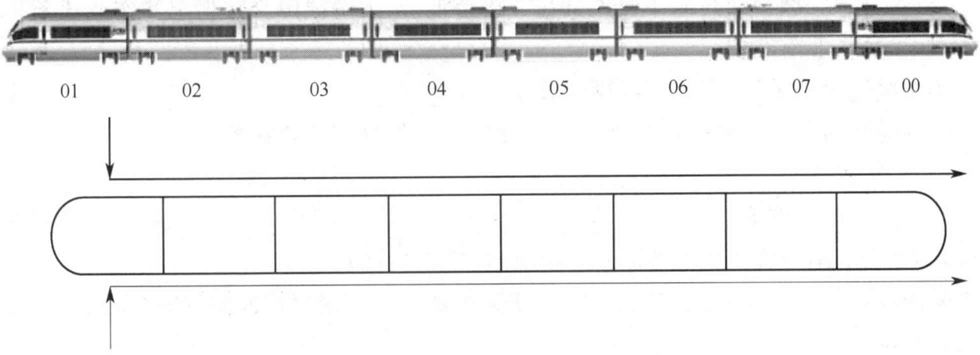

图 5-23　③④号车侧作业路线图

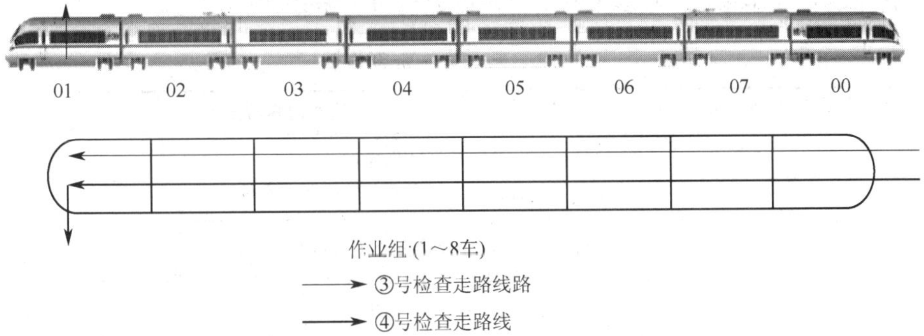

图 5-24　③④号地沟作业路线图

②安排本组作业人员领取相应材料、配件,并准备相关工具;

③在交接台,向监护人员申请领取主控(占用)钥匙、司机室钥匙。

(2)②号预备工作

①对当天检修的动车组故障进行查阅和熟悉;

②配合①号领取相应材料,配件,并准备相关工具。

(3)③④号预备工作

①在交接台等待①号讲解检修重点、故障交接等情况并做好相应记录;

②根据作业内容领取相应材料、配件,并准备相关工具。

2. 作业前准备

(1)①号作业前准备

①动车降弓断电、主控手柄打“0”位、拔取主控(占用)钥匙、断开蓄电池；两作业小组的①号在各自负责检修的司机室主控手柄上挂上禁动牌；

②作业组①号填写供断电申请单，向监护人员申请相应股道的接触网断电；

③作业组①号在接到接触网断电完毕的通知后，确认断电工序完成，等待动车组静置放电10 min后，方可进行下一步作业。

④上述工作完成后，①、②、③、④号在交接台汇合，由①号交代运行故障，调度向作业小组通报轮对检测装置检测情况、开出人工复检单并交代其他注意事项。

⑤上述工作完成后，①、②、③、④号在交接台汇合，由①号交代运行故障。

(2)②号作业前准备

①配合①号做好作业前准备，以及相应的数据记录；

②上述工作完成后，和其他作业人员在交接台汇合，了解故障交接情况和作业任务。

(3)③④号作业前准备

①动车组进库停妥后，等待①号刷卡开始作业；

②①号通知后与小组其他人员在交接台交流故障信息和作业任务。

3. 无电作业

1)无电第一阶段作业

(1)①号无电第一阶段作业(30 min，司机室，客室检查)

①号按规定设置安全号志(在动车组两端头车靠近吧台侧裙板处插设安全号志)。①号到库内工位机刷卡。

待动车组降弓断电静置放电10 min后，作业小组①号通知各作业人员开始无电第一阶段作业。开始无电作业刷卡，并通知其他相关作业人员可开始作业(表5-12)。

表5-12　无电第一阶段作业

序号	顺序	检查步骤	检查内容与要求
1	标志灯	标志灯(00、01车)	①号在车上进行车灯减光操作 ②号下车确认标志灯光颜色转换状态良好
2	司机室设备	司机室设备(00、01车)	(1)监控显示器外观状态及显示良好 (2)司机驾驶座椅安装牢固，升降状态良好。背倾斜度调整、座垫长度调整、扶手和头枕上部的功能试验功能良好 (3)室内玻璃无破损 (4)检查刮雨器液位箱外观良好。通过玻璃管观察雨刮液液位，玻璃管外观状态良好，液位不小于1/2 (5)雨刷的橡胶无破损。刮雨器动作良好，喷水正常 (6)左右电气柜无明显划痕损伤，无变形，柜门锁闭良好 (7)检查百叶窗合页、闸门板及球形窗钩底座牢固，页片及框架无裂缝或损坏  雨刮液位

续上表

序号	顺序	检查步骤	检查内容与要求
3	司机驾驶台各控制系统试验	司机驾驶台各控制系统试验(01、00车)	(1)侧门试验(全列):分别在司机室操纵台上操纵开、关门按钮,在HMI上确认侧门开关状态良好 (2)刮雨器试验(01、00车):刮雨器喷嘴动作正常 (3)汽笛高低音功能测试(01、00车):汽笛工作状态良好,球阀锁闭、排风功能正常。(一般库内不进行汽笛测试) (4)遮阳板测试:遮阳板上下动作无卡滞,外观无破损 (5)空调试验(全列):显示屏上各车空调启动的结果无故障信息 (6)制动测试:功能良好

(2)②号无电第一阶段作业(30 min,司机室,客室检查)配合①号进行头灯测试。

车内设备有电检查(表5-13)。

表5-13　车内设备有电检查

序号	顺序	检查步骤	检查内容与要求
1	标志灯	标志灯(00、01车)	②号下车确认标志灯光颜色转换状态良好
2	乘务室	乘务室	(1)乘务室联络电话通话性能良好 (2)监控显示器外观状态良好,显示正常 (3)座椅安装牢固,无破损 (4)乘务室其他设备外观状态良好,功能正常 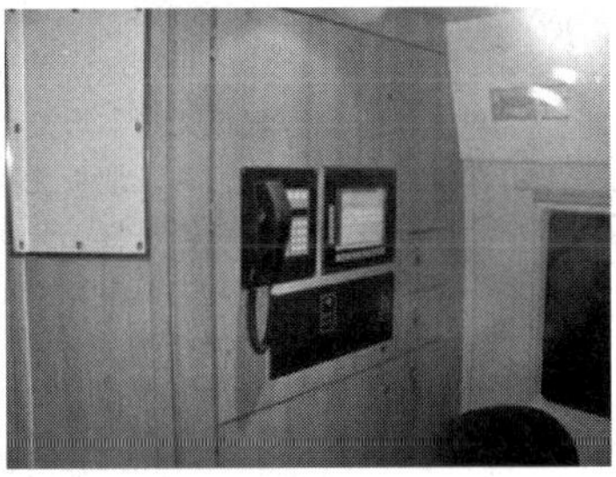 乘务室 (5)在5车监控室监控屏选择“受电弓监控” 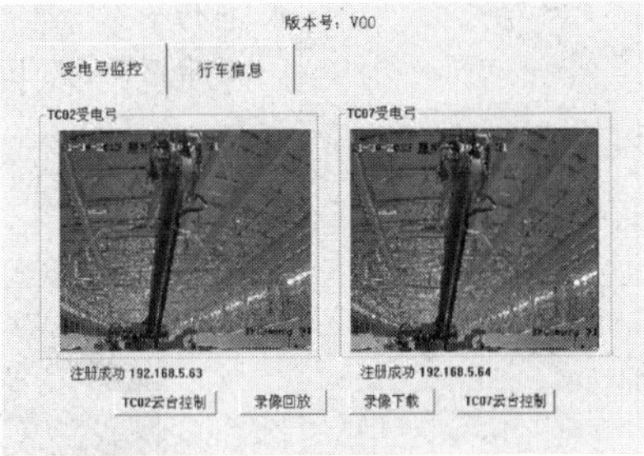 视频监控界面 (6)目视检查监控画面清晰,无黑屏、斑点、花屏 (7)点击“TC02云台控制”进入02车受电弓监控装置调试画面

续上表

序号	顺序	检查步骤	检查内容与要求
2	乘务室	乘务室	 摄像头操作控制界面 (8)点击方向按钮，依次点击“上”“下”“左”“右”“左上”“左下”“右上”“右下”，控制摄像头的镜头向对应方向转动，对应摄像头的视野范围向对应位置移动，图像画面清晰无卡滞 (9)点击调焦按钮，点击“缩”，摄像头监控视野拉近，即放大摄像头的监控画面，点击“伸”，可缩小摄像头的监控画面，即获得更大的监控视野范围，图像画面清晰无卡滞 (10)点击“返回”，返回视频监控界面，点击“TC07 云台控制”进入 07 车受电弓监控装置调试画面，重复(4)、(5)步骤，检查 07 车受电弓检测装置
3	卫生间	卫生间	(1)便器、洗手池、厕纸架、镜子、盥洗装置、冲洗按钮等设施外观良好，无异味。墙板无划伤或裂纹。装饰板安装牢固、无裂损。顶板挂钩无脱落现象，顶板锁功能正常。地板无明显划伤、鼓包现象。镜子无裂纹。镜子门折页、锁功能正常。垃圾箱盖板无脱落或卡滞现象。固定扶手安装牢固。衣帽钩、便器止挡无松动或丢失现象。手纸盒盖板折页无损坏。各部配件齐全 (2)折叠扶手功能正常(通用卫生间内)，SOS 按钮报警功能正常(通用卫生间内)婴儿台功能正常(通用卫生间内) (3)厕所门开关作用良好，门锁间隙符合规定 (4)洗手系统。水阀无松动现象，用手感应能正常出水，洗手盆无开胶现象，皂液器无滴液现象，功能正常 (5)集便系统。便器盖无破损现象，功能正常。按下冲水按钮，便器能正常冲水、排污 (6)检查客室内卫生间有无人显示器功能正常  便器  卫生间

续上表

序号	顺序	检查步骤	检查内容与要求
4	厨房设备	厨房设备	(1)检查电茶炉接水盘无污物，排水通畅 (2)厨房洗池滤网无缺失，无污物，水系统各接水盘无存水现象 (3)厨房灯具及电器设备状态良好  厨房设备
5	车内各门	车内各门	(1)车内各门外观状态良好，动作正常 (2)塞拉门站台补偿器各部无损坏，动作正常  车内各门
6	照明灯具	照明灯具(全列)	各灯具外观及安装状态良好，灯色一致，无灭灯  灯具

续上表

序号	顺序	检查步骤	检查内容与要求
7	灭火器、安全锤	灭火器、安全锤(全列)	灭火器,安全锤配置齐全,定检不过期,铅封无缺失,压力正常  灭火器  安全锤
8	餐饮区	餐吧车(09 车)	餐车吧台、餐桌、座椅无松动、破损  餐车吧台  餐桌

(3)③④号无电第一阶段作业(30 min,车体两侧检查)

等待①号设置安全号志后,③④号一同开始车体两侧检查。③④号对检查中发现的问题及时反馈①号,①号根据故障情况,及时通知相关人员或汇报检修工长、技术、调度等部门协调解决(表 5-14)。

表 5-14 ③、④号无电第一阶段作业

序号	顺序	检查步骤	检查内容与要求
1	头车玻璃钢裙板及盖板	头车玻璃钢裙板及盖板(01、00 车)	(1)检查裙板锁、扣盖及紧固螺栓无松动,防松标记无错位或缺失 (2)检查总风管截断阀、列车管截断阀、注砂口盖板锁闭良好  头车玻璃钢裙板及盖板

续上表

序号	顺序	检查步骤	检查内容与要求
2	车体外墙检查	车体外墙检查	(1)外墙板、玻璃、侧门无变形、损坏 (2)车体油漆无严重划痕及脱落  车体外墙
3	转向架上部玻璃钢裙板	转向架上部玻璃钢裙板	检查裙板安装牢固,安装支架无松动、断裂、变形,防松标记无错位或缺失 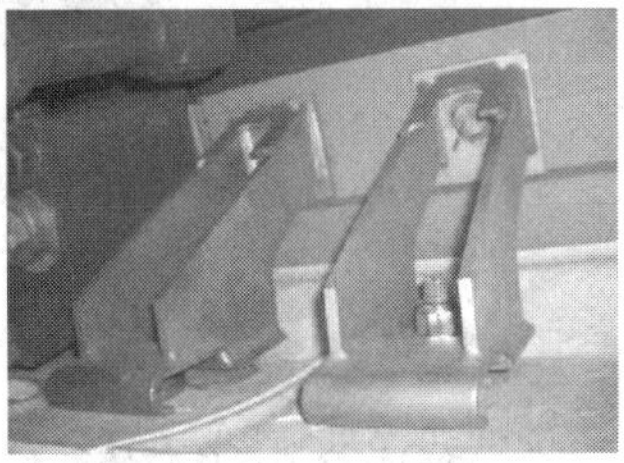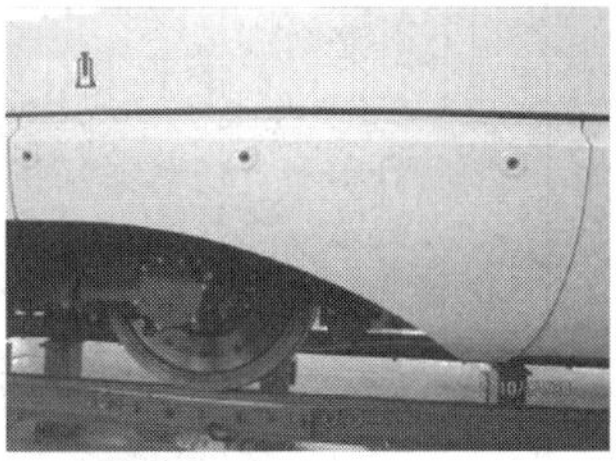 转向架上部玻璃钢裙板
4	轮缘润滑组成	轮缘润滑组成	(1)轮缘润滑组成外观状态良好,无明显机械损伤 (2)轮缘润滑组成紧固良好,管路无裂纹 (3)各螺栓安装牢固,无松动,部件无缺失,防松标记无错位  轮缘润滑组成
5	动车轴箱定位装置	动车轴箱定位装置	(1)检查轮对轴箱装置组成外观良好,零部件(连接片、导向组成紧急锁扣)齐全,无松动、机械损伤 (2)检查轴箱油压减振器无漏油,外观状态良好;减振器座无裂纹 (3)检查轴箱弹簧无断裂 (4)检查轴箱外观状态良好,螺栓防松标记无错位 (5)检查传感器安装牢固,接线无松动、破损 (6)检查轴箱定位装置外观状态良好,安装螺栓无松动  动车轴箱定位装置

续上表

序号	顺序	检查步骤	检查内容与要求
6	转向架构架及枕梁	转向架构架及枕梁	(1)检查转向架构架及枕梁外观良好,无明显机械损伤、化学损伤和热损伤,焊接部件无裂纹、缺失 (2)检查转向架上各安装管路外观良好、无破损 (3)检查应急横向止挡无损伤,安装状态良好 (4)检查转向架各铭牌安装牢固  转向架构架及枕梁
7	转向架诊断组成检查	转向架诊断组成检查	(1)检查加速度传感器和轴温传感器外观状态良好,无机械损伤、裂纹、变形 (2)检查电缆线无磨损 (3)检查各处紧固件无松动、丢失  温度传感器  加速度传感器
8	接地装置组成检查	接地装置组成检查	(1)检查接地线组成无机械损伤、损坏、断裂、断股、缺失、腐蚀、严重磨损、裂痕以及严重变形 (2)检查接地线安装螺栓无松动、缺失,防松标记无错位等 (3)检查螺堵无缺失 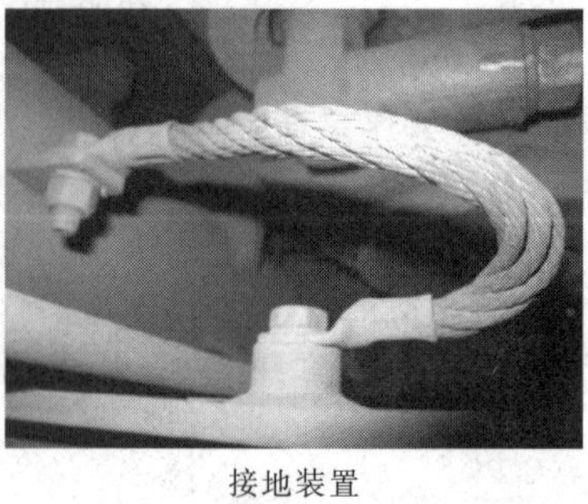 接地装置

续上表

序号	顺序	检查步骤	检查内容与要求
9	抗侧滚扭杆及连杆	抗侧滚扭杆及连杆	(1)检查抗侧滚扭杆各部件及传动机构安装牢固,无机械损伤、裂纹、变形,无零件松动或丢失 (2)关节轴承外观状态良好 (3)各部螺栓安装牢固,防松标记无错位 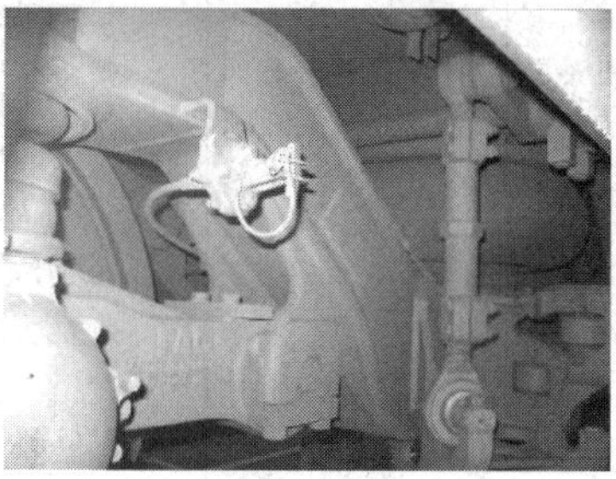 抗侧滚扭杆及连杆
10	空气弹簧	空气弹簧	(1)空气弹簧外观状态良好,无鼓泡、无漏风 (2)摇枕各安装螺栓安装牢固,防松标记无错位 (3)检查胶囊划伤或裂纹和紧急簧裂纹不超限 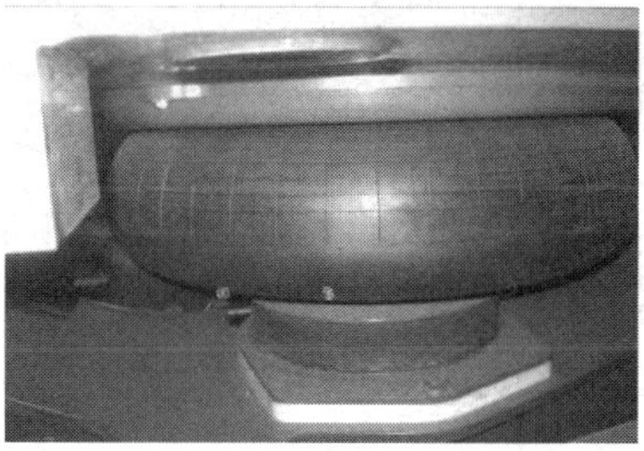 空气弹簧
11	抗蛇行减振器	抗蛇行减振器	(1)抗蛇行油压减振器无漏油,外观状态良好 (2)抗蛇行油压减振器安装不松动,防松标记无错位;减振器座无裂纹  抗蛇行减振器

续上表

序号	顺序	检查步骤	检查内容与要求
12	牵引电机冷却风机风扇	牵引电机冷却风机风扇	确认牵引电机冷却风机风扇状态良好 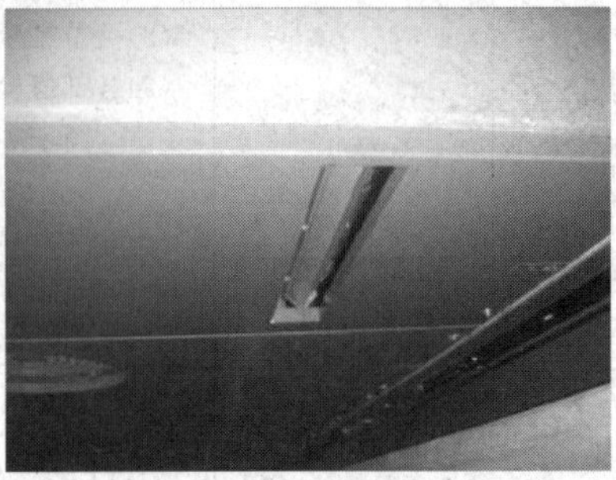 牵引电机冷却风机风扇
13	牵引电机接线盒	牵引电机接线盒	(1)电机接线盒外观状态良好,无损伤 (2)电机接线盒紧固良好,各部螺栓无松动,防松标记无错位 (3)各电气连接线完整无损伤  牵引电机接线盒
14	传感器固定座	传感器固定座	(1)传感器固定座外观状态良好,无损伤 (2)各传感器紧固状态良好,螺栓安装牢固,防松标记正确 (3)各电气连接线完整无裂纹  传感器固定座

续上表

序号	顺序	检查步骤	检查内容与要求
15	外部显示屏	外部显示屏	检查外部显示屏外观无异常，信息显示正常 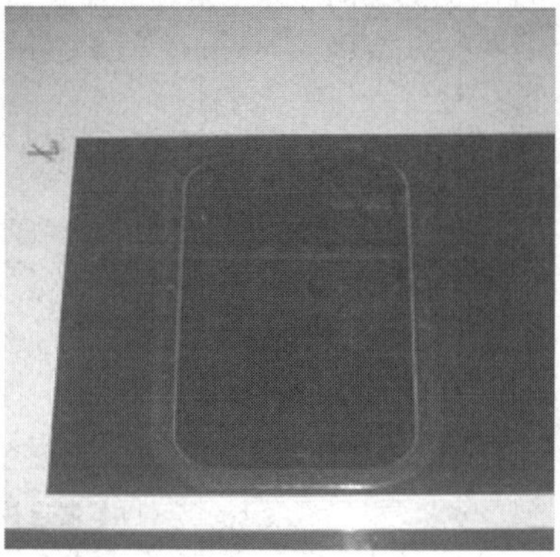 外部显示屏
16	制动缓解显示器	制动缓解显示器	制动缓解显示器外罩无裂纹，显示装置无损坏，工作正常  制动缓解显示器
17	自动过分相装置	自动过分相装置	(1)检查感应接收器组成各配件齐全、安装牢固、无明显的机械损伤 (2)检查连接电缆外观良好，无断裂、破损  自动过分相装置

续上表

序号	顺序	检查步骤	检查内容与要求
18	空调冷凝器裙板(带踏板)	空调冷凝器裙板(带踏板)	(1)检查裙板锁安装牢固、无松动 (2)检查裙板间密封胶条状态良好,无脱出 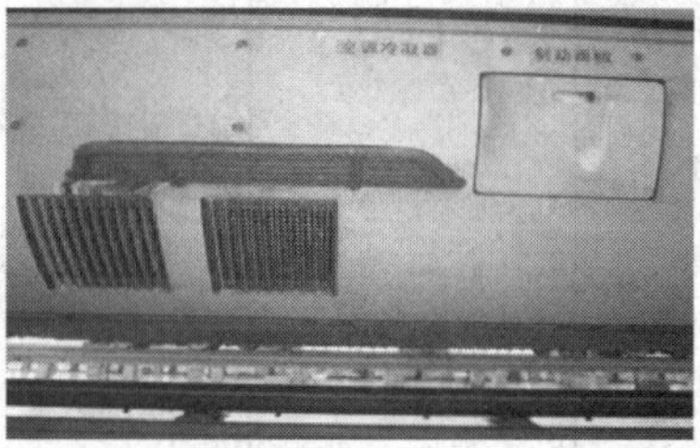 空调冷凝器裙板(带踏板)
19	风挡及跨接电缆	风挡及跨接电缆	(1)车端连接处外风挡,外观无裂缝、无掉块、无变形 (2)检查车辆间跨接电缆自然下垂,无脱落、交叉 (3)检查电缆连接端子螺栓防松标记不错位 (4)检查电缆密封套和金属环、法兰板无裂纹、破损、磨损   风挡 跨接电缆
20	裙板	裙板	(1)检查裙板安装状态良好、锁扣无松动 (2)检查裙板锁扣状态良好,防松标记无错位或缺失 (3)检查裙板间密封胶条状态良好,无脱出 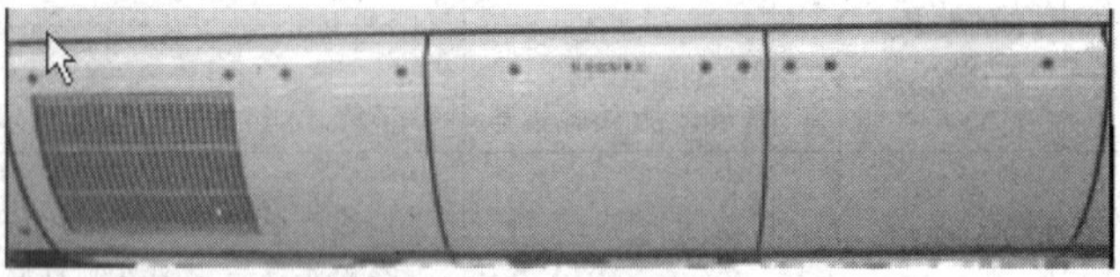 裙板
21	转向架小裙板及裙板支座	转向架小裙板及裙板支座	(1)检查裙板及锁扣安装状态良好,不松动;防松标记无错位 (2)检查裙板支座焊缝端部及支架本身无裂纹 (3)检查悬吊部位的C型槽、安装角铁、挂钩无裂纹、变形,螺栓安装紧固、防松标记无错位 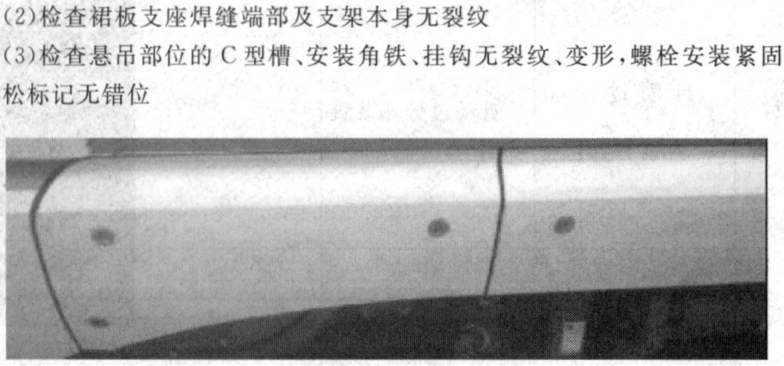 转向架小裙板及裙板支座

续上表

序号	顺序	检查步骤	检查内容与要求
22	注水口盖板	注水口盖板	(1)注水口盖板作用良好,表面清洁无污物 (2)螺栓、螺母等紧固件无松动 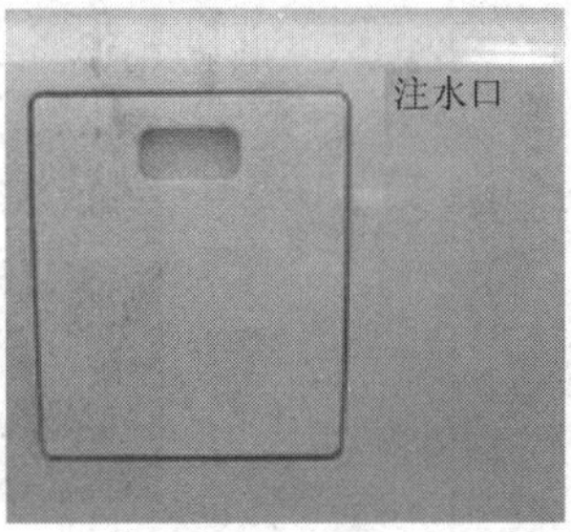 注水口盖板
23	排污口盖板	排污口盖板	(1)排污口盖板作用良好,表面清洁无污物 (2)螺栓、螺母等紧固件无松动 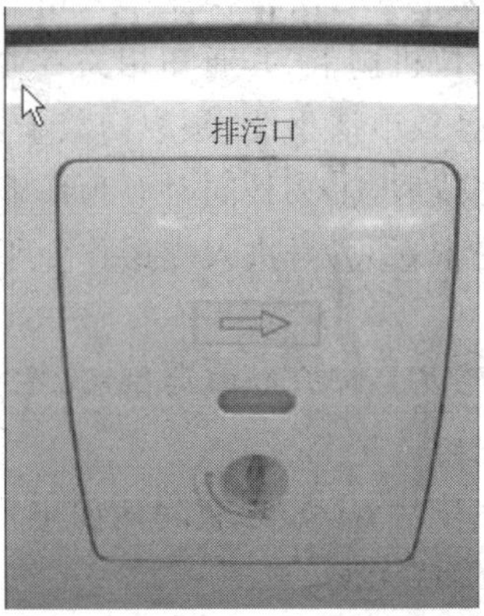 排污口盖板
24	拖车轴箱定位装置	拖车轴箱定位装置	(1)检查轮对轴箱装置组成外观良好,零部件(连接片、导向组成紧急锁扣)齐全,无松动、机械损伤 (2)检查轴箱油压减振器无漏油,外观状态良好;减振器座无裂纹 (3)检查轴箱弹簧无断裂 (4)检查轴箱外观状态良好,螺栓防松标记无错位 (5)检查传感器安装牢固,接线无松动、破损 (6)检查轴箱定位装置外观状态良好,安装螺栓无松动  拖车轴箱定位装置

续上表

序号	顺序	检查步骤	检查内容与要求
25	停放制动缓解手柄	停放制动缓解手柄	手柄外观状态良好，各部安装牢固  停放制动缓解手柄

2）无电第二阶段作业（表5-15）

（1）①②号无电第二阶段作业（60 min，车顶作业）

①号进行工位机刷卡，并通知相关专业作业人员可开始作业，①②号到交接台处，填写登顶申请单，办理登顶申请手续，领取门禁卡，①号通知调度开启检修股道门禁系统，要求登顶，各项准备工作完成后，①②号同时登顶作业。

刷门禁系统卡，①②号进入三层作业平台，②号打开三层作业平台渡板后，①②号同步开始车顶作业。

①号下顶后，②号配合受电弓试验，车顶所有作业完毕后，②号负责收回所有渡板，并告知①号车顶作业完毕。

无电作业完毕后，①②号撤除地面电源，①②号下顶后务必及时归还门禁卡并填写供断电申请单，签字确认无误。

表5-15 无电第二阶段作业

序号	顺序	检查步骤	检查内容与要求
1	车顶天线检查	车顶天线检查	车辆部门远程数据传输天线、GSM-R数据天线、GPS天线外观及安装良好，无裂损、变形  车顶天线  手机通信天线  FM天线  GSM/GPS天线

续上表

序号	顺序	检查步骤	检查内容与要求
2	车顶板、内外风挡	(1)车顶板 (2)内外风挡	(1)车顶板无凹陷、鼓包 (2)车顶高压跳线无破损，外观及安装状态良好，可以自然下垂。特高压保护橡胶套无磨损(目前螺旋线与夹持器易摩擦处已加装抗磨橡胶，图中红色椭圆处) (3)检查夹钳和夹持器(铸铝零件)机械无损伤，裂缝和断裂 (4)各绝缘子无破损，变形；本体无裂纹；绝缘子胴体部分无裂纹 (5)检查外风挡无变形、破损，外观及安装状态良好 (6)检查所有螺栓和螺母的紧固状态，防松标记无错位(M10 螺栓扭矩 32 N·m、M16 螺栓扭矩 135 N·m) 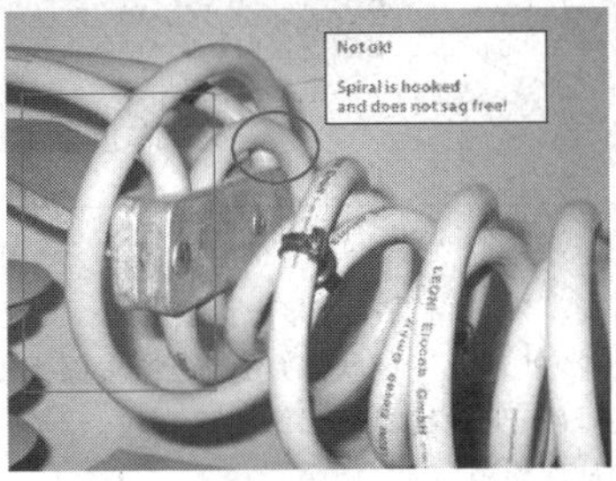 螺旋线被卡住，无法自然下垂。 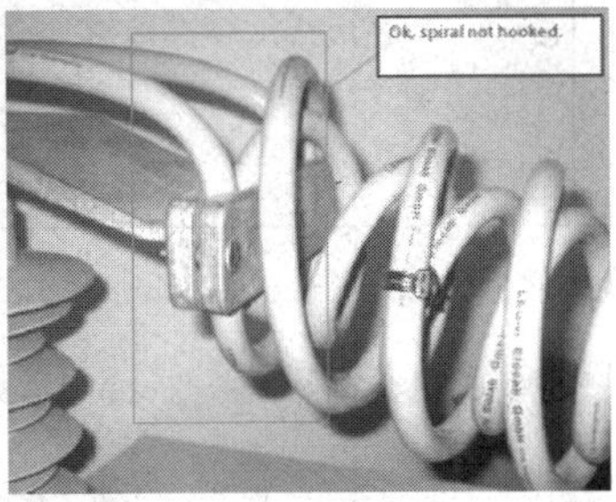 螺旋线未卡住，可以自然下垂。  车间高压连接  风挡
3	空调风机罩网	空调风机罩网	(1)各空调风机罩网格栅安装紧固无明显变形、破损，导流罩无损伤现象，紧固螺栓无松动、脱落现象 (2)冷凝器风扇叶片无抗磨、异音，叶轮无损坏、断裂、变形，转动正常   空调风机罩网

续上表

序号	顺序	检查步骤	检查内容与要求
4	车顶导流罩	车顶导流罩	(1)检查各部件齐全,无变形、损坏 (2)检查各螺栓安装牢固,防松标记无错位  车顶导流罩
5	车顶高压设备(02车)	(1)电缆接头 (2)绝缘子 (3)保护接地装置 (4)高压隔离开关 (02车)	(1)各电缆接头(特高压连接电缆直接头,受电弓电缆接头,隔离开关、高压互感器的电缆接头等)外观及安装状态良好,螺栓紧固无缺失 (2)各绝缘子无破损,变形,本体无裂纹,绝缘子胴体部分无裂纹(确认外协单位对绝缘子擦拭情况) (3)主断路器、保护接地装置、浪涌放电器、隔离开关和高压互感器等外观及安装状态良好。安装基座焊接部位不存在机械损伤,如裂纹、变形。伞裙无裂纹、破损。高压隔离开关刀座、刀无异常。安装紧固,螺栓紧固无缺失,接触可靠。各绝缘子无破损,变形,清洁无积尘,本体无裂纹,绝缘子胴体部分无裂纹 (4)各接地线安装紧固,导线的芯线无缺损  绝缘子  车顶高压设备
6	受电弓检查	受电弓检查 (02车)	(1)碳滑板表面清洁,纵向无裂纹,横向裂纹不超限(应没有裂纹或最多1个裂纹,且裂纹距离滑板边缘应大于200 mm,受电弓碳滑板出现裂纹或冲击后棱角面积≤0.5 cm^2),厚度不超限(碳滑板磨耗后高度(距离铝基板)≥5 mm)。升弓气囊表面无裂纹 (2)弓头无变形、裂纹,安装牢固,销子、开口销齐全,框架表面平整,无变形、裂纹,安装牢固;网铜线外观无松动、无变形。支架及导流板无裂损 (3)受电弓支撑绝缘子安装紧固;编导线的芯线缺损不超限≤导流线横截面积的5% (4)安装基座焊接部位不存在机械损伤,如裂纹、变形。碳滑条基座螺栓连接处及表面无腐蚀,基座无裂纹,基座表面无直径超过2 mm的孔,紧固件无松动 (5)擦拭、清洁车顶各绝缘子和受电弓绝缘气管

续上表

序号	顺序	检查步骤	检查内容与要求
6	受电弓检查	受电弓检查（02 车）	 受电弓  受电弓碳滑板 (6)受电弓摄像头以及导流罩上的检查窗，在表面比较脏时，需要用中性洗涤液的湿抹布绞干后擦拭表面
7	限压电阻	限压电阻（MUB）（04 车）	(1)检查限压电阻箱外罩无损伤现象 (2)紧固螺栓无松动、脱落现象，两块弧形导流板上铆钉无松动、脱落 (3)电阻外观状态良好、无烧损。接地线安装紧固，无断裂、破损烧痕等  限压电阻(MUB)  电阻箱安装螺栓接地线
8	受电弓检测	升降弓动作（①、②号按上述步骤检查完毕后，①号刷门禁下车顶进入司机室进行受电弓操作，配合②号进行升弓检查。02、07 车）	(1)检查受电弓气路和升弓气囊，要求各气路无漏风现象，升弓气囊外观状态良好 (2)检修①号在司机室操作进行运行模式将受电弓升起，并不断操作 ASD 装置，②确认受电弓上升、下降作用良好，并在升弓情况下检查空气管路及气囊、碳滑板无漏泄。手动感觉压缩空气连接接头无漏风，接头连接紧固

(2)③④号无电第二阶段作业，如表 5-16 所示(60 min，地沟作业)

③④号等待作业组①号通知，开始无电地沟作业，无电作业完毕后③④号均需告之①号作业完毕。

表 5-16 ③、④号无电第二阶段作业

序号	顺序	检查步骤	检查内容与要求
1	头车外罩	头车外罩	(1)刮雨器外观状态良好，无损坏 (2)头灯罩外观状态良好，无破损 (3)挡风玻璃无破损 (4)开闭罩外观状态良好，无变形、损坏 (5)检查裙板锁，锁闭螺栓无松动(扭矩 100 N·m)  头车外罩
2	底部导流罩	底部导流罩	(1)底部导流板各部件齐全，无变形、损坏 (2)各螺栓安装牢固、防松标记无错位(扭矩 27 N·m) 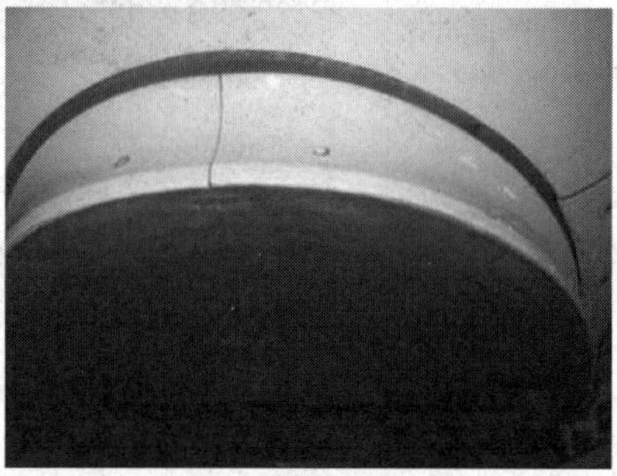 底部导流罩
3	转向架排障器	转向架排障器	(1)转向架排障器装置无明显机械损伤，各零部件齐全、安装牢固无松动 (2)各部螺栓安装牢固，防松标记无错位 (3)转向架排障器装置距轨面高度为(25±2)mm  转向架排障器

续上表

序号	顺序	检查步骤	检查内容与要求
4	撒砂装置	撒砂装置	(1)撒砂装置和排障器装置无明显机械损伤,各零部件齐全、安装牢固无松动 (2)撒砂装置安装牢固,无丢失 (3)各部螺栓安装牢固,防松标记无错位 (4)撒砂装置喷嘴距轨面高度头车为(67±2)mm  撒砂装置
5	天线梁及天线安装座	天线梁及天线安装座	TCR、BTM(CAU)天线组成各部件、无明显机械损伤,零部件齐全、安装牢固无松动,防松标记无错位 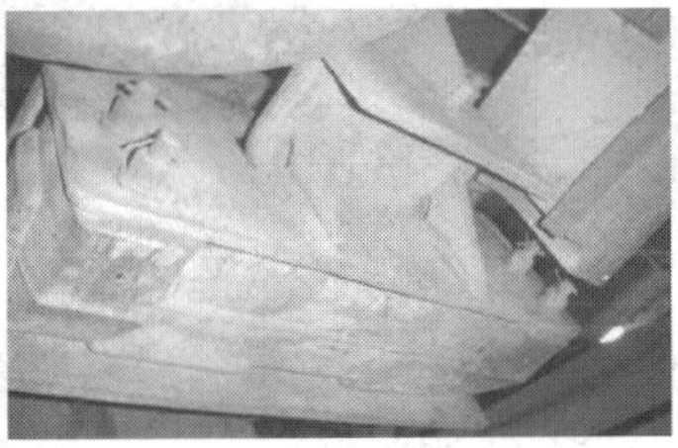  TCR 天线(C3D、300T)　BTM 天线(C3D) 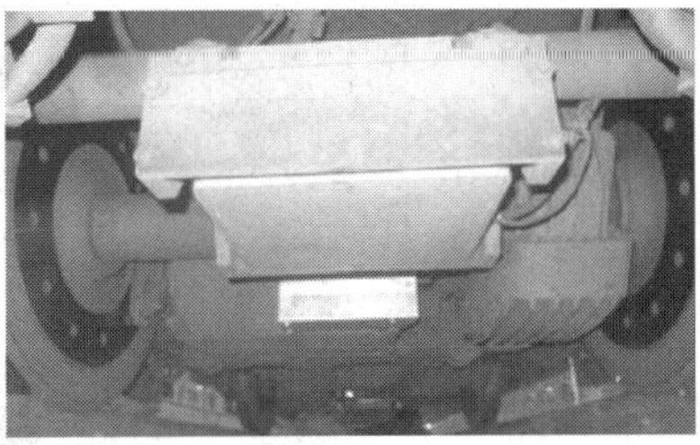 BTM 天线(300T)
6	动车轮对	动车轮对	(1)检查车轮注油孔螺栓无松动、丢失 (2)检查车轮表面,任何部位不得有裂纹 (3)检查踏面局部凹陷及擦伤深度、踏面剥离,轮辋裂纹,轮缘的尖部或内侧压痕、划痕等缺陷各部限度不超限 (4)轮对轴箱装置外观状态良好,无明显机械损伤,零部件齐全、不松动 (5)轮盘裂纹不过限,盘面裂纹沿半径方向长度不贯通。轮盘螺栓安装牢固,防松标记无错位 (6)轴身防腐涂层表面无损伤剥落

续上表

序号	顺序	检查步骤	检查内容与要求
6	动车轮对	动车轮对	(7)检查制动盘紧固件无松动、缺失。制动盘摩擦环厚度≥66 mm、表面刮痕≤1 mm、凹陷磨损<1 mm、倾斜磨损≤1 mm。两摩擦环厚度差≤2 mm (8)制动夹钳及制动盘检查： ①闸片托外观状态良好，安装牢固 ②闸片厚度不超限(闸片最薄处含钢背厚度≥7 mm)；闸片不反装 ③闸片托防翻转机构安装牢固，无变形、折断 ④制动夹钳装置配件齐全，状态良好；悬吊部件齐全、无裂纹，安装螺栓紧固无松动，防松标记无错位 ⑤制动盘摩擦片表面裂纹及厚度不超限，各螺栓安装牢固，防松标记无错位 ⑥制动盘与闸片间隙 3～6 mm ⑦开口销安装正确，无断裂 ⑧冬季动车组入库热水除冰后，需检查夹钳装置活动部位的润滑脂，如缺少润滑脂须重新注入  轮对踏面 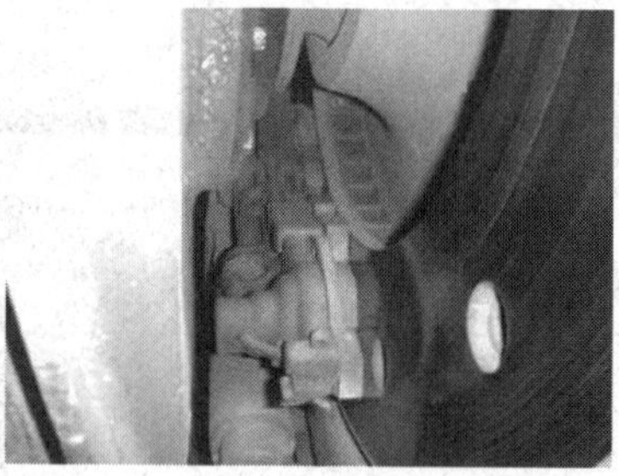 制动夹钳及制动盘  轮盘

续上表

序号	顺序	检查步骤	检查内容与要求
7	牵引电机接线盒	牵引电机接线盒	(1)各牵引电机电缆无破损,固定良好 (2)各螺栓安装牢固,防松标记无错位 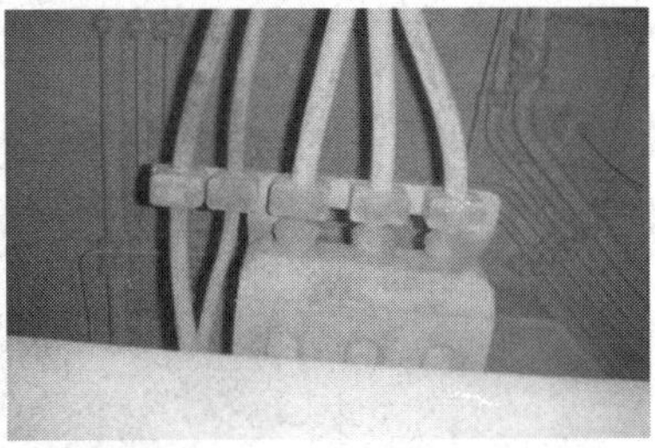 牵引电机接线盒
8	齿轮箱及C型支架	齿轮箱及C型支架	(1)齿轮箱油位处于正常刻度范围内,油色正常;悬吊配件齐全,安装牢固 (2)齿轮箱速度传感器、注油孔盖、排油孔盖等安装紧固,防松铅封状态良好无松脱 (3)齿轮箱安全提吊安装紧固,不变形 (4)齿轮箱外部不漏油 (5)C型支架各部件齐全、无明显的机械损伤、松动 (6)C型支架与齿轮箱连接各螺栓安装牢固,防松标记无错位 (7)橡胶弹簧无裂纹  齿轮箱 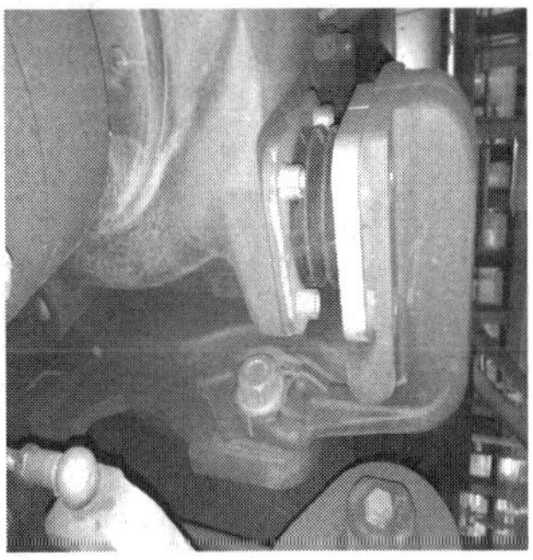 C型支架
9	联轴节	联轴节	(1)联轴节各部无明显机械损伤、配件齐全、安装牢固 (2)各螺栓安装牢固,防松标记无错位 (3)检查两个法兰接头无泄漏  联轴节

续上表

序号	顺序	检查步骤	检查内容与要求
10	牵引电机	牵引电机	(1)牵引电机组成部件无明显的机械损伤,电机位移止挡无碰撞迹象。各部件配件齐全、螺栓的安装牢固 (2)目视检查电机单元减震器橡胶节点无开裂、保护管无损坏、保护管无刮伤储油筒无漏油现象 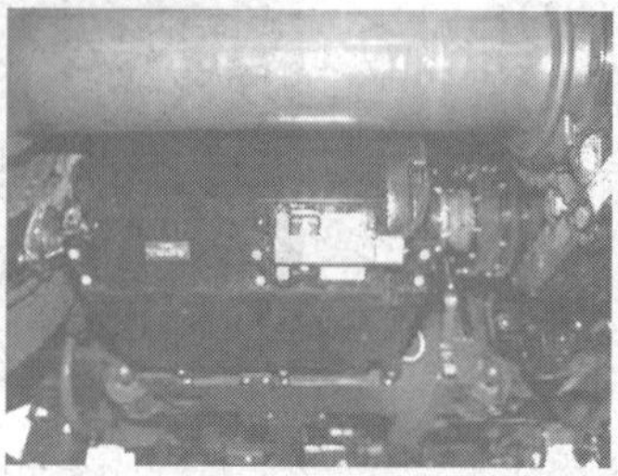 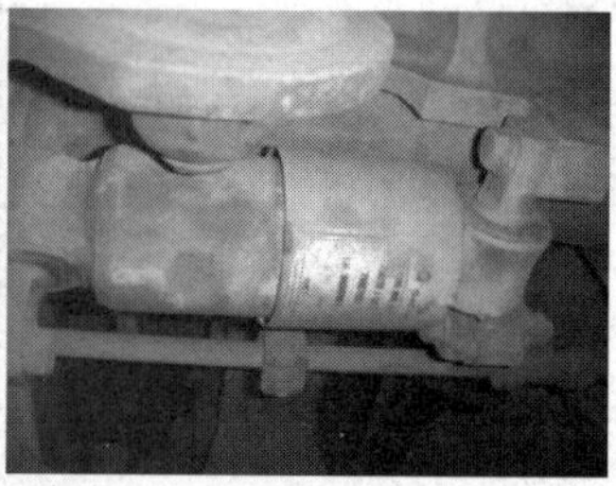 牵引电机　　电机减震器
11	牵引电机通风装置	牵引电机通风装置	(1)检查牵引电机通风装置是否有明显机械损伤以及松动或缺失的部件,有缺陷部件须及时更换 (2)牵引电机通风装置上安装的零部件无松动、缺陷 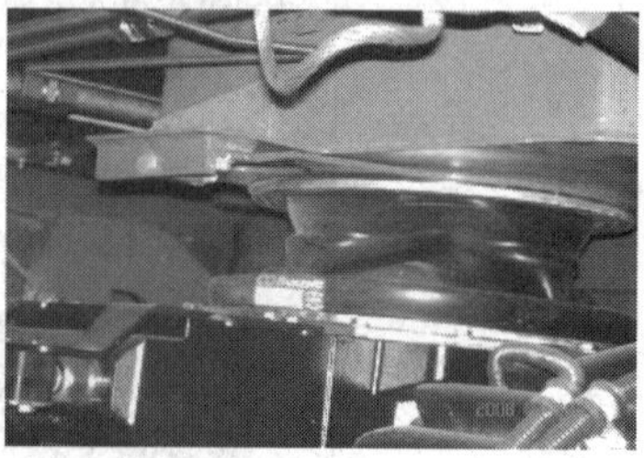 牵引电机通风装置
12	牵引电机及板弹簧悬挂吊架	牵引电机及板弹簧悬挂吊架	(1)电机吊架各部件无明显机械损伤,配件齐全,无有明显的裂纹、断裂、缺口 (2)吊架安全销无损伤,安装牢固 (3)各螺栓安装牢固,防松标记无错位 (4)检查板簧组成无裂纹、裂口、断裂、变形、锈蚀现象,复合弹簧的橡胶无裂纹,衬套必要时进行清洁 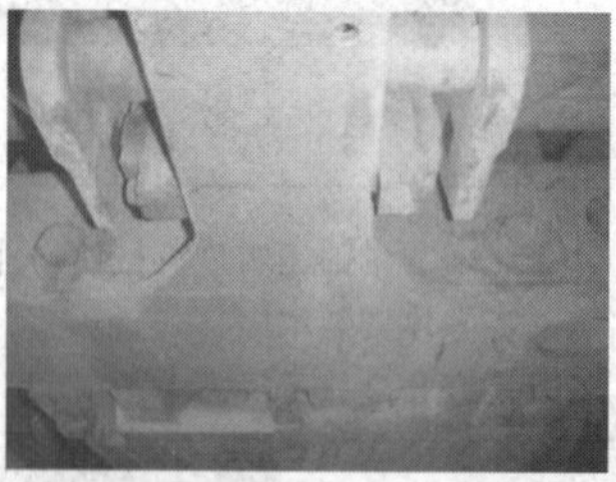 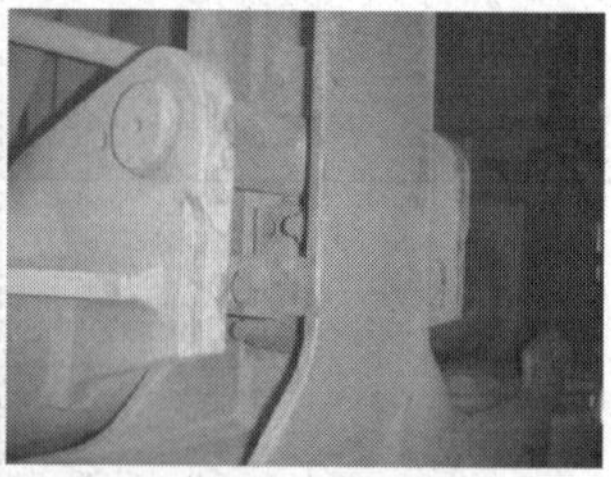 电机吊架　　电机吊架安全销   橡胶节点　　板弹簧

续上表

序号	顺序	检查步骤	检查内容与要求
13	制动风缸	制动风缸	(1)制动缸及连接装置外观良好，无明显机械损伤，各零部件齐全、无松动。橡胶防尘罩无破损 (2)制动缸及连接装置各螺栓安装牢固，防松标记无错位  制动缸
14	横向减振器	横向减振器	(1)横向减振器外观状态良好，无机械损伤、蠕变、膨胀 (2)减振器保护管、油筒和橡胶联轴器应无机械损伤、裂缝和变形，无漏油，安装牢固不松动 (3)减振器座无裂纹，橡胶止挡无破损，各螺栓安装牢固，防松标记无错位  横向减振器
15	高度调整阀及连杆	高度调整阀及连杆	高度调整阀安装牢固，调整杆无变形，配件无缺失，无漏气(嘶嘶声)  高度调整阀及连杆

续上表

序号	顺序	检查步骤	检查内容与要求
16	车底各管线	车底各管线	(1)车底各空气管路安装状态良好无裂纹、漏泄,零部件无松动或丢失 (2)车底各连接线管无破损,绝缘胶皮无破损,固定良好  车底各管线
17	横向止挡检查	横向止挡检查	(1)横向止挡装置各部件齐全、无明显的机械损伤、安装无松动,零部件无缺失 (2)牵引中心销与横向止挡单侧距离(20±2)mm 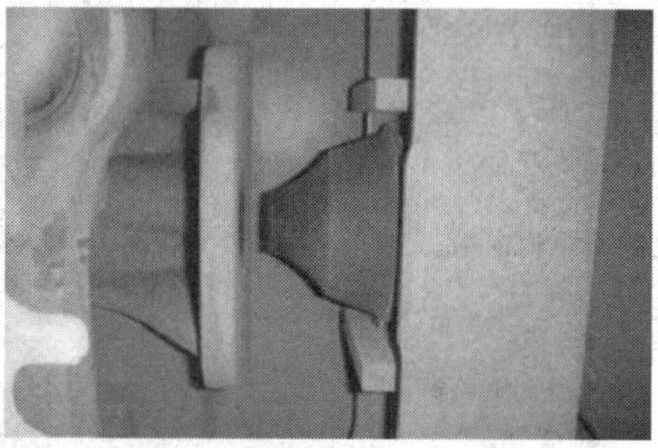 横向止挡
18	中心销	中心销	(1)中心销各部无机械损伤,安装固定良好,无裂纹、变形等 (2)各部螺栓安装牢固,防松标记无错位 (3)枕梁组成外观良好,无裂纹、变形、异物击打痕迹、磕碰掉块、大面积掉漆等  中心销

续上表

序号	顺序	检查步骤	检查内容与要求
19	牵引拉杆	牵引拉杆	(1)检查牵引盘应无损伤现象,如裂纹、变形等 (2)检查连杆应无损伤现象,如裂纹、变形等;检查牵引拉杆橡胶节点应无损伤现象 (3)检查压板应无损伤现象,如裂纹、变形等 (4)目视检查螺旋连接是否存在松动或缺失部件,有缺陷部件须及时更换 (5)目测检查拉杆轴承是否存在损坏现象,如橡胶中出现裂纹或橡胶与材料脱离  牵引拉杆
20	GFX-3A 自动过分相装置	GFX-3A 自动过分相装置	GFX-3A 过分相感应接收器组成各配件齐全、安装牢固、无明显的机械损伤  过分相感应接收器
21	牵引电机冷却风机底板	牵引电机冷却风机底板	(1)底板无明显变形及裂纹,板材内部铝蜂窝结构不外露 (2)底板开口与冷却风机不相碰 (3)底板开口周边应力集中处(红圈内)无裂纹 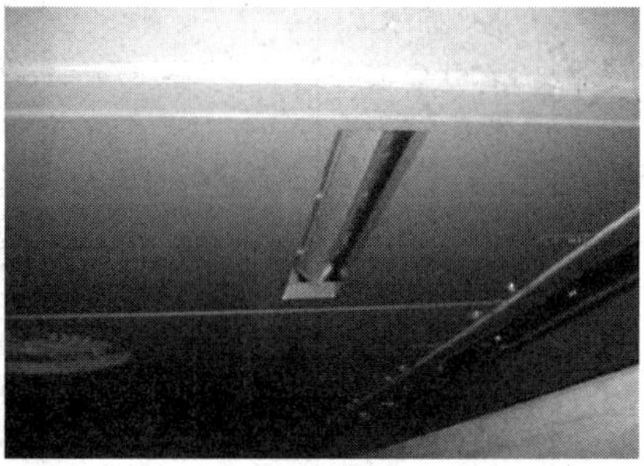 牵引电机冷却风机底板

续上表

序号	顺序	检查步骤	检查内容与要求
22	司机室空调冷凝风扇及底板	司机室空调冷凝风扇及底板	(1)风扇外罩及叶轮无损坏、断裂、变形,风扇内检查无异物 (2)外罩螺栓安装牢固,防松标记无错位 (3)底板无裂纹及明显变形,板材内部铝蜂窝结构不外露  司机室空调冷凝风扇及底板
23	普通底板	普通底板	(1)底板无裂纹及明显变形,板材内部铝蜂窝结构不外露,密封胶条无损坏 (2)中间垂向约束螺栓无松动,扭矩为 28 N · m  中间垂向约束螺栓
24	牵引变流器底板	牵引变流器底板	(1)检查底板无明显变形及裂纹,板材内部铝蜂窝结构不外露,密封胶条无损坏 (2)检查底板开口与冷却风机不相碰 (3)检查底板开口周边无裂纹 (4)检查底板安装螺栓无松脱  牵引变流器底板

续上表

序号	顺序	检查步骤	检查内容与要求
25	牵引变流器冷却单元底板	牵引变流器冷却单元底板	(1)底板无裂纹及明显变形,密封胶条无损坏 (2)各部螺栓安装牢固,防松标记无错位  牵引变流器冷却单元底板
26	多普勒雷达底板	多普勒雷达底板	(1)底板无明显变形及裂纹,板材内部铝蜂窝结构不外露,密封胶条无损坏 (2)底板开口周边应力集中处无裂纹  多普勒雷达底板
27	电源终端箱下盖板	电源终端箱下盖板	盖板安装状态良好,螺栓安装紧固,防松标记无错位  电源终端箱下盖板
28	排水口	排水口	(1)排水口无机械损伤,固定良好,无堵塞 (2)各紧固螺栓安装牢固,防松标记无错位 (3)防寒层无缺损、脱落 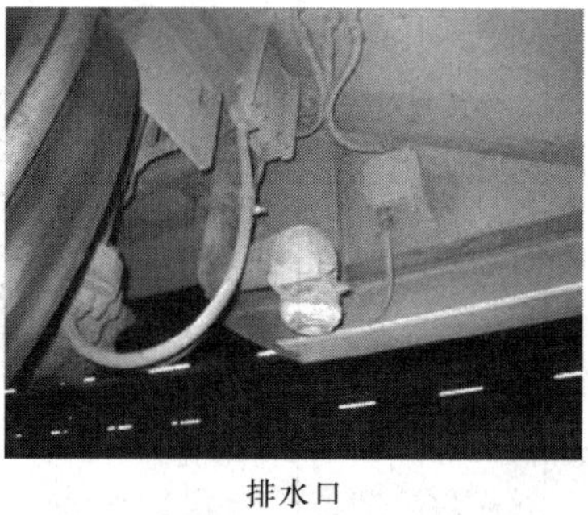 排水口

续上表

序号	顺序	检查步骤	检查内容与要求
29	拖车轮对	拖车轮对	(1)检查车轮注油孔螺栓无松动、丢失 (2)检查车轮表面,任何部位不得有裂纹 (3)轮对踏面圆周磨耗、局部凹入及擦伤深度、轮缘厚度、踏面剥离、轮辋辗宽等各部限度不超限 (4)轮对轴箱装置外观状态良好,无明显机械损伤,零部件齐全、不松动 (5)轴身防腐涂层表面无损伤剥落 (6)制动盘紧固件无松动、缺失,制动盘摩擦环厚度≥66 mm、表面刮痕≤1 mm、凹陷磨损<1 mm、倾斜磨损≤1 mm,两摩擦环厚度差≤2 mm (7)制动夹钳及制动盘检查: ①闸片托外观状态良好,安装牢固 ②闸片厚度不超限(闸片最薄处含钢背厚度≥7 mm),闸片不反装 ③闸片托防翻转机构安装牢固,无变形、折断 ④制动夹钳装置配件齐全,状态良好;悬吊部件齐全、无裂纹,安装螺栓紧固无松动,防松标记无错位 ⑤制动盘摩擦片表面裂纹及厚度不超限,各螺栓安装牢固,防松标记无错位 ⑥制动盘与闸片间隙 3~6 mm ⑦开口销安装正确,无断裂 ⑧冬季动车组入库热水除冰后,需检查夹钳、活动部位的润滑脂,如缺少润滑脂须重新注入  拖车轮对  拖车制动盘
30	停放制动装置	停放制动装置	(1)停放制动装置各部件无机械损伤,固定良好 (2)各螺栓安装牢固,防松标记无错位 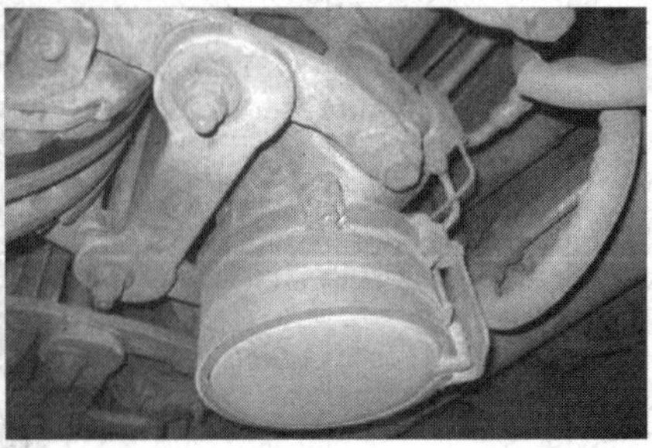 停放制动装置

续上表

序号	顺序	检查步骤	检查内容与要求
31	制动风缸	制动风缸	(1)制动风缸及连接装置外观良好,无明显机械损伤,各零部件齐全、无松动。橡胶防尘罩无破损 (2)制动风缸及连接装置各螺栓安装牢固,防松标记无错位  制动缸
32	牵引变压器底板	牵引变压器底板	(1)底板无明显变形及裂纹,密封胶条无损坏 (2)各螺栓安装牢固,防松标记无错位  牵引变压器底板
33	单辅助变流器底板	单辅助变流器底板	(1)底板无明显变形及裂纹,密封胶条无损坏 (2)各螺栓安装牢固,防松标记无错位  单辅助变流器底板
34	空压机底板	空压机底板	(1)底板无明显变形及裂纹,板材内部铝蜂窝结构不外露,密封胶条无损坏 (2)底板开口周边应力集中处无裂纹  空压机底板

续上表

序号	顺序	检查步骤	检查内容与要求
35	双辅助变流器底板	双辅助变流器底板	(1)底板无明显变形及裂纹，密封胶条无损坏 (2)各螺栓安装牢固，防松标记无错位  双辅助变流器底板

4. 申请供电

①号申请供电：

①号在确认所有作业人员作业完毕的情况下，进行无电作业完毕刷卡，申请接触网供电。

5. 有电作业

(1)①号有电作业(表 5-17)

接触网通电后，①号进行有电作业刷卡，升起受电弓，确认供电正常后，按照①号有电作业标准作业(车门试验完毕后确认主界面、车门界面、照明界面、空调界面、牵引界面正常，查看故障界面无影响车组上线故障)。

表 5-17　①号有电作业

序号	顺序	检查步骤	检查内容与要求
1	制动试验	制动试验(01、00 车)	(1)在一端司机室内投入主控占用司机室后，在 HMI 上按提示进行全部制动试验，最后确认制动有效率及制动试验完成时间 (2)在一端司机室做完制动试验后，在另一端司机室插入主控占用司机室后进行紧急制动，在 HMI 上确认制动有效率及制动试验完成时间 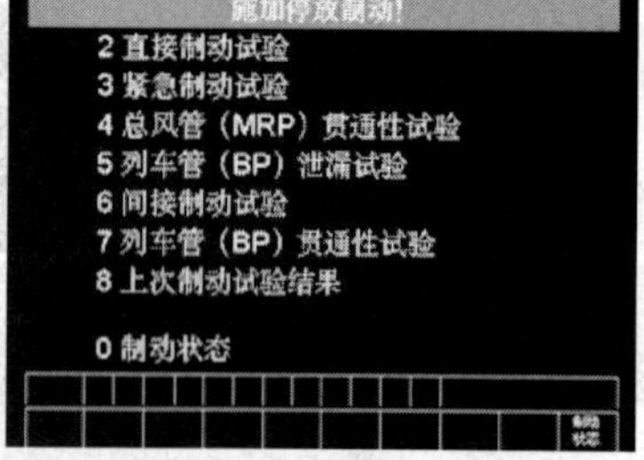 制动试验
2	侧门试验	侧门试验(全列)	在主控端司机室内按压左右侧门释放按钮，依次释放左右两侧车门，在 HMI 上确认车门状态；进行左右侧开门实验，在 HMI 上确认车门状态；进行左右侧关门实验，在 HMI 上确认车门状态。车门试验前注意使用车内广播通知车内人员，保证作业安全

(2)②号有电作业(表 5-18)

配合①号进行相关功能测试；并对②号有电作业内容(空调、电茶炉)按标准作业。若无电作业擦拭过车顶摄像头应再次确认检查监控画面清晰，无黑屏、斑点、花屏。

表 5-18　②号有电作业

序号	顺序	检查步骤	检查内容与要求
1	检查空调	检查空调(全列)	车内空调工作状态正常,客室温度无异常,空调温度传感器外观状态良好,对客室两端进行点温
2	电茶炉	电茶炉	1. 各部配件齐全、作用良好,阀门位置正确,管系无泄漏 2. 电气控制箱内配件齐全、接线端子无松动、锈蚀 3. 各指示灯显示正常、各空气开关容量符合规定,炉体无锈蚀 4. 在无暖库及供电条件下,当环境温度低于 5 ℃时进行电茶炉排水  电茶炉

(3)③④号有电作业(裙板确认)见表 5-19

无电作业完毕后,在交接台等待①号通知开始有电作业,作业完毕后通知①号有电作业完毕。③号等待①号撤除安全号志。撤除安全号志后,在交接台等待确认、登记检查故障状况并等待下次作业。

表 5-19　③④有电作业

序号	顺序	检查步骤	检查内容与要求
1	裙板	裙板	检查裙板安装牢固,锁扣状态良好,防松标记无错位
2	制动缓解显示器	制动缓解显示器	(1)制动缓解显示器外罩无裂纹,显示装置无损坏,工作正常 (2)各部螺栓安装牢固,防松标记无错位
3	盖板	盖板	逐个打开检查注水口、吸污口、排污口、注油口、注沙口盖板、总风管及列车管截断塞门盖板作用良好,螺栓、螺母等紧固件无松动

6. 结束工作

①号需完成司机室预检查,对故障进行预判,②③④号对检查中发现的问题及时反馈①号,①号根据故障情况,及时通知相关人员或汇报检修工长、技术、调度等部门协调解决。同时,作业小组①号需配合电务、通信部门进行 ATP、CIR 检查和测试工作。

(1)①号作业完毕

①所有相关作业人员作业完毕后必须通知①号,①号确认该车作业全部完毕后,降弓断电、主控手柄打“0”位、拔取主控(占用)钥匙、断开蓄电池,并通知 3 号撤除安全号志。

②①号确认该车受电弓已降下、安全号志已撤除、所有作业人员已离开后,进行有电作业完毕刷卡,并呼叫通知“调度,X 车一级修作业完毕,人员已撤离”,调度回答“明白”,完毕后①号到交接台交还主控(占用)钥匙、司机室钥匙,同时①、②、③、④号在交接台汇合,确认、登记检查故障状况,等待下次作业。

（2）②号作业完毕

作业结束后，通知①号有电作业完毕，并到交接台填写记录单，由①号汇总确认登记检查故障状况，等待下次作业。

第三节　动车组一级检修质量标准

一、CRH1 型动车组一级检修质量标准

1. 车顶设备检查质量标准（表 5-20）

表 5-20　车顶设备检查质量标准

注意事项 (1)作业前确认接触网断电，防护号志、接地杆可靠插设，网侧设备接地时间 10 min (2)工作时必须穿戴绝缘鞋、绝缘手套和安全帽，并按规定系好安全带			
序号	作业程序	质量标准	备注
1	降下受电弓	确认受电弓降下，所有主断路器断开，司机室电钥匙“0”位，防护号志已设置	
2	网侧设备接地	(1)打开 Tp1(2 号)车 K1 柜，将 K1 柜侧面受电弓互锁装置隔离手柄(Pantograph interlocking device)旋转至 OFF 位，取出蓝钥匙 (2)打开顶部主断路器接地装置面板，插入蓝钥匙后扭转 90°，旋转隔离手柄至隔离位，取出黄钥匙 (3)Tp2、Tb(5、7 号)车参照以上程序依次操作	
3	检查受电弓及车顶高压设备	(1)主、辅滑板：碳滑条磨耗后厚度≥5 mm，滑板条总高度不得小于 22 mm。表面不得有缺陷、断裂，安装牢固无变形，宽度方向破损不超过 1/3；如果更换滑板，两个滑板高度差不超过 3 mm (2)舟体无变形，作用良好 (3)销子、开口销齐全，作用良好 (4)框架表面平整，无变形、裂纹，安装牢固 (5)网铜线外观无松动、无变形 (6)受电弓上升、下降作用良好 (7)支撑绝缘子和空气管无裂纹、打痕，瓷瓶清洁	二、五、七号车检查
工具	接地杆、绝缘手套、绝缘鞋、安全帽、安全带、手电筒、检点锤、对讲机、防护信号、钢板尺、棉布、清洁剂		

2. 驾驶室检查质量标准

（1）驾驶室静态检查质量标准（表 5-21）

表 5-21　驾驶室静态检查质量标准

序号	作业程序	质量标准	备注
1	进入 Mc1 车司机室，插入电钥匙，置于“0”位，并挂上“禁动”牌		检查驾驶室时，Mc1 号车为前位，Mc2 车为后位
2	驾驶室内外观检查	(1)司机室门状态作用良好。手柄动作灵活，烟火报警装置、温度传感器外观完整，开关作用良好。挂衣钩安装牢固 (2)K1 柜锁闭良好，接地线无松脱，网关及各电器安装牢固，接线及插销无松动。按钮开关作用良好，各转换开关位置正确，自动开关无脱扣 (3)侧窗无破损、锁闭良好，AC 220 V 插座安装牢固，开关动作灵活 (4)瞭望玻璃清洁、无破损，刮雨器外观良好	两端驾驶室

续上表

序号	作业程序	质量标准	备注
2	驾驶室内外观检查	(5)操纵台下电器间隔柜门锁闭良好，内部各插件牢固，自动开关无脱扣，接线无松动、烧损 (6)后视监视器无划伤、显示清晰，LKJ、ATP、IDU、CIR、PIS显示屏无划伤 (7)左侧、中央、右侧及操纵台面板牢固，按钮开关、指示灯状态良好，速度选择开关位置正确 (8)阅读灯安装牢固，开关灵活，主控制手柄安装牢固、锁闭良好 (9)K2柜门锁闭良好，开关灵活，救援装置塞门位置正确，各电磁阀安装牢固，铅封齐全。座椅安装牢固。TAX2机车安全信息综合监测装置插件牢固、插销无松动，门锁闭良好。LKJ2000主机插件牢固，电源开关在开位，隔离开关正常位，车辆控制装置安装牢固，插销无松动。各电器接线良好，救援绳索无丢失 (10)灭火器放置牢固、铅封及状态良好 (11)PIS鹅颈形麦克风、CIR手持机，调度电话、PIS手持机状态良好。CIR打印终端安装牢固 (12)司机座椅状态、动作良好。脚蹬、遮光板动作良好。遮光板无损伤，导向杆安装牢固 (13)紧急停车按钮状态良好	两端驾驶室

(2)驾驶室通电检查质量标准(表5-22)

表5-22 驾驶室通电检查质量标准

序号	作业程序	质量标准	备注
1	启动驾驶室	(1)将电钥匙置于“1”位，输入用户ID，登录IDU (2)按压停车制动按钮，确认按钮灯点亮	
2	运行故障检索	通过IDU故障检索菜单检查列车故障信息。触摸显示屏[故障报告]菜单，查询统计故障，做好台账记录	
3	列车状态确认	(1)进入IDU [列车状态]菜单，确认列车关键系统的部件状态和功能限制的概况 (2)根据故障检索，通过[系统]页面各菜单检查列车主要部件状态 (3)旋转刮雨器开关并下压，刮雨器动作良好，喷水正常 (4)PIS鹅颈形麦克风、PIS手持机功能良好 (5)进入IDU [舒适系统]菜单，设置司机室温度，检查空调作用良好	
4	列车检测试验	(1)进入IDU [空压机]菜单，确认总风缸压力大于600 kPa (2)制动试验。进入IDU [制动试验]菜单，根据提示移动手柄完成制动试验 (3)驾驶控制。进入IDU [驾驶试验]菜单，根据提示移动手柄完成手柄控制试验 (4)灯试验。进入IDU [灯试验]菜单，触摸相关按钮启动测试，检查司机台面板按键和指示灯点亮，蜂鸣器报警 (5)进入IDU [舒适系统]菜单，根据提示完成客室灯照明试验 (6)DSD测试。主手柄置于“0”位，按压DSD模式选择按钮，当紧急制动启动后，IDU显示“DSD紧急制动”，使用脚踏板确认，并使用“Q”按钮对IDU报警进行确认。再次按压DSD模式选择按钮，待警告灯闪亮，蜂鸣器报警，按压司机台C2面板DSD按钮，解除DSD报警	

续上表

序号	作业程序	质量标准	备注
5	高压试验	(1)按压[受电弓上升]按钮(主风缸压力低于 500 kPa 时辅助压缩机启动，辅助压缩机若不能自启，按压 K1 柜辅助压缩机启动按钮强迫启动)，确认 7 号车受电弓上升 (2)通过 IDU 系统菜单[高压]页面，在网压正常值范围内，确认 MVB 依次接通 (3)牵引测试。进入 IDU [牵引测试]菜单，触摸[自动]或[手动]按钮启动测试，完成试验 (4)按下[降弓]按钮，确认 MVB 依次断开且 7 号车受电弓降下	升弓后检测，接触网网压为正常值
6	前照灯及标志检查	将灯控制开关打至全开位，车下检查灯显示正常	升弓后检测
7	辅助空气压缩机测试	按压辅助空气压缩机启动按钮，启动后，压缩机将运行 10 min。有警告信息显示	K1 柜内
工具	白手套、电钥匙、手电筒、对讲机		

3. 上部设施检查质量标准(表 5-23)

表 5-23 上部设施检查质量标准

序号	作业程序	质量标准	备注
1	检查车内各门、通过台	车内各门等外观状态良好，各指示灯、紧急手柄状态良好，门玻璃无破损	
2	检查客室	(1)地板、顶板、装饰板、座椅、座椅后背茶几板及网兜、窗帘、窗帘卡、茶几、行李架、大件行李架外观及安装状态良好，窗玻璃不漏气、无破损 (2)镜框、座号牌、衣帽钩、桌子、烟灰缸外观及安装状态良好 (3)信息显示器外观无异常，显示正常 (4)各扶手安装牢固，状态良好 (5)垃圾箱装置外观状态良好 (6)液晶显示器状态良好 (7)空调装置工况良好 (8)客室温度传感器外观及安装状态良好	
3	检查灯具	各灯灯罩安装牢固，无破损；灯具状态良好，灯色一致，无熄灯	
4	检查配电柜	配电柜箱体无变形、破损，锁闭状态良好	
5	检查风挡	车内风挡无损坏；扶手、渡板外观状态良好	
6	检查灭火器、紧急破窗锤	(1)配置齐全，状态良好 (2)灭火器定检不过期，压力正常	
7	检查卫生间	(1)镜子、架子外观良好，锁扣无松动，锁闭作用良好 (2)感应水龙头外观良好，安装牢固，无漏水 (3)洗手盆及台面无裂损、变形，坐式便器功能良好 (4)照明灯状态良好，垃圾箱装置外观状态良好，不变形，垃圾箱防胶条无脱落，垃圾箱活页门作用良好 (5)控制柜内各气路、水路管系无漏泄，电气控制元件完好	
8	检查电茶炉	(1)安装牢固，作用良好，指示灯显示正常 (2)无漏水	
9	检查吧台设备	(1)柜子各拉门外观状态及动作良好、门止挡外观良好 (2)冰箱、微波炉、电烤箱、电茶炉等外观无异常，状态良好 (3)售货柜无破损，合页无松动 (4)各桌椅无破损 (5)联络电话状态良好 (6)吧台照明灯状态良好，灯色一致，无熄灯	

续上表

序号	作业程序	质量标准	备注
10	检查乘务室	(1)座席安装牢固,无破损 (2)各显示器、播音装置、联络电话齐全,状态良好	
工具	手套、工作帽、手电筒		

4. 地沟检查质量标准(表5-24)

表5-24　地沟检查质量标准

序号	作业程序	质量标准	备注
1	检查车底	(1)车体排障器底部、转向架排障器外观及安装状态良好 (2)底板无变形、缺损,螺栓紧固、无缺失 (3)半永久车钩装置安装螺栓无松动、车钩连接良好。油压减振器状态良好,安装无松动,无漏油 (4)空气管路无损伤、漏泄 (5)风挡下部无损伤,锁闭良好 (6)车载信号接收器外观及安装状态良好 (7)车体跨接线状态良好	
2	检查轮轴	(1)轮轴外观状态良好,各部无裂纹。轴身打痕、碰伤、擦伤深度不过限 (2)制动盘外观状态良好,无贯穿裂纹,盘面裂纹沿半径方向长度不过限;轴盘、轮盘安装螺栓无松动	
3	检查制动装置	盘形制动装置闸片外观状态良好,厚度符合规定;夹钳装置配件齐全,状态良好;悬吊螺栓紧固,各部件无裂纹	
4	检查驱动装置	(1)齿轮箱油量处于刻度区间,且油色正常,无漏油;悬吊部件配件齐全,安装牢固;橡胶垫无老化;齿轮箱温度传感器、呼吸器、注油孔盖、排油孔盖等安装紧固无松动 (2)联轴节外观及安装状态良好 (3)主电动机外观良好,电机电源线、传感器及配线无破损,安装牢固,电机注油孔堵安装良好 (4)冷却风道无破损,安装牢固,排风口良好 (5)电机安装座螺栓无松动、裂纹 (6)速度传感器外观及安装状态良好,配线无损伤	
5	检查牵引装置	(1)外观及安装状态良好 (2)牵引座无裂纹 (3)牵引杆橡胶节点无开裂、老化、破损 (4)橡胶挡无老化、变形、开裂、缺失	
6	检查转向架构架	(1)转向架构架无裂纹 (2)转向架排障器座安装牢固 (3)转向架各安装管线状态良好 (4)油压减振器外观状态良好,无漏油,安装无松动。减振器座无裂纹 (5)抗侧滚扭杆装置安装牢固	
工具	绝缘手套、绝缘鞋、安全帽、手电筒、检点锤、对讲机、钢板尺		

5. 车体两侧检查质量标准(表5-25)

表5-25　车体两侧检查质量标准

序号	作业程序	质量标准	备注
1	检查头部	(1)头车外观及前罩安装状态良好,刮雨器外观良好,司机室窗玻璃齐全完整,安装牢固 (2)排障器外观及安装状态良好	一、八号车检查

续上表

序号	作业程序	质量标准	备注
2	检查车体	(1)外墙板、玻璃、侧门及裙板无变形、损坏，装饰彩带无脱落、划痕 (2)后视监视器外观良好 (3)各种标牌、显示器、指示灯外观状态良好，无缺失 (4)2、7(或15)号车自动过分相接收装置外观及安装状态良好	
3	检查转向架构架	(1)侧架无裂纹 (2)各安装管线状态良好，无抗磨 (3)转向架处车体底板和端板螺栓无松动	
4	检查轴箱及定位装置	(1)轴箱油压减振器无漏油，外观状态良好，安装无松动。减振器座无裂纹 (2)轴箱弹簧无异常 (3)轴箱外观状态良好，无漏油 (4)传感器安装牢固，接线无松动、破损 (5)转向架排障器安装牢固，无异状 (6)轴箱定位装置外观状态良好，橡胶节点无开裂，定位螺栓无松动	
5	检查车轮及轮盘	(1)踏面擦伤深度、连续碾擦长度、踏面剥离长度不过限 (2)轮缘无缺损，磨耗不过限 (3)轮盘螺栓安装牢固，无松动，轮盘裂纹不过限，盘面裂纹沿半径方向长度不过限	
6	检查制动夹钳及闸片	(1)闸片外观状态良好，厚度符合规定 (2)夹钳装置配件齐全，状态良好；悬吊部件无裂纹	
7	检查空气弹簧及减振装置	(1)空气弹簧外观状态良好、无漏风 (2)高度调整阀无漏风，调整杆无变形，配件无缺失；锁紧装置紧固，塞门正位，管路无漏泄 (3)抗蛇行油压减振器无漏油，外观状态良好，安装无松动；减振器座无裂纹	
8	检查连接部	(1)车钩连接状态良好。油压减振器状态良好 (2)各跨接连接线连接良好，外观无异状 (3)空气管路无损伤 (4)内、外风挡状态良好，安装牢固，无破损 (5)两车端各线卡、管卡及各部状态良好、无异常	
工具	安全帽、手电筒、检点锤、塞尺、钢板尺		

二、CRH2 型动车组一级检修质量标准

1. 车顶设备检查质量标准(表 5-26)

表 5-26　车顶设备检查质量标准

注意事项 (1)作业前确认接触网断电，防护号志、止轮器、接地杆可靠插设，EGCS 放电 (2)工作时必须穿戴绝缘鞋、绝缘手套和防护头盔并按规定系好安全带			
序号	作业程序	质量标准	备注
	检查受电弓	(1)主、辅滑板：碳滑条磨耗后厚度≥5 mm，滑板条总高度不得小于 22 mm。表面不得有缺陷、断裂，安装牢固无变形，宽度方向破损不超过 1/3；如更换滑板，两个滑板高度差不超过 3 mm (2)舟体无变形，作用良好 (3)销子、开口销齐全，作用良好 (4)框架表面平整，无变形、裂纹，安装牢固 (5)网铜线外观无松动、无变形 (6)受电弓上升、下降作用良好 (7)支撑绝缘子和空气管无裂纹、打痕，瓷瓶清洁 (8)接地开关(EGS)外观及安装状态良好	四、六号车检查
工具	接地杆、绝缘手套、绝缘鞋、安全帽、安全带、手电筒、检点锤、对讲机、防护信号、钢板尺、棉布、清洁剂		

2. 驾驶室检查质量标准(表 5-27)

表 5-27　驾驶室检查质量标准

<table>
<tr><th>序号</th><th>作业程序</th><th>质量标准</th><th>备注</th></tr>
<tr><td>1</td><td>插入电钥匙,制动手柄置于拔取位;主手柄置于切位,方向手柄置于关位并挂上“禁动”牌</td><td></td><td></td></tr>
<tr><td>2</td><td>检查蓄电池电压</td><td>蓄电池电压在 87 V 以上</td><td></td></tr>
<tr><td>3</td><td>升起受电弓,合上VCB</td><td></td><td></td></tr>
<tr><td>4</td><td>运行故障检索</td><td>打开中央控制装置柜门,按下检修键,触摸信息屏车上检查实行,触摸车上检查结果,统计故障,做好台账记录</td><td></td></tr>
<tr><td>5</td><td>故障存储</td><td>触摸IC 卡读取,按提示将 IC 卡插入卡槽,触摸写入,写入完毕后取出 IC 卡</td><td></td></tr>
<tr><td>6</td><td>检查驾驶室机器</td><td>(1)主手柄、换向手柄无损伤、安装无松动
(2)制动手柄锁闭机构作用良好,无损伤,安装无松动
(3)遮光板无损伤,作用良好
(4)驾驶台计量盘电压表、压力表的外观及安装状态良好,显示正常;通电时,蓄电池电压为(100±5)V
(5)制动手柄从拔取位转到运行位时,车下检修人员从外部确认头车灯光颜色转换状态良好
(6)拉出刮雨器开关并向右转动,刮雨器动作良好,喷水正常
(7)司机座椅状态良好
(8)踏下汽笛脚踏,汽笛工作正常
(9)各开关、按钮齐全,状态良好
(10)室内空调、照明良好
(11)各配电柜门及锁状态良好
(12)室内玻璃无破损,各门状态良好
(13)查看显示器(MON),在各挡位上制动控制装置的 BC 压力符合规定(仅在插电钥匙驾驶室实施)
单位:kPa<table><tr><th>位置</th><th>拖车</th><th>动车</th></tr><tr><td>拔取</td><td>480±20</td><td>560±20</td></tr><tr><td>运行</td><td>0</td><td>0</td></tr><tr><td>1</td><td>110±20</td><td>120±20</td></tr><tr><td>7</td><td>330±20</td><td>370±20</td></tr><tr><td>快速</td><td>480±20</td><td>560±20</td></tr></table>试验完毕后,将制动手柄置于拔取位</td><td>两端驾驶室</td></tr>
<tr><td>7</td><td>检查附属机器</td><td>(1)各显示器外观状态、显示状态良好
(2)联络电话装置外观良好</td><td>两端驾驶室</td></tr>
</table>

续上表

序号	作业程序	质量标准	备注
8	侧门试验	(1)打开中央控制装置配电盘，进入[检修]模式，从显示器上触摸[车上检查实行]，触摸[试验项目]，再触摸[车门开关试验]、触摸[确认]，查看操作台上门指示灯状态 (2)门开时，车下检修人员确认车体外侧墙上门开指示灯亮；门关时，确认车体外侧墙上门开指示灯熄灭	两端驾驶室
9	将制动手柄置于[拔取]位。转入上部设施检查，作业完毕后，切断[VCB]，降下受电弓，拔出电钥匙。整列作业完毕，转存IC卡数据		
工具	白手套、工作帽、手电筒、对讲机、防护号志、IC卡		

3. 上部设施检查质量标准(表5-28)

表5-28　上部设施检查质量标准

序号	作业程序	质量标准	备注
1	检查车内各门	车内各门等外观状态良好，开关动作灵活，门玻璃无破损	
2	检查客室	(1)地板、顶板、装饰板、座椅、窗帘、茶几、行李架外观及安装状态良好，窗玻璃不漏气无破损 (2)镜框、杂志架、温度计、座号牌、衣帽钩、桌子、烟灰缸外观及安装状态良好 (3)信息显示屏外观无异常，显示正常 (4)各扶手安装牢固，状态良好 (5)紧急、火灾报警开关外观良好	
3	检查灯具	各灯灯罩安装牢固，无破损；灯具状态良好，灯色一致，无熄灯	
4	检查空调装置	(1)空调装置工况良好 (2)温度传感器外观无异常 (3)回风口罩齐全	
5	检查配电柜	(1)配电柜箱体无变形、破损，锁闭状态良好 (2)故障指示灯无破损，无红灯显示	
6	检查车体	(1)车内风挡无损坏；扶手、渡板外观状态良好 (2)垃圾箱装置外观状态良好	
7	检查灭火器、紧急破窗锤	(1)配置齐全，状态良好 (2)灭火器定检不过期，压力正常	
8	检查盥洗室	(1)镜子、架子、拉帘等外观良好 (2)自动盥洗装置(水嘴、洗手液、干燥风)动作正常，无漏水	一、三、五、七号车检查
9	检查卫生间	(1)各设施外观良好，无漏水 (2)感应器、紧急呼叫开关通知灯、照明灯状态良好 (3)小便池自动清洗装置良好 (4)扶手状态良好，安装牢固	一、三、五、七号车检查
10	检查电茶炉、饮水机	(1)安装牢固，作用良好，指示灯显示正常 (2)无漏水	二、四、五、六、八号车检查

续上表

序号	作业程序	质量标准	备注
11	检查吧台设备	(1)吧台及桌椅无破损,安装无松动 (2)各柜门,柜子各拉门开、关良好 (3)吧台门开、关良好,安装无松动 (4)冰箱、微波炉、电烤箱、电茶炉等外观无异常。展示柜无破损,活动翻板等无变形,状态良好,合页无松动。照明灯状态良好 (5)联络电话状态良好	五号车检查
12	检查乘务室	(1)门开、关作用良好 (2)紧急作用按钮外观状态良好,气密开关无损坏,作用良好 (3)座席安装牢固,无破损 (4)显示器、播音装置、联络电话齐全,状态良好 (5)活动窗状态良好 (6)门、窗页外观状态良好,工作正常,胶条无脱落损伤,门、窗锁作用良好,手把无松动 (7)紧急制动按钮外观状态良好 (8)座席安装牢固,无破损 (9)监控显示器、播音装置、联络电话齐全,状态良好 (10)受电弓检测装置监控屏各按钮作用良好,摄像机动作良好	七号车检查
工具	手套、工作帽、手电筒		

4. 地沟检查质量标准(表 5-29)

表 5-29　地沟检查质量标准

序号	作业程序	质量标准	备注
1	检查车底	(1)车体排障器底部、转向架排障器外观及安装状态良好 (2)底板无变形、缺损,螺栓紧固、无缺失 (3)密接式车钩、缓冲器托板安装螺栓无松动,车钩连接良好 (4)空气管路无损伤、漏泄 (5)内风挡下部无损伤,锁闭良好。防雪风挡下部状态良好,无破损 (6)车载信号器外观及安装状态良好	
2	检查轮轴	(1)轮轴外观状态良好,各部无裂纹。轴身打痕、碰伤、擦伤深度≤2 mm (2)制动盘外观状态良好,无贯穿裂纹,盘面裂纹沿半径方向长度≤127 mm;轴盘、轮盘安装螺栓无松动 (3)踏面清扫装置状态良好	
3	检查制动装置	(1)盘形制动装置闸片外观状态良好,厚度符合规定(动车>4.5 mm,拖车>6 mm);夹钳装置配件齐全,状态良好;油缸及油管无漏油;悬吊螺栓紧固,各部件无裂纹 (2)增压缸安装螺栓无松动;悬吊部件无裂纹;管路无漏泄。行程显示杆动作良好,快速制动时伸出量 50 mm 以下	
4	检查驱动装置	(1)齿轮箱油量处于刻度区间,油色正常无漏油;悬吊部件配件齐全,安装牢固;橡胶垫无老化齿轮箱温度传感器、呼吸器、注油孔盖、排油孔盖等安装紧固无松动 (2)挠性轴接头外观及安装状态良好 (3)主电动机外观良好,电机电源线、传感器及配线无破损,安装牢固,电机注油孔堵安装良好 (4)冷却风道无破损,安装牢固,排风口良好 (5)电机安装座螺栓无松动、裂纹 (6)接地装置和碳刷外观及安装状态良好,接地线无松动,碳刷长度在 25 mm 以上,编导线的芯线缺损量在 15%以下 (7)速度传感器外观及安装状态良好,配线无损伤	二、三、六、七号车检查

续上表

序号	作业程序	质量标准	备注
5	检查牵引装置	(1)外观及安装状态良好 (2)牵引座无裂纹 (3)牵引杆橡胶节点无开裂、老化、破损 (4)橡胶挡无老化、变形、开裂、缺失	二、三、六、七号车检查
6	检查转向架构架	(1)转向架构架无裂纹 (2)转向架排障器座安装牢固 (3)转向架各安装管线状态良好 (4)差压阀无漏风,安装牢固 (5)横向油压减振器外观状态良好,无漏油,安装不松动。减振器座无裂纹	
工具	绝缘手套、绝缘鞋、安全帽、手电筒、检点锤、对讲机、钢板尺		

5. 车体两侧检查质量标准(表 5-30)

表 5-30 车体两侧检查质量标准

序号	作业程序	质量标准	备注
1	检查头部	(1)头车外观及前罩安装状态良好,刮雨器外观良好,司机室窗玻璃齐全完整,安装牢固 (2)排障器外观及安装状态良好	一、八号车检查
2	检查车体	(1)外墙板、玻璃、侧门及裙板无变形、损坏;油漆无脱落、划痕;螺栓紧固,无缺失;裙板各检查孔盖作用良好,内部各塞门正位 (2)各种标牌、显示器、门状态灯外观状态良好,无缺失 (3)4、6(或 13)号车自动过分相接收装置外观及安装状态良好	
3	检查转向架构架	(1)侧架无裂纹 (2)各安装管线状态良好,无抗磨 (3)转向架处车体底板和端板螺栓无松动	
4	检查轴箱及定位装置	(1)轴箱油压减振器无漏油,外观状态良好,橡胶套无破损,安装不松动。减振器座无裂纹 (2)轴箱弹簧无异常,橡胶护套无破损 (3)轴箱外观状态良好,无漏油。橡胶防尘盖无破损,轴箱盖、呼吸器、链配置齐全 (4)传感器安装牢固,接线无松动、破损 (5)转向架排障器及扫石器安装牢固,无异状 (6)轴箱定位装置外观状态良好,橡胶节点无开裂	
5	检查车轮及轮盘	(1)踏面擦伤深度≤0.5 mm,连续碾擦长度≤70 mm,踏面剥离 1 处,长度≤20 mm,踏面剥离 2 处,长度≤10 mm (2)轮缘无缺损,磨耗不过限 (3)轮盘螺栓安装牢固,无松动,轮盘裂纹不过限,盘面裂纹沿半径方向长度≤127 mm	
6	检查制动夹钳及闸片	(1)闸片外观状态良好,厚度符合规定(动车>5 mm,拖车>6 mm) (2)夹钳装置配件齐全,状态良好;悬吊部件无裂纹 (3)车轮踏面清扫装置状态良好,配件齐全,悬吊部件无裂纹,研磨块厚度≥10 mm (4)增压缸油位正常,安装螺栓无松动,悬吊部件无裂纹,管路无漏泄,各部状态良好	
7	检查空气弹簧及减振装置	(1)空气弹簧外观状态良好、无漏风,充风状态下上盖与基准面间距在 160~270 mm 之间 (2)高度调整阀无漏风,调整杆无变形,配件无缺失;锁紧装置紧固,塞门正位,管路无漏泄 (3)抗蛇行油压减振器无漏油及外观状态良好,安装不松动;减振器座无裂纹;橡胶套状态良好,无破损,卡子无松动	

续上表

序号	作业程序	质量标准	备注
8	检查连接部	(1)车钩及连接器连接良好,各车钩封连线状态良好 (2)各跨接连接线连接良好,外观无异状 (3)空气管路无损伤,橡胶空气软管无老化、鼓泡、漏气 (4)内、外风挡及防雪风挡状态良好,安装牢固,无破损,连接锁紧装置锁闭良好 (5)两车端各线卡、管卡及各部状态良好无异常	
工具	安全帽、手电筒、检点锤、塞尺、钢板尺		

复习思考题

1. CRH2 型动车组一级检修的流程是什么?
2. CRH2 型动车组检修作业路线是什么?
3. 简述 CRH2 型动车组车顶作业的主要部件。
4. CRH2 型动车组一级检修作业完毕后需要做哪些工作?
5. 动车组一级检修的质量标准包含哪些方面?

第六章　动车组二级检修

动车组二级检修是对动车组各系统、零部件实施的周期性维护保养、检测、试验，不得漏项、超期。

扣车集中检修时须填写“动车组扣修单”，修竣后须填写“动车组扣修竣工单”。

动车(客车)段应对“周期相同、部位接近、性质类似”的检修项目合理组合、均衡安排检修计划，优化生产组织。

第一节　CRH2 型动车组二级检修

一、作业流程图(图 6-1)

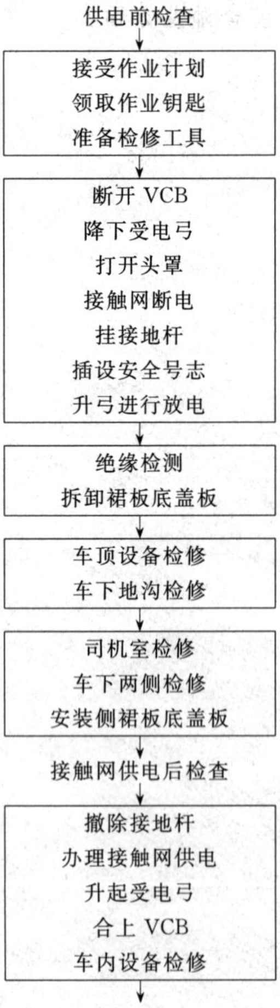

图 6-1

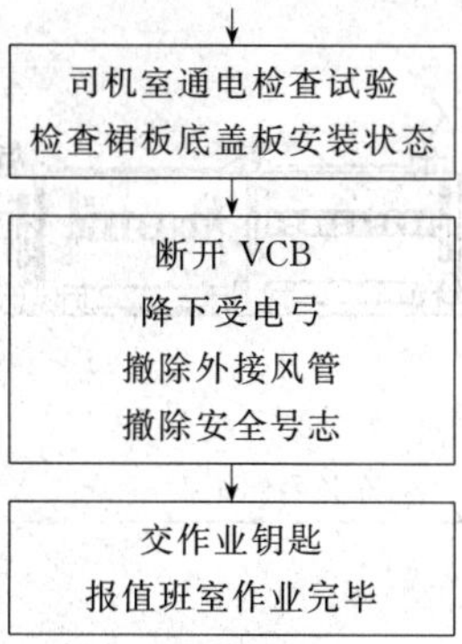

图 6-1　二级检修作业流程图

二、作业流程与作业步骤

1. 检修作业分工

检修作业小组人员 4 名，自检自修。其中①、②号负责车内设施、司机室设备、车载信息系统、车顶设备检查及相关性能试验及维修。③、④号负责车体、裙板、底板、转向架、钩缓连接、制动、车下设备等下部检查、维修及试验配合工作。

2. 检修作业路线图

(1)车顶作业路线(①、②号作业流程)(图 6-2)

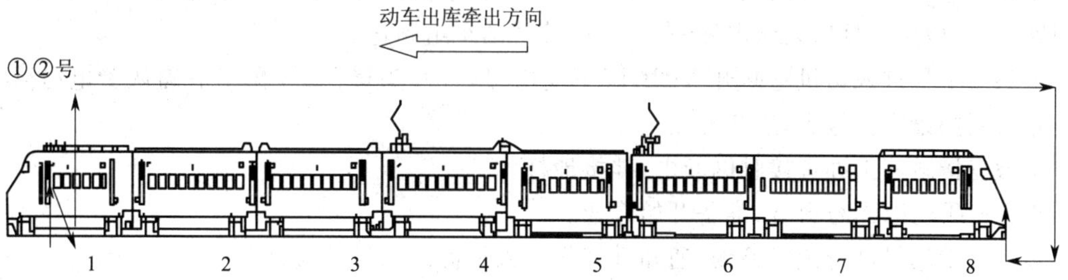

图 6-2　车顶作业路线图

(2)车内作业路线(图 6-3)

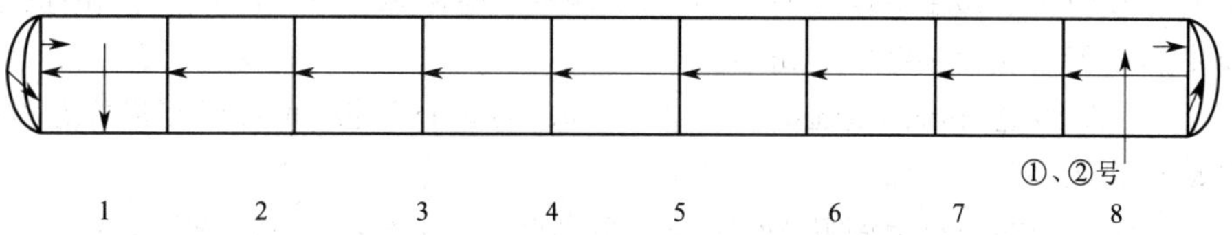

图 6-3　车内作业路线图

(3)车下作业路线(③④号作业流程)

车下车体两侧作业路线见图 6-4(a)，车下地沟作业路线见图 6-4(b)。

3. 作业步骤

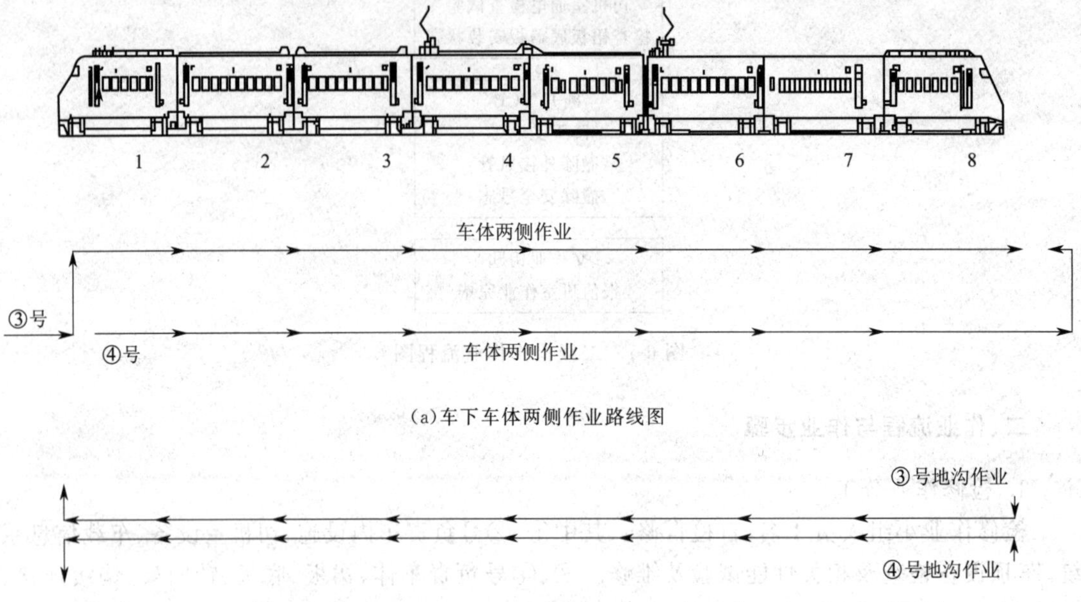

(a)车下车体两侧作业路线图

(b)车下地沟作业路线图

图 6-4　车下作业路线图

供电前检查

步骤一①②③④号共同到值班室接受作业计划、掌握运行故障及维修重点，领取司机室主控钥匙，检查检修工具后列队出发，在检查库等待动车组到达。

步骤二①号进入司机室断开 VCB，降下受电弓，打开头罩；②号在车下确认受电弓降下；③④号共同插设安全号志，连接外接风管。

步骤三接触网工办理接触网断电，挂接地杆。

步骤四①②③④号会合，准备开始作业。

步骤五①②号进行绝缘检测，通知升亮作业人员拆卸裙板及底盖板。

步骤六①②号进行车顶设备检修，③④号进行车下地沟检修。

步骤七①②号进行司机室检修，③④号进行车下两侧检修。

步骤八①号进行无电各项作业完毕，通知升亮作业人员进行裙板、底盖板安装。

接触网供电检查

步骤九①号确认②③④号作业完毕，通知接触网工撤除接地杆，并申请接触网供电。

步骤十①号确认外接供电作业完毕。

步骤十一①②号进行司机室通电检查试验，③④号进行裙板、底盖板安装状态检查，配合制动试验动作确认。

步骤十二①②号在司机室断开 VCB，降下受电弓；③④号撤除安全号志。

步骤十三①②③④号会合后共同到值班室，交还作业钥匙，报告作业情况，等待下次作业。

三、动车组二级检修质量标准

1. CRH2 型动车组二级检修质量标准

(1)绝缘测试质量标准(表 6-1)

表 6-1　绝缘测试质量标准

注意事项 (1)接触网断电时应穿戴绝缘鞋、绝缘手套和防护头盔 (2)作业前确认接触网断电,防护号志、止轮器、接地杆可靠插设			
序号	作业程序	质量标准	备注
1	开关操作	(1)插入主控钥匙,接通 BV,制动手柄置于[快速]位,按下[受电弓升起]开关,确认 6 号车受电弓升起,按下[保护接地合]开关,确认保护接地开关闭合。1 min 后恢复[EGCS] (2)将制动手柄置于[拔取]位,取出主控钥匙 (3)将驾驶台配电盘的[蓄电池接触器]、[监视器 1]、[监视器 2]和[列车无线蓄电池]断开 (4)断开各车服务配电盘的[室内灯 1]、[室内灯 2]、[室内灯 3]、[应急灯]开关 (5)断开各车运行配电盘[直流电源 1]、[直流电源 2]、[牵引变流器 1]、[牵引变流器 2]、[蓄电池接触器]开关 (6)断开各车 GS 接地开关(闸刀式、端子排插接式)	
2	绝缘测量	(1)主回路 501C～大地间≥0.2 MΩ(使用 500 V 兆欧表) (2)辅助回路 SC200A～大地间≥0.1 MΩ(使用 100 V 兆欧表) (3)辅助回路 AT200P1～大地间≥0.1 MΩ(使用 100 V 兆欧表) (4)加热器回路 200P1～大地间≥0.1 MΩ(使用 100 V 兆欧表) (5)用 100 V 兆欧表测量驾驶室加热器回路 200P1～GS 间为 0.1 MΩ 以上 (6)绝缘测定后各配电盘的开关及 GS 复位	
工具	接地杆、绝缘手套、绝缘鞋、防护头盔、手电筒、对讲机、防护信号、100 V 兆欧表、500 V 兆欧表		

(2)车顶设备检查质量标准(表 6-2)

表 6-2　车顶设备检查质量标准

注意事项: 作业时系好安全带;注意脚下,在车顶防滑部分行走,防止跌倒滑落			
序号	作业程序	质量标准	备注
1	车顶板、内外风挡	(1)内外风挡安装牢固,无变形破损 (2)内风挡连接部锁闭装置良好 (3)车顶板无塌陷、无裂纹,防滑地胶无剥离磨损	
2	无线电天线	0 号车和 1 号车无线天线、7 号车 FM 信号天线无裂损、变形,安装无松动	
3	受电弓	见《CRH2 型动车组专项检修作业办法(暂行)》	
4	高压连接电缆及电缆接头	(1)外观及接地状态良好 (2)电缆接头无破损、变形,安装牢固 (3)电缆头同一绝缘子缺损在 7 处以下,同一褶边缺损在 2 处以下,缺损长度沿周长方向 1 处时小于 60 mm,2 处时小于 30 mm,直径的减少少于 20 mm (4)电缆头绝缘子胴体部分无裂纹 (5)搭接杆、编导线外观、安装状态良好,编导线芯线缺损在 15%以下 (6)高压连接电缆无破损,保护套无破损变形	
5	保护接地装置	(1)锭杆、夹子无损伤,安装牢固 (2)锭杆动作及锭杆夹座的弹性良好,接地导线安装状态良好 (3)操作气缸作用良好,无漏气 (4)杆机构动作良好,配管无漏气 (5)受电弓框架和大地之间(EGS 盘)绝缘大于 25 MΩ	
工具	绝缘手套、绝缘鞋、安全帽、安全带、手电筒、检点锤、对讲机、钢板尺、1 000 V 兆欧表、弹簧秤、卷尺、棉布、清洁剂		

(3)驾驶室检查质量标准(表 6-3)

表 6-3　驾驶室检查质量标准

序号	作业程序	质量标准	备注
1	开关操作	(1)确认驾驶室配电盘、各车运行配电盘的空气断路器等开关正位 (2)进入 1 号车司机室，蜂鸣器开关置于断开位	1、0 号车检查
2	确认总风缸压力	(1)确认 MR 压力低于 590 kPa (2)如高于 590 kPa 时放掉 MR 空气，使双针压力表的总风缸指针显示为 590 kPa 以下	
3	列车无线电用蓄电池	(1)将 0 号车[列车无线] NFB(TWCN)和[列车无线电蓄电池]用断路器断开 (2)按下[电压表切换]开关，显示电压表电压应为 90 V 以上	0 号车检查
4	接通 BV	在 1 号车司机室，插入主控钥匙，制动手柄置于[快速]位，降下受电弓，牵引手柄置于[切]位，换向手柄置于[关]位，并挂上“禁动”牌	1、0 号车检查
5	辅助空压机动作及蓄电池	(1)打开 2 号车的辅助风缸排气阀排气，「准备未完成」显示灯亮。监控器显示屏显示 2 号车「辅助空压机」由白变红 (2)将制动手柄移至[拔取]位置，1 min 后移置[快速]位置，启动 ACM 开关，确认「准备未完成」显示灯灭 (3)将[保护接地切除]开关闭合，将[受电弓升起]开关闭合保持 3 s (4)操作[受电弓切换]开关，数次按下[受电弓折叠]按钮，分别放掉 4、6 号车的辅助空压机空气，确认「准备未完」显示灯亮，通过监控显示器分别查看 4、6 号车显示「辅助空压机」由白变红 (5)合上[辅助空气压缩机]开关，启动 ACM，约 1 min 后确认「准备未完」显示灯熄灭 (6)蓄电池电压在辅助空压机运行时电压表电压在 87 V 以上 (7)电池电压低时，单块测量电池电压 (8)ACM 运转状态及动作良好	1、2、4、6 号车检查
6	驾驶室设备	(1)牵引手柄、换向手柄无损伤、安装无松动，配线无损伤，弹性机能正常 (2)制动手柄外观及安装状态良好，锁装置、凸轮、电气接点无损伤，作用良好 (3)驾驶台计量盘电压表、压力表的外观及状态良好，显示正确，配线及开关、显示灯无异常 (4)中央控制装置外观安装状态良好 (5)列车员开关、紧急制动开关状态良好，开关操作杆和活动杆无污损 (6)标志灯聚光罩、室内灯、仪表灯、射灯外观及安装状态良好 (7)刮雨器电源及开关安装状态良好，冲洗水箱、操作阀无损伤、安装良好 (8)司机座椅状态良好 (9)各配电柜门及锁、开关、按钮齐全，状态良好 (10)车窗玻璃无破损，各门状态良好 (11)遮光板无损伤，安装状态良好 (12)联络电话外观及安装良好，车内广播装置性能试验良好	1、0 号车检查
7	头罩内设施	(1)辅助制动器外观及安装状态良好 (2)车内压力释放阀外观及功能良好 (3)风笛装置安装状态良好，无损伤 (4)分割联挂装置外观及安装状态良好，空气配管无漏气，各阀门位置正确 (5)空调装置安装及状态良好	1、0 号车检查

续上表

序号	作业程序	质量标准	备注
8	轮径设定	检修模式画面中，按下「监控器信息设定」键，在监控器信息设定画面中，按下「车轮径设定」键，检查 1、0 号车 2、3 位轴的车轮直径，超差 1 mm 时重新设定。通过 0～9 数字键输入车轮径的值，按下「设定」键。	1、0 号车检查
9	测试主回路接触器动作（1、0 号车）	(1)将制动手柄置于运行位，接通关门联锁 (2)在司机模式下，进入牵引变流器信息画面，将换向手柄置于前位，列车信息中央装置一般模式，确认监控显示器「K 合」 (3)将牵引手柄置于1N J 位，确认监控显示器「K 合」；确认监控显示器「主回路动作」数据出现 (4)将制动手柄由运行置于B1位：确认监控显示器「K 合」；确认监控显示器「主回路动作」数据消失 (5)将制动手柄由B1→运行，确认监控显示器「K 合」；确认监控显示器「主回路动作非牵引状态」→「主回路动作牵引状态」 (6)将牵引手柄由1N→切，确认监控显示器「K 合」；确认监控显示器「主回路动作非牵引状态」 (7)将制动手柄由运行→B1，确认监控显示器「K 合」；确认监控显示器「主回路动作非牵引状态」 (8)将制动手柄由B1→运行，确认监控显示器「K 合」；确认监控显示器「主回路动作非牵引状态」 (9)将换向手柄置于关，确认监控显示器「K 断」 (10)将关门连锁开关复位	1、0 号车检查
10	受电弓不上升测试	(1)在 1 号车测试 6 号车受电弓 (2)按下EGCS后再拉出，确认车顶 EGS 接通 (3)将受电弓升起开关闭合，确认 6 号车受电弓不上升 (4)将保护接地切除开关闭合，将VCB 合开关闭合，确认 EGS 断开 (5)将受电弓升起开关闭合，确认 6 号车受电弓不上升 (6)按下VCB 断按钮 (7)在 0 号车测试 4 号车受电弓，执行第(2)～(6)步骤	
11	受电弓上升测试	(1)在 1 号车测试 6 号车受电弓 (2)将受电弓升起开关闭合，确认 6 号车受电弓上升 (3)按下VCB 合按钮，通过监控显示器(MON)确认 VCB 接通 (4)按下受电弓折叠按钮，确认 VCB 断开且 6 号车受电弓降下 (5)在 0 号车测试 4 号车受电弓，执行第(2)～(4)步骤	
12		1 号车驾驶室检查完毕，进入 0 号车驾驶室，重复上述 1、3、4、6～11 项检查。	
工具	手套、主控钥匙、手电筒、对讲机、IC 卡、100 V 兆欧表、万用表		

(4)车内配电柜检查质量标准(表 6-4)

表 6-4　车内配电柜检查质量标准

序号	作业程序	质量标准	备注
	各配电盘设备	(1)打开各配电柜门锁，检查各开关、接触器、继电器、电磁阀的外观及安装状态良好，配线状态良好，无损坏、变色，阀门及短路开关位置正确 (2)故障指示灯无破损，显示红灯时查明原因 (3)配电柜箱体无变形、破损，锁闭状态良好	
工具	手套、手电筒、对讲机、万用表		

(5)地沟检查质量标准(表 6-5)

表 6-5　地沟检查质量标准

序号	作业程序	质量标准	备注
1	车底部	(1)车体排障器底部、辅助排障器外观及安装状态良好 (2)底板无变形、缺损，螺栓紧固、无缺失 (3)半永久式密接式车钩、缓冲器、支座、弹簧箱、滑板、释放手柄不变形、无裂纹，安装与连接状态良好 (4)空气管路无损伤、漏泄 (5)内风挡下部无损伤，锁闭良好；防雪风挡下部状态良好，无破损 (6)车下 STM 天线、BTM 天线、自动过分相车载信号接受器外观及安装状态良好 (7)侧梁、横梁无裂纹、损伤	
2	轮轴	(1)车轮无偏磨，擦伤剥离在限度之内 (2)轮轴外观状态良好，各部无裂纹	
3	制动装置	(1)增压缸外观良好，无漏油、漏气，安装牢固 (2)闸片外观状态良好，厚度≥7 mm。夹钳装置配件齐全，状态良好；油缸及油管无漏油；悬吊螺栓紧固，各部件无裂纹 (3)夹钳装置、框架体、油缸、自动间隙调整装置、支撑销子外观及安装状态良好；自动间隙调整动作良好，无伤痕、磨耗及漏油 (4)制动盘外观状态良好，无贯穿裂纹，轮盘、轴盘裂纹沿半径方向长度≤70 mm，轮盘、轴盘安装螺栓无松动 (5)踏面清扫器状态良好	
4	驱动装置	(1)齿轮箱油量处于刻度 0～－2 之间，无漏油；悬吊部件配件齐全，安装牢固；橡胶垫无老化；齿轮箱温度传感器及引线、呼吸器、注油孔盖、排油堵等无损伤，安装状态良好 (2)挠性轴接头外观及安装状态良好 (3)牵引电机外观及安装状态良好，电机引线无破损，电机注油孔堵安装良好；电机安装座无裂纹、螺栓无松动 (4)冷却风道无破损，安装牢固 (5)接地装置外观及安装状态良好，接地线无松动，碳刷长度在 25 mm 以上；编导线的芯线缺损量在 15%以下 (6)速度传感器外观及安装状态良好，配线无损伤	2、3、6、7 号车检查
5	牵引装置	(1)外观及安装状态良好 (2)牵引座无裂纹 (3)牵引杆橡胶节点无开裂、老化、破损 (4)橡胶挡无老化、变形、开裂、缺失	
6	转向架	(1)转向架构架无裂纹 (2)转向架排障器外观良好，安装牢固 (3)转向架各安装管线状态良好 (4)差压阀无漏风，安装牢固 (5)横向油压减振器外观状态良好，无漏油，安装无松动；减振器座无裂纹	

续上表

序号	作业程序	质量标准	备注
7	制动控制装置	(1)制动控制装置外观及安装状态良好,配管无漏气,各部配线外观及连接状态良好 (2)各阀安装状态良好,无漏气 (3)控制箱内各电器配件外观清洁,状态良好,配线紧固,无异常	
8	电动空气压缩机	(1)电动空气压缩机安装状态良好,无漏油、漏气 (2)空气配管无损伤、漏气 (3)空气压缩机油位在规定范围内 (4)冷却器、除湿装置外观及安装状态良好,无漏气 (5)各阀门外观及安装状态良好 (6)过滤器外观及安装状态良好,将滤清器卸下清扫	3、5、7号车检查
9	空气配管	(1)空气软管、接头无损伤、漏气(空气软管每4年更换一次) (2)空气配管、接头无损伤、漏气 (3)各阀、塞门、调压器、气压开关外观及安装状态良好,无漏泄 (4)风缸配管无损伤、漏气;排水阀无损伤 (5)各风缸进行排水	
10	水箱、污物箱	(1)污物箱、排污口、排水塞门、供水口、水位表等外观状态良好、安装无松动 (2)水箱外观及安装状态良好、无漏水;各阀类、配管、注水口及盖外观及安装状态良好,无漏水	
11	空调装置	(1)空调装置、换气装置外观及安装状态良好 (2)逆变电源箱外观良好,安装牢固 (3)排水装置无异常	
12	车下电气装置	(1)高压机器箱外观及安装状态良好,显示灯无损伤、安装良好 (2)真空断路器无污损,配管不漏气 (3)主变压器外观及安装状态良好,无漏油;引线、套管无污损;压力释放阀状态良好;油冷却器无漏油,油位符合规定;散热器清洁;电动油泵无漏油 (4)牵引变流器外观及安装状态良好,配线配管无损伤 (5)辅助电源装置外观及安装状态良好 (6)辅助整流器外观及安装状态良好 (7)接触器箱外观及安装状态良好,外部配线无损伤 (8)蓄电池箱、蓄电池、接续线外观及安装状态良好 (9)辅助空气压缩机单元检查 ①辅助电动空气压缩装置的电动机外观及安装状态良好,整流子面无污损。压缩机无漏气、漏油,油量在规定范围内 ②打开油水分离机的排水塞门,排出废水;检查电动机碳刷,符合下列要求:长度15 mm以上;缺损量15%以下;编导线芯线欠缺量15%以下 ③空气控制单元外观及安装状态良好。电磁阀无漏气,配线无损伤。调压器无漏气,接触部接触良好。钥匙箱外观状态及锁机能良好。截断塞门无漏气。辅助气缸、配管无损伤、漏气。排水阀无损伤 ④卸下辅助空气压缩机右侧罩盖,开启排气阀,将辅助风压排至600 kPa以下,确认运转状态无异常,在压力表上确认运转开始、结束时的压力值,标准为: a. 调压器闭合(640±20)kPa b. 调压器断开(780±20)kPa c. 用秒表测量从电动机开始转动至风压达到780 kPa的时间为60 s以下 (10)接地电阻器外观及安装状态良好	
工具	绝缘手套、绝缘鞋、安全帽、手电筒、检点锤、对讲机、钢板尺		

(6)车体两侧检查质量标准(表6-6)

表 6-6　车体两侧检查质量标准

序号	作业程序	质量标准	备注
1	头部	(1)头车前罩外观及安装状态良好。刮雨器外观良好，司机室窗玻璃齐全完整，安装牢固 (2)排障器无裂纹、损伤，外观及安装状态良好，油漆无脱落 (3)密接车钩、缓冲器、支座、弹簧箱、滑板、释放手柄不变形、无裂纹，安装及连接状态良好 (4)测距传感器外观良好，安装牢固 (5)DC 110 V 连接器座状态良好	1、0 号车检查
2	车体	(1)外墙板、玻璃、侧门及裙板无变形、损坏，油漆无脱落、划痕，安装状态良好 (2)侧裙板无裂纹、损伤，安装牢固，油漆无变色、剥离 (3)检查孔盖外观及安装状态良好，内部各塞门正位，合叶、固定金属件无损伤 (4)车下设备通风装置进出风口栅板状态良好 (5)水封装置无裂纹、损伤，安装状态良好 (6)各种标牌、显示器、门状态灯外观状态良好，无缺失 (7)4、6 号车自动过分相车载信号接收装置外观及安装状态良好	裙板检查在安装完成后统一实施
3	转向架构架	(1)侧架无裂纹 (2)配管无漏气，配管、配线的外观及安装状态良好，无抗磨 (3)转向架处车体底板和端板螺栓无松动	
4	轴箱及定位装置	(1)轴箱减振器无漏油，外观及安装状态良好，橡胶套无破损，安装牢固；减振器座无裂纹 (2)轴箱弹簧无异常，橡胶护套无破损 (3)轴箱外观状态良好，无漏油。橡胶防尘盖无破损、松动，轴箱盖、呼吸器、链配置齐全 (4)传感器安装牢固，接线无松动、破损 (5)转向架排障器无损伤，安装状态良好，距轨面高度为(10±3)mm (6)轴箱定位装置外观状态良好，橡胶节点无开裂，安装状态良好	
5	车轮及轮盘	(1)车轮无偏磨，测量各部尺寸：轮径≥795 mm，轮缘高度 25～35 mm，内侧距离(1 353±21)mm，踏面擦伤深度≤0.5 mm，擦伤长度≤50 mm，踏面剥离 1 处，长度≤20 mm，踏面剥离 2 处，长度≤10 mm (2)轮缘无缺损，磨耗不过限 (3)轮盘螺栓安装牢固，无松动，轮盘裂纹不过限，盘面裂纹沿半径方向长度≤127 mm	
6	制动夹钳及闸片	(1)闸片外观状态良好，厚度≥7 mm (2)夹钳装置配件齐全，状态良好；悬吊部件无裂纹 (3)踏面清扫装置无漏泄，安装状态良好，研磨块厚度在 13 mm 以上 (4)增压气缸外观及安装状态良好，无漏油、漏气，油量在规定范围内	
7	空气弹簧及减振装置	(1)空气弹簧外观状态良好、无漏风，空气弹簧高度为(330±3)mm(从车体到转向架印记之间) (2)高度调整阀安装良好，无漏风 (3)抗蛇行减振器无漏油，外观及安装状态良好	
8	检查连接部	(1)车钩及电器连接器连接状态良好 (2)各跨接连接线连接状态良好，外观无异状 (3)空气管路无损伤，橡胶空气软管无老化、鼓泡、漏气 (4)内风挡紧固手柄无损伤，安装紧固；外风挡外观良好，安装牢固；防雪风挡外观及安装状态良好 (5)两车端各线卡、管卡及各部状态良好无异常 (6)橡胶风管及塞门安装正位，无漏泄	
工具	安全帽、手电筒、检点锤、塞尺、钢板尺		

(7)外接电源供电后上部设施检查质量标准(表 6-7)

表 6-7　外接电源供电后上部检查质量标准

序号	作业程序	质量标准	备注
1	开关操作	(1)确认供电前检查作业完毕,打开外接电源检查盖,检查电源插头状态良好 (2)接 400 V 外接电源	
2	总风缸空气压力开关	进入 1 号车司机室,接通 BV,确认双针压力表指针由 590 kPa 以下开始回升,同时确认监控器显示屏显示 MR 压力由红变绿	
3	各门及关门装置	(1)侧门检修见《CRH2 型动车组专项检修作业办法(暂行)》 (2)自动门及门前端橡胶、玻璃无损伤及安装状态良好;开关动作及缓冲作用良好;电动机及皮带的安装状态及性能良好;光电、光线式开关的安装及状态良好;操作式开关的安装状态及性能良好;门夹安全机能良好;异物卡入保护性能良好 (3)各开关的安装状态良好 (4)拉门、活动窗的玻璃、铰链、气密橡胶、锁装置无损伤,安装状态良好 (5)隔断门、连接件、门滑轮、滑槽铁、靠车门前端部分橡胶、门碰橡胶、玻璃无损伤及安装状态良好 (6)关门机械安装状态及作用良好 (7)电磁阀安装状态及性能良好 (8)防火隔断门安装良好,动作灵活	
4	车内设施	(1)地板装饰材料、地毯外观良好 (2)天花板、装饰板的外观及安装状态良好 (3)窗帘及罩、窗户玻璃的外观及安装状态良好,玻璃无损伤 (4)座椅的坐垫、靠垫、小桌板、杂物网兜无损伤、污损,外观良好 (5)出风口外观状态良好 (6)小桌、烟灰缸的外观及安装状态良好 (7)行李架的外观状态良好 (8)垃圾箱的外观状态良好 (9)室内各灯、灯罩状态良好 (10)衣帽钩、广告板、书报架外观及安装状态良好 (11)火灾报警开关、非常报警开关的外观状态良好 (12)温度传感器安装状态良好 (13)客室信息显示器外观及安装状态良好 (14)确认空调出风口有空气吹出,厕所吸风口有空气吸入	
5	供水及卫生间、盥洗室	(1)供水设备检查见《CRH2 型动车组专项检修作业办法(暂行)》 (2)盥洗室镜子、窗帘无损伤、污损,安装状态良好 (3)卫生间的便器底部橡胶外观及安装状态良好,出水状态良好 (4)卫生间门外观、安装状态良好,弹簧锁、厕显无损伤、性能良好 (5)各开关无损伤、开关性能良好,紧急开关蜂鸣器的性能良好 (6)臭氧发生器外观无损伤、安装状态良好,清扫粗孔过滤网、内部过滤器 (7)婴儿床的外观及安装状态良好 (8)卫生间排气装置动作状态良好	
6	吧台设备	(1)活页拉门外观状态及动作良好 (2)冰箱、微波炉、饮水机、热水器等电器设备外观无异常,状态良好 (3)售货柜无破损,合叶无松动 (4)餐桌无松动破损,座椅齐全、无破损 (5)杀菌装置零件按期更换,更换周期:杀菌灯每 3 个月清扫,每 6 个月更换;过滤器滤筒每年更换	5 号车检查
7	灭火器、紧急破窗锤	灭火器、紧急破窗锤外观及安装状态良好,按规定规格、数量、位置配置,灭火器附件齐全、压力符合规定,定检不过期	

续上表

序号	作业程序	质量标准	备注
8	乘务室设备	(1)乘务室各开关的外观及安装状态良好 (2)侧窗状态良好。气密开关无损坏,作用良好 (3)紧急制动按钮外观状态良好 (4)监控显示器、播音装置、联络电话外观、安装及性能良好	7号车检查
9		作业完毕,确认各配电室门锁闭	
工具	对讲机、手电筒		

(8)外接电源供电后地沟检查质量标准(表6-8)

表6-8 外接电源供电后地沟检查质量标准

注意事项 1. 外接电源供电作业时,下部电器设备处于通电运转状态,严禁打开各电器配电柜 2. 严禁触摸、转动高温、危险部位;防止造成人身意外伤害 3. 进行地沟检查作业时,应佩戴安全帽			
序号	作业程序	质量标准	备注
1	电动送风机	各电动送风机(MTr用、CI用、APU、MM用、换气装置用)运转正常无异音	
2	制动漏泄	(1)确认主风缸压力达到880 kPa (2)接通停放开关,制动手柄置于B1,双针压力表在1 min内漏泄显示不超过40 kPa (3)车下检查作业人员对各辆车进行漏泄检查,确认各部良好 (4)试验完毕后,断开停放开关,制动手柄置于[拔取]位	
3	制动缓解动作确认试验	(1)制动手柄置[B1]位,从MON显示器确认BC压力为100 kPa (2)车下作业人员确认各车闸片处于压紧制动状态 (3)制动手柄置运行位,从MON显示器确认BC压力为0 kPa (4)车下作业人员确认各车闸片处于缓解状态 (5)制动手柄置快速位,增压缸行程显示杆动作良好,快速制动时伸出在50 mm以下;行程显示杆动作在3 mm/min以内	1,0号车检查
工具	绝缘鞋、安全帽、手电筒、检点锤、对讲机		

(9)接触网供电后驾驶室通电检查、试验质量标准(表6-9)

表6-9 接触网供电后驾驶室通电检查、试验质量标准

序号	作业程序	质量标准	备注
1	开关操作	确认外接供电作业完毕,办理接触网供电	
2	升弓供电	(1)进入1号车司机室,接通BV,将[受电弓上升]开关接通 (2)确认6号车受电弓上升 (3)按下VCB合按钮	
3	驾驶室内检查	(1)各仪表显示状态良好,通电时,蓄电池电压为(100±5)V (2)各显示器显示状态良好 (3)室内空调工况良好、照明良好	
4	车次、终到站设定	(1)在监控器显示屏上「司机」模式下输入列车车次、始发站名 (2)在「列车员」模式下输入终到站、列车类别、停车站、通过站 (3)确认客室内显示是否正确	

续上表

序号	作业程序	质量标准	备注
5	服务设备控制	(1)在「列车员」模式「服务设备控制」下设定空调键:制冷/强冷/制热/强热/通风;选择「全车」、「设定」,到客室内确认空调动作 (2)在「列车员」模式「服务设备控制」下设定「乘客信息显示」,选择「全车」、「设定」,确认客室内信息显示 (3)在「列车员」模式「服务设备控制」下设定「广播」,选择"开/关"、「设定」,确认客室广播 (4)在「列车员」模式「服务设备控制」下设定「室内照明」,选择"开/关"、「设定」,确认客室照明	
6	辅助电源电压	(1)测量各车接地继电器(3次)(GR3)输入电压及辅助电源电压 (2)由MON电源电压画面确认1、0号车辅助电源电压为(100±10)V	
7	主空压机控制器	(1)主空压机自动停止工作时,确认主风缸压力表压力为(880±20)kPa。在监控显示器显示CMP由绿变黑 (2)进行紧急制动复位,按下紧急制动复位按钮,确认「紧急制动」显示灯熄灭 (3)反复操作制动手柄,将主风缸压力降至(780±20)kPa时,主空压机开始工作,监控显示器(MON)显示CMP由黑变绿 (4)主风缸压力升至(880±20)kPa时,主空压机停止工作	
8	双针压力表的相互确认	(1)在1号车驾驶台反复操作制动手柄,将主风缸压力降至740 kPa (2)将制动手柄置于运行位,确认压力表BC压力0 kPa (3)驾驶室压力表的BC压力见下表。在两驾驶台同时确认制动手柄在B1、B4、B7、快速、运行位置时双针压力表的BC压力误差≤10 kPa	

2001～2060 BC压力测试参考值(单位kPa,公差±30 kPa)

T车(拖车)

AS压力	制动级位				
	运行	1N	4N	7N	EB
280 kPa	0	90	190	280	400
320 kPa	0	100	200	300	430
360 kPa	0	100	210	320	460
400 kPa	0	110	220	340	490

M车(动车)

AS压力	制动级位				
	运行	1N	4N	7N	EB
330 kPa	0	90	180	270	400
370 kPa	0	90	190	290	430
410 kPa	0	100	200	300	450
450 kPa	0	100	210	320	480

2151～2190A;2191～2211 BC压力测试参考值(单位kPa,公差±30 kPa)

T车(拖车)

AS压力	制动级位				
	运行	1N	4N	7N	EB
270 kPa	0	90	170	260	360
310 kPa	0	90	180	270	390
350 kPa	0	100	190	290	420
390 kPa	0	100	210	310	440

续上表

<table>
<tr><th>序号</th><th>作业程序</th><th>质量标准</th><th>备注</th></tr>
<tr><td>8</td><td>双针压力表的相互确认</td><td>M 车(动车)
<table>
<tr><th rowspan="2">AS压力</th><th colspan="5">制动级位</th></tr>
<tr><th>运行</th><th>1N</th><th>4N</th><th>7N</th><th>EB</th></tr>
<tr><td>310 kPa</td><td>0</td><td>90</td><td>170</td><td>260</td><td>380</td></tr>
<tr><td>350 kPa</td><td>0</td><td>90</td><td>180</td><td>280</td><td>410</td></tr>
<tr><td>390 kPa</td><td>0</td><td>100</td><td>190</td><td>290</td><td>450</td></tr>
<tr><td>430 kPa</td><td>0</td><td>100</td><td>210</td><td>310</td><td>470</td></tr>
</table>
(4)确认空气压缩机「闭合」,「断开」时的压力无差值</td><td></td></tr>
<tr><td>9</td><td>火灾、紧急蜂鸣器测试</td><td>(1)将蜂鸣器切断开关断开,确认单元显示灯及事故显示灯灭、蜂鸣器不响
各辆车分别按下火灾报警开关和紧急开关,蜂鸣器鸣叫、单元显示灯亮(每次按完确认后要及时复位)
(2)将蜂鸣器切断开关闭合</td><td></td></tr>
<tr><td>10</td><td>远程控制测试</td><td>通过监控显示器(MON)进行下列操作,确认动作状态良好:
(1)分别切除 M1、M2 车;切除 1 单元 2 号车、2 单元 6 号车的 VCB
(2)将 1、2 单元电源切换,动作正常
(3)将上述切除复位
(4)降下受电弓;升起受电弓
(5)将 VCB 闭合
(6)切除压缩机;压缩机复位</td><td></td></tr>
<tr><td>11</td><td>分并测试</td><td>(1)按下联挂准备开关,打开头车前罩,查看监控显示器(MON)显示联挂准备结束,从外确认前罩的动作状态良好
(2)接通强行罩闭开关,关闭前罩,查看监控显示器(MON)显示「解编完了」,从外确认头车前罩的动作状态良好
(3)再次按下联挂准备开关,打开头车前罩,断开联解控制开关,将头罩内分并总阀门置于关闭</td><td>两端驾驶室</td></tr>
<tr><td>12</td><td>标志灯测试</td><td>(1)制动手柄从拔取位到快速,车下确认标志灯颜色转换状态良好
(2)重复标志灯减光→全光→减光操作,车下检修人员从车外确认动作状态良好
(3)制动手柄从快速位到拔取位时,车下确认灯光颜色转换状态良好</td><td></td></tr>
<tr><td>13</td><td>汽笛试验</td><td>踏下汽笛脚踏阀,确认鸣笛声音良好</td><td></td></tr>
<tr><td>14</td><td>快速、常用制动测试</td><td>(1)将紧急制动复位,打开中央控制装置,按检修开关,进入检修模式
(2)触摸监控显示器「车上检查实行」,再触摸「试验项目」,选择「常用・快速制动」触摸「确认」
(3)制动手柄置于运行位,将车上试验、空挡开关接通,确认制动缓解
(4)触摸监控显示器(MON)确认键,依据监控显示器的提示进行制动手柄 BV 操作
(5)在监控显示器上确认:试验 B1 级时,各辆车处于制动状态;试验运行位时,各辆车处于缓解状态
(6)试验结束,在监控显示器(MON)触摸试验结束、触摸确认键,完成试验</td><td></td></tr>
</table>

续上表

<table>
<tr><th>序号</th><th>作业程序</th><th>质量标准</th><th>备注</th></tr>
<tr><td>15</td><td>紧急制动测试</td><td>(1)将 UBS 紧急制动 开关拉出，再复位，从双针压力表上确认 BC 压力上升至(360±20)kPa 确认「紧急制动」显示灯亮
(2)按下紧急复位按钮，从双针压力表上确认 BC 压力下降至 0 kPa，确认「紧急制动」显示灯灭</td><td>1、7、0 号车分别实施</td></tr>
<tr><td>16</td><td>辅助制动测试</td><td>(1)打开中央控制装置，按 检修 开关，进入检修模式
(2)触摸监控显示器(MON)「车上检查实行」，再触摸「试验项目」，选择「辅助制动试验」触摸「确认」
(3)闭合辅助制动开关
(4)按照监控显示器指示操作
辅助制动测试参考值(单位 kPa，仅 01、00 车)
<table>
<tr><td>位置</td><td>2001～2060</td><td>2151～2190
2191～2211</td></tr>
<tr><td>运行</td><td>0</td><td>0</td></tr>
<tr><td>1～3N</td><td>110～270</td><td>110～270</td></tr>
<tr><td>4～5N</td><td>180～360</td><td>210～360</td></tr>
<tr><td>6～7N</td><td>240～440</td><td>240～440</td></tr>
<tr><td>快速</td><td>370～630</td><td>370～630</td></tr>
</table>
(5)触摸「试验结束」、「确认」键，断开辅助制动开关，试验结束</td><td></td></tr>
<tr><td>17</td><td>辅助电源通(断)电测试</td><td>(1)在检修模式下触摸监控显示器(MON)「车上检查实行」，再触摸「试验项目」，分别触摸「辅助电源无电试验」和「辅助电源通电试验」，触摸「确认」。试验数据应为 251 线：AC 72～120 V；103 线：DC(100±10)V；202 线：AC(100±10)V
(2)试验结束后触摸「试验结束」</td><td></td></tr>
<tr><td>18</td><td>驾驶台交换试验</td><td>交换至 8 号车驾驶室，重复上述第 2～5、7～17 项试验</td><td></td></tr>
<tr><td>19</td><td>运行故障检索</td><td>打开中央控制装置柜门，按下 检修 键，触摸信息屏 车上检查实行，触摸 车上检查结果，统计故障，做好台账记录</td><td></td></tr>
<tr><td>20</td><td>IC 卡数据写入</td><td>将 车上试验、空挡 开关断开，在 检修 模式下，触摸监控显示屏「IC 卡写入」，在 IC 卡写入画面选择「车上检查结果」，根据提示插入 IC 卡后，按「写入」键，读取数据</td><td></td></tr>
<tr><td>21</td><td>作业完毕</td><td>(1)打开分并总阀门，关闭头车前罩，关闭侧门，中央控制装置返回 一般 模式，切断 VCB，降下受电弓，制动手柄置于 拔取 位，拔出主控钥匙，办理接触网断电手续，撤除防护号志
(2)将 IC 卡数据转录</td><td></td></tr>
<tr><td>工具</td><td colspan="3">对讲机、手电筒、连接线、万用表</td></tr>
</table>

2. CRH1 型动车组二级检修质量标准

(1)车顶设备检查质量标准(表 6-10)

表 6-10　车顶设备检查质量标准

序号	作业程序	质量标准	备注
注意事项 (1)作业前确认接触网断电,防护号志、接地杆可靠插设,网侧设备接地时间 10 min (2)工作时必须穿戴绝缘鞋、绝缘手套和防护头盔,并按规定系好安全带			
1	降下受电弓	确认受电弓降下,所有主断路器断开;司机室电钥匙“0”位	
2	网侧设备接地	(1)打开 Tp1(2 号)车 K1 柜,将 K1 柜侧面受电弓互锁装置隔离手柄(Pantograph interlocking device)旋转至 OFF 位,取出蓝钥匙 (2)打开顶部主断路器接地装置面板,插人蓝钥匙后扭转 90°,旋转隔离手柄至隔离位,取出黄钥匙 (3)Tp2、Tb(5、7 号)车参照以上程序依次操作	
3	检查测试受电弓	见受电弓维修保养办法	
4	检查网侧电压电缆	(1)电缆和弹簧导环之间无污垢 (2)电缆摩擦弹簧无磨损	
5	检查车顶附属装置	(1)车顶盖板无损伤、裂纹,油漆无变色、剥离 (2)各天线及座无损伤,安装状态良好 (3)内、外风挡上部无损伤,安装状态良好 (4)特高压跨接装置外观及安装状态良好 (5)空调机组盖板状态良好,安装牢固	
工具	绝缘手套、绝缘鞋、安全帽、安全带、手电筒、检点锤、对讲机、钢板尺、1 000 V 兆欧表、弹簧秤、卷尺		

(2)地沟检查质量标准(表 6-11)

表 6-11　地沟检查质量标准

序号	作业程序	质量标准	备注
1	检查车底	(1)车体排障器底部、转向架排障器外观及安装状态良好 (2)底板无变形、缺损,螺栓紧固、无缺失 (3)密接式车钩、缓冲器安装螺栓无松动、车钩连接良好 (4)空气管路无损伤、漏泄 (5)内风挡下部无损伤,锁闭良好 (6)车载信号器外观及安装状态良好 (7)车下设备通风装置进出风口栅板状态良好	
2	检查轮轴	(1)轮轴外观状态良好,各部无裂纹;轴身打痕、碰伤、擦伤深度不过限 (2)制动盘外观状态良好,无贯穿裂纹,盘面裂纹沿半径方向长度不过限;轴盘、轮盘安装螺栓无松动	
3	检查制动装置	(1)盘形制动装置闸片外观状态良好,厚度符合规定;夹钳装置配件齐全,状态良好;螺栓紧固,各部件无裂纹 (2)制动夹钳及悬吊、制动缸、外观及安装状态良好	
4	检查驱动装置	(1)齿轮箱油量处于刻度区间,无漏油;悬吊部件配件齐全,安装牢固;橡胶垫无老化;齿轮箱温度传感器、注油孔盖、排油孔盖等安装紧固无松动 (2)联轴节外观及安装状态良好 (3)主电动机外观良好,电机电源线、传感器及配线无破损,安装牢固,电机注油孔堵安装良好 (4)冷却风道无破损,安装牢固 (5)电机安装座螺栓无松动、裂纹 (6)速度传感器外观及安装状态良好,配线无损伤	2、3、6、7 号车检查

续上表

序号	作业程序	质量标准	备注
5	检查牵引装置	(1)外观及安装状态良好 (2)牵引座无裂纹 (3)牵引杆橡胶节点无开裂、老化、破损 (4)橡胶挡无老化、变形、开裂、缺失	
6	检查转向架	(1)转向架构架无裂纹 (2)转向架排障器安装牢固 (3)转向架各安装管线状态良好 (4)油压减振器外观状态良好,无漏油,安装无松动;减振器座无裂纹 (5)抗侧滚扭杆安装牢固,拉杆支座安装牢固,橡胶轴承无老化松动、熔胶现象,各部位无裂纹	
工具	绝缘手套、绝缘鞋、安全帽、手电筒、检点锤、对讲机、钢板尺		

(3)驾驶室静态检查质量标准(表 6-12)

表 6-12 驾驶室静态检查质量标准

序号	作业程序	质量标准	备注
1	进入 MC1 车司机室,插入电钥匙,置于"0"位,并挂上"禁动"牌		检查驾驶室时,MC1 号车为前位,MC2 车为后位
2	驾驶室内外观检查	(1)司机室门状态作用良好;手柄动作灵活,烟火报警装置、温度传感器外观完整,开关作用良好;挂衣钩安装牢固 (2)K1 柜锁闭良好,接地线无松脱,网关及各电器安装牢固,接线及插销无松动;按钮开关作用良好,各转换开关位置正确,自动开关无脱扣 (3)侧窗无破损、锁闭良好,AC220 V 插座安装牢固,开关动作灵活 (4)瞭望玻璃清洁、无破损,刮雨器外观良好 (5)操纵台下电器间隔柜门锁闭良好,内部各插件牢固,自动开关无脱扣,接线无松动、烧损 (6)后视监视器无划伤、显示清晰,LKJ、ATP、IDU、CIR、PIS 显示屏无划伤 (7)左侧、中央、右侧及操纵台面板牢固,按钮开关、指示灯状态良好,速度选择开关位置正确 (8)阅读灯安装牢固,开关灵活,主控制手柄安装牢固、锁闭良好 (9)K2 柜门锁闭良好,开关灵活;救援装置塞门位置正确,各电磁阀安装牢固,铅封齐全;座椅安装牢固;TAX2 机车安全信息综合监测装置插件牢固、插销无松动,门锁闭良好;LKJ2000 主机插件牢固,电源开关在开位,隔离开关正常位;车辆控制装置安装牢固,插销无松动,各电器接线良好,救援绳索无丢失 (10)灭火器放置牢固、铅封及状态良好 (11)PIS 鹅颈形麦克风、CIR 手持机、调度电话、PIS 手持机状态良好;CIR 打印终端安装牢固 (12)司机座椅状态良好;脚蹬、遮光板动作良好;遮光板无损伤,导向杆安装牢固 (13)紧急停车按钮状态良好	两端驾驶室

(4)驾驶室通电检查质量标准(表 6-13)

表 6-13　驾驶室通电检查质量标准

序号	作业程序	质量标准	备注
1	启动驾驶室	(1)将电钥匙置于“1”位,输入用户 ID,登录 IDU (2)按压停车制动按钮,确认按钮灯点亮	
2	打开车前罩开闭机构,伸出自动车钩	按前部车钩伸出按钮,打开前罩盖板伸出自动车钩,伸出期间按钮开始闪亮,车钩全部伸出时,按钮灯亮	
3	运行故障检索	通过 IDU 故障检索菜单检查列车故障信息,触摸显示屏[故障报告]菜单,查询统计故障,做好台账记录	
4	列车状态确认	(1)进入 IDU [列车状态]菜单,确认列车关键系统和部件状态和功能限制的概况 (2)根据故障检索,通过[系统]页面各菜单检查列车主要部件状态 (3)旋转刮雨器开关并下压,刮雨器动作良好,喷水正常 (4)PIS 鹅颈形麦克风、PIS 手持机功能良好 (5)进入 IDU [舒适系统]菜单,设置司机室温度,检查空调作用良好	
5	列车检测试验	(1)进入 IDU [空压机]菜单,确认总风缸压力大于 600 kPa (2)制动试验。进入 IDU [制动试验]菜单,根据提示移动手柄完成制动试验 (3)驾驶控制。进入 IDU [驾驶试验]菜单,根据提示移动手柄完成手柄控制试验 (4)灯试验。进入 IDU [灯试验]菜单,触摸相关按钮启动测试,检查司机台面板按键和指示灯点亮,蜂鸣器报警 (5)进入 IDU [舒适系统]菜单,根据提示完成客室灯照明试验 (6)DSD 测试。主手柄置于“0”位,按压 DSD 模式选择按钮,当紧急制动启动后,IDU 显示“DSD 紧急制动”,使用脚踏板确认,并使用“Q”按钮对 IDU 报警进行确认;再次按压 DSD 模式选择按钮,待警告灯闪亮,蜂鸣器报警,按压司机台 C2 面板 DSD 按钮,解除 DSD 报警	
6	高压试验	(1)按压[受电弓上升]按钮(主风缸压力低于 500 kPa 时辅助压缩机启动,辅助压缩机若不能自启,按压 K1 柜辅助压缩机启动按钮强迫启动),确认 7 号车受电弓上升 (2)通过 IDU 系统菜单[高压]页面,在网压正常值范围内,确认 MVB 依次接通 (3)牵引测试。进入 IDU [牵引测试]菜单,触摸[自动]或[手动]按钮启动测试,完成试验 (4)按下[降弓]按钮,确认 MVB 依次断开且 7 号车受电弓降下	升弓后检测,接触网网压为正常值
7	前照灯及标志检查	将灯控制开关打至全开位,车下检查灯显示正常	升弓后检测
8	辅助空气压缩机测试	按压辅助空气压缩机启动按钮,启动后,压缩机将运行 10 min,有警告信息显示	K1 柜内
9	关闭车前罩开闭机构,收回自动车钩		确认车头部分检查作业完毕后操作
工具	白手套、电钥匙、手电筒、对讲机		

(5)车体两侧检查质量标准(表 6-14)

表 6-14　车体两侧检查质量标准

序号	作业程序	质量标准	备注
1	检查头部	(1)车前罩、检查门盖板外观及安装状态良好 (2)刮雨器外观良好 (3)司机室窗玻璃齐全完整,安装牢固 (4)排障器外观及安装状态良好 (5)后视摄像装置状态良好 (6)AC 380 V 连接器盖板、插座状态良好	1、8 号车检查
2	检查前罩开闭机构和自动车钩	(1)自动车钩各部件无损坏,各部润滑良好 (2)钩舌及钩舌板动作良好,钩锁铁动作正确 (3)自动开闭机构上下盖板及车钩各限位开关、锁销、止挡安装紧固,状态良好 (4)空气管路接口清洁、密封圈状态良好,管路无漏泄	在车前罩打开和自动车钩伸出后进行检查
3	检查车体	(1)外墙板、玻璃、外门及裙板无变形、损坏;装饰色带无脱落、划痕;螺栓紧固,无缺失 (2)检查盖板安装状态良好,无破损 (3)各种标牌、显示器、水位显示灯外观状态良好,无缺失 (4)2、7 号车自动过分相车载信号接收装置外观及安装状态良好	
4	检查转向架构架	(1)侧架无裂纹 (2)配管无漏气,配管、配线的外观及安装状态良好,无抗磨 (3)转向架处车体底板和端板螺栓无松动	
5	检查轴箱及定位装置	(1)轴箱油压减振器无漏油,外观状态良好。减振器座无裂纹 (2)轴箱弹簧无异常 (3)轴箱外观状态良好,无漏油 (4)传感器安装牢固,接线无松动、破损 (5)转向架排障器无损伤、安装状态良好,距轨面高度为 60～65 mm (6)轴箱定位装置外观状态良好,橡胶节点无开裂	
6	检查车轮及轮盘	(1)踏面擦伤深度、连续碾擦长度、踏面剥离长度不过限 (2)轮缘无缺损,磨耗不过限 (3)轮盘螺栓安装牢固,无松动;轮盘裂纹不过限,盘面裂纹沿半径方向长度不过限	
7	检查制动夹钳及闸片	(1)闸片外观状态良好,厚度符合规定 (2)夹钳装置配件齐全,状态良好;悬吊部件无裂纹	
8	检查空气弹簧及减振装置	(1)空气弹簧外观状态良好、无漏风,充风状态下上盖(车体枕梁)与基准面间距为 265～275 mm (2)高度调整阀无漏风,调整杆无变形,配件无缺失;锁紧装置紧固,塞门正位,管路无漏泄 (3)抗蛇行油压减振器无漏油及外观状态良好,安装无松动;减振器座无裂纹;橡胶套状态良好,无破损,卡子无松动	
9	检查连接部	(1)车钩及连接器连接良好 (2)各跨接连接线连接良好,外观无异状 (3)空气管路无损伤,橡胶空气软管无老化、鼓泡、漏气 (4)内风挡外观和安装状态良好 (5)两车端各线卡、管卡及各部状态良好无异常	
工具	安全帽、手电筒、检点锤、塞尺、钢板尺		

(6)上部设施检查质量标准(表 6-15)

表 6-15　上部设施检查质量标准

序号	作业程序	质量标准	备注
1	检查各门及关门装置	(1)外门检查盖外观及安装状态良好 (2)门及密封橡胶、玻璃无损伤，安装状态良好 (3)各开关的安装状态良好 (4)拉门玻璃、锁装置无损伤，安装状态良好 (5)门机构装置无漏气 (6)风挡门玻璃无损伤，安装状态良好 (7)关门机械安装状态及作用良好	
2	检查车厢设施	(1)地板外观状态良好 (2)天花板、装饰板的外观及安装状态良好 (3)窗帘、窗帘卡、窗户玻璃外观及安装状态良好 (4)座椅的坐垫、靠垫无损伤、污损，作用良好；后背茶几、网兜状态良好 (5)出风口外观状态良好 (6)桌子、合页、杯垫外观及安装状态良好 (7)行李架的外观状态良好 (8)垃圾箱的外观状态良好 (9)室内各灯无损坏、灯色一致；灯罩的外观状态良好 (10)衣帽钩外观及安装状态良好 (11)温度传感器安装状态良好 (12)客室信息显示器外观及安装状态良好 (13)空调装置工况良好 (14)液晶显示器状态良好，安装牢固	
3	检查供水及卫生间	(1)各水阀动作状态良好 (2)镜面无损伤、污损 (3)卫生间的全自动盥洗装置安装状态良好，性能良好，温水加热状态良好 (4)热水器的外观及安装状态良好，无漏水 (5)卫生间的便器外观及安装状态良好，出水状态良好 (6)卫生间门外观及安装状态良好，弹簧锁、厕显无损伤，性能良好 (7)各开关无损伤、开关性能良好；蜂鸣器的性能良好 (8)残疾人厕所多功能板、扶手外观及安装状态良好 (9)卫生间排气装置动作、状态良好	
4	检查吧台设备	(1)门外观状态及动作良好 (2)冰箱、微波炉、饮水机、热水器、咖啡机、烤箱等电器设备外观无异常，状态良好 (3)售货柜无破损，合页无松动 (4)餐桌、站桌无破损	
5	检查灭火器、紧急破窗锤	灭火器、紧急破窗锤外观及安装状态良好，在规定的位置配置规定的数量；灭火器压力表符合规定，定检不过期	
6	检查乘务室设备	(1)乘务室各开关及插座的外观及安装状态良好 (2)广播装置的外观及安装状态良好 (3)各显示器外观状态良好 (4)影音播放系统状态良好 (5)火灾报警器控制装置状态良好 (6)室内桌椅状态良好	
工具	连接线、万用表、手电筒		

第二节　CRH380B 动车组二级检修

动车组二级检修也称为专项修，是动车组运行安全可靠的重要保证。是以动车组重点系统、零部件周期性维护保养及检测为主，对部件实施的专项检修。专项修按项目分类打包，对生产组织作均衡安排，对部件检修施行“专岗、专人、专修”的专业化检修。

例如 CRH380B 动车组二级检修可以分为司控组、电气组、走行组、客服组、外协组和独立项目组等。

1. 司控组

司控组主要进行受电弓检测、主断路器检查、主断路器接地开关检查、紧急制动阀检查、列车管控制系统及司机制动装置检查、制动控制器(B02B10)诊断检查、司机座椅清洁及功能检查、风笛气动部件检查、雨刷器气动部件检查、自动整备试验、限压电阻器检查及清洁、紧急制动功能测试、主断路器检查及试验、接地开关组件、机构和互锁机构检查、车顶线路隔离器检查、避雷器检查、网侧电压互感器检查、网侧电流互感器检查、冲洗泵(S06)碳刷检查、滚轴摇杆阀(P07)功能测试、球阀(P02)功能测试、司机制动手柄电气接头(C23)检查、雨刷杆(S04)、铰接件和张力弹簧的润滑等项作业。

2. 电气组

电气组主要进行牵引变压器冷却设备检查、谐振电路电感器检查、牵引变流器冷却装置检查、牵引电机检查、单辅助变流器检查、双辅助变流器检查、厨房系统检查、牵引变压器检查、牵引变压器冷却设备检查、牵引变流器冷却设备检查、谐振电路电感器检查、牵引变流器冷却液检查及充注、车内电气设备柜检查与清洁、单辅助变流器检查、双辅助变流器检查、充电机检查、齿轮箱温度传感器检测、轴温传感器检测、电机温度传感器检测、火警系统功能检查、影视系统、联络电话检查、客室空调系统检查、司机室空调系统检查、厨房电气检查、厨房系统检查、牵引变压器检查、牵引变流器检查、牵引回流线检查、单辅助变流器检查、双辅助变流器检查、蓄电池检查、充电机检查、制动系统控制电路检查、信号处理器检查、厨房 700 升给水模块检查、厨房电气检查、厨房系统检查、牵引变流器检查及清洁、主变压器电流互感器检查、蓄电池检查、充电机检查、压力开关(H01.08)测试、压力开关(H30)测试、火警系统功能检查、紧急驱动模式功能检查、客室空调系统检查、司机室空调装置检查、紧急照明功能检查、厨房电气检查、厨房系统检查等项作业。

3. 走行组

走行组主要进行安全阀(L06)检查、盘型制动装置检查、轮缘润滑功能检查、撒砂与扫石器装置检查、冷凝设备(A15)检查、安全阀(A06)检查、车体底架边梁橡胶金属衬托检查、前端检查、自动车钩检查、半永久车钩连接卡环检查、外风挡检查、排污口盖板检查、注水口盖板检查、侧部裙板检查、底板检查、吊装骨架以及端板检查、头车玻璃钢裙板检查、枕梁组成检查、转向架构架检查、动车轮对检查、拖车轮对检查、轴端安装检查、轴箱定位组成检查、一系悬挂装置检查、二系悬挂组成检查、横向悬挂组成检查、抗侧滚扭杆组成检查、抗蛇行减振器组成检查、空簧连接组成检查、牵引拉杆组成检查、中心销组成检查、空气弹簧气路部件检查、驱动装置组成检查、联轴器组成检查、齿轮箱检查(弗兰德)、齿轮箱检查(福伊特)、接地装置检查、转向架接地线缆组件检查、撒砂与扫石器装置检查、撒砂装置检查、电机通风组成、牵引电机通风装置检查、牵引电机风扇检查、安全阀 (U12)检查、车端连接气动组件检查、风缸冷凝水检查、附加设备和球阀检查、软管管路检查、受电弓辅助供风设备检查、供风设备检查、精细滤油器(A01003)排油、空气滤清器清洁、空气滤清器清洁、其他制动控制部件检查、制动控制模块(B02. EC)检查、制动控制模块(B02. IC)检查、制动控制模块(B02. BCFC)检查、制动控制模块(B02. TC)检查、动车转向架基础制动装置检查、拖车转向架基础制动装置检查、自动过分相装置检查、车体底架边梁金属橡胶衬托检查、带支撑弹簧的轴承座检查、带支撑弹簧的轴承座检查、过渡车钩检查与维护、电缆检查、轴端安装检查、空气滤清器(L10)排水、齿轮箱检查(弗兰德)、齿轮箱检查(福伊特、受电弓控制检查、Z30 塞门功能测试、供风和制动系统的气密性测试、软管管路检查、均压阀(L13)排气孔清洁、空气滤清器(B03)排水检查、干式空气滤清器(A01001c)检查、停放制动功能测试、直通式电空制动器功能测试、间接制动器功能测试、车体排水检查、车钩钩头检查、自动车钩油漆检查、空气管连接检查、半自动车钩检查、自动车钩检查、半永久车钩检查、半永久车钩车钩牵引杆检查、半永久车钩风管接头检查、半永久车钩连接卡环检查、半永久车钩接地线检查、轮装制动盘检查、轴装制动盘检查、驱动装置组成检查、球阀(V01)功能测试、球阀 B20 检查、撒砂装置检查、车辆间跨接电缆检查、安全阀(U12)功能测试、球阀(B27)功能测试、球阀(Z13)功能测试、辅助空气压缩机换油及清洁、球阀(A14. 001)检查、B 球阀(Z17)功能测试、压力表(C03、C06)功能检测、球阀(Z21)功能测试、球阀(Z30)功能测试、储压罐(C11)检查、储压罐(U01. 04)检查、球阀(B16)检查、安全阀(A01-004)检查、精细滤油器检查、减压阀(C01. 04)功能检测、空气干燥设备(A01002)功能测试、冷凝设备(A15)凝结水槽清洗、球阀(C14)功能检测、压缩机部件(安全阀 A01-001b)检查、压缩机冷却器清洁、测压计(B02U03. 05)检查、减压阀(B02U03. 06)功能测试、减压阀(B02H01. 02)检查、压力表(B11)检查、压力开关(B02B60. 09-11-23)检查、压力开关(L05)测试和安全阀(L06)检查、指示器(Z22、Z24、Z26)功能测试、减压阀(B02F06. 03-04)功能测试、控制阀部件(B02B55. 03)功能测试、塞门模块部件(B02B06. 02-3)功能测试、安全阀(A06)检查、动车制动夹钳单元检查、拖车制动夹钳单元检查、球阀(Z18)功能测试、灰水箱功能测试及检查等项作业。

4. 客服组

客服组主要进行厨房供水系统过滤器清洁及管路检查、客室侧门紧固件检查及运动机构润滑、内风挡检查、净水箱供水管路过滤器清洗、便器及喷嘴清洁、便器与排污管路连接的接口检查、墙板、地板、窗帘检查、客室座椅检查、行李架表面检查、电开水炉检查及零件更换、皂液器检查、卫生间设施检查及清洁、司机座椅支架系统润滑、120L 型水箱检查、160L 型水箱检查、300L 型水箱检查、便器功能测试及检查、卫生间设施检查、单扇内门检查及调整、手动外端门检查及调整、自动外端门检查及调整、行李架检查等项作业。

5. 外协组

外协组主要进行客室空调滤网清洗、司机室空调滤网清洗等项作业。

6. 独立项目组

独立项目组主要进行空心车轴超声波探伤、轮辋轮辐超声波探伤、轮对踏面修型、受电弓编导线更换、牵引电机注脂等项作业。

下面以 CRH380B 动车组二级检修为例介绍部分部件专项修作业程序及作业技术质量标准等。

1. 作业安全要求

(1)作业人员在维修作业期间应遵守适用的作业指导书及各种安全规定;必须始终穿着带有橡胶鞋底的绝缘鞋,并穿戴所从事工作要求的防护服和携带其他与人身安全相关的设施等。

(2)作业前应确认安全防护号志已插设。

(3)应注意尖锐角边可能造成绊倒、挤伤事故以及皮肤割伤。

(4)应在车顶防滑胶带上行走,注意脚下和两车风挡处空挡,防止滑倒、跌落摔伤。

(5)作业时,脚下注意避开风管管路,防止造成管路损伤。

(6)设备检查过程中注意压力容器爆炸伤害、高处坠落、机具伤害、触电伤害。

(7)作业时严格按照对讲机呼唤应答制度进行呼唤应答。

2. 作业准备

(1)车组状态确认

①确认作业计划单的作业车组号及股道。

②确认作业股道接触网已断电,接地杆已挂。

③确认作业车已放电,受电弓降下,VCB 断开(注意:防止司机室人员误操作)。

(2)材料工具准备

①按照工具清单和材料清单清点工具和材料。

②检查各工具定检标签,确认未过期。

③使用扭力校验台校验扭力扳手,确认合格。

3. 完工确认

作业完毕后,应做到:

(1)对所使用工具进行擦拭保养。

(2)按定置管理要求,做到完工料清,场地清洁。

一、司控组专项修作业程序及质量标准

1. 受电弓检测(表 6-16)

表 6-16　受电弓检测

序号	项目	质量标准
1	弓角磨耗程度及使用状态检查	检查弓角外形,磨损或裂缝不得超过 2 mm(未磨损前 A 处厚度为 20 mm,B 处厚度为 19 mm) 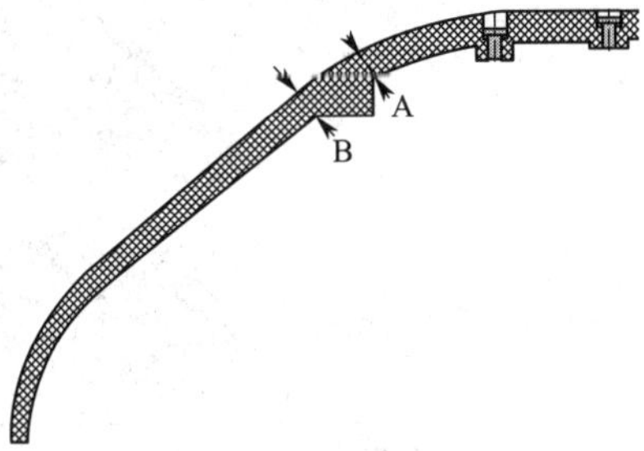
2	碳滑板磨耗程度及使用状态检查	(1)从碳条的上边缘测量至铝基板,碳滑板的高度≥5 mm (2)对碳滑板进行声响检查,用 100 克的手锤或是开口的扳手敲击碳条,无迟钝或不延长的声音 (3)检查碳滑板,出现裂纹或冲击后棱角≤0.5 cm^2,用粗糙的锉刀打磨至过渡圆滑 (4)碳滑板的崩边角不得大于下图 2 所示。崩边与裂纹不得同时出现。碳滑板在厚度及宽带方向大崩边不得超过 40%,长度方向不得超过 100 mm (5)碳滑板不得存在 1 处以上距离滑板边缘 200 mm 以上的侧面裂纹 (6)碳滑板纵向不得有裂纹 (7)碳滑板不得出现有电弧损伤且贯通至铝基板的细裂纹(下图所示)

续上表

序号	项目	质量标准
2	碳滑板磨耗程度及使用状态检查	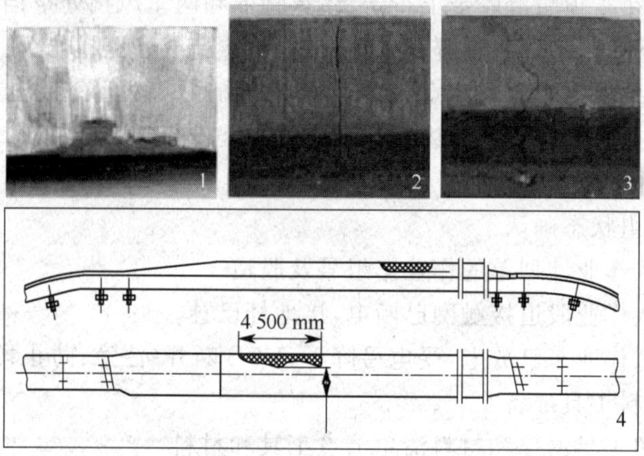
3	上臂橡胶止挡检查	将受电弓升起，检查上臂橡胶止挡，不得有明显损伤
4	气囊检查	(1)检查气囊，螺栓防松标记清晰，无错位 (2)气囊橡胶部件无裂纹损伤 (3)气囊不得出现深度超过 0.5 mm 或内部组织编织线露出的裂纹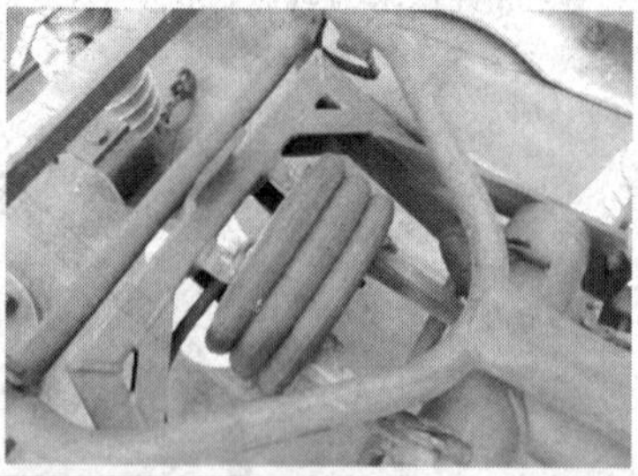
5	凸轮槽内油脂状态检查	(1)检查凸轮槽内油脂无过多灰尘 (2)检查凸轮槽内油脂是否充足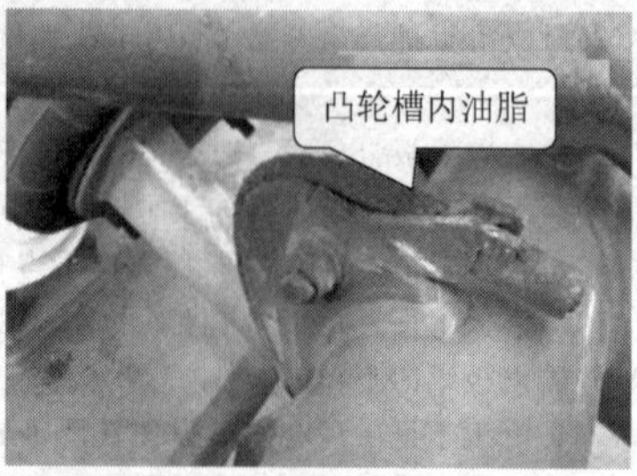

续上表

序号	项目	质量标准
6	钢丝绳状态检查	(1)升降弓一次，检查凸轮内钢丝绳，线股损坏数量不得超过 5 根 (2)检查钢丝绳必须卡紧在凸轮内 
7	APIM 使用状态检查	检查 APIM 装置不得出现穿透性裂纹或碰撞痕 
8	绝缘子状态检查	检查绝缘子无破损，无裂纹 
9	下拉杆使用状态检查及更换标准	(1)检查下拉杆两端橡胶垫无脱出现象 (2)用手拉动下拉杆，下拉杆径向紧固无晃动 

续上表

序号	项目	质量标准
10	导电线使用状态检查	(1)检查弓头处导电线的扎带完好 (2)导电线破损不得超过总横截面积的5% 
11	绝缘子和APIM管路清洁	使用清洁剂将绝缘子和APIM管路表面的灰尘等清除(注意:清洁剂类型可以由操作单位具体选定,但需要对绝缘子及APIM无腐蚀) 
12	静态力测量(如果发现受电弓碳滑板磨损速度较快或受流出现问题)	(1)拆下减震器 (2)升弓并用弹簧秤(测量范围小于200 N)挂住弓头滑板 (3)使受电弓匀速上升然后匀速下降,测量高度范围为:(1 200±400)mm (4)分别记下上升和下降过程中弹簧秤的力值即为静态力,范围为:(70±10)N (5)重新装上阻尼器
13	静态力校正方法	法维莱说明:在做静态力检测及静态力校正时,需将阻尼器连接下臂端拆下 (1)将Mona里contriller pressure calibration的"inhibition regulation(抑制调控)参数设为1  (2)拆下阻尼器连接下臂的一端,并使用长度约1.5 m固定绳固定在弓头支架中间位置与底部支架间。注意:固定绳索可以顺利提起,不会挂到其他部件 (3)使用一字型螺丝刀顺时针旋转EPCU即控制阀板SMC调压阀的调整螺柱(下图,PR红色区域)约两圈左右,此时会听到嘶嘶的响声,受电弓气囊的压力便会逐渐升高,最后当受电弓升起至1.2 m左右,将质量块(6.1 kg)悬挂在受电弓弓头处

续上表

序号	项目	质量标准
13	静态力校正方法	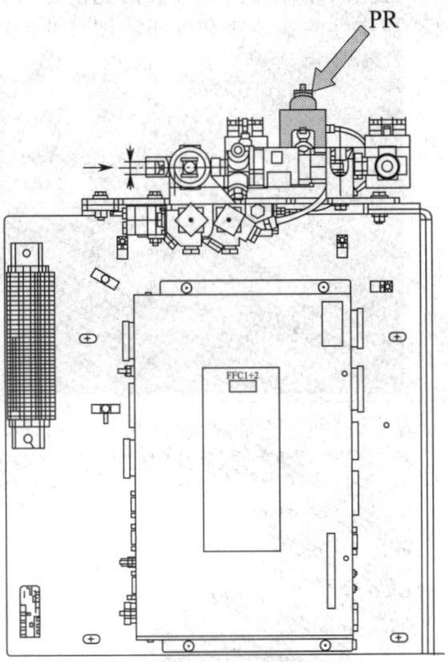 (4)保证受电弓升起高度如下图所示，并能保持静止 (注意：调整过程中要缓慢，避免受电弓被迅速抬升而损害受电弓结构) 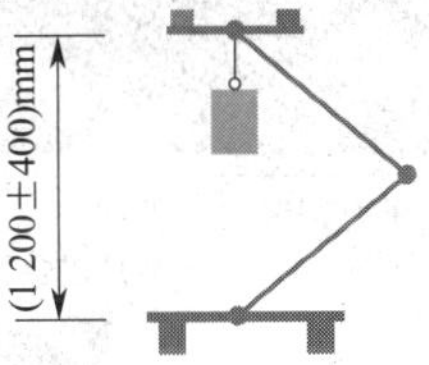 (5)锁定调整螺丝，并保持调整后的位置 (6)降下受电弓(注意小心物块)并将 Mona 的“inhibition regulation(禁止调整)”参数设为 0 (7)安装上阻尼器并用 20 N · m 的力矩拧紧两个固定螺栓，画上扭矩标记(弹性紧固件需一次性更换，常规紧固件三次需更换)。完成以上步骤后，使用 MONA 软件完成受电弓控制阀板的校正，校正过程如下： 在受电弓第一次安装到牵引系统上或者更换电气控制单元或受电弓主体时时，必须执行该步骤，该步骤只能在静态力调整完成后才能进行。双击按钮 Init Pressure Panto，将变量值从 0 设置为 1，按照窗口指示一步一步进行，在完成第五步后，受电弓校准完毕 双击 Start 按钮，并将变量 0 更改为 1 起，调整开始，步骤 1～6 不需双击按钮，其显示为调整受电弓状态。绿色显示为各步骤正常，随着调整的进行，绿色依次闪亮，其代表含义如下： 步骤 1 为显示受电弓控制阀板调整开始 步骤 2 显示在调整开始是受电弓必须降弓，且在最低点 步骤 3 显示升弓命令发出，受电弓开始升弓 步骤 4 显示等待调整过程，并会显示调整已完成 步骤 5 显示受电弓降弓指令发出后，受电弓降弓 步骤 6 显示受电弓控制阀板调整是否成功，绿色代表成功了，红色则代表失败 在完成第六步后，该受电弓控制阀板完成校正 说明：如果静态力校正完成后，重新测量静态力，若静态力仍不满足 70±10 N 的要求，则需要请受电弓厂家进行确认是否需要对整弓进行更换
作业材料：润滑脂、干净布、中性清洗剂。作业工具：手电筒、锉刀、手锤、弹簧秤		

2. 主断路器检查(表 6-17)

表 6-17　主断路器检查

序号	项目	质量标准
1	检查断路器	(1)检查断路器瓷漆无裂开或损坏 (2)检查断路器与接地开关的连接部位无电击伤和热熔现象 (3)用中性的清洁剂和软布清理脏的部件 
2	检查安装螺栓	检查安装螺栓坚固，螺栓防松标记清晰，无错位 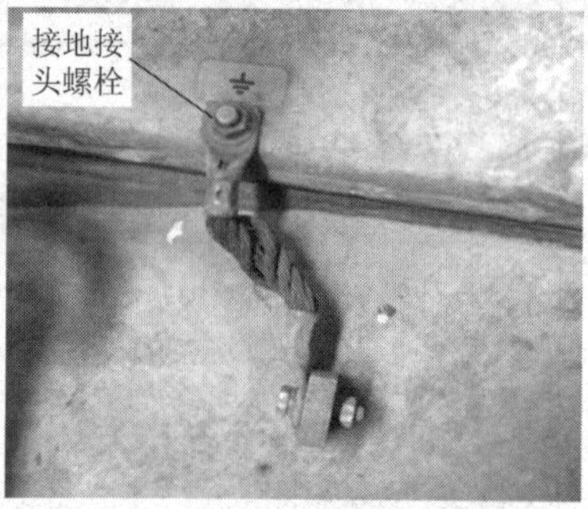
3	检查空气管路	(1)排空压力调节器。①拧松翼形螺钉；②排除冷凝水；③水流停止后，重新拧紧翼形螺钉，检查应无泄漏(注意：在 11 月-3 月需进行空气管路排水，防止冷凝水结冰，导致气动元件运行故障)  (2)排空 BVAC 主断供风气缸。①关闭 B20，切断气缸的风源；②拧松主断供风气缸的排风堵，排出余风后将其完全拆卸；③排空内部积水；④紧固排风堵；⑤恢复 B20 塞门；⑥排空断路器气动系统后，检查连接器密封、塞子密封，并涂打防松标记 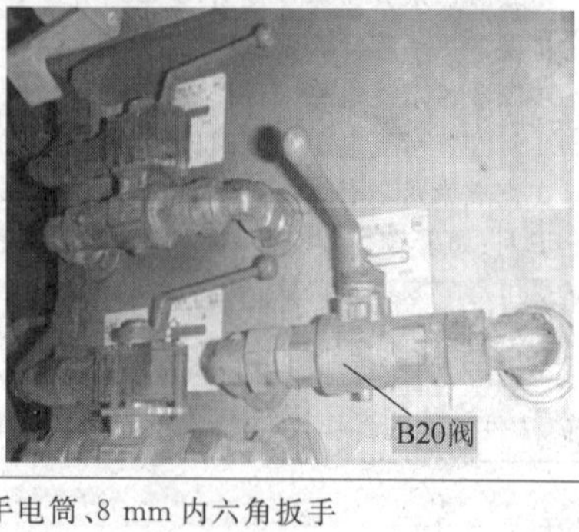

作业材料：干净布、中性清洗剂、标记笔。作业工具：手电筒、8 mm 内六角扳手

3. 主断路器接地开关检查

<table>
<tr><th>质量标准</th></tr>
<tr><td>(1)目视检查接地开关刀和 BVAC 触点状况良好
(2)用工具将接地开关刀和 BVAC 触点清洁，并使用 OLYT 730 Spec (Grassed 1 - NBT400055P0001)或者车顶隔离开关用润滑剂 Aseol Aquares EP 810-60 润滑脂(物料号 25626)润滑

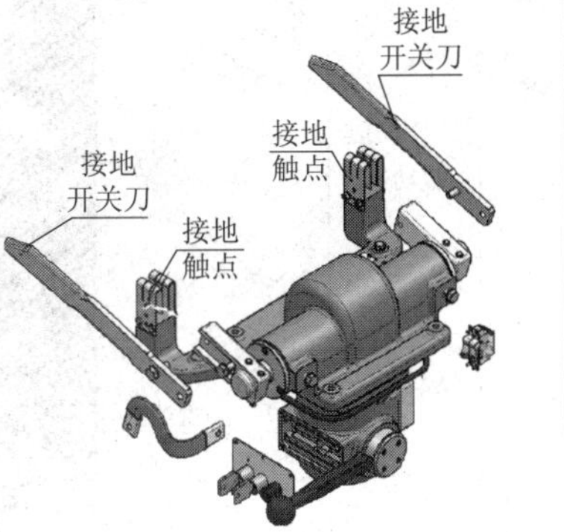

</td></tr>
<tr><td>(压缩空气气源断开的状态；主断路器接地，接地开关必须打至关闭位)</td></tr>
<tr><td>作业材料：Aseol Aquares EP 810-60 润滑脂。作业工具：手电筒</td></tr>
</table>

4. 紧急制动阀检查(表 6-18)

表 6-18　紧急制动阀检查

<table>
<tr><th>序号</th><th>项目</th><th>质量标准</th></tr>
<tr><td>1</td><td>检查旅客紧急制动手柄 N01</td><td>检查全列旅客紧急制动手柄 N01，要求如下图所示
(1)目视检查手柄安装位置正确，无松动或缺失
(2)目视检查手柄上铅封无损伤、丢失
(3)目视检查手柄无损伤，无变形、腐蚀或明显的脏污
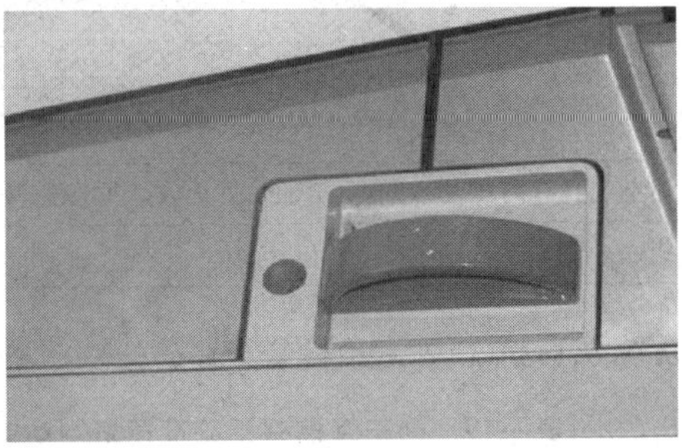
</td></tr>
<tr><td>2</td><td>检查快速制动阀 N03</td><td>检查司机室内快速制动阀 N03，要求如下图所示
(1)用手打开司机室右侧操作平台的盖板，目视检查制动阀的位置正确，无松动或缺失
(2)目视检查在车辆压缩空气接口在设备上的位置正确，无持续的排风声
(3)目视检查电气接口在设备上的位置正确，接口不能松动，且无损伤，无热负荷或绝缘损坏
(4)目视检查阀体无损伤，无变形、腐蚀或明显的脏污
(5)关闭盖板，确认关闭紧固</td></tr>
</table>

续上表

序号	项目	质量标准
2	检查快速制动阀N03	
3	检查紧急排风阀N04、电磁阀N05	检查01、00车的紧急排风阀N04、电磁阀N05,要求如下图所示 (1)打开制动显示裙板 (2)目视检查在车辆压缩空气接口在设备上的位置正确,无持续的排风声 (3)目视检查电气接口在设备上放置正确,接口不能松动,且无损伤,无热负荷或绝缘损坏 (4)目视检查阀体无损伤,无变形、腐蚀或明显的脏污 (5)关闭盖板,确认关闭紧固 
所检查的部件中存在压缩空气且有高压,有可能飞出的物件导致严重伤害,如损伤眼睛。请注意安全		
作业工具:手电筒、裙板钥匙		

5. 列车管控制系统及司机制动装置检查(表6-19)

表6-19　列车管控制系统及司机制动装置检查

序号	项目	质量标准
1	列车管控制系统检查	(1)①号用裙板钥匙打开01车检查裙板(确认位置)。1、2号共同对检查列管控制系统设备包括支承板、连接法兰、电磁阀(C01.02)、止回阀(C01.03和C01.05)、减压阀(C01.04)、继动阀(C01.06)、检测套管(C01.07)、活塞阀(C01.08)、旋入式喷嘴(C01.30和C01.31),检查要求如下: ①目视检查接板在车辆一侧支架上放置正确,紧固元件无松动或缺失 ②目视检查车辆一侧压缩空气接口在汇接板背面放置正确,听不到持续的排风声 ③目视检查设备在汇接板上的位置正确。紧固元件无松动或缺失,耳听无排风声 ④目视检查电气接口在电磁阀(C01.02)上的位置正确,接口无松动 ⑤目视检查设备无损伤,无变形、腐蚀或明显的脏污

续上表

序号	项目	质量标准
1	列车管控制系统检查	 (2)作业完毕后,2 号关闭已打开的裙板,并确认锁闭紧固
2	司机制动装置检查	(1)打开司机室内右侧操作台盖板,检查 01 车司机制动装置,包括检测套管(C07)、紧急制动阀(C25)、司机制动阀 C02(备用制动)、压力表(C03)、(C06)(双针),检测套管(C07)、球阀(C14)、司机制动阀(C23)。检查要求如下: ①目视检查各压力表外观无破损,标签不过期 ②目视检查设备在车辆一侧压缩空气接口的位置正确,耳听无排风声 ③ 目视检查电气接口在设备上的位置正确,接口无松动 ④ 目视检查设备有无损伤,无外壳或转动部件变形、无腐蚀或明显的脏污 ⑤目视检查电气接口无损伤,无热负荷或绝缘损坏 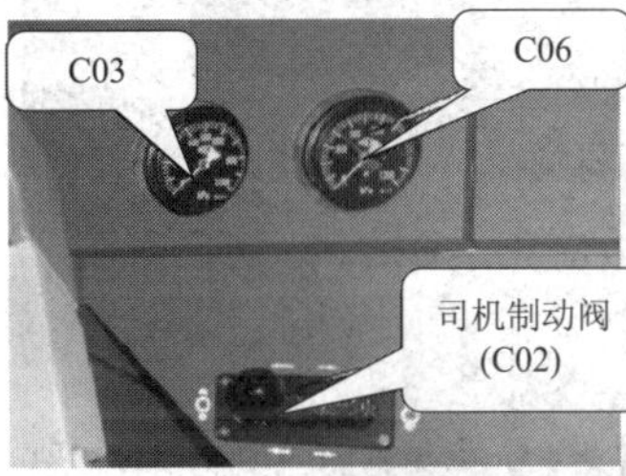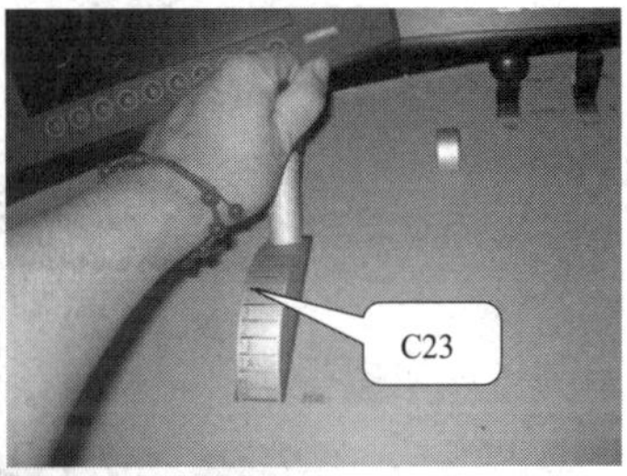  (2)用裙板钥匙打开车下储压罐(C11)处裙板,检查要求如下: ①目视检查设备在车辆一侧支架上的位置正确,紧固元件无松动或缺失 ②目视检查设备在车辆一侧压缩空气接口的位置正确,耳听无排风声 ③目视检查电气接口在设备上的位置正确,接口无松动 ④目视检查设备有无损伤,无外壳或转动部件变形、无腐蚀或明显的脏污 ⑤目视检查电气接口无损伤,无热负荷或绝缘损坏  (3)关闭所打开的裙板,并确认锁闭紧固
所检查的部件中存在压缩空气且有高压,有可能飞出物件导致严重伤害,如损伤眼睛,请注意安全		
作业工具:手电筒、裙板钥匙		

6. 制动控制器(B02B10)诊断检查(表 6-20)

表 6-20　制动控制器(B02B10)检查诊断

<table>
<tr><th>质量标准</th></tr>
<tr><td>
(1)用裙板钥匙打开制动控制单元裙板,再打开制动控制模块(B02)上的翻盖
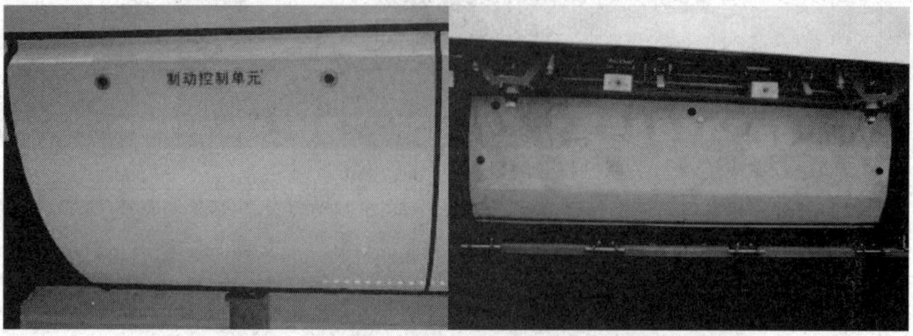

(2)接通制动控制器(B02B10)的供电,确认电源设备上的两个 LED 灯(PWR-ON 和 5V STDBY)在发光
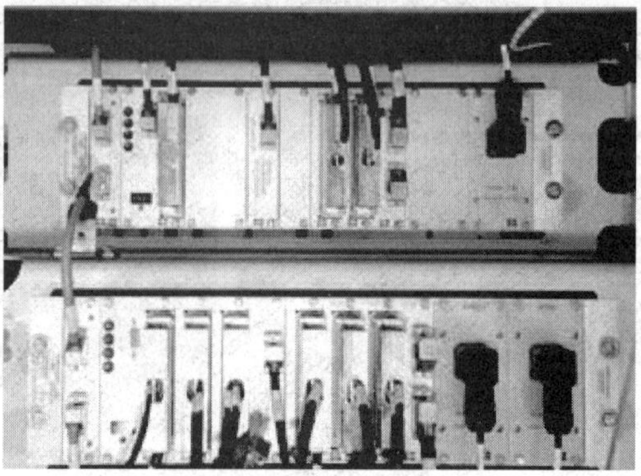
(3)用串行接口电缆将笔记本电脑连接到制动控制器(B02B10)上,并用项目专用程序文件来起动调试终端软件
(4)用笔记本电脑进行诊断
① 选择所显示的所有组件的故障存储器,用 OK 键确认选择
② 检查短时故障,进行误差累积分析,在进行维护作业时排除故障
③ 按住按键 S3 长于 1 s 从数据存储器删除短时事件,当前事件由于不断重复的查询而得以保存,在进行维护作业时排除故障
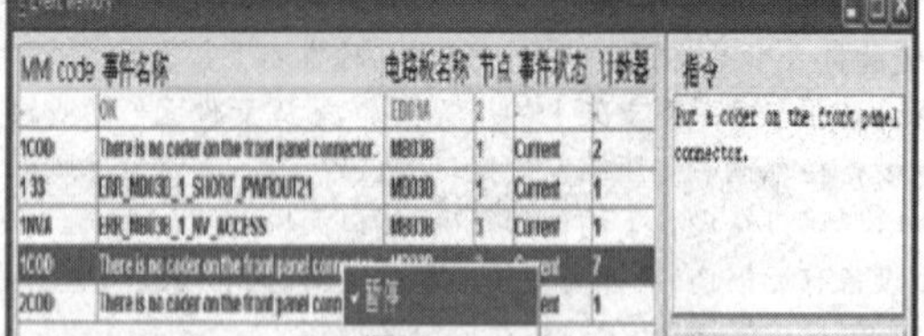

(5)将笔记本电脑从制动控制器(B02B10)的串行诊断接口上取下
(6)关闭制动控制模块(B02)上的翻盖,封闭到制动控器(B02B10)的通道
(7)关闭打开的裙板,并确认关闭紧固
</td></tr>
<tr><td>通过采取例如遮盖接口等措施,避免拆卸之后污染物进入;拆装时有电击危险,应严格执行安全用电措施</td></tr>
<tr><td>作业工具:手电筒、裙板钥匙、笔记本电脑</td></tr>
</table>

7. 司机座椅清洁及功能检查(表 6-21)

表 6-21　司机座椅清洁及功能检查

质量标准
(1)检查靠背面罩、椅垫面罩、头枕面罩和扶手面罩应清洁无污物 (2)检查匹配箱外侧清洁无破损,后盖旋钮功能正常 (3)按照下图所指的控制位置进行靠背倾斜度调整、座垫长度调整、扶手和头枕上部的功能试验,确保功能良好 (4)检查座椅螺栓防松标记清晰无错位。当匹配箱与地板连接的六角螺栓防松标记错位时,用扭矩扳手对螺栓施加13 N·m的力矩,重新补涂防松标记 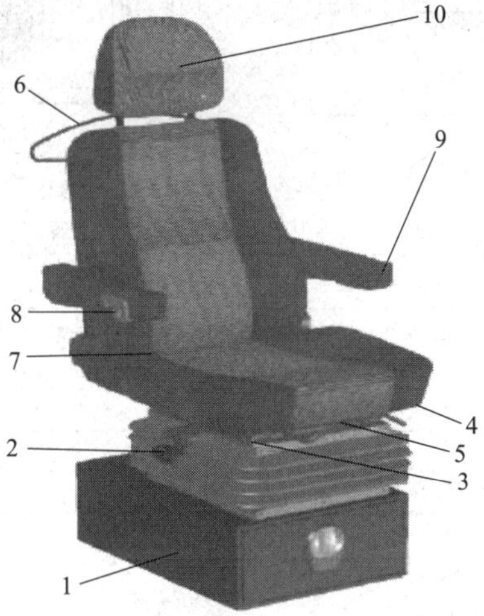 1—两个封闭挡板匹配箱 2—座椅高度调节器手柄 3—旋转附件,闭锁装置 4—靠背倾斜调节器手柄 5—座椅长度调节器手柄 6—衣架 7—靠背调节器按钮,两侧 8—倾斜调节器按压轮 9—扶手,两侧可折叠 10—可调节的安全头枕
在每次对表面清洗前要用工业吸尘器(不要使用刷子)去除表面污物;必须使用 pH 中性(pH7)的清洁剂,避免用力摩擦;座椅功能性检查时,严禁将手伸进各导向装置上
作业材料:抹布。作业工具:扭力扳手、套筒扳手、手电筒

8. 限压电阻器检查及清洁(表 6-22)

表 6-22　限压电阻器检查及清洁

序号	项目	质量标准
1	电阻器罩板检查	(1)用 10 mm 套筒拆卸下限压电阻器(144-146)及罩板上的所有紧固螺栓,拆下上罩板 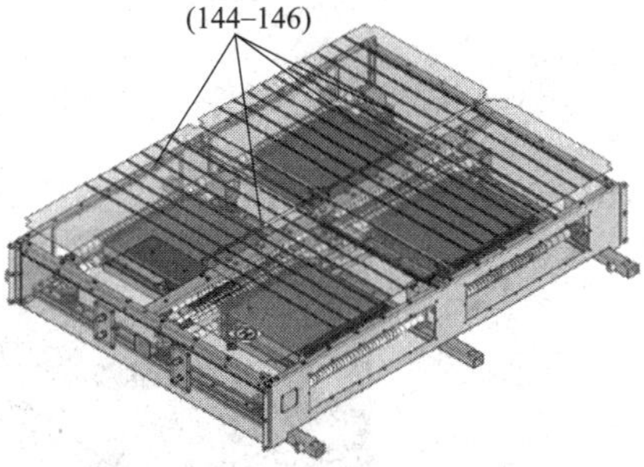 (2)清除限压电阻器罩板和肋形底板通风口上的污物 (3)用水稀释后的清洁剂(稀释比例:1∶5 ～1∶10,遵守清洗剂制造商的安全数据表)喷洒在限压电阻器表面,待污物浸泡到易冲洗时,用清水将限压电阻器表面冲洗干净,然后用压缩空气吹干

续上表

序号	项目	质量标准
2	检查限压电阻器绝缘部件	(1)检查限压电阻器绝缘组件陶瓷部件和柱式绝缘子，状态良好 (2)各部件防松标记清晰，无错位，安装牢固 (3)绝缘子表面无连续裂痕或超过 12 mm^2 的缺陷 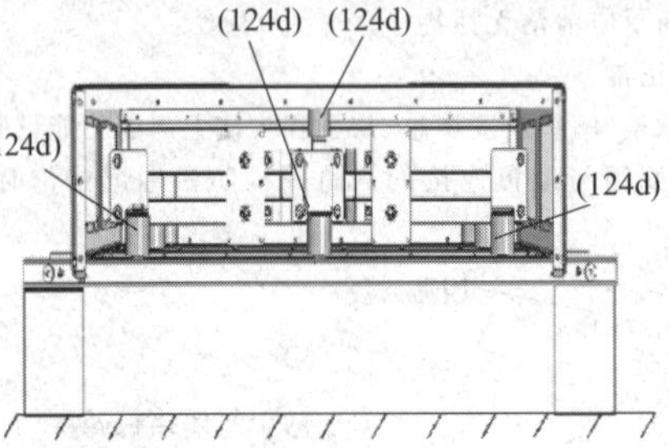 陶瓷支撑绝缘子 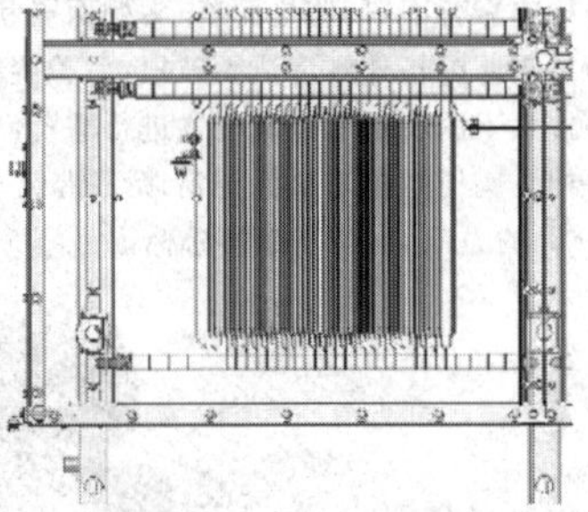 弹簧测绝缘子、柱式绝缘子 （注意：更换插件或绝缘子时，必须将限压电阻器从车顶卸下并水平放置）
3	罩板安装	用 10 mm 套筒拆安装限压电阻器(144-146)罩板，并涂打扭力和防松标记
为防止被过热的 MUB 灼伤，对于刚停止工作的 MUB 电阻应冷却至少 45 min 后方可作业；作业前，必须确保 MUB 及辅助电路已断电，在对电气部件作业前，必须用万用表检测牵引变流器箱内 XP1、XN1 其对地电压，确保其电压降到 10 V 以下		
作业材料：P3 grato12 清洁剂、无纺布、异丙醇、标记笔 作业工具：手电筒、套筒、棘轮扳手、万用表、扭力扳手、风压枪		

9. 紧急制动功能测试(表 6-23)

表 6-23 紧急制动功能测试

序号	项目	质量标准
1	司机室制动手柄功能测试	(1)将司机常用制动手柄(C23)置于紧急制动(EB)位，此时制动管(BP 压力)通过紧急制动阀(C25)排风 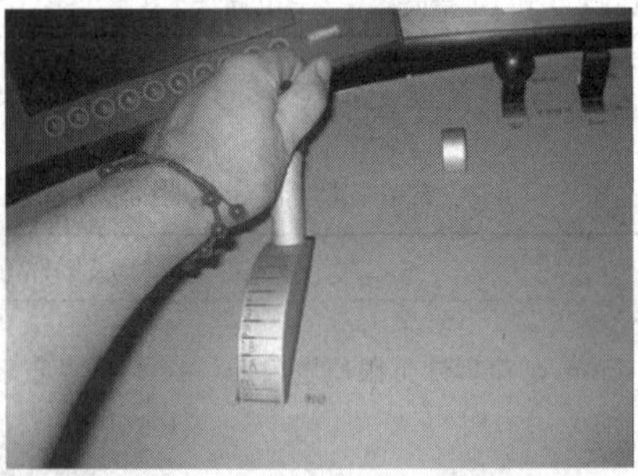 (2)观察右侧司机室操作区上的双针压力表(C06)，黄色指针显示制动管(BP)压力为 0 (3)将司机室制动手柄(C23)置于充风(OC)位，使得直通式电空制动器缓解 (4)观察双针压力表(C06)，黄色指针显示制动管(BP)压力为 600 kPa 

续上表

序号	项目	质量标准
2	乘客紧急制动回路故障开关(＝43-S22)测试	(1)主控钥匙占用司机室，方向开关打到前进位；目视检查确认司机室右后方控制柜内的控制面板上，乘客紧急制动回路故障开关(＝43-S22)处于“开”位  (2)①号通知②号拉动另一头车最尾端的乘客紧急制动手柄  (3)在 HMI 屏上确认出现“乘客紧急制动被请求”故障代码，且无其他相关故障代码 (4)将乘客紧急制动回路故障开关(＝43-S22)打到“关”位，HMI 屏上确认“乘客紧急制动被请求”故障代码消失
3	通过尾端车紧急制动按钮测试紧急制动传递路径	(1)确认未实施紧急制动，激活 EC01 车紧急制动回路故障开关＝43-S21 置于“关”位，将紧急制动回路旁路 (2)①号通知②号在尾端 EC00 车司机室按下二级操纵区的紧急制动按钮(N03)  (3)在 HMI 屏上确认故障信息施加“紧急制动命令”，且制动管(BP)压力降到 200 kPa 以下 (4)复位 EC01 车紧急制动回路故障开关＝43-S21 置于“开”位，此时紧急制动回路中的状态接触器 43-K24 跳开 (5)将 EC00 车司机室紧急制动按钮(N03)拔出，复位到初始位，制动手柄(C23)置于充风(OC)位，此时制动管(BP)压力上升，所有三个紧急制动传递路径(TCN、安全回路、制动管)返回正常情况
4	通过尾端车制动手柄测试紧急制动传递路径	(1)确认未实施紧急制动，激活 EC01 车紧急制动回路故障开关＝43-S21 置于“关”位，将紧急制动回路旁路 (2)①号通知②号在尾端 EC00 车司机室将制动手柄(C23)置于紧急制动(EB)位 (3)在 HMI 屏上确认故障信息施加“紧急制动命令”，且制动管(BP)压力降到 200 kPa 以下 (4)复位 EC01 车紧急制动回路故障开关＝43-S21 置于“开”位，此时紧急制动回路中的状态接触器 43-K24 跳开 (5)将 EC00 车司机室制动手柄(C23)置于充风(OC)位，使其恢复到缓解状态，此时制动管(BP)压力上升，所有三个紧急制动传递路径(TCN、安全回路、制动管)返回正常情况
作业工具：手电筒		

10. 车顶线路隔离器检查(表 6-24)

表 6-24　车顶线路隔离器检查

序号	项目	质量标准
1	检查	(1)登顶目视检查以下组件应无损坏: ①闸刀;②盖和棒形绝缘子;③接触弹簧;④高挠性绞合电缆 (2)用扭矩扳手检查螺栓连接应牢固,防松标记无错位,若螺栓松动,则紧固后补打防松标记 M10 螺栓的启动扭矩(A4 质量):45 N·m M12 螺栓的启动扭矩(A4 质量):75 N·m 
2	清洁	使用不起毛的布清洁闸刀和接触弹簧,并使用 Aseol Aquares EP 810-60 润滑脂润滑接触弹簧和闸刀
作业材料:Aseol Aquares EP 810-60 润滑油、抹布 作业工具:手电筒、扭力扳手、套筒、毛刷		

11. 避雷器检查(6-25)

表 6-25　避雷器检查

质量标准
(1)登顶目视检查避雷器无过载迹象,即凸缘上的灭弧孔处是否有黑点或烧灼点 (2)使用干燥或轻微润湿的无绒毛抹布清洁避雷器的硅制挡板 
作业材料:无绒毛抹布。作业工具:手电筒

12. 网侧电压互感器检查(表 6-26)

表 6-26　网侧电压互感器检查

序号	项目	质量标准
1	检查	(1)目视检查树脂体应无裂纹,绝缘子裙部或各裙部之间无其他损坏现象,如树脂体出现损坏现象或者绝缘子裙部出现严重损坏现象,则有必要更换线路电压互感器 (2)目视检查一次和二次端子(车内顶板内)应无损坏,并确保适当的一次和二次连接;目视检查线路电压互感器法兰与车体车顶表面之间的橡胶密封应无破损或开裂并安装牢固 
2	清洁	使用干燥或轻微润湿的无绒毛抹布清洁线路电压互感器 
作业材料:无绒毛抹布。作业工具:手电筒		

13. 网侧电流互感器检查(表 6-27)

表 6-27　网侧电流互感器检查

序号	项目	质量标准
1	清洁	使用丙酮除去线路电流互感器树脂表面的污垢及残余硅酮
2	检查	(1)检查线路电流互感器应无脏污 (2)检查线路电流互感器的树脂表面无裂缝或损伤 (3)检查电气连接检状态良好,无松动 (4)检查盖板的状态良好,防松标记清晰,无错位  (5)用浸有硅酮的无纺布给树脂表面涂上薄薄的一层 Dow Corning MS4 硅酮化合物
作业材料:Dow Corning MS4 硅酮化合物、无纺布、丙酮。作业工具:手电筒		

14. 司机制动手柄电气接头(C23)检查(表 6-28)

表 6-28 司机制动手柄电气接头(C23)检查

质量标准
(1)使用短柄一字螺丝刀打开司机操纵台盖板 (2)检查司机制动手柄(C23)上电气接口无松动 (3)检查附加电子装置的位置正确,紧固元件无松动、缺失 (4)检查电气接口无损伤,无热负荷或绝缘损坏 (5)恢复司机操纵台盖板  面板展开  制动手柄(C23)
作业工具:手电筒、短柄一字螺丝刀

二、电气组专项修作业程序及质量标准

1. 牵引电机检查(表 6-29)

表 6-29 牵引电机检查

质量标准
检查冷却单元: (1)检查牵引电机外观无损坏,状态良好 (2)检查牵引电机和联轴器上的螺栓,确认螺栓紧固,防松标记清晰、无错位 (3)检查所有连接导线连接可靠、无损坏 (4)检查连接器无损坏 (5)检查牵引电机无任何冷凝水,并清洁定子构架内的两个排水孔  连接导线 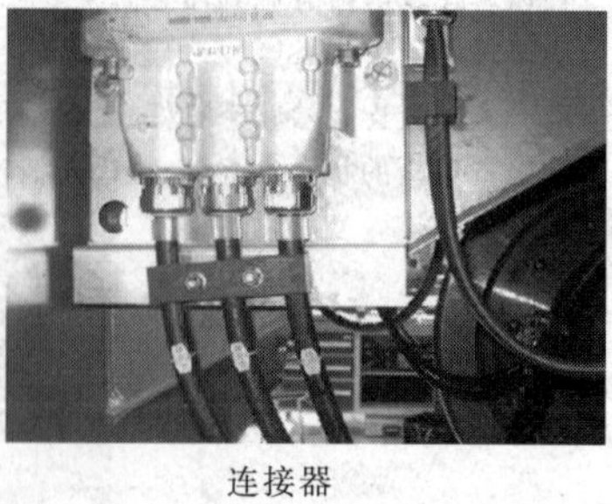 连接器
注意高温部件,防止烫伤 作业工具:扭矩扳手,棘轮扳手,套筒,手电筒

2. 牵引变压器检查(表 6-30)

表 6-30　牵引变压器检查

序号	项目	质量标准
1	变压器检查和清洁	(1)使用丙酮，用软布沾上少许清洁剂对低压 Pfisterer 插头连接器进行清洗，随后立即用另外一块布擦拭清洁 (2)使用丙酮，用软布沾上少许清洁剂对高压 Pfisterer 插头连接器进行清洗，随后立即用另外一块布擦拭清洁 (3)使用丙酮，用软布沾上少许清洁剂对被矿物油污染的变压器表面进行清洗，随后立即用另外一块布擦拭清洁 (4)清洁后检查油漆层无损坏、破损 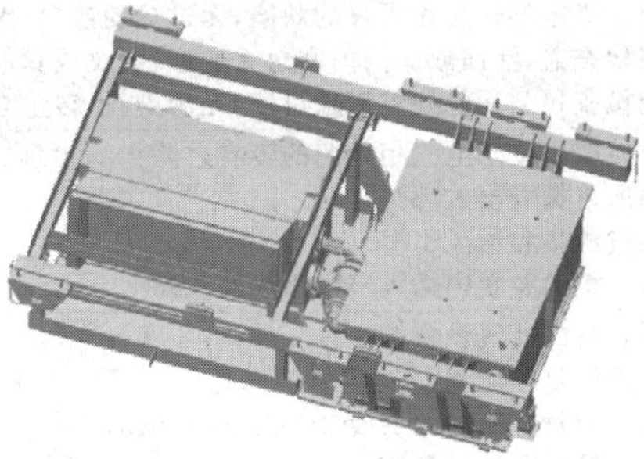 主变压器和冷却单元
2	变压器膨胀油箱油位检查	检查膨胀油箱上的棱形指示器，查看油位(根据环境温度变化)应处在正常位置(西门子：油位每升高或降低 75 mm，对应温度升高或降低 5 ℃)  膨胀油箱位置 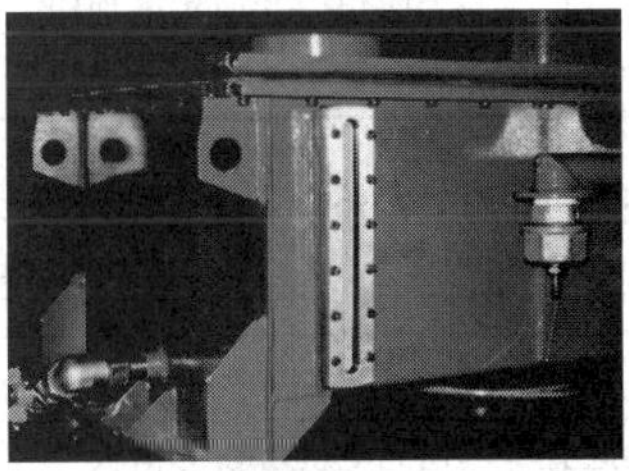 显示刻度
3	脱水吸湿器检查	目视检查脱水吸湿器中的硅胶，水晶体不得有半数以上变为绿色  脱水吸湿器盒
作业材料：干净布、丙酮。作业工具：手电筒、裙板钥匙		

3. 车内电气设备柜检查与清洁(表 6-31)

表 6-31　车内电气设备柜检查与清洁

序号	项目	质量标准
1	检查灭火器	(1)检查司机室、厨房和旅客区灭火器的维护记录标签不过期 (2)检查整个列车的安全锤安装牢固,铅封无破损
2	电气设备箱、电器柜、司机室和车辆控制屏检查	(1)打开电气设备箱、电气柜、司机室和车辆控制屏的盖 (2)目视检查无可视的缺陷 (3)检查防松标记清晰,无错位 (4)清洁浮灰 (5)目视检查电缆无损坏或擦破的痕迹,电缆上无拉伸载荷,无过热应力或变形,电缆绝缘无剥皮、无裂纹或其他表面损坏 (6)目视检查连接器无松开或不牢固 (7)目视检查电气连接无可视的缺陷,无过热的迹象,无明显的松开或未紧固的元件 (8)目视检查盖、活门或车门内密封无变形、裂纹或其他表面损坏,无剥离 (9)目视检查控制元件标签清晰可读,无污染,运转正常
3	电气柜内的过滤垫清洁	(1)从导轨取出位于电气柜外侧的带有过滤垫的滤筒 (2)从通风格栅取出过滤垫 (3)清洁过滤垫和通风格栅 (4)在电气柜的导轨内插入带过滤垫的滤筒
4	更换电气设备箱内海绵	(1)打开各自的电气设备箱 (2)清洁凝结物排泄和 U 型型材的底孔 (3)更换凝结物排泄的海绵(A2V00156012665) (4)关闭并锁好电气设备箱
5	柜门和活门的功能检查	电气柜门和电气设备箱活门柜座和活门锁无松动,旋转正常
6	电气柜内风扇测试	(1)确认蓄电池投入 (2)用钥匙打开电气柜柜门 (3)确认风扇旋转正常,无噪声 (4)关闭柜门并用钥匙锁闭
作业材料:干净白布、毛刷、锭子油 10/15 润滑脂、海绵(A2V00156012665)。作业工具:四角钥匙,手电筒		

4. 充电机检查(表 6-32)

表 6-32　充电机检查

质量标准

(1)用裙板钥匙打开电池充电机所在的裙板

(2)目视检查进气口格栅,若有污垢,用压缩空气清洁

(3)关闭充电机所在裙板

只要对蓄电池箱进行工作,就必须完成下列 5 项工作。①断开蓄电池充电器电源;②保证蓄电池充电器不会重新接通;③检查电源已安全隔离;④接地和短路;⑤打开活动盖板后,盖好或隔离开附近的带电零件。储能电容器中有剩余电压,如果接触特别危险,可能致命;模块内的储能电容器,甚至在断开输入电压之后,断开直流传输线和蓄电池接头后仍然存在危险的电压,至少要等待 5 min 让其放电

作业工具:裙板钥匙、高压风管

三、走行组专项修作业程序及作业标准

1. 盘型制动装置检查（表 6-33）

表 6-33　盘型制动装置检查

<table>
<tr><td colspan="6">质量标准</td></tr>
<tr><td colspan="6">(1)检查盘型制动装置外观，无明显的裂痕、变形等机械损坏
(2)检查盘型制动装置部件无丢失，防松标记清晰，无错位
(3)检查制动装置在转向架上的安装无松动
(4)盘型制动装置磨耗及裂纹不超限，限度见下表
</td></tr>
<tr><td>序号</td><td colspan="3">项目</td><td>限度</td><td>备注</td></tr>
<tr><td>1</td><td colspan="3">制动盘摩擦环厚度</td><td>$\geqslant 66$ mm</td><td></td></tr>
<tr><td>2</td><td colspan="3">制动盘摩擦环表面刮痕</td><td>$\leqslant 1$ mm</td><td></td></tr>
<tr><td>3</td><td colspan="3">制动盘摩擦环凹陷磨损</td><td><1 mm</td><td></td></tr>
<tr><td>4</td><td colspan="3">制动盘摩擦环倾斜磨损</td><td>$\leqslant 1$ mm</td><td></td></tr>
<tr><td>5</td><td colspan="3">制动盘两摩擦环厚度差</td><td>$\leqslant 2$ mm</td><td></td></tr>
<tr><td rowspan="15">6</td><td colspan="5">制动盘裂纹：</td></tr>
<tr><td rowspan="9">轴盘</td><td>表面龟裂</td><td>任意位置的表面龟裂</td><td colspan="2">对运行没有影响</td></tr>
<tr><td rowspan="7">表面裂纹</td><td>$b<50$ mm 且两条裂纹之间的距离大于 100 mm 的多处裂纹</td><td colspan="2">允许存在</td></tr>
<tr><td>50 mm$\leqslant b<70$ mm</td><td colspan="2">在一定条件下允许存在</td></tr>
<tr><td>$b\geqslant 70$ mm</td><td colspan="2">不允许存在</td></tr>
<tr><td>$a<100$ mm，裂纹即未触及内径也未触及外径</td><td colspan="2">允许存在</td></tr>
<tr><td>$b<100$ mm，裂纹触及了内径或外径</td><td colspan="2" rowspan="3"></td></tr>
<tr><td>$a<100$ mm，但到外径和内径的距离$\geqslant 10$ mm 且两条裂纹之间的距离>50 mm</td></tr>
<tr><td>只允许出现一处彼此相对表面裂纹长度$\leqslant$70mm 的裂纹</td></tr>
<tr><td>贯穿裂纹</td><td>在连接处及制动盘的两侧摩擦带上出现从内径贯穿到外径以及贯穿散热通道的贯穿裂纹</td><td colspan="2">不允许存在</td></tr>
<tr><td rowspan="5">轮盘</td><td>表面龟裂</td><td>任意位置的表面龟裂</td><td colspan="2">对于运行没有影响</td></tr>
<tr><td>表面裂纹</td><td>$a<80$ mm，$b<60$ mm，多个随机排布裂纹</td><td colspan="2">允许存在</td></tr>
<tr><td></td><td>$80\leqslant a<100$ mm
$60\leqslant b<80$ mm</td><td colspan="2">在一定条件下允许存在</td></tr>
<tr><td>表面裂纹</td><td>$a\geqslant 100$ mm，$b\geqslant 80$ mm</td><td colspan="2">不允许存在</td></tr>
<tr><td>贯穿裂纹</td><td>制动盘的两条摩擦带上出现从内径贯穿到外径以及贯穿散热通道的贯穿裂纹</td><td colspan="2">不允许存在</td></tr>
<tr><td>7</td><td colspan="2">闸片厚度</td><td>闸片最薄处$\geqslant 7$ mm（含钢背厚度）</td><td colspan="2">同一制动夹钳中的任一闸片到限应同时更换</td></tr>
<tr><td colspan="6">作业工具：手电筒</td></tr>
</table>

2. 自动车钩检查(表 6-34)

表 6-34　自动车钩检查

质量标准

(1)使用头罩钥匙打开前端车钩,重联后,福伊特车钩检查车钩表面有无锌粉,无锌粉的,添加锌粉处理四方所车钩查看底漆

福伊特车钩

四方所车钩

(2)拉动钩舌解锁装置,钩舌自动弹出

(3)检查车钩空气软管表面无裂纹、老化及车钩表面、凸锥和凹锥上的防腐涂层无脱落(防腐涂层型号:ZINGA)

(4)检查钩锁弹簧无裂纹或断裂

(5)使用试漏剂检查车钩所有气动部件无泄漏

(6)使用干净抹布清洁风管接头套筒和垫圈,清洁干净后使用胶布将风管接头封好,防止有异物进入风管

(7)使用钢丝疏通车钩排水孔

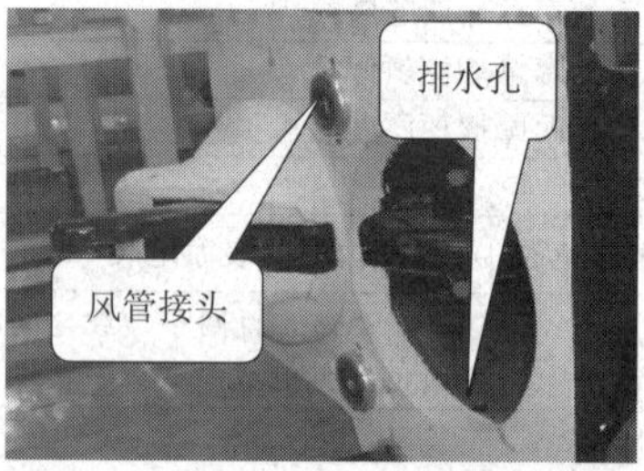

(8)检查电动钩头控制装置

①干燥状态下使用乐泰 7063 清洁导向杆不得润滑

②使用无纺布清洁所有机械式限位开关

③干燥情况下使用无纺布清洁车钩控制阀组

续上表

质量标准
(9)检查电动钩头 ①使用无油抹布或肥皂溶液清洁橡胶框，用滑石粉除去尘土 ②干燥情况下使用无纺布清洁电动钩头接触点(使用抹布蘸上喷雾 R3000 除去永久积尘，然后除去喷雾)，清洁绝缘块，清洁部位需要晾干，检查插针及触点应无可见损坏或弯曲，更换损坏及弯曲部件 ③使用无纺布清洁电动钩头的保护盖  ④检查电动车钩线管及线缆无破损，地线防松安装螺栓放松标记清晰无错位 ⑤检查电缆接头无松动，如有松动进行紧固
作业材料：试漏剂、无纺布、肥皂溶液、R300、滑石粉 作业工具：头罩钥匙、钢丝、风管

3. 枕梁组成检查(表 6-35)

表 6-35　枕梁组成检查

序号	项目	质量标准
1	检查枕梁组成	(1)检查 1 位侧枕梁组成无明显裂缝，变形等机械损伤 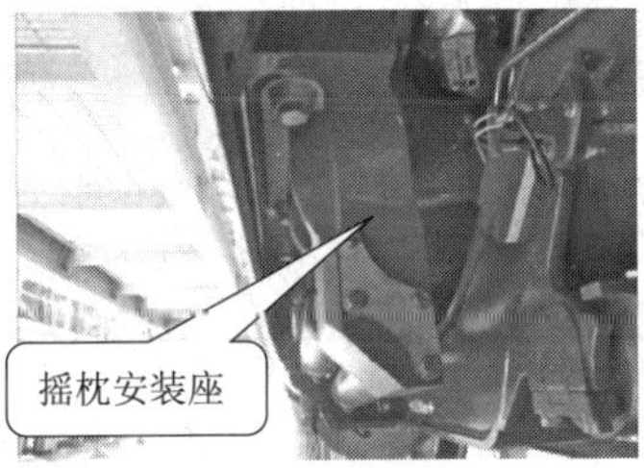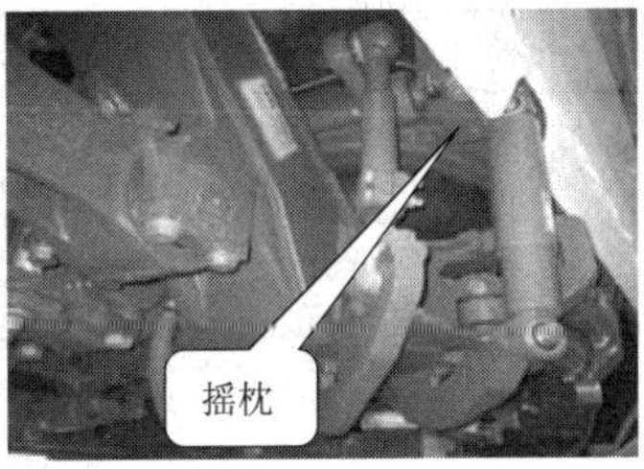 (2)检查 1 位侧枕梁组成无损坏或丢失零部件 (3)各螺栓紧固，防松标记清晰，无错位 (4)检查 2 位侧枕梁组成应无明显裂缝，变形等机械损伤 (5)检查 2 位侧枕梁组成无损坏或丢失零部件 (6)各螺栓紧固，防松标记清晰，无错位 注意：必须对检测出的机械损伤和腐蚀立即实施维修，维修后补漆处理
2	检查抗蛇行减振器	检查 1、2 位侧抗蛇行减振器座安装螺栓应无松动、损坏或丢失，防松标记清晰，无错位
作业工具：手电筒		

4. 转向架构架检查(表 6-36)

表 6-36　转向架构架检查

质量标准
检查 1、2 位侧构架，无明显裂缝，变形等机械、化学或热损伤，以及缺失或变形的焊接部件  注意：对检查出的机械损伤和腐蚀立即实施维修，维修后补漆处理
作业材料：100＃砂布、擦布蘸稀释剂、SG34-3012 双组分环氧底漆、底漆固化剂 EH34-0000、SF08-7043 双组分弹性环氧面漆、面漆固化剂 EH08-0000、DV20-2185 底面漆通用稀释剂 作业工具：手电筒、毛刷

5. 动车轮对检查(表 6-37)

表 6-37　动车轮对检查

序号	项目	质量标准
1	检查车轮轮缘	(1)目视检查轮缘及其工作面应无缺陷 (2)目视检查在轮缘的尖部和内侧无压痕、划痕
2	检查车轮踏面	(1)确认车轮踏面无异物 (2)检查车轮踏面擦伤剥离、凹陷必须符合限度标准 (3)限度标准为 ①剥离、凹陷长度≤20 mm 剥离、凹陷深度≤0.50 mm，面积≤200 mm² 剥离、凹陷深度≤0.75 mm，面积≤150 mm² 剥离、凹陷深度≤1.00 mm，面积≤100 mm² ② 踏面擦伤深度 轮径＞840 mm，长度≤30 mm，深度≤0.25 mm 轮径≤840 mm，长度≤25 mm，深度≤0.25 mm 注意：旋修车轮后不允许存在剥离或凹陷缺陷

续上表

序号	项目	质量标准
3	检查车轮踏面翻卷	检查车轮踏面,翻卷≤5 mm 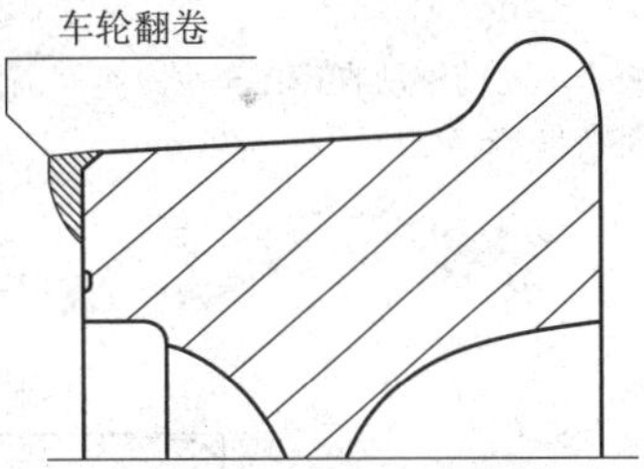 注意:作业以上内容时,在发现有磨损缺陷或轮缘损伤的情况下,应使用常规的探伤设备进行进一步的的检查。在发现有因为制动而导致的损伤的情况下,必须检查确认防滑系统的功能良好 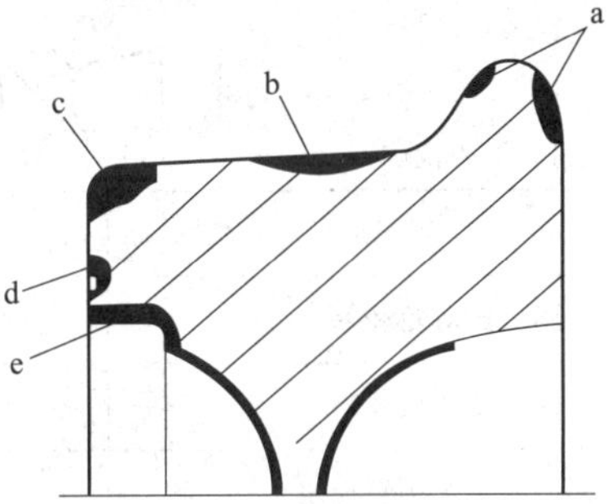 可能出现裂纹的区域
4	车轴检查	检查车轴的外部保护漆,破损不超限 底漆:60～90 μm 车轴面漆:3 000～4 200 μm 车轮面漆:120～200 μm 注意:出现涂层损伤见金属本色时补漆,金属表面存在磕碰伤或锈蚀时进行车轴探伤 
5	检查车轮磨损	(1)目视检查车轮注油孔螺栓防松标记清晰,无错位 (2)确认车轮无磨损槽 (3)目视检查车轮表面,任何部位不得有裂纹 

续上表

<table>
<tr><th>序号</th><th>项目</th><th>质量标准</th></tr>
<tr><td>6</td><td>检查车轮直径</td><td>用轮径尺对每个车轮的滚动直径在至少三个间隔距离相等的点上(沿着圆周)进行测量,计算三次的平均值作为测量结果,车轮直径 $D \geqslant 830$ mm
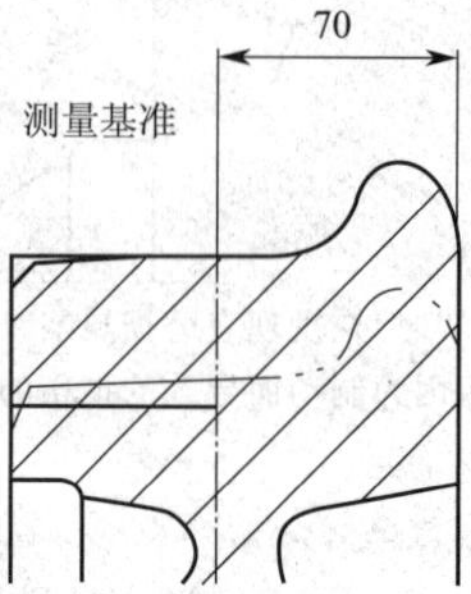

轮径差必须符合下表范围
<table>
<tr><th></th><th>原形</th><th>二级修</th></tr>
<tr><td>同一轮对轮径差</td><td>≤0.3 mm</td><td>≤1 mm</td></tr>
<tr><td>同一转向架径差</td><td>≤0.2 mm</td><td>≤2 mm</td></tr>
<tr><td>同一动车车辆轮径差</td><td>≤2 mm</td><td>≤2 mm</td></tr>
</table></td></tr>
<tr><td>7</td><td>检查轮对内侧距</td><td>用内侧距尺在距轨面 10mm 以下距离处测量轮对内侧距,必须符合如下限度
(1)轮径 $D>840$ mm,内侧距($1\,353 \pm 3$)mm
(2)轮径 $D \leqslant 840$ mm,内侧距($1\,353^{+3}_{-2}$)mm</td></tr>
<tr><td>8</td><td>检查车轮宽度</td><td>用第四种检查器测量车轮宽度,测量值必须在(135^{+1}_{-2})mm(没有车轮踏面翻卷)范围内</td></tr>
<tr><td>9</td><td>检查轮缘厚底和轮缘高度</td><td>(1)用第四种检查器测量测量轮缘高度和轮缘厚度,确认轮缘厚度和轮缘高度不超限
(2)限度标准如下
① 轮缘高度(h)27.5 mm $\leqslant h \leqslant$ 36 mm
② 轮缘厚度(e)D 指轮径
$D>840$ mm 时,22 mm $\leqslant e \leqslant$ 34.5 mm
$D \leqslant 840$ mm 时,25 mm $\leqslant e \leqslant$ 34.5 mm</td></tr>
<tr><td colspan="3">作业工具:手电筒、轮径尺、内侧距尺、第四种检查器</td></tr>
</table>

6. 拖车轮对检查(表 6-38)

表 6-38　拖车轮对检查

序号	项目	质量标准
1	检查车轮轮缘	(1)目视检查轮缘及其工作面无缺陷 (2)目视检查在轮缘的尖部和内侧无压痕、划痕

续上表

序号	项目	质量标准
2	检查车轮踏面	(1)确认车轮踏面无异物 (2)检查车轮踏面擦伤剥离、凹陷必须符合限度标准 (3)限度标准为 ①剥离、凹陷长度≤20 mm 剥离、凹陷深度≤0.50 mm,面积≤200 mm^2 剥离、凹陷深度≤0.75 mm,面积≤150 mm^2 剥离、凹陷深度≤1.00 mm,面积≤100 mm^2 ②踏面擦伤深度 轮径>840 mm,长度≤30 mm,深度≤0.25 mm 轮径≤840 mm,长度≤25 mm,深度≤0.25 mm 注意:镟修车轮后不允许存在剥离或凹陷缺陷
3	检查车轮踏面翻卷	检查车轮踏面,翻卷≤5 mm 注意:作业以上内容时,在发现有磨损缺陷或轮缘损伤的情况下,应使用常规的探伤设备进行进一步的的检查。在发现有因为制动而导致的损伤的情况下,必须检查确认防滑系统的功能是否良好
4	车轴检查	检查车轴的外部保护漆,破损不超限 底漆:60～90 μm 车轴面漆:3 000～4 200 μm 车轮面漆:120～200 μm 注意:出现涂层损伤见金属本色时应补漆,金属表面存在磕碰伤或锈蚀时应进行车轴探伤 
5	检查车轮磨损	(1)目视检查车轮注油孔螺栓防松标记清晰,无错位 (2)车轮无磨损槽 (3)目视检查车轮表面,任何部位不得有裂纹 

续上表

<table>
<tr><th>序号</th><th>项目</th><th>质量标准</th></tr>
<tr><td>6</td><td>检查
Syope®
降噪系统</td><td>目视检查下图加粗部分，确认车轮无脱胶
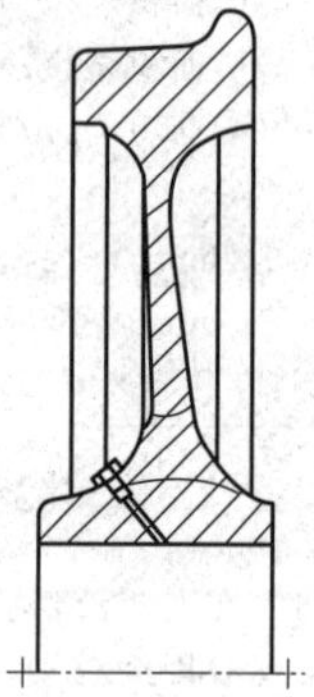
拖车轮对剖面</td></tr>
<tr><td>7</td><td>检查车
轮直径</td><td>使用轮径尺对每个车轮的滚动直径在至少三个间隔距离相等的点上（沿着圆周）测量，计算三次的平均值作为测量结果，车轮直径 $D \geqslant 860$ mm
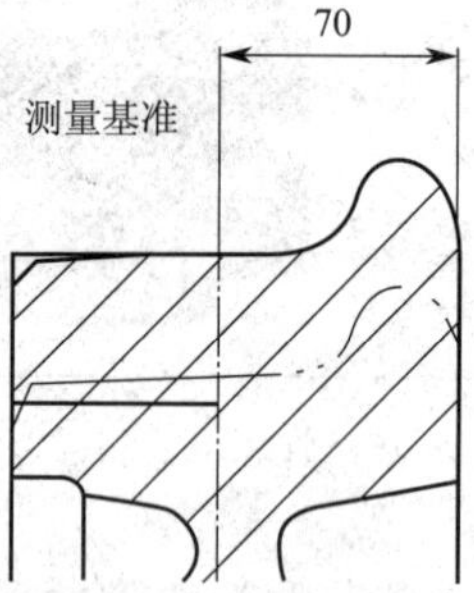

轮径差必须符合下表范围
<table>
<tr><th></th><th>原形</th><th>二级修</th></tr>
<tr><td>同一轮对轮径差</td><td>≤0.3 mm</td><td>≤1 mm</td></tr>
<tr><td>同一转向架轮径差</td><td>≤2 mm</td><td>≤15 mm</td></tr>
<tr><td>同一动车车辆架轮径差</td><td>≤2 mm</td><td>≤30 mm</td></tr>
</table>
</td></tr>
</table>

续上表

序号	项目	质量标准
8	检查轮对内侧距	用内侧距尺在距轨面 10 mm 以下距离处测量轮对内侧距，测量值必须在 1 353 mm±3 mm 范围内
9	检查车轮宽度	用第四种检查器测量车轮宽度，测量值必须在 135^{+1}_{-2} mm(没有车轮踏面翻卷)范围内
10	检查轮缘厚度和轮缘高度	(1)用第四种检查器测量轮缘高度和轮缘厚度，确认轮缘厚度和轮缘高度不超限 (2)限度标准如下 a. 轮缘高度(h)：27.5 mm≤h≤36 mm b. 轮缘厚度(e)：D 指轮径， D>840 mm 时，22 mm≤e≤34.5 mm D≤840 mm 时，25 mm≤e≤34.5 mm
作业工具：手电筒、轮径尺、内侧距尺、第四种检查器		

7. 轴箱定位组成检查(表 6-39)

表 6-39　轴箱定位组成检查

质量标准

(1)检查 1 位侧轴箱转臂连接涂漆无裂缝、变形等明显损伤

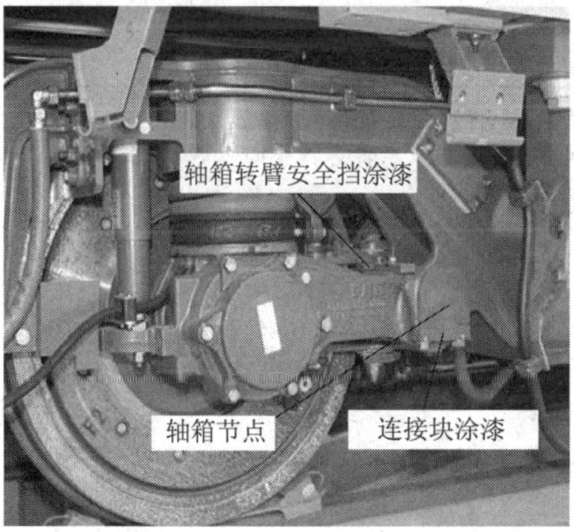

图 1

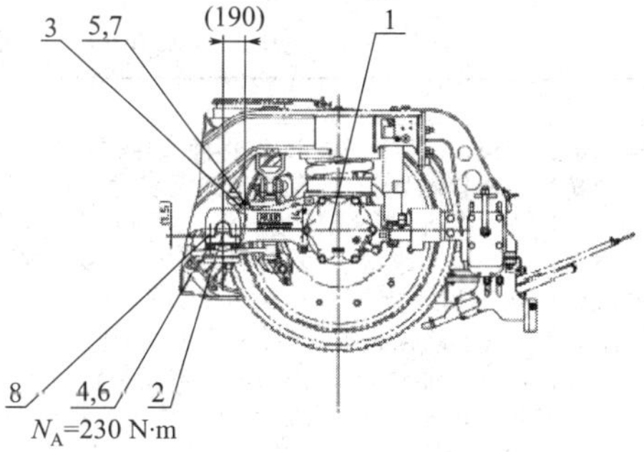

图 2　轴箱定位装置图

1—轴箱节点；2—连接块涂漆；3—轴箱转臂安全挡涂漆；
4—螺栓；5—螺栓；6—垫圈；7—垫圈；8—O 形密封圈

(2)连接块涂漆无缺失，检查连接块紧固件(图 2 中的位置 4 和 6)无松动或缺失，防松标记清晰，无错位

(3)检查 1 位侧轴箱转臂安全挡涂漆应无裂缝、变形等明显损伤

(4)安全挡涂漆无缺失，检查安全挡涂漆紧固件(图 2 中的位置 5 和 7)无松动或缺失，防松标记清晰，无错位

(5)检查 1 位侧轴箱无裂缝、变形等损坏，零部件无松动或缺失，防松标记清晰，无错位

(6)检查 1 位侧轴箱弹簧橡胶堆无肉眼可见的裂纹或破损

作业工具：手电筒

8. 一系悬挂装置检查(表 6-40)

表 6-40　系悬挂装置检查

质量标准
(1)检查一系悬挂装置各部件无裂纹、变形等机械损伤 (2)检查一系垂向减振器安装螺栓和一系止挡销涂漆安装螺栓等无松动或缺失,防松标记清晰,无错位 (3)检查叠层弹簧应无多条裂缝(视裂缝实际情况决定是否更换)、机械损伤、强烈膨胀、负载造成的损伤等现象 (4)检查一系减振器 ①无外部因素损伤,保护管上无较大凹痕,没有使减振器运动受到限制或阻碍的因素 ②保护管与油筒无刮碰痕迹,且油漆无脱落 ③橡胶节点的橡胶不存在不断扩大的裂缝,无碎屑出现 ④橡胶节点的橡胶元件连接紧密,与其他不同金属部件接合处无明显间隙 ⑤减振器表面无潮湿,无油滴落下 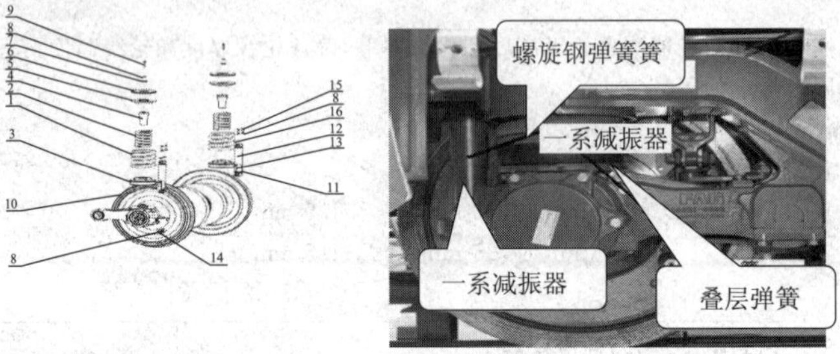 一系悬挂装置分解图 1—螺旋钢弹簧(外圈);2—螺旋钢弹簧(内圈);3—叠层弹簧 4—止挡销;5—弹簧挡板;6—调整垫;7—止挡销压板; 8—垫圈 M16;9—螺栓 M16×70;10—长支座 11 支座; 12—系垂向减振器;13—螺栓 M16×90;14—螺母 M16;15—螺栓 M16×45;16—垫圈
作业工具:手电筒

9. 二系悬挂装置检查(表 6-41)

表 6-41　二系悬挂装置检查

质量标准
(1)检查二系悬挂组成,关闭球阀 L02,拆除高度调整杆,给弹簧放气;清洁空气弹簧气囊的气囊环,空气弹簧气囊环内无任何污物,胶囊与盖板接触处、与应急弹簧间无脏物 (2)检查二系悬挂组成各部件无机械损伤,零部件无松动或丢失等情况 (3)检查空气弹簧裂纹不超限、无鼓包以及帘线外漏等现象 ① 空气弹簧气囊裂纹:长度≤20 mm,面积≤25 mm² ② 空气弹簧橡胶气囊老化裂纹深度:表面裂纹深度≤2 mm,橡胶与金属接触边缘≤3 mm (4)检查空气弹簧安装螺栓、二系垂向减振器安装螺栓无松动或缺失,螺栓防松标记清晰,无错位 (5)检查空气弹簧系统和车身上的连接接头固定紧密,无漏气声 (6)检查二系垂向减振器 ①无外部因素损伤,保护管上无较大凹痕,没有使减振器运动受到限制或阻碍的因素 ②保护管与油筒无刮碰痕迹,油漆无脱落 ③橡胶节点的橡胶不存在不断扩大的裂缝,无碎屑出现 ④橡胶节点的橡胶元件连接紧密,与其他不同金属部件接合处无明显间隙 ⑤减振器表面无潮湿,无油滴落下 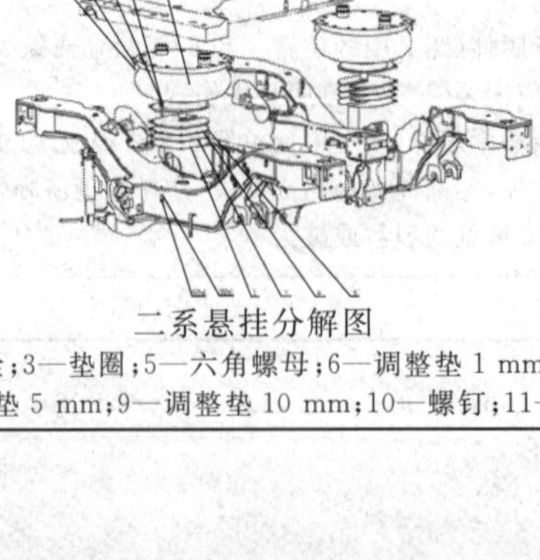 二系悬挂分解图 1—空气弹簧;2—螺栓;3—垫圈;5—六角螺母;6—调整垫 1 mm;7—调整垫 2 mm; 8—调整垫 5 mm;9—调整垫 10 mm;10—螺钉;11—垫圈

续上表

质量标准
 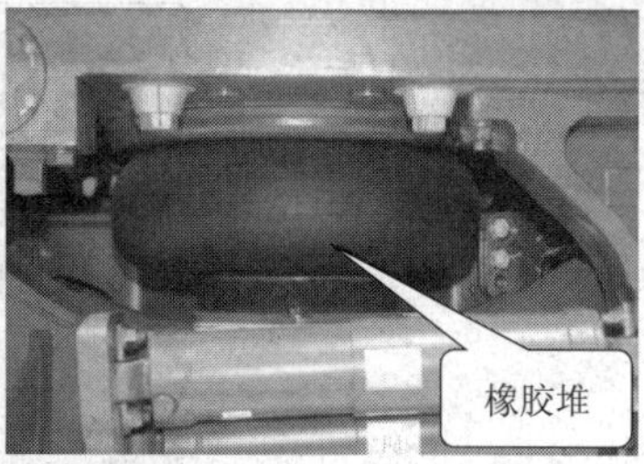
作业工具：手电筒

10. 横向悬挂组成检查(表 6-42)

表 6-42　横向悬挂组成检查

序号	项目	质量标准
1	检查	(1)检查横向悬挂组成各部件无机械损伤、松动或者缺失 (2)检查减振器凸耳和减振器支座应无机械损伤、裂缝和变形，减振器凸耳处焊缝或焊点无开裂，减振器紧固螺栓防松标记清晰无错位 (3)检查缓冲器应无机械损伤、裂缝等，缓冲器紧固螺栓防松标记清晰无错位 (4)检查横向减振器无漏油现象，橡胶节点无损伤 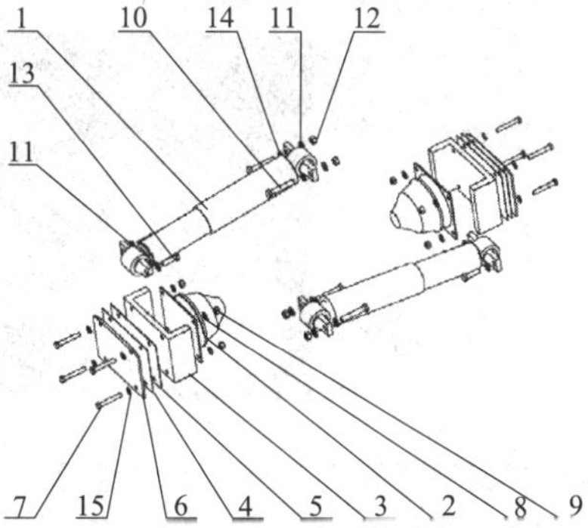 横向悬挂组成分解图 1—横向减振器；2—缓冲器；3—缓冲器座涂漆；4— 1 mm 调整座；5—2 mm 调整垫；6—5 mm 调整垫；7—螺栓；8—垫圈；9—六角螺母；10—螺栓；11—垫圈；12—六角螺母；13—螺栓；14，15—垫圈
2	更换减振器标准	出现下列情况时，必须更换减振器 (1)外部因素损伤(如石击)，保护管上出现较大凹痕，减振器运动会受到限制或阻碍 (2)保护管与油筒存在刮碰痕迹，且油漆存在脱落 (3)橡胶节点的橡胶存在不断扩大的裂缝和有碎屑出现 (4)橡胶节点的橡胶元件分离或与其他不同金属部件接合处出现明显间隙时，则表示此橡胶元件已磨损破旧 (5)如果减振器表面潮湿或有油滴落下时，则表示减振器漏油；用纸巾擦拭减振器将出现油流痕迹，大量漏泄通常从一部分潮湿表面扩大至整个储油筒表面

续上表

<table>
<tr><th>序号</th><th>项目</th><th>质量标准</th></tr>
<tr><td>2</td><td>更换减振器标准</td><td>
</td></tr>
<tr><td colspan="3">作业材料:干净白布。作业工具:手电筒</td></tr>
</table>

11. 抗侧滚扭杆组成检查(表 6-43)

表 6-43 抗侧滚扭杆组成检查

<table>
<tr><th>序号</th><th>项目</th><th>质量标准</th></tr>
<tr><td>1</td><td>检查扭杆</td><td>(1)检查传动机构应无机械损坏、裂纹、变形,零件无松动或丢失
(2)使用百分表测量扭杆衬套与扭杆端部的径向间隙,若间隙过超过 2 mm,将车身向下放到紧急弹簧上,然后对空心衬套的径向间隙进行测量
间隙检查方法:将百分表磁力座固定在扭杆上,表头打在扭杆座下端面(如下图所示)。无载扭力杆轴承的最大径向间隙不能超过 0.2 mm,间隙大于 0.2 mm 时更换扭杆衬套
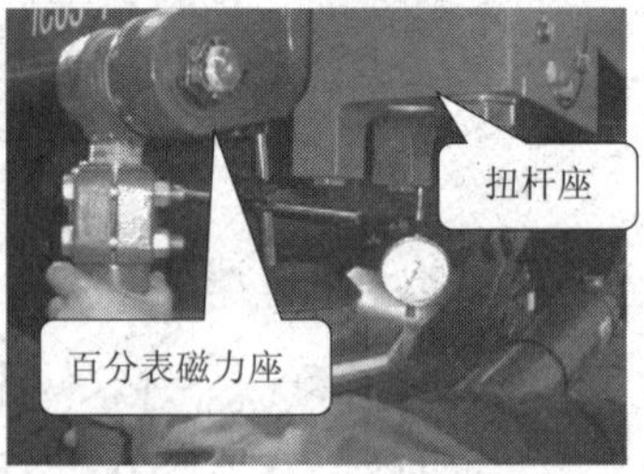
</td></tr>
<tr><td>2</td><td>检查可调连杆</td><td>可调节连杆及其球形接头检查
(1)检查可调连杆无机械损坏、裂纹、变形或松动,部件无丢失
(2)用手摇晃可调连杆检查球形接头间隙有无过大
间隙标准如下
<table>
<tr><th>序号</th><th>名称</th><th>间隙允许值</th><th>施加载荷</th></tr>
<tr><td>1</td><td>可调连杆(构架端)</td><td>3 mm</td><td>1.5 kN</td></tr>
<tr><td>2</td><td>可调连杆(枕梁端)</td><td>2 mm</td><td>1.5 kN</td></tr>
</table>
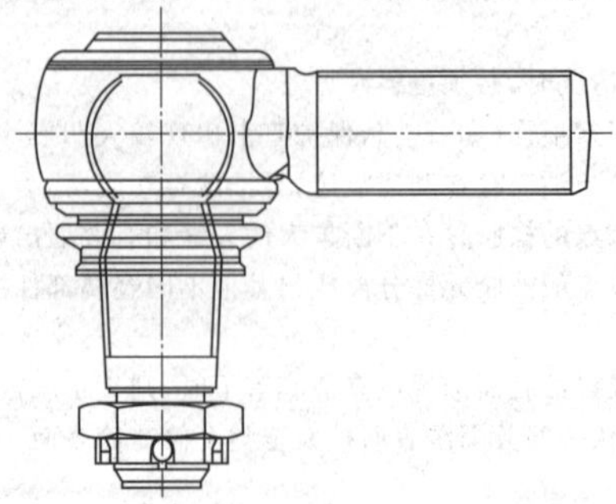</td></tr>
</table>

续上表

序号	项目	质量标准
3	检查抗侧滚扭杆座	检查抗侧滚扭杆座无裂纹、变形等缺陷  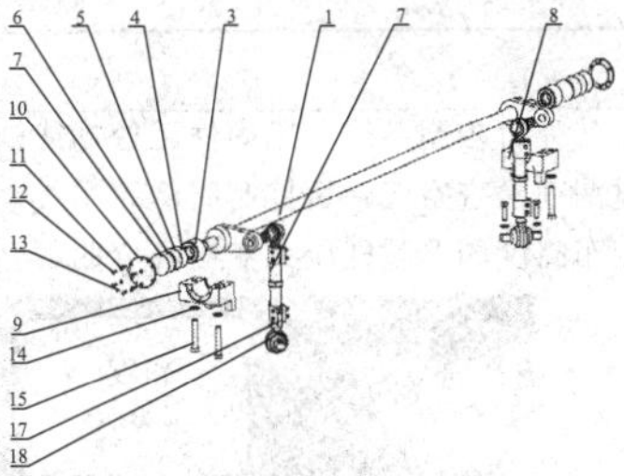 抗侧滚扭杆组成 1—抗侧滚扭杆；2—可调节连杆；3—扭杆衬套；4—盘式垫片；5，6—定距垫片 1 mm；7—定距垫片 5 mm；8—扭杆座涂漆(左)；9—扭杆座涂漆(右)；10—压涂漆；11—六角螺栓；12—垫片 13—密封堵塞；14—垫片；15—螺栓；16—堵塞；17—螺栓；18—垫片
作业工具：手电筒、百分表		

12. 抗蛇行减振器组成检查(表 6-44)

表 6-44　抗蛇行减振器组成检查

序号	项目	质量标准
1	检查	(1)检查抗蛇行减振器转向架构架、横向构件、抗蛇行减振器应无明显的机械损伤(如裂纹、变形等)，转向架构架和横向构件上安装螺栓防松标记清晰无错位 (2)检查抗蛇行减振器应无漏油、滴油现象 (3)检查枕梁上的抗蛇行减振器无松动 (4)检查抗蛇行减振器橡胶节点无裂纹或老化现象 
2	更换减震器标准	出现下列情况时，必须更换减振器 ① 外部因素损伤(如石击)，保护管上出现较大凹痕，减振器运动会受到限制或阻碍 ② 保护管与油筒存在刮碰痕迹，且油漆存在脱落 ③ 橡胶节点的橡胶存在不断扩大的裂缝和有碎屑出现 ④ 橡胶节点的橡胶元件分离或与其他不同金属部件接合处出现明显间隙时；则表示此橡胶元件已磨损破旧 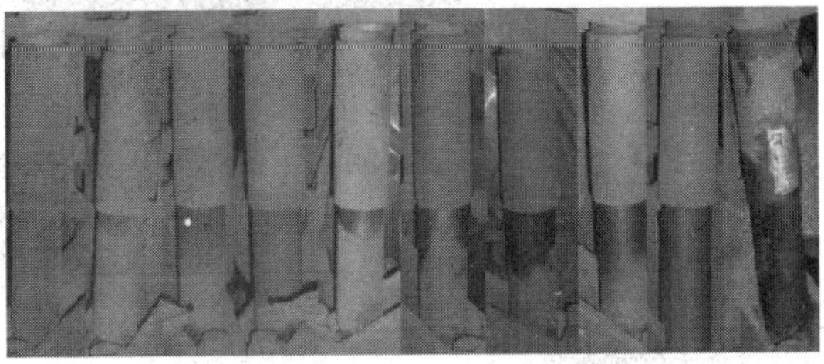 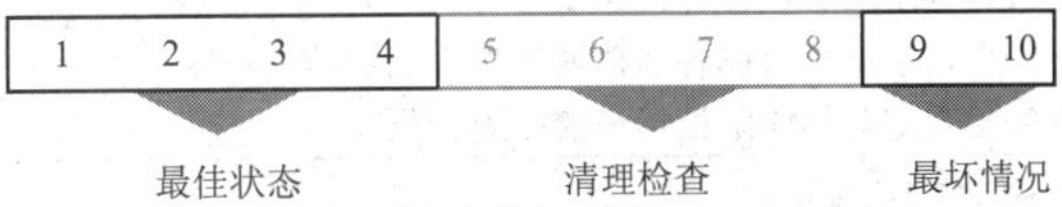 漏油等级评判
作业材料：记号笔。作业工具：手电筒		

13. 空簧连接组成检查(表 6-45)

表 6-45　空簧连接组成检查

质量标准
(1)检查空气弹簧控制系统各紧固件无松动或缺失 (2)使用试漏剂检查空气弹簧控制阀体无漏气 (3)检查拖车高度阀调整杆应无变形或弯曲,高度阀柱头螺栓防松标记清晰无错位
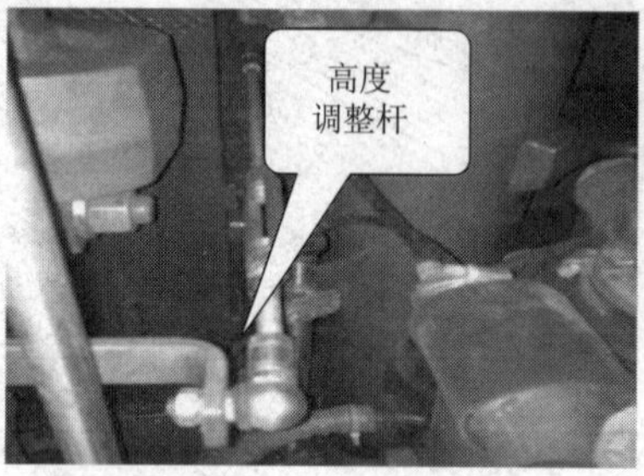 
作业材料:记号笔。作业工具:手电筒

14. 牵引拉杆组成检查(表 6-46)

表 6-46　牵引拉杆组成检查

序号	项目	质量标准
1	牵引梁检查	目视检查牵引梁无裂纹或变形
2	连杆检查	(1)检查连杆无裂纹或变形 (2)检查连杆节点无裂纹,橡胶与金属材料不能脱离 (3)目视检查的主要判定标准 ①部件无裂痕,则状态良好可继续使用 ②部件上有大量细小裂痕(2 或 3 mm 长),则可能是由环境条件(尤其是臭氧)引起的需要更换该部件 ③部件上仅有少量裂痕,且裂痕长度大于 2 或 3 mm,则它们可能为疲劳裂纹需要更换该部件 ④如果橡胶金属黏合部位出现损坏,则需要更换该部件 
3	压盘检查	目视检查压板无裂纹或变形
4	牵引组成检查	(1)检查牵引组成各部件无缺失 (2)手摇动牵引组成各部位紧固件应无松动 (3)检查安装螺栓防松标记清晰无错位
作业材料:记号笔。作业工具:手电筒		

15. 中心销组成检查(表 6-47)

表 6-47　中心销组成检查

序号	项目	质量标准
1	中心销组成检查	(1)检查中心销组成各部件无裂纹或变形,若在检查或操作期间发现损坏或超限部件,则应立即对受影响部件实施维修或更换 (2)中检查中心销组成应无松动或缺失部件,防松标记应清晰无错位 
2	中心销油漆表面检查	检查中心销油漆表面无脱落,若油漆脱落则需要补漆,油漆型号为 RAL 7043
3	中心销与枕梁的连接检查	检查中心销与枕梁的连接处无损坏、松动或缺失的紧固件,防松标记清晰无错位
作业材料:RAL7043 油漆。作业工具:手电筒		

16. 空气弹簧气路部件检查(表 6-48)

表 6-48　空气弹簧气路部件检查

项目	质量标准
空簧连接组成检查	(1)使用裙板钥匙打开制动控制裙板 (2)检查空气弹簧及管路附件三通塞门 L02,高度阀 L04/1、压力开关 L05、安全阀 L06、节流阀 L07、检测套管 L09、空气滤清器 L10、检测套管 L11、均压阀 L13、溢流阀 L14、高度阀 L15 要求: ①检查确认设备的位置正确,紧固元件无松动或缺失 ②使用试漏剂检查压缩空气接口无漏风 ③检查确认电气接口在设备上放置正确,防松标记清晰无错位 ④重点检查:空气弹簧外观检查、高度阀阀体外观检查、安全阀连杆处在基本水平状态(充风状态),安全阀(L06)连杆与高度阀(L15)连杆高度差≤45 mm(每个转向架分别有两根连杆,高度差指两个杆长度差)。(如下图所示) ⑤检查确认设备无变形、腐蚀或明显的脏污 ⑥检查确认电气接口无损伤,无热负荷或绝缘损坏 ⑦检查完毕后关闭裙板,确认恢复到位 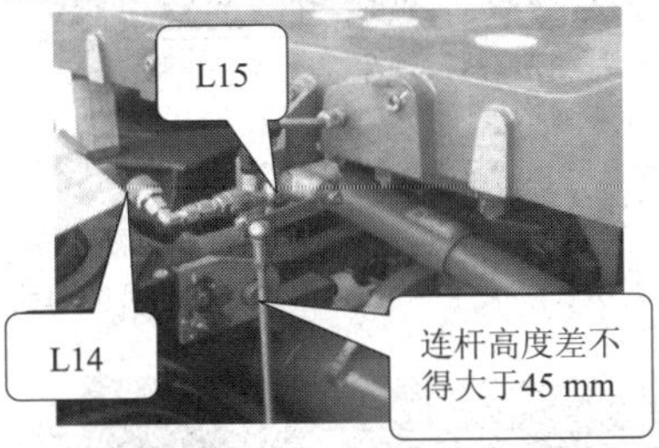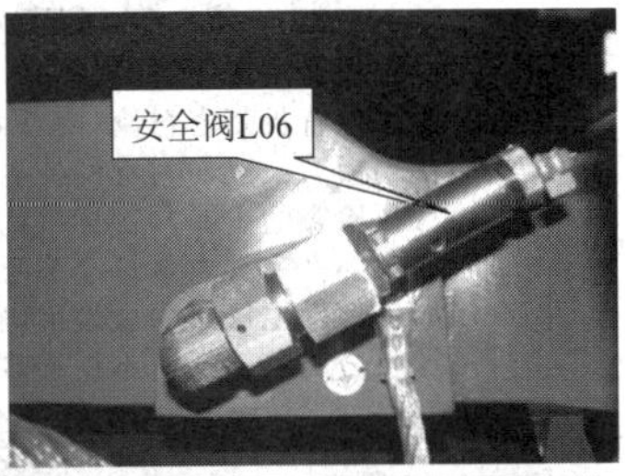 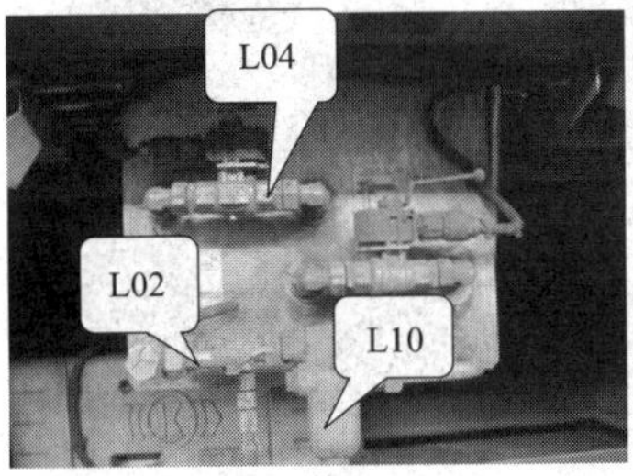

续上表

<table>
<tr><th>项目</th><th>质量标准</th></tr>
<tr><td>空簧连接组成检查</td><td>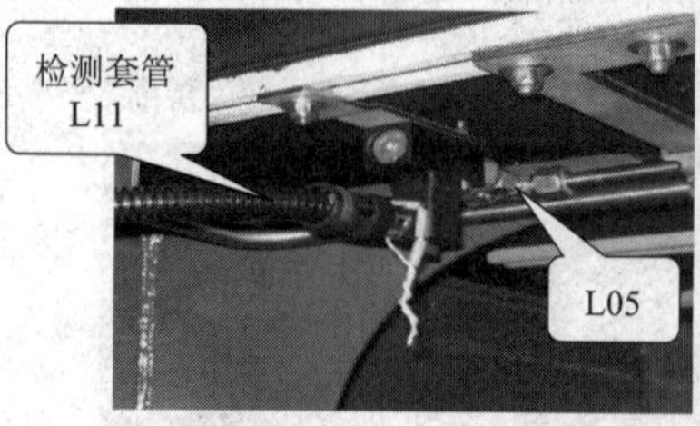

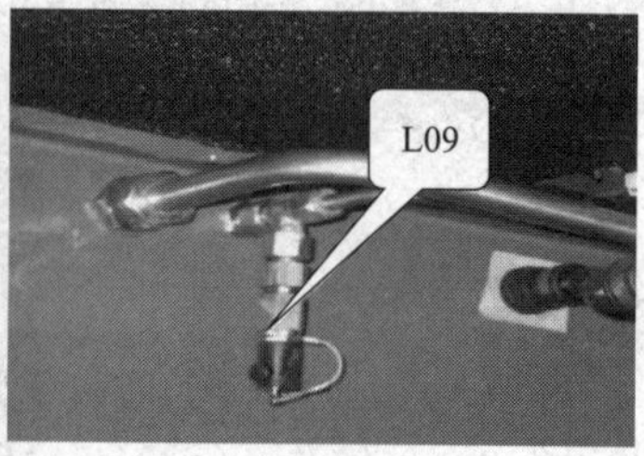
</td></tr>
<tr><td colspan="2">作业材料：记号笔。作业工具：手电筒</td></tr>
</table>

17. 驱动装置组成检查(表 6-49)

表 6-49 驱动装置组成检查

<table>
<tr><th>序号</th><th>项目</th><th>质量标准</th></tr>
<tr><td>1</td><td>检查 1、2 位侧电机部件及齿轮箱相关部件</td><td>(1)检查 1、2 位侧电机吊架，无明显的裂纹、断裂、缺口，不存在零部件丢失，部件无缺陷
(2)目视检查电机单元横向减振器是不存在橡胶节点开裂、保护管损坏、保护管刮伤储油筒、油漏泄等现象
(3)检查电机位移止挡，无碰撞迹象
(4)检查减振器
①无外部因素损伤，保护管上无较大凹痕，减振器运动不会受到限制或阻碍
②保护管与油筒无刮碰痕迹，且油漆无脱落
③橡胶节点的橡胶不存在不断扩大的裂缝，无碎屑出现
④橡胶节点的橡胶元件连接紧密，与其他不同金属部件接合处无明显间隙
⑤减振器表面无潮湿，无油滴落下
(5)确认齿轮箱和联轴节无漏油
(6)检查牵引电机组成部分所有螺栓的安装紧固，防松标记清晰，无错位
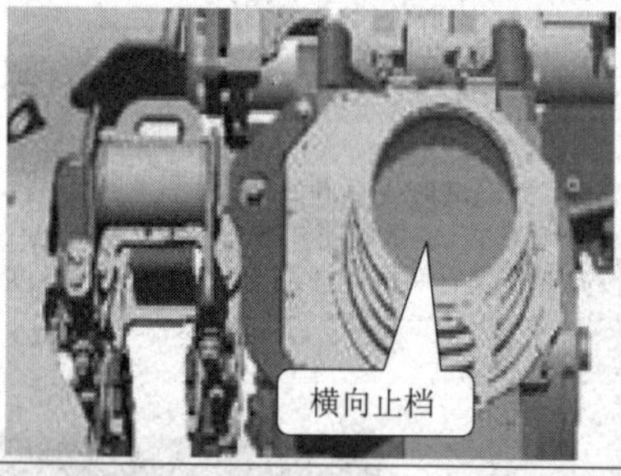

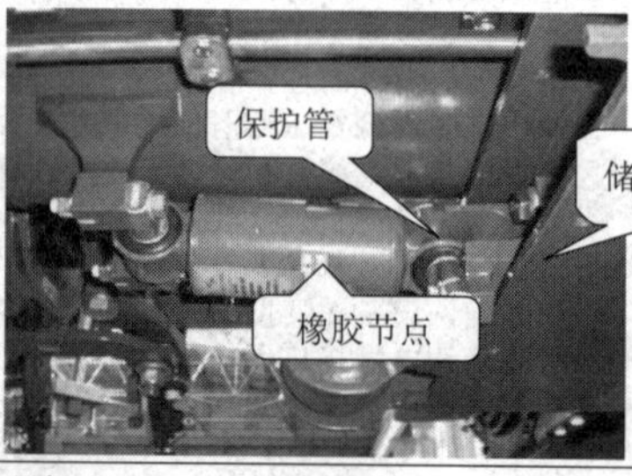
</td></tr>
<tr><td>2</td><td>检查 1、2 位侧板簧</td><td>(1)检查板簧组成无裂纹、裂口、断裂、变形、锈蚀现象
(2)清洁检查板簧上衬套，确认状态无损伤
(3)目测板簧组成的衬套的橡胶中无裂纹，橡胶与材料连接紧密
(4)目视检查的主要判定标准为是否存在裂痕
(5)如果部件上有大量细小裂痕，则可能是由环境条件(尤其是臭氧)引起的
(6)如果部件上仅有少量裂痕，且裂痕长度大于 2 或 3 mm，则它们可能为疲劳裂纹
(7)橡胶金属粘合部位不得出现损坏

</td></tr>
<tr><td colspan="3">作业工具：手电筒</td></tr>
</table>

18. 联轴节组成检查(表 6-50)

表 6-50　联轴节组成检查

项目	质量标准
检查1、2位侧联轴器组成	(1)检查1、2位侧联轴器两个法兰接头无泄漏 (2)检查1、2位侧联轴器及螺栓无裂纹，腐蚀 (3)对联轴节零件上较轻的腐蚀点和损坏的面漆涂层进行修复补漆 (4)检查各螺栓、螺堵的防松标记漆无脱落，螺栓无裂纹、防松标记清晰，无错位 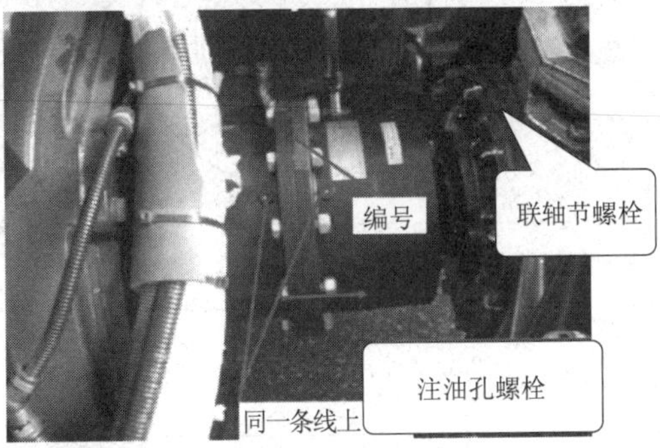
作业工具：手电筒	

19. 齿轮箱检查(弗兰德)(表 6-51)

表 6-51　齿轮箱检查(弗兰德)

序号	项目	质量标准
1	弗兰德齿轮箱检查	根据箱体所铸的标识，确认齿轮箱为弗兰德公司提供 
2	清洁	用无纺布清洁油位计窗口后，检查齿轮箱内的润滑油油位，如果没有达到规定的标准，需检查齿轮箱输入端两侧和输出端两侧的密封状态，如有渗漏现象，应立即进一步分析处理 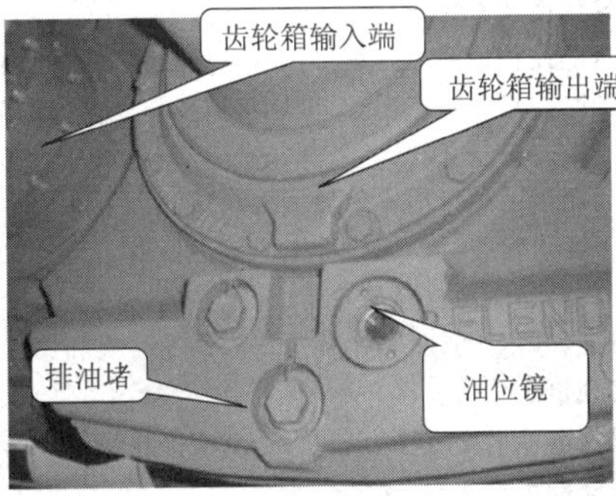

续上表

序号	项目	质量标准
3	检查齿轮箱内的润滑油油位	检查齿轮箱内的润滑油油位，如果没有达到规定的标准，检查齿轮箱输入端两侧和输出端两侧密封状态并无明显渗漏现象的，必须补充加注润滑油至油位计的标准范围 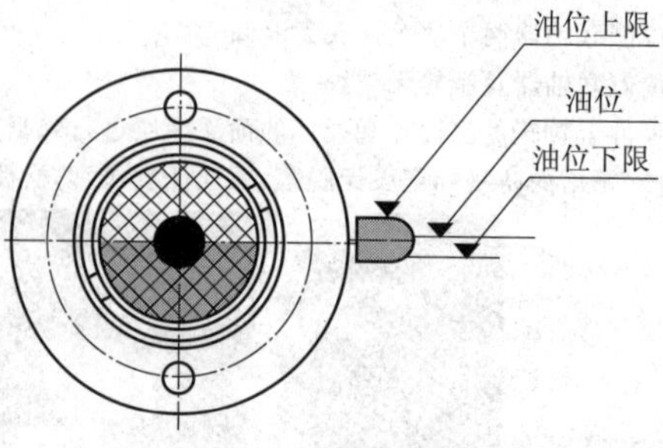
4	检查C支架	检查C支架层弹簧的橡胶元件应无裂纹
5	检查齿轮装置放气阀	(1)检查齿轮装置放气阀无异物 (2)清洁放气阀：旋松齿轮装置放气阀，用汽油清洁并用压缩空气吹，旋入并拧紧干净的或新的齿轮装置放气阀
6	检查齿轮箱外壳	(1)清洁齿轮装置，确保通过外壳壁和冷却肋片具有良好的散热： 用刷子、水和柔和的清洁剂进行清洁。也可以用高压清洁装置进行清洁，然后使用软管用水喷溅齿轮装置。注意：在清洁时，不要将喷射水或高压清洁器直接对准曲径密封垫片，否则水或清洁剂将流入齿轮装置内 注：必须盖上曲径密封垫片以防止高压喷射 (2)检查外壳无裂纹 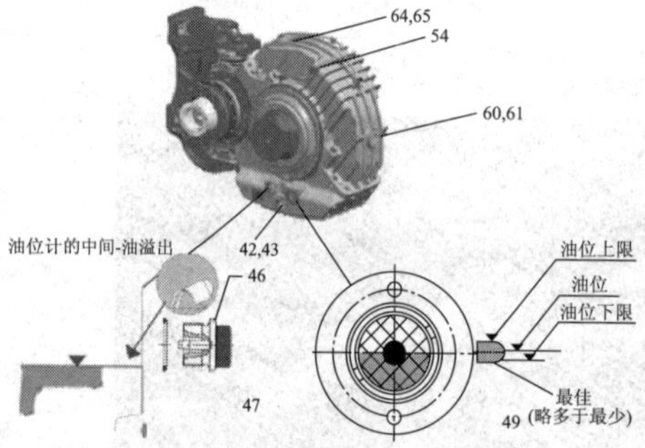  (3)检查电阻温度计或电缆套状态应良好
7	换油	当动车组运行到4 000 km时须进行第一次换油(换油步骤如下)： (1)根据箱体所铸的标识，确认齿轮箱为弗兰德公司提供 (2)先用清水清洗排油堵和注油堵表面及周围区域，再用乐泰7063和无纺布清洁干净 (3)用斜口钳拆除排油堵和注油堵上的防松钢丝 (4)取下排油堵和密封环 注意：①排油操作最好在列车停稳断电后的最短时间内进行操作，这时的油温较热，便于快速将润滑油排出，排油时注意戴防护手套，以避免被烫伤②排出的润滑油需专门收集处理，不可随意倾入下水管道污染环境 (5)将齿轮箱内的润滑油排入油桶内 (6)按如下要求检查排油堵磁针上的剥蚀材料 ①细微的(粉状)剥蚀材料属正常、无危害的 ②对于剥蚀材料量的评估：车辆运行后的第一次和第二次换油时，下图C的状态还是允许的。此后，剥蚀材料必须更少 ③如果排出的油内含有小金属颗粒，就应停止使用该齿轮箱，对换下润滑油进行取样化验，发现金属元素超标时立即更换油脂

续上表

<table>
<tr><th>序号</th><th>项目</th><th>质量标准</th></tr>
<tr><td>7</td><td>换油</td><td>
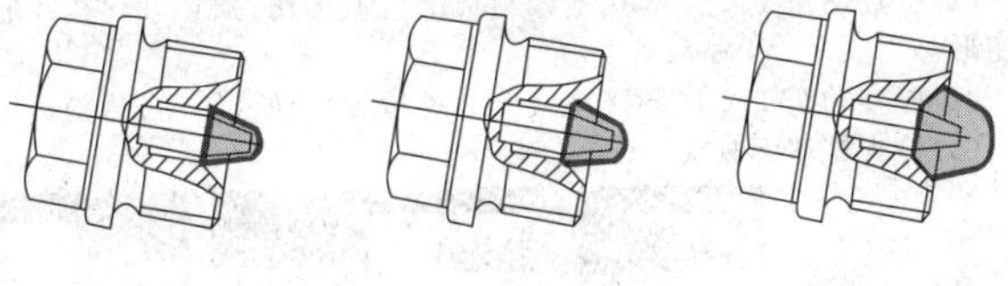

(a) 最佳　　(b) 可接受的排油堵　　(c) 极限状态

(7)检查油位计观察窗如果视窗比较干净,可不进行清理,否则需按如下方法进行操作

①如果玻璃罩 1 和玻璃罩 2 之间的视野受限,按 OSA 型油位计清洗方法清洗玻璃罩 1

②如果由于油堆积使得透过齿轮装置的内侧玻璃罩 2 视野受限,按油位计清洗方法清洗玻璃罩 2

(8)先用无纺布擦去排油堵和注油堵上的剥蚀材料,用钢丝刷清理螺纹表面的乐泰胶,再用乐泰 7063 进行清洗,然后吹干

(9)更换新的密封圈后,用扭矩扳手和套筒 S24 重新将排油堵安装到齿轮箱的排油口上拧紧,力矩为(100±5)N·m,紧固后将排油堵的防松钢丝拴上

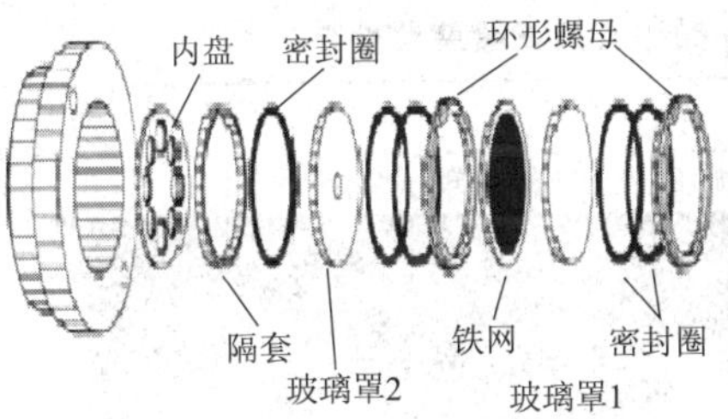

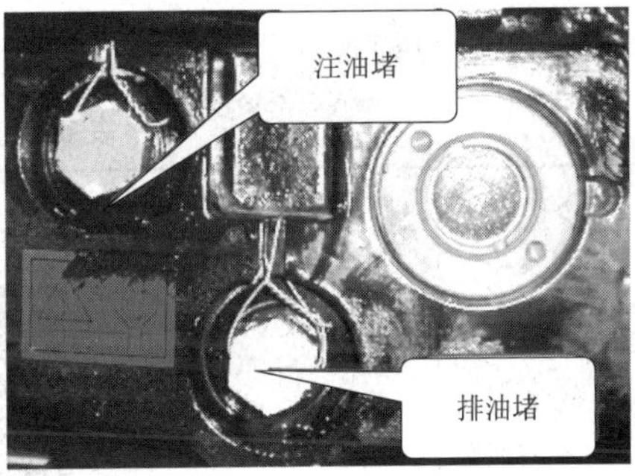

(10)使用注油机(注油机过滤器为 25 μm)向齿轮箱内加入新的润滑油至下图所示的规定刻度范围内

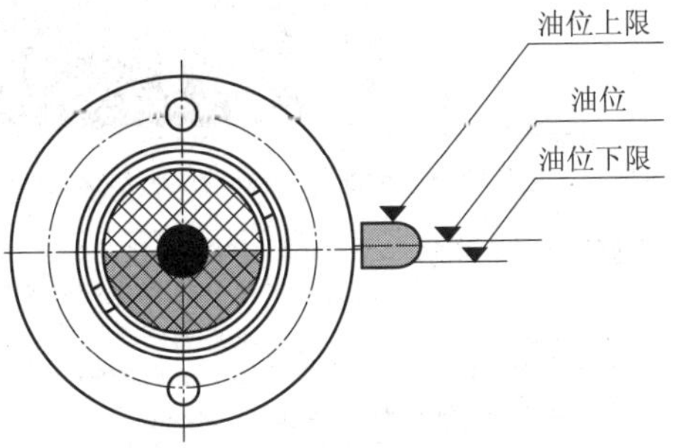

注:要确保给齿轮箱加入同样类型的润滑油,不能将不同类型的油或由不同制造商制造的润滑油混合

(11)更换新的密封圈后,用扭力扳手和套筒 S24 重新将注油堵安装到齿轮箱的注油口上拧紧,力矩为(100±5)N·m,紧固后将注油堵的防松钢丝拴上

(12)用乐泰 7063 和无纺布将排油堵和注油堵周围的残油清理干净

(13)在注油孔附近贴上注油标识,此标识包含所注油型号、注油操作者和注油日期
</td></tr>
<tr><td colspan="3">作业材料:无纺布。作业工具:手电筒</td></tr>
</table>

20. 接地装置检查(表 6-52)

表 6-52　接地装置检查

序号	项目	质量标准
1	检查动车1、2位侧接地组成	(1)检查动车1、2位侧接地线组成无机械损伤、损坏、断裂、断股、缺失、腐蚀、严重磨损、裂痕以及严重变形等现象 (2)检查动车1、2位侧接地线安装螺栓无松动或转动，防松标记清晰，无错位等，紧固螺栓无缺失 (3)检查螺堵无缺失 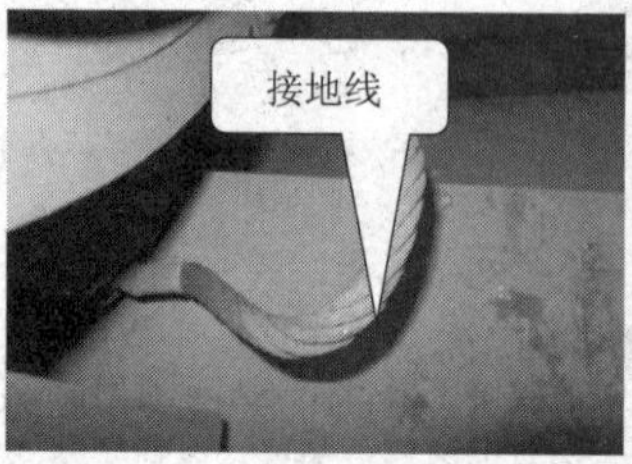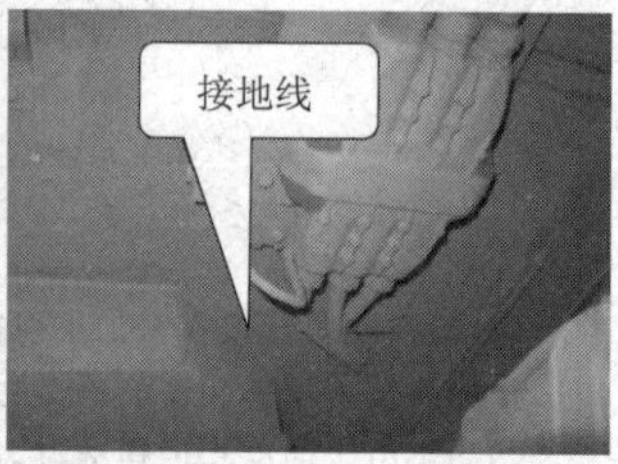
2	检查拖车1、2位侧接地组成	(1)检查拖车1位侧接地线组成无机械损伤、损坏、断裂、断股、缺失、腐蚀、严重磨损、裂痕以及严重变形等现象 (2)检查拖车1位侧接地线安装螺栓无松动或转动，防松标记清晰，无错位等，紧固螺栓无缺失 (3)检查螺堵无缺失
作业工具：手电筒		

21. 撒砂与扫石器装置检查（表6-53）

表 6-53　撒砂与扫石器装置检查

序号	项目	质量标准
1	检查撒砂装置和扫石器装置	检查撒砂装置和扫石器装置无损坏、松动或缺失部分 
2	紧固情况检查	检查各螺栓连接件的紧固情况，无松动、缺失、损坏，防松标记清晰，无错位
3	高度检查	(1)检查撒砂装置。把钢尺架于钢轨上，测量撒砂装置喷嘴下檐到钢轨的垂直距离 (2)检查扫石器装置高度。用钢尺测量扫石器橡胶到钢轨的垂直距离 (3)限度如下： CRH380B(L)撒砂装置。头车为(67±2)mm，中间车为(70±2)mm CRH380B扫石器装置的高度设置(54±2)mm 
作业工具：手电筒、钢尺		

22. 动车转向架基础制动装置检查(表 6-54)

表 6-54　动车转向架基础制动装置检查

质量标准

(1)目视检查闸片托、夹钳吊、开口销、卡簧等部件安装牢固,无松动或缺失,紧固元件上标记清晰可见、正确

(2)目视检查夹钳单元无损伤,无变形、腐蚀或明显的脏污

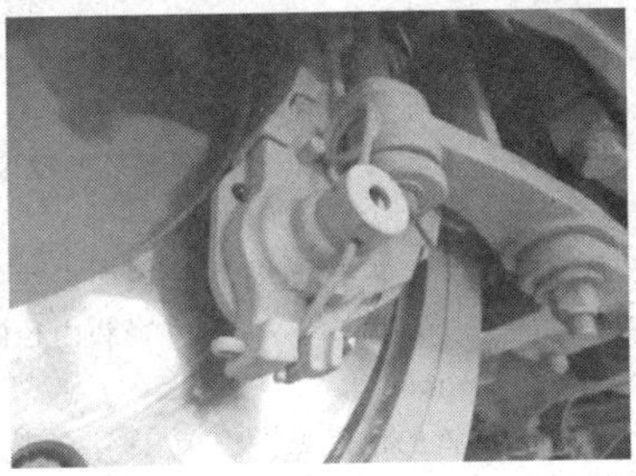

(3)用钢尺测量闸片厚度不超限,限度为:闸片最薄处≥7 mm(含钢背厚度),同一制动夹钳任一闸片到限应同时更换

(4)目视检查确认压缩空气接口在设备上的位置正确,无漏风

(5)用钢尺测量制动盘摩擦环厚度不超限,厚度必须≥66 mm,且两摩擦环的厚度差≤2 mm(原形为 80 mm)。用两把钢尺测量摩擦环倾斜磨损程度≤1 mm

(6)用钢尺测量制动轮盘不允许存在贯穿裂纹,任意位置的表面龟裂无影响,表面裂缝不超限,限度为

当允许存在裂缝时:$a<80$ mm,$b<60$ mm,多个随机排布的裂缝

当在一定条件下允许存在裂缝时:80 mm$\leqslant a<100$ mm,60 mm$\leqslant b<80$ mm

当不允许存在裂缝时:$a\geqslant100$ mm,$b\geqslant80$ mm

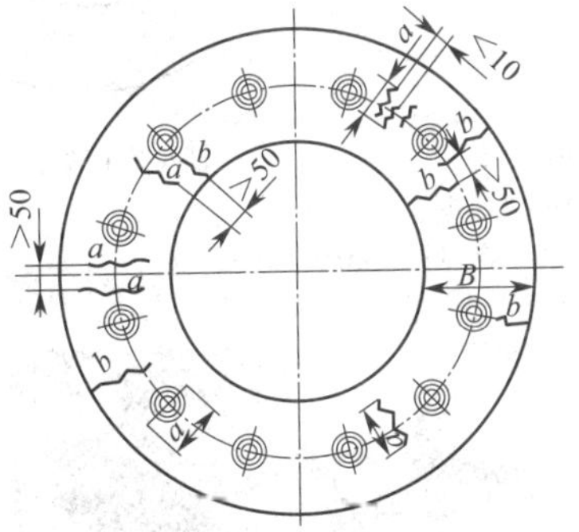

轮盘表面裂纹

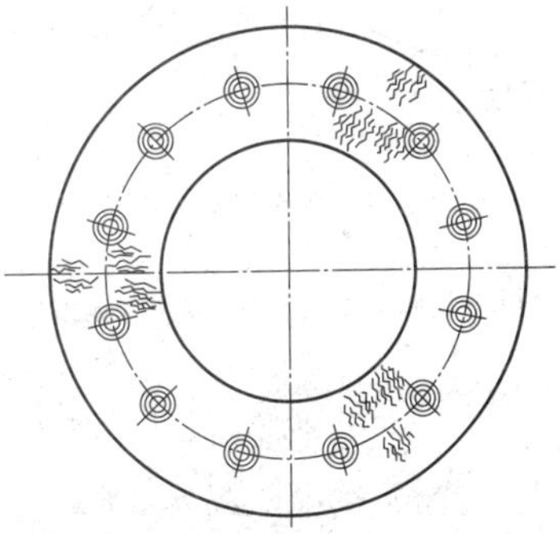

轮盘表面龟裂

(7)用游标卡尺测量制动轮盘摩擦环表面刮痕不超限,限度为刮痕深度≤1 mm

(8)用游标卡尺测量制动轮盘摩擦环凹陷磨损不超限,限度为凹陷深度<1 mm

(9)目视检查制动缸无损伤,波纹管无裂纹

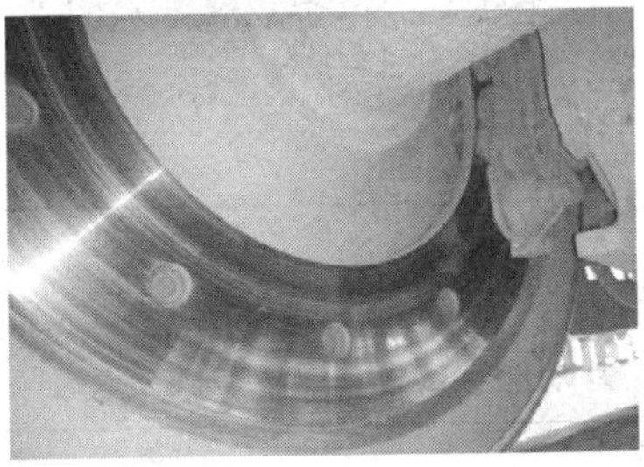

制动轮盘

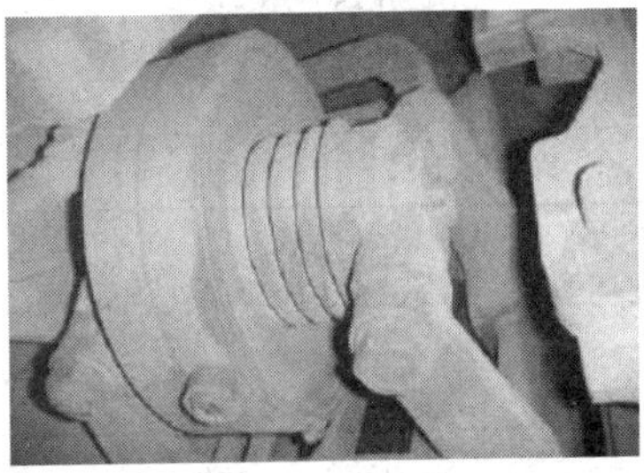

制动缸、波纹管

注意:制动盘周围有烫伤危险。压缩空气系统中可能存在高压。在拆卸(分)系统前使其完全卸压。为防止压缩空气系统受污染导致装置及系统功能失灵,应采取比如遮盖接口等措施,避免拆卸之后污染物进入

作业工具:手电筒、钢尺、游标卡尺

23. 拖车转向架基础制动装置检查(表 6-55)

表 6-55　拖车转向架基础制动装置检查

质量标准

(1)目视检查闸片托、夹钳吊、开口销、卡簧等部件安装牢固,无松动或缺失,紧固元件上标记清晰可见、正确

(2)目视检查夹钳单元无损伤,无变形、腐蚀或明显的脏污

(3)用钢尺测量闸片厚度不超限,限度为

闸片最薄处≥7 mm(含钢背厚度),同一制动夹钳任一闸片到限应同时更换

(4)目视检查确认压缩空气接口在设备上安装牢固,耳听无漏风声

(5)用钢尺测量制动盘摩擦环厚度不超限,厚度必须≥66 mm,且两摩擦环的厚度差≤2 mm(原形为 80 mm)。用两把钢皮尺测量摩擦环倾斜磨损程度≤1 mm

(6)用钢尺测量制动轴盘裂纹不超限,不允许存在贯穿裂纹,允许存在表面裂纹的限度:$a<100$ mm,裂纹即未触及内径也未触及外径;$b<100$ mm,裂纹触及了内径或外径;$a<100$ mm,但到外径和内径的距离≥10 mm 且两裂纹之间的距离>50 mm;只允许出现一处彼此相对表面裂纹长度≤70 mm

(7)用钢尺测量制动轴盘表面裂缝不超限,任意位置的龟裂无影响,允许存在裂缝的限度:$b<50$ mm 且两条裂缝之间的距离大于 100 mm 的多处裂缝;在一定条件下允许存在裂缝的限度:50 mm≤$b<70$ mm;不允许存在裂缝的限度:$b≥70$ mm

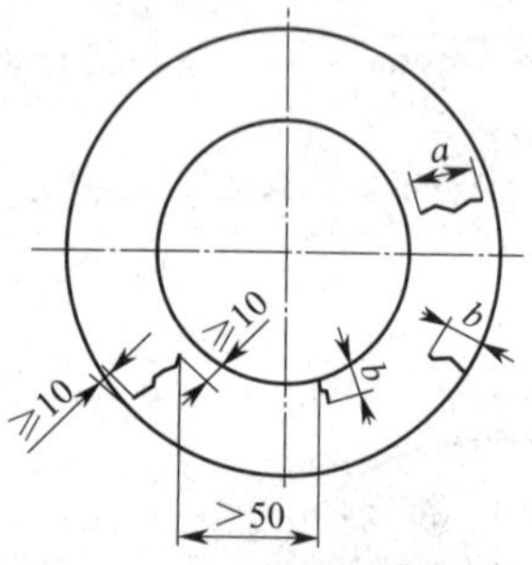

轴盘表面裂纹

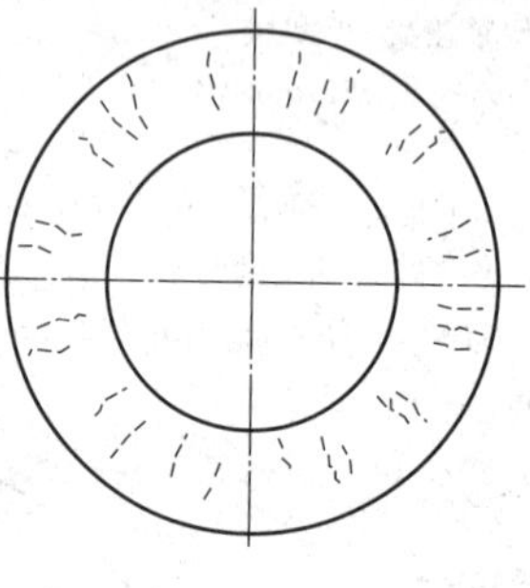
轴盘表面龟裂

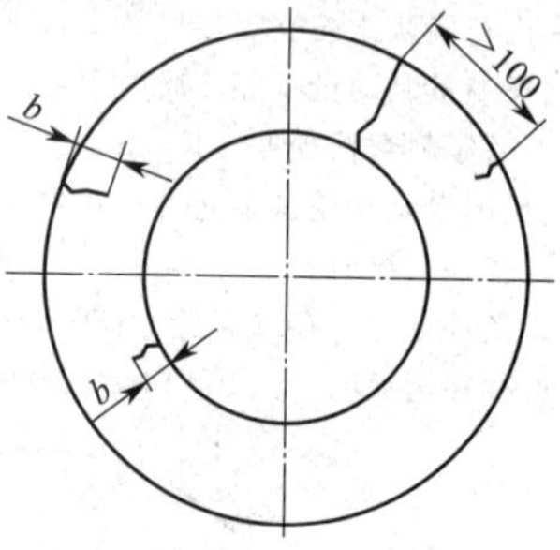

轴盘表面裂缝

(8)用游标卡尺测量制动轮盘摩擦环表面刮痕不超限,限度为刮痕深度≤1 mm

(9)用游标卡尺测量制动轮盘摩擦环凹陷磨损不超限,限度为凹陷深度<1 mm

(10)目视检查制动缸、停放制动缸无损伤,波纹管无裂纹

制动轴盘

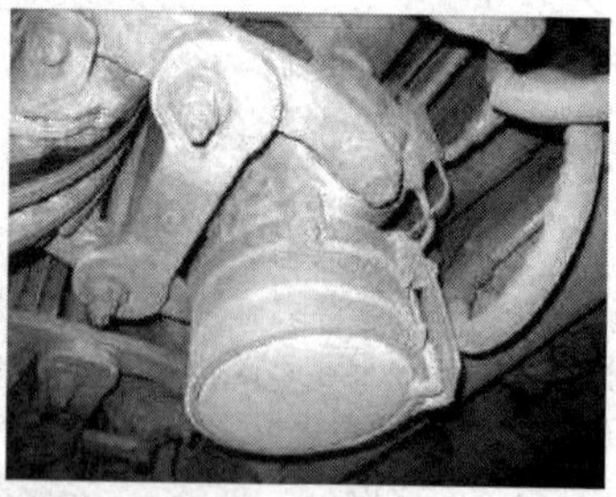
停放制动缸

作业工具:手电筒、钢尺、游标卡尺

24. 停放制动功能测试(表 6-56)

表 6-56　停放制动功能测试

质量标准

(1)投入主控钥匙占用司机室,将司机常用制动手柄(C23)置于缓解位,来缓解直通式制动,按下停放制动缓解按钮,在 HMI 屏上确认停放制动状态,显示已施加停放制动

(2)目视检查带停放制动的制动钳单元的制动闸片离开制动盘面,制动钳单元处于缓解状态

(3)观察车体两侧制动显示装置(Z26)在车辆两侧显示制动缓解状态(右侧显示窗显示绿色图标)

续上表

质量标准
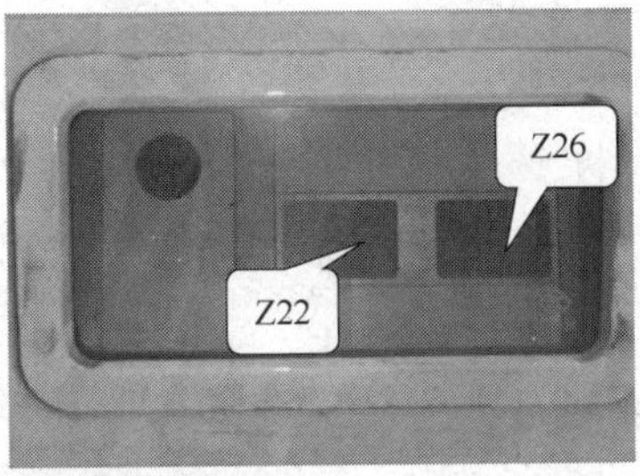 (4)关闭停放制动截断球阀(H29),可听到排风声;球阀(H29)动作灵活  (5)检查停放制动的制动钳单元处于制动状态 ①带停放制动的制动钳单元的制动闸片抱在制动盘上 ②制动显示装置(Z26)在车辆两侧显示制动施加状态(右侧显示窗显示红色图标带黑道)  (6)操作停放制动拉杆(D08,D09),并测试其功能。停放制动拉杆可以灵活地拉动,若拉动不灵活,将绳索的可见部分用少许润滑剂 STABURAGS NBU 30 PTM[S002]润滑 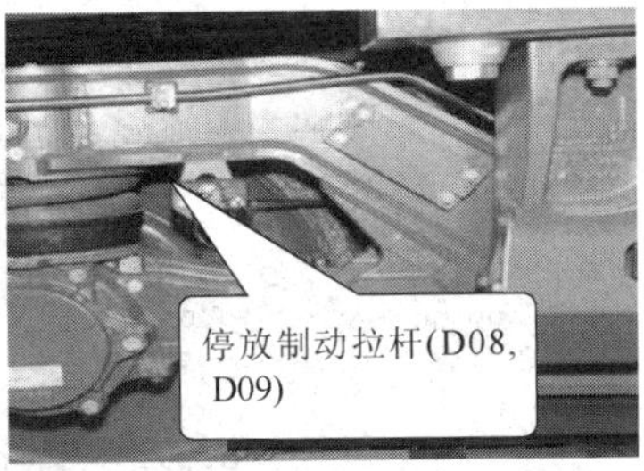 (7)目视检查常用制动钳单元的制动闸片应离开制动盘,制动显示装置(Z26)继续显示停放制动处于施加状态 (8)将停放制动拉杆(D08 和 D09)推回复位,并用插销锁紧固定 (9)打开停放制动截断球阀(H29)。球阀(H29)可以很灵活地完全打开。目视确认停放制动的制动闸片已抱在制动盘上 (10)关闭所打开的裙板,并确认锁闭紧固
作业材料:润滑剂 STABURAGS NBU 30 PTM [S002]。作业工具:手电筒、裙板钥匙

25. 车钩钩头检查(表 6-57)

表 6-57 车钩钩头检查

<table>
<tr><th>项目</th><th>质量标准</th></tr>
<tr><td>检查
及测量</td><td>1. 使用头罩钥匙打开前端车钩
2. 使用车钩锁间隙规测量车钩锁的间隙(车钩锁间隙是两个结合车钩头部前板之间的间距),允许间隙1.4 mm。车钩锁间隙测量方法
①将棘轮手柄(3)置于间隙规(20)的螺纹心轴上
②将间隙规置于车钩头部(14)上,使底板(1)安放在车钩前板(11)上
③将车钩的连接链板(12)勾到间隙规钩板(2)中
④将间隙规的连接链板(6)勾到车钩的钩板(15)中
⑤逆时针旋转棘轮手柄,确保钩板(4)的孔眼与连接链(6)同高
⑥将连接链销(5)插入到钩板和连接链的内孔中
⑦将棘轮手柄(3)顺时针旋转至转矩极限位置(咯喇声响两次)
⑧车钩锁间隙规的标度读数的精度为 1/10 毫米
⑨读取车钩锁的游隙读数
⑩重新安装车钩锁
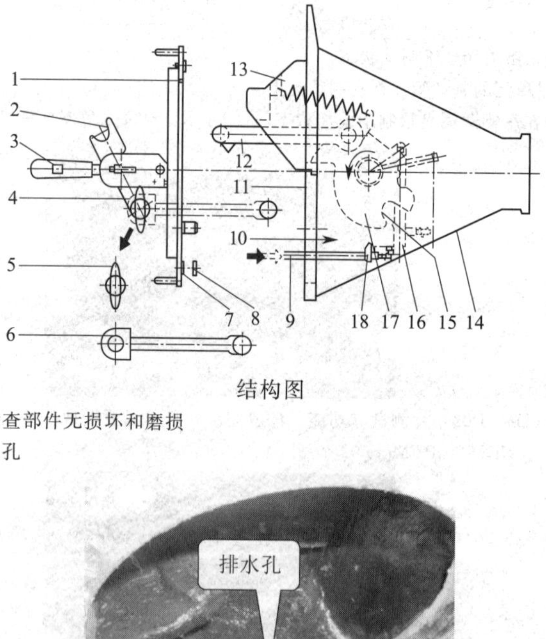

结构图
(3)将车钩锁拆下并检查部件无损坏和磨损
(4)使用钢丝疏通排水孔

</td></tr>
<tr><td colspan="2">作业工具:钢尺、头罩钥匙、间隙规、钢丝</td></tr>
</table>

26. 自动车钩检查(表 6-58)

表 6-58　自动车钩检查

序号	项目	质量标准
1	检查	(1)使用头罩钥匙打开前端车钩 (2)拉动钩舌解锁装置,钩舌自动弹出 (3)检查车钩空气软管表面无裂纹、老化及车钩表面、凸锥和凹锥上的防腐涂层无脱落(防腐涂层型号:ZINGA) 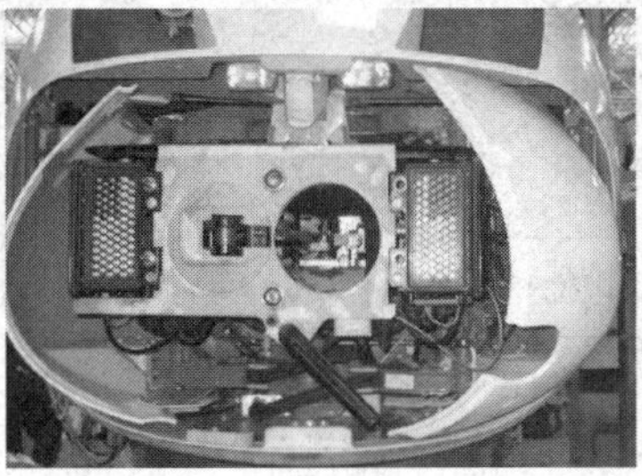 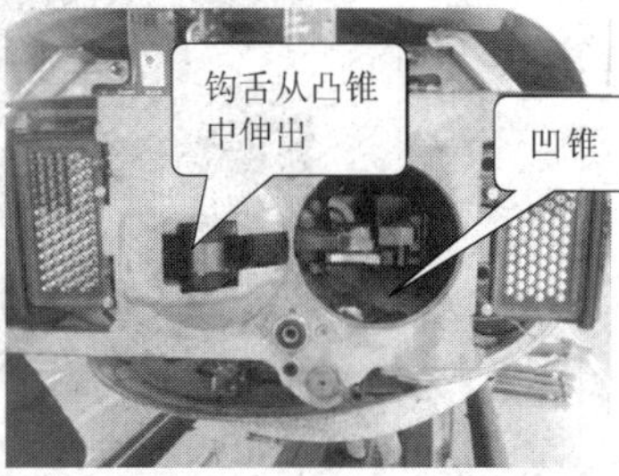 (4)激活蓄电池,在司机室按动车钩按钮伸出和缩回车钩两次,检查运行良好;检查压馈管已动作,用锤子轻敲压溃管并有声音发出,若为尖锐金属声,则表示压溃管已预先充分受压并固定,若声音低沉,则需更换压溃管 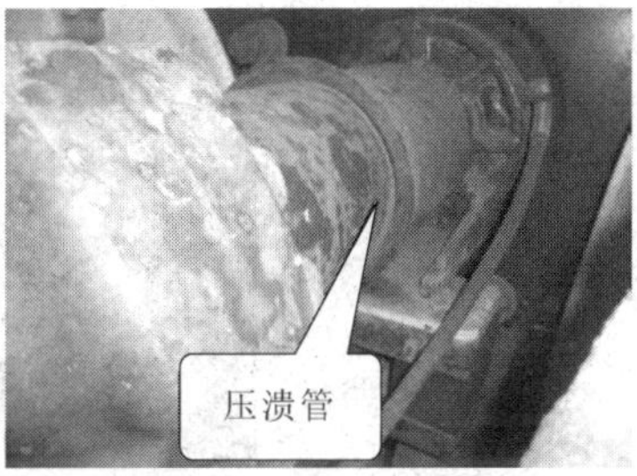 (5)使用试漏剂检查车钩所有气动部件无泄漏 (6)使用干净抹布清洁风管接头套筒和垫圈,清洁干净后使用胶布将风管接头封好,防止有异物进入风管 (7)使用钢丝疏通车钩排水孔 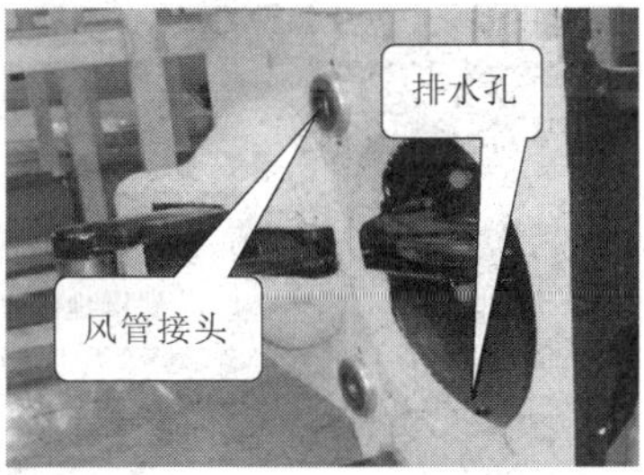 (8)检查电动钩头控制装置 ①干燥状态下使用乐泰 7063 清洁导向杆,不得润滑,将导向杆根部涂抹 AUTOL TOP 2000 进行润滑 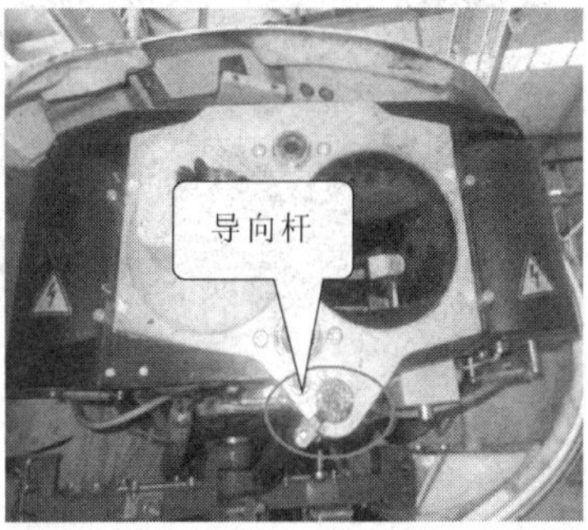 ②使用无纺布清洁所有机械式限位开关

续上表

<table>
<tr><th>序号</th><th>项目</th><th>质量标准</th></tr>
<tr><td>1</td><td>检查</td><td>③干燥情况下使用无纺布清洁车钩控制阀组
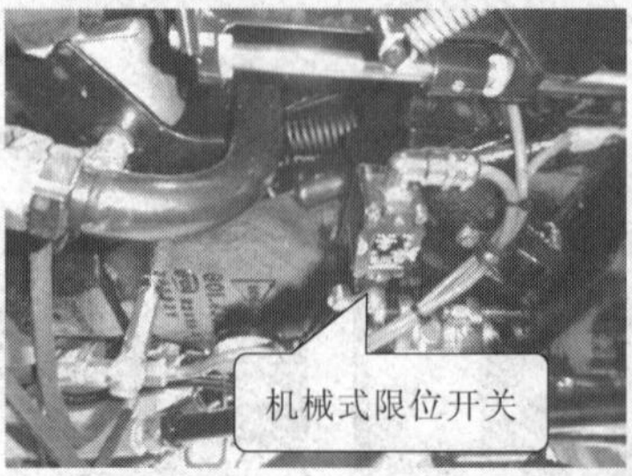

(9)检查电动钩头
① 使用无油抹布或肥皂溶液清洁橡胶框，用滑石粉除去尘土
② 干燥情况下使用无纺布清洁电动钩头接触点(使用抹布蘸上喷雾 R3000 除去永久积尘，然后除去喷雾)；清洁绝缘块，清洁部位需要晾干，检查插针及触点应无可见损坏或弯曲，更换损坏及弯曲部件

③使用无纺布清洁电动钩头的保护盖
④检查电动车钩线管及线缆无破损，地线防松安装螺栓放松标记清晰无错位
⑤检查电缆接头无松动，如有松动进行紧固
以下图片以部分电气连接件为例
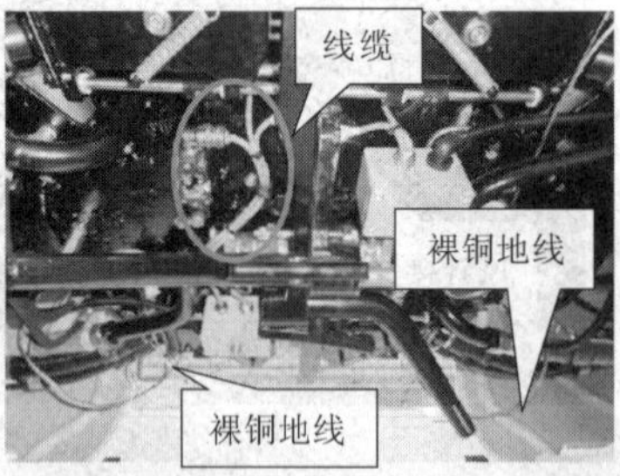

电缆线接头</td></tr>
</table>

续上表

<table>
<tr><th>序号</th><th>项目</th><th>质量标准</th></tr>
<tr><td>2</td><td>润滑</td><td>(1)润滑中心枢轴，拆下润滑嘴的防尘盖，使用注油枪注入 AUTOL TOP 2000 润滑脂至中心枢轴有润滑脂溢出为止，加注结束后重新安装防尘盖(见下图)
(2)检查车钩头钩锁和凹锥表面润滑脂干净无杂物，若有杂物先使用干净抹布将旧油脂擦拭干净(可以用乐泰 7063 清洁)，然后重新涂抹新的 AUTOL TOP 2000
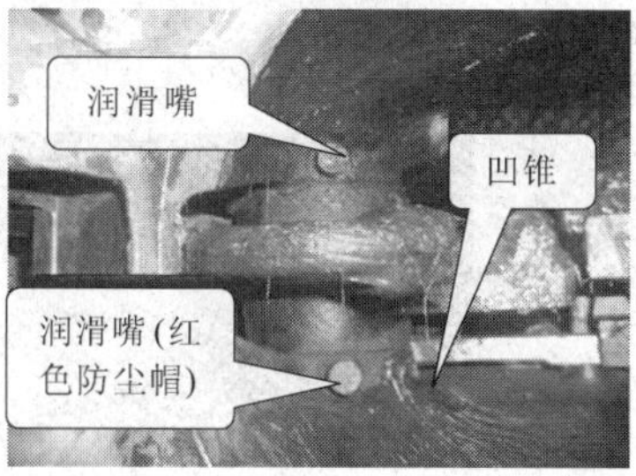

(3)检查下卡环的安装孔与螺栓之间润滑状态良好，若油脂有异物或变色，则使用干净抹布清洁掉原有油脂，然后重新润滑

(4)检查弹簧座螺栓防松标记清晰无错位，扭矩值为(300±10)N·m</td></tr>
<tr><td colspan="3">作业材料：AUTOL TOP 2000 润滑脂、试漏计、无纺布、R300
作业工具：扭力扳手、注油枪、头罩钥匙、套筒、锤子、钢尺、钢丝、铲刀、毛刷</td></tr>
</table>

27. 动车制动夹钳单元检查(表 6-59)

表 6-59　动车制动夹钳单元检查

<table>
<tr><th>质量标准</th></tr>
<tr><td>(1)逐车(动车)关断球阀(B15)
(2)检查制动夹钳排风口，确认排风口清洁，无堵塞
(3)逐个恢复球阀(B15)

</td></tr>
<tr><td>作业工具：手电筒</td></tr>
</table>

28. 拖车制动夹钳单元检查(表 6-60)

表 6-60　拖车制动夹钳单元检查

质量标准
(1)确认动车组常用制动已施加,并缓解停放制动 (2)逐车(拖车)关断球阀(B15 及 H29) (3)检查制动夹钳排风口,确认排风口清洁,无堵塞 (4)逐个恢复球阀 (B15 和 H29) 
作业工具:手电筒

四、客服组专项修作业程序及质量标准

1. 客室侧门紧固件检查及运动机构润滑(表 6-61)

表 6-61　客室侧门紧固件检查及运动机构润滑

序号	项目	质量标准
1	紧固件检查	检查客室侧门各部螺栓防松标记清晰无错位,若螺栓松动,取下螺栓,清洁后涂抹规定的紧固胶,再次紧固,并涂打防松标记
2	紧急出口和入口装置检查	激活紧急出口装置后,应可以操作门扇里的手柄手动开门,"紧急装置操作"信号激活时,站台补偿器应能自动打开(在门扇自行设置) 

续上表

序号	项目	质量标准
3	压力头检查	检查空气供给应能正常激活在闭合位置上的压力头(滚子必须在杆平直区)  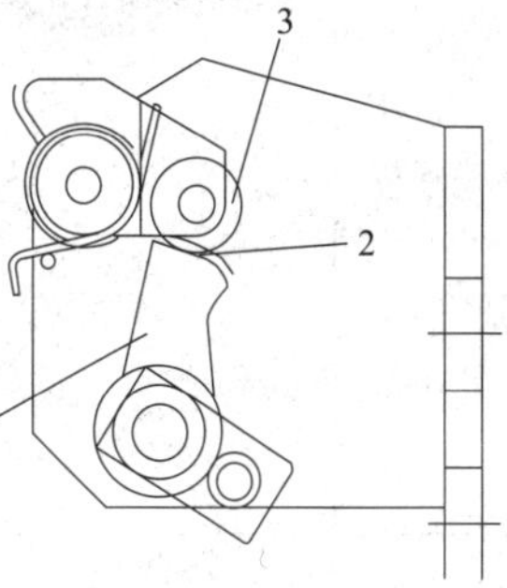 压力头示意图 1—直线区域;2—推杆;3—滚轮
4	锁外壳的机械装置检查	检查门在闭合和锁闭位置上时,插销应在第二个齿合处(用空气供给) 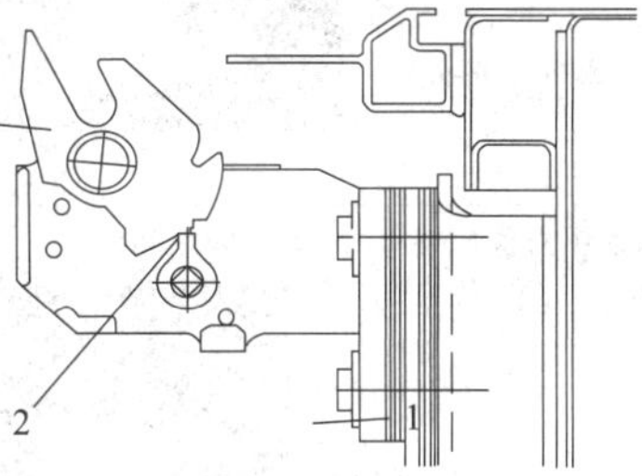 机械装置示意图 1—锁舌;2—第二啮合位置
5	门锁闭装置检查	检查门锁闭装置应能灵活动作(门在关闭位置,用空气供给) 

续上表

序号	项目	质量标准
6	站台补偿器检查	检查站台补偿器锁闭机构，应能够平滑的运动(空气供给) (1)用四角钥匙对站台补偿器进行机械解锁，手动提升站台补偿器翻板应无卡滞，放手时站台补偿器翻板应快速复位 (2)清除站台补偿器折页处的杂物 
7	连接器、弹簧检查	(1)检查各连接器，插头应无松动迹象 (2)检查压力头和锁外壳机械装置的弹簧，应无损坏，动作良好 
8	风压调节阀检查	检查风压表压力值应在 600^{+50}_{0} kPa 区间 
9	涂打润滑脂	使用毛刷对客室侧门各部件涂打“Klüber Isoflex LDS 18 Spezial A” 润滑脂，保证 95%以上接触面有较好的润滑
10	驱动机构润滑	(1)打开过道顶板，使用抹布清除驱动机构内旧的油脂和污垢 (2)使用毛刷将 “Klüber Isoflex LDS 18 Spezial A”润滑脂涂打到滚珠轴承上 (3)用“Klüber Isoflex LDS 18 Spezial A”润滑脂对驱动轴润滑，在润滑后开关门三次 (4)用“Klüber Isoflex LDS 18 Spezial A”润滑脂对安装在驱动单元上的上导轨(曲线区)润滑

续上表

序号	项目	质量标准
11	锁闭机构润滑	(1)打开锁闭机构所在侧的门罩板，使用抹布清除锁闭机构旧的油脂和污垢 (2)用“Klüber Isoflex LDS 18 Spezial A”润滑脂对锁闭机构所有的弹簧进行润滑 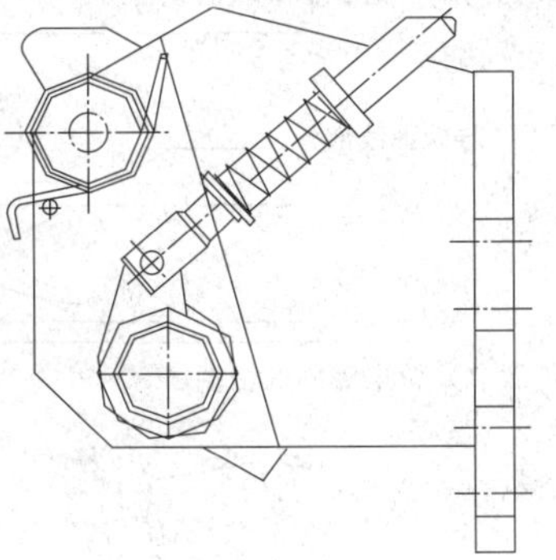 锁闭机构弹簧 (3)用“Klüber Isoflex LDS 18 Spezial A”润滑脂对锁闭机构的旋转拉手进行润滑 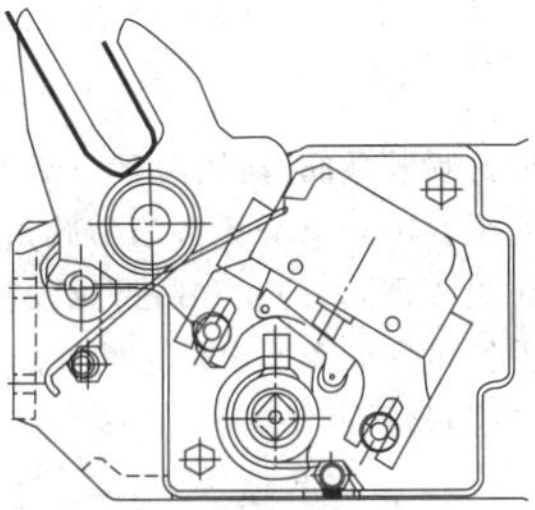 旋转拉手 (4)用“Klüber Isoflex LDS 18 Spezial A”润滑脂对锁闭机构的回转爪进行润滑 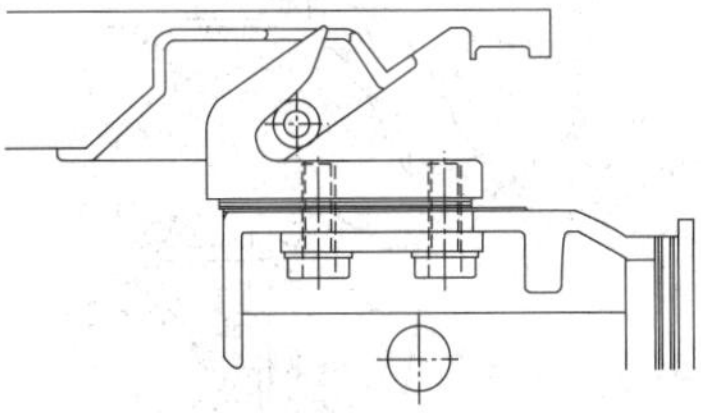 回转爪 (5)用“Klüber Isoflex LDS 18 Spezial A”润滑脂对锁闭装机构的锁闭边缘进行润滑 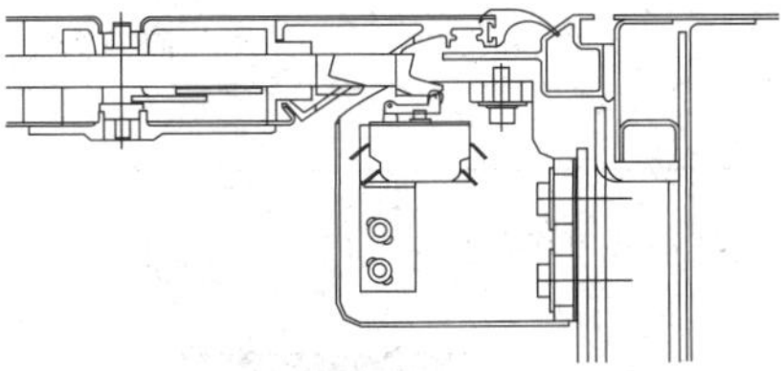 锁闭机构边缘 (6)用“Klüber Isoflex LDS 18 Spezial A”润滑脂对滚子和活塞杆之间的压缩部分进行润滑 

续上表

序号	项目	质量标准
11	锁闭机构润滑	(7)润滑安装在门扇上的下部导轨曲线部分 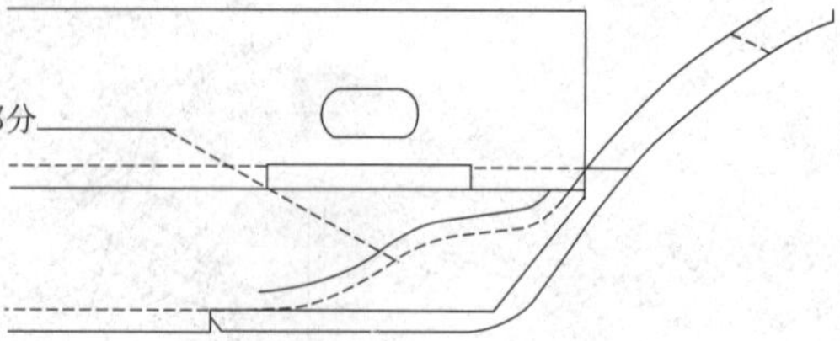 (8)禁止润滑紧急装置电磁阀的轴端区 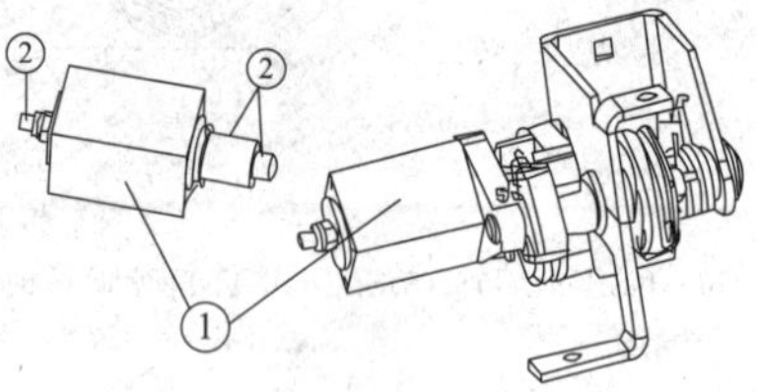 电磁阀轴端区 (9)客室侧门门板密封胶条润滑：润滑车门密封条前，使用清水清洁胶条周围的污垢并用清洁布擦干或自然风干，然后使用R40或者异丙醇清洁胶条，5 min后用手在车门密封胶条上均匀涂抹润滑脂，大约用量50 g(润滑部位见下图)。防尘和防挤压硬胶条润滑以润滑面光滑无白色润滑脂为宜，气密软胶条以润滑面光滑，用手指挤压胶条不出白色润滑脂或门关闭后在门框上不留明显白色润滑脂为宜，5 min后使用干布清洁干净防挤压胶条 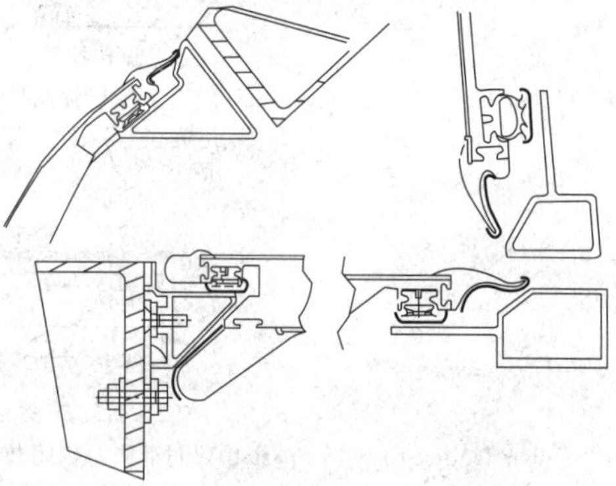 门胶条润滑部位
12	电气部分检查	(1)功能检查：操作开关门按钮开门——检查门控制单元上应没有故障代码(仅绿灯亮，故障时红灯亮) 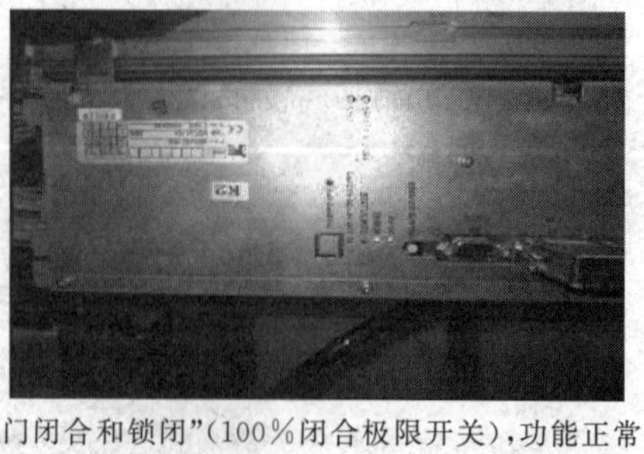 (2)检查限制开关的调整“门闭合和锁闭”(100%闭合极限开关)，功能正常

续上表

序号	项目	质量标准
12	电气部分检查	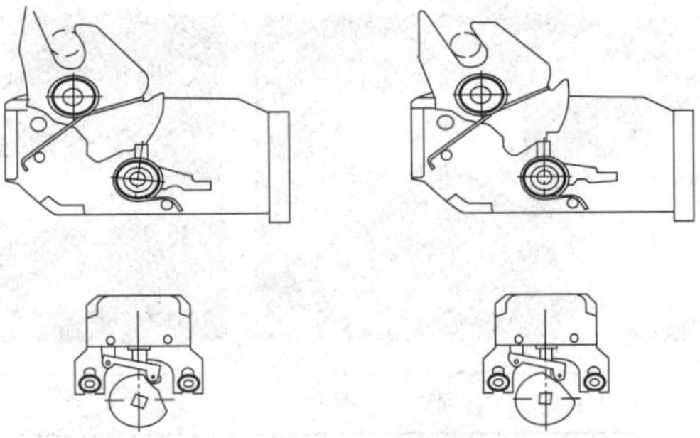 1 级锁闭位置　　2 级锁闭位置 限位开关锁闭状态示意图 (3)检查障碍探测：在门关闭时，用障碍物(试验杆 30×60 mm)检查车门，门必须再次打开；通过关门按钮将车门电动关闭，关闭过程中通过拇指启动敏感边缘开关(内侧或外侧)，车门必须重新开启 (4)检查开、关门按钮(感应式)：操作闭合按钮关闭车门，在闭合过程中操作内侧开门按钮(感应式)，门必须再次打开
作业材料：防松标记笔、Klüber Isoflex LDS 18 Spezial A” 润滑脂、4%柠檬酸溶液 作业工具：扭力扳手、棘轮扳手、四角钥匙、毛刷、套筒、螺丝刀、铲刀、8mm 内六角		

2. 客室座椅检查(表 6-62)

表 6-62　客室座椅检查

质量标准
(1)检查座牌号清晰，座椅小桌板无晃动，桌板止档无断裂或晃动  
(2)检查座椅扶手无划伤或破损，扶手能垂直和水平灵活转动 (3)踩下座椅旋转脚踏检查座椅转动灵活无卡滞，出现座椅转动不灵活的现象，先用螺丝刀在旋转导轨将杂物清除掉，然后涂抹凡士林，以减少摩擦力，一等座椅靠背后部的脚踏及一等、二等旋转脚踏位置，在日常维护时也要润滑 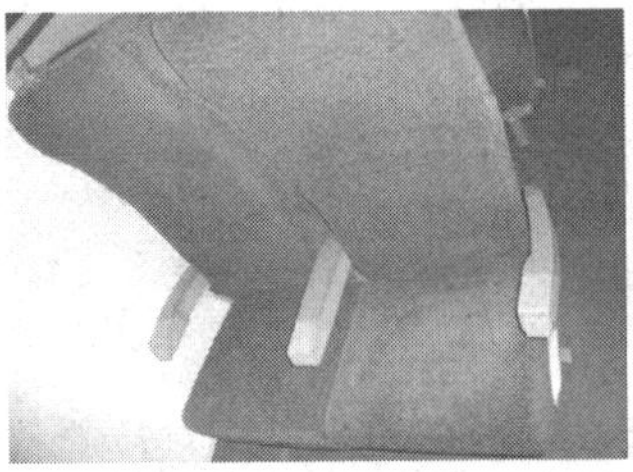 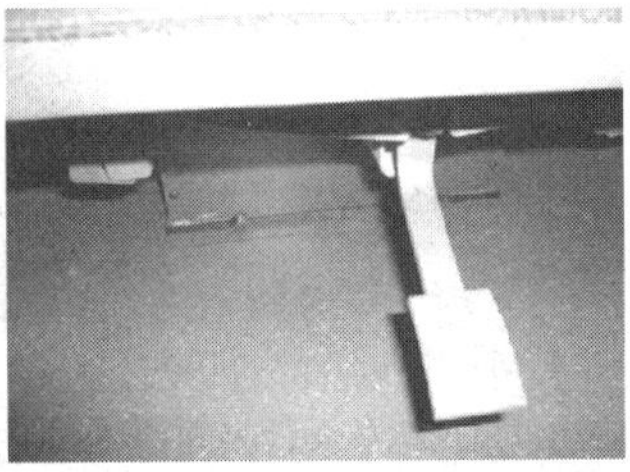
(4)检查靠背状态良好，按动二等座椅按扶手前下方的座椅靠背调节装置和一等座椅按座椅扶手侧按钮给靠背一个向后的力，靠背可以按需要的角度向后倾斜并锁紧

续上表

质量标准
 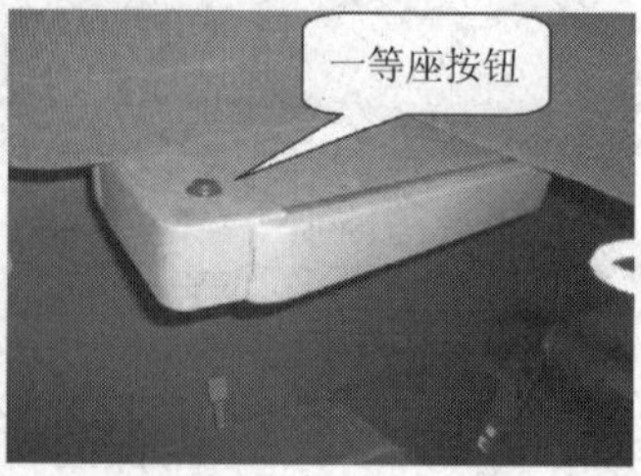
作业材料：凡士林、抹布。作业工具：手电筒、一字螺丝刀

3. 电开水炉检查及零件更换(表 6-63)

表 6-63　电开水炉检查及零件更换

序号	项目	质量标准
1	清洁烧水箱并更换电热管	(1)切断系统电源及水源，放置“正在维修请勿合闸”的标志 (2)开启上、下维修门，打开储水箱排水阀，放尽存水   (3)打开烧水箱防护罩，拆除电加热管引线，打开热敏电阻接插件，拆下热敏电阻，用扳手拆除水箱端板 M6 螺母，卸下并抽出端板组件，拆下并更换电热管，待内部清洁除垢后重新装上  (4)用刷子清除喷水管水垢 (5)用铲刀铲除烧水箱内壁的水垢，并清洗干净  (6)对烧水箱过滤器进行除垢，用扳手拆下过滤器的螺塞，取下过滤网清洗，如有损坏必须更换 (7)用活动扳手拆下排水电磁阀口的 M3×30 螺栓，取下插头，用扳手拆下排水电磁阀上的 4 个螺栓(M4×15)，取下电磁阀及阀芯组件，清洁隔膜表面并重新装上。通电让电开水炉进水，冲洗管道 2～3 min，并让水从电磁阀上排出，直到没有杂质为止

续上表

序号	项目	质量标准
1	清洁烧水箱并更换电热管	 (8)关闭电源，将电磁阀重新装好，清除接水盘中的积水 (9)进行绝缘测试。将 1 000 V 绝缘电阻表的“线路”和“接地”端分别连接到加热管接线端子和外壳上 (10)按顺时针方向摇动电阻表手柄(速度为 120 r/min) (11)绝缘电阻表指针稳定后，观察阻值需符合要求，加热管绝缘阻值在冷态时应不小于 5 MΩ，热态时应不小于 2 MΩ
2	清洁储水箱	(1)对储水箱进行除垢(可使用家用饮水机除垢剂) (2)关闭储水箱排水阀(LE2) 
3	检查水龙头及过滤网	(1)压住水龙头出水，检查水龙头有无漏水，若漏水需更换水龙头密封垫 (2)打开储水箱排水阀(LE2) (3)排水结束后，拆下面板水龙头 (4)用活动扳手拆下 OEM－D01 压手组件 (5)拆下 M16 外牙螺母，清洗过滤网并装回 (6)用螺丝刀从 OEM－D01 阀芯端部拆下阀芯 (7)更换 19-O 型胶、26-O 型胶、JT-01 封水胶及 9-Y 圈 (8)重新组装各部件 (9)装上水龙头，连接软管接头 
4	清洗排水电磁阀前的过滤网	(1)分别打开烧水箱和储水箱排水阀，放尽存水 (2)用活动扳手拆下过滤器 GL-Ⅰ、GL-Ⅱ的螺塞，取下过滤网清洗，如有损坏则必须更换 (3)重新装上过滤网，拧紧螺塞 (4)关闭烧水箱和储水箱排水阀 (5)重新烧水，并检查水龙头有无漏水 (6)安装好下维修门

续上表

序号	项目	质量标准
4	清洗排水电磁阀前的过滤网	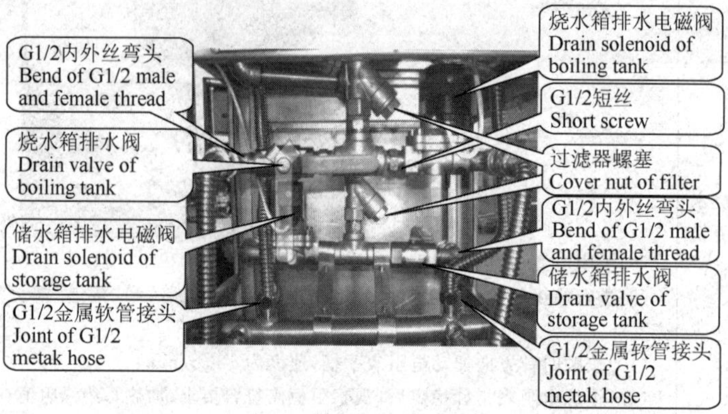
作业材料：无绒毛抹布 作业工具：手电筒、活动扳手、1 000 V 绝缘电阻表、螺丝刀、毛刷、铲刀		

复习思考题

1. CRH2 型动车组一级检修和二级检修的区别在哪？
2. 动车组扣车需要填写的单据是什么？
3. 简述 CRH2 型动车组作业流程。
4. 动车组二级检修的质量标准包含哪些方面？
5. CRH380B 动车组二级检修的分组分别有哪几个？

第七章　动车组随车机械师

动车组出库后随车机械师负责监控动车组运行状态和应急故障处理，尽量避免车组在线上因故障而停止运行、晚点，保障动车的在线路上的运行安全，并将在线路上的运行情况反馈到动车运用所，线路上不能处理的故障可待动车组到达一级修检修周期时进库检修。

第一节　动车组随车机械师管理

一、岗位职责

1. 监控途中运行技术状态

(1)运行途中在监控室通过车载信息系统监控动车组运行及设备工作状态。

(2)运行途中定时巡视点检动车组设备，监控走行部运行状态，检查室温控制、列车上部设施使用等技术状态，发现问题正确判断、果断处置。对不能现场处理的故障要引记到"辆动-181 动车组故障交接记录单"，重大故障要及时向段应急指挥中心(以下称应急台)报告。

(3)在动车组出库、始发、折返、终到站及入库时进行检查作业。

2. 管理和操作动车组设备

(1)设置动车组担当车次。

(2)控制车内空调换气装置，设置调节空调及换气装置运行模式；控制车内客室照明，设置调节照明情况；按规定开启旅客信息系统等。

(3)指导客运服务人员正确使用车内设备、设施。

(4)开关车门集控按钮不在司机操作台上的动车组车门。动车组到站停稳后集控打开站台侧车门；接列车长通知集控关闭车门。

3. 应急处理途中突发故障

(1)在动车组运行途中，对行车故障或影响旅客乘坐环境的上部设施故障积极处置；属司机独立处置的动车组故障，须加强与司机联系，了解故障处理情况；属与司机协作处置的动车组故障，须在司机指挥下，共同处理；属随车机械师独立处置的动车组故障，处理完成后及时将情况和运行要求通知司机。

(2)积极进行应急处理并记录突发故障处置情况，必要时及时拨打应急台电话。

(3)发现危及行车安全的故障或其他紧急情况时，严格执行路局制定的动车组异常故障"必停"项目要求，使用紧急制动装置停车或通知司机采取停车措施。

4. 承担部分行车组织职能

(1)运行中因动车组故障或其他原因被迫停车时，加强与司机联系，掌握情况并及时汇报；在司机指挥下，做好行车及安全防护相关工作。

(2)动车组因故障需要救援时，做好救援准备工作，在司机配合下安装过渡车钩，引导救援机车联挂，连接风管。

5. 上部设施的质量交接

按照动车组上部设施管理规定，参与上部设施"三乘联检"。

6. 参与司机换乘交接

(1)动车组列车司机换乘时,随车机械师应提前到主控端司机室与本务司机进行交接,将动车组车辆设备状态告知司机,如有影响运行的故障如设备切除、关门车、限速运行等情况须在司机手帐上注明。

(2)对于运行途中的司机换乘,集控开关门按钮不在司机室操纵台的动车组,随车机械师可利用司机室内集控开关门按钮进行开关门操作。

(3)发生影响列车运行安全或须利用站停条件处理的故障时,随车机械师可首先进行故障处置,但须将动车组车辆状态及处置情况告知司机并向应急台报备。

7. 确认委托作业情况

动车组在途经站、折返站、异地存放等进行吸污、洗车、防寒打温时,由随车机械师对我段委托外单位进行吸污、洗车、防寒打温的工作量及质量把关确认。

二、随车工具与备品(表 7-1)

表 7-1　随车工具与备品

类别	名　称	单位	数量	备　注
随车工具	GSM-R 移动电话	部	1	限开通区段
	公网移动电话	部	1	
	对讲机	部	1	与司机频率相同
	数字化手电筒	支	1	
	随车笔记本电脑	台	1	下载数据及处理故障用
	钳型电流表	支	1	
	红外线测温仪	支	1	
	第四或第五种检查器	个	1	
	38 件套工具	套	1	
	9 件套梅花扳手	套	1	
	活扣扳手	把	1	
	充电电钻	台	1	
	管子钳	把	1	12 英寸
	管子钳	把	1	18 英寸
	圆锉	把	1	
	半圆锉	把	1	
	组套螺丝刀	套	1	放随车机械师工具包内
	手锤	把	1	
	撬棍	根	1	
	扁铲	把	1	
行车备品	响墩	个	6	
	火炬	支	2	
	短路铜线	副	2	
	手信号灯	盏	2	红绿色
	信号旗	套	2	红绿色
	防护信号灯	盏	2	

续上表

类别	名称	单位	数量	备注
应急备品	过渡车钩	个	2	
	救援风管	个	2	
	铁丝	米	20	
	接地杆、验电杆	套	各1	
	绝缘靴、绝缘手套、安全帽、安全带	套	1	
	车门防护网	套	8～16	
	应急照明灯	台	1	
	闪光防护背心	个	2	
	应急梯	架	2	
	应急登顶梯	副	1	
	止轮器	套	2	
	渡板	套	4	
随车技术资料	《铁路技术管理规程》	本	1	铁总科技[2014]172号
	《铁路200—250 km/h既有线技术管理办法》	本	1	铁科技[2008]222号
	《铁路客运专线技术管理办法(试行)》(200～250 km/h部分)	本	1	铁科技[2009]116号
	《铁路客运专线技术管理办法(试行)》(300～350 km/h部分)	本	1	铁科技[2009]212号
	《铁路客运专线技术管理办法(试行)修改补充内容》	本	1	铁运[2011]47号
	《铁路动车组运用维修规程(暂行)》	本	1	铁运[2007]3号
	《铁路交通事故调查处理规则》	本	1	铁道部令第30号
	《铁路客车故障调查处理实施办法》	本	1	铁运[2008]168号
	CRH型动车组随车机械师乘务日志	本	1	辆动-006
	故障交接记录簿	本	1	辆动-181
	《动车组途中应急故障处理手册》	本	1	按车型配备,实时更新
	随车机械师作业指导书	本	1	按车型配备
	随车机械师作业图表	张	1	按交路配备
	动车组固定服务设施状态检查记录单	张	1	辆动-012
	动车组出所质量联检记录单	张	1	辆动-020
	其他相关文电			

第二节 动车组随车机械师作业

一、作业内容及要求

1. 基本内容及要求

(1)开关门集控按钮不在司机操作台上的,随车机械师负责到站集控开门、按列车长通知集控关门。

(2)新增配备的数字化手电筒(应具备录音、摄像及照相功能)作为随车机械师作业必备工具,由动车所乘务组统一管理,随车机械师出退乘时须做好交接登记。

(3)随车机械师出乘(退乘)前领取(交回)钥匙及随身工具备件时,须同时领取(交回)数字化手电筒及备用电池,核对数字化手电筒系统时间,确保其与现场调度处时钟显示时间同步,检查确认数字化手电筒功能良好,在“随车机械师乘务日志”工具备品交接栏中登记签认。

(4)随车机械师巡视检查时,应随身携带工具包、对讲机、移动电话、动车组钥匙、数字化手电筒、红外线测温仪。

(5)随车机械师一次往返作业过程中,在重点作业项目开始前和结束后要分别按规定开启数字化手电筒录音、摄像及照相功能,对作业情况进行录音、摄像或照相并保存记录,以备查询。录音时须使用普通话,吐字清晰,声音洪亮。

(6)热备动车组随车机械师每 2 h 巡视检查一次,并根据要求录音、拍照。

2. 作业流程图(图 7-1)

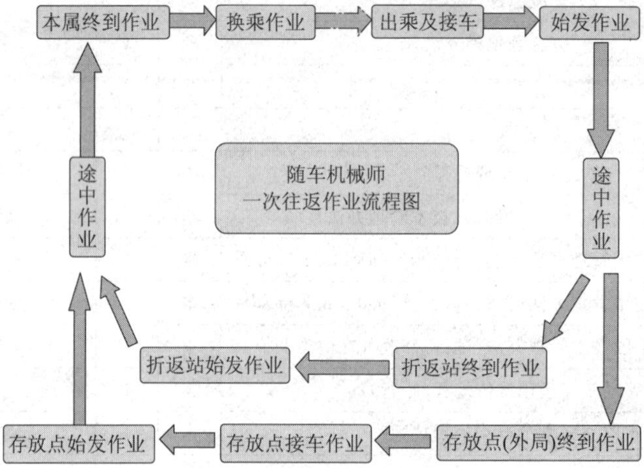

图 7-1 作业流程图

二、作业程序及标准(表 7-2)

表 7-2 作业程序及标准

序号	作业项目	作业程序及标准
1	出乘作业	(1) 出乘准备 ①随车机械师按出乘计划提前到乘,须着装整齐,佩戴标志,到动车所乘务组报到,参加出乘会并签到。出乘会上要在车统 15 上记录担当的生产任务(值乘的车次、车组、出库时间、天气预报、出乘指示、重点故障等内容) ②出乘会结束后立即参与学习,学习内容包括班前一考、相关文件、模块化教学等 ③学习完毕后,到指定的地点等待出乘。若次日值乘的随车机械师则到指定公寓休息整备,严禁饮酒,充分休息  

续上表

<table>
<tr><th>序号</th><th>作业项目</th><th>作业程序及标准</th></tr>
<tr><td>1</td><td>出乘
作业</td><td>(2)出乘签到
①随车机械师在接到叫班后立即起床洗漱整备，20 min 内须离开住宿地
②到达指定地点领取摄像手电、GSM-R 移动电话、450 MHz 手持终端、应急手机、红外线测温仪、组套螺丝刀等随车工具并检查各配件齐全、电量指示正常，功能作用良好，状态与记录一致，最后按要求填写领用记录
③动车组出所前 1.5 h，随车机械师按规定佩戴胸牌，整理仪容仪表并携带相应证件，到调度室报到。调度员需对随车机械师仪容仪表进行检查，在“随车机械师乘务日志”(以下简称“乘务日志”)上盖“仪容仪表合格”章
④随车机械师按照要求在调度员的监控下进行酒精测试，测试结果显示通过后，方可进行下一步作业，调度员在“乘务日志”上盖“酒精测试合格”章
⑤领取动车组机械师钥匙，并在“动车组钥匙管理记录簿”上相应栏内填写领取记录。领取“乘务日志”、“固定服务设施记录”、“联检记录单”、“故障交接记录单”等台账记录
⑥听取命令、任务、要求及注意事项，了解动车组检修、故障处理及前次运行情况并将重点事宜摘记在车统 15 上
⑦在“随车机械师出退乘签到簿”上按要求进行出乘签到
 </td></tr>
<tr><td>2</td><td>出库
作业</td><td>(1)车下检查
①检查作业前在出库端设置安全禁动红牌及全防护号志，做好呼唤应答，并使用摄像手电确认禁动红牌及安全防护号志设置状态，设置完毕后开始车下作业
②打开摄像手电，并对准摄像手电麦克风口呼：“＊＊月＊＊日＊＊时＊＊分，＊＊次＊＊列随车机械师＊＊开始出库前检查作业”(在异地口呼“＊＊时＊＊分，＊＊次＊＊列＊＊存车点随车机械师开始出库前检查作业”)。按作业线路图的方向开始作业
③车头检查
“听”：站定在头罩正前方，仔细听头罩内有无风管漏风声
“看”：前部标志灯(外观)→司机室挡风玻璃(外观)→雨刷器(外观)→头罩(外观)→主排障器(外观)→辅助排障器(外观、螺栓)→转向架排障器(外观、螺栓)
“巡”：从出库方向头车头罩处开始进行两侧巡视，并用摄像手电记录
“联”：发现故障后及时汇报

④转向架裙边检查
“听”：听转向架风管、车端连接处风管有无漏风声
“看”：转向架(外观、各部件连接状态)→各裙板(外观、裙板锁)→车体侧门(外观、锁闭状态)→注水口盖板(外观、锁闭状态)→排污口盖板(外观、锁闭状态)→客室车窗(外观)→受电弓(外观)→外风挡(外观)→车端连接线(外观)→内风挡(外观)→车端连接处风管(外观、阀门位置)→高压连接线(外观)</td></tr>
</table>

续上表

<table>
<tr><th>序号</th><th>作业项目</th><th>作业程序及标准</th></tr>
<tr><td>2</td><td>出库作业</td><td>
“联”:发现故障后及时汇报
 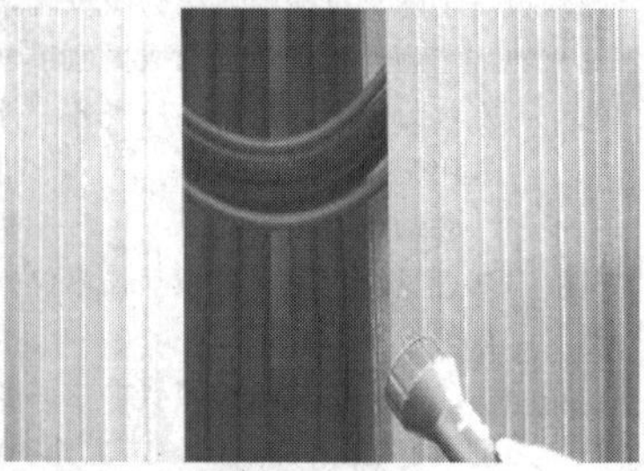
⑤在出库作业过程中,对动车组运行故障、检修发现故障处理情况进行复查。作业完毕,撤除防护号志及禁动红牌,并口述:“＊＊时＊＊分,车下作业完毕,走行部、车端连接部、各裙板、盖板状态良好”
(2) 车上检查
①参与动车运用所质检组织的出库联检,并将出库联检记录随车携带。
②动车组供电后,开启空调、照明、旅客信息系统等,设置车次车号,在列车始发前 40 min 应开启空调进行预冷或预热。

其中在上部检查开始前需口述:“＊＊时＊＊分,开始车上检查”。车上检查完毕回到监控室后口述:“＊＊时＊＊分,＊＊次＊＊列机械师出库前检查作业完毕,动车组状态良好,随车工具、备品齐全、状态良好”
③司机室设备检查
“看”:司机室 C.K1 柜(空开)→遮阳板(外观、机械动作)→司机室车窗(外观)→雨刮器(机械动作、液位)→操纵台(按钮外观、手柄位置)→车次预设→IDU(故障信息、牵引、高压、污物箱、水箱各设备的显示状态)→司机室灭火器(有效期、铅封、压力指针)→司机室隔离门(锁状态)→1E 车司机室侧门(门锁闭状态)→ATP 柜备品(验电棒测试正常日期合格、接地杆日期合格、应急梯、禁动红牌)
“联”:发现故障或设备被切除后及时汇报
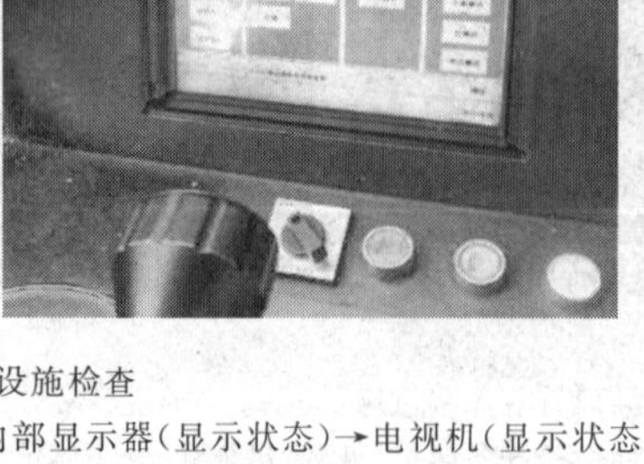 
④客室设施检查
“看”:内部显示器(显示状态)→电视机(显示状态)→客室座椅(外观、朝向)→客室照明(亮度)→消防锤(外观、数量)→内端门(感应、移动状态)
“巡”:重点检查入库交接故障和地面检修发现故障的处理情况及主要服务设施的技术状态
</td></tr>
</table>

续上表

序号	作业项目	作业程序及标准
2	出库作业	“闻”:闻各配电柜、客室内是否有异味 “联”:发现故障后及时汇报   ⑤通过台设施检查 “看”:车厢侧门(面板指示、紧急开门阀盖板)→射灯(外观)→灭火器(有效期、铅封、压力指针)→电茶炉(指示灯、出水量)→垃圾箱盖板(外观)→厕所门(外观、移动状态)→集便器(冲水)→洗手池(感应、出水量)→镜子(外观)→内风挡(外观)→不锈钢防火门(外观、移动、锁闭状态) “听”:车厢侧门是否有漏风声 “巡”:重点检查入库交接故障和地面检修发现故障的处理情况及主要服务设施的技术状态 “闻”:闻各配电柜、内风挡是否有异味 “联”:发现故障后及时汇报  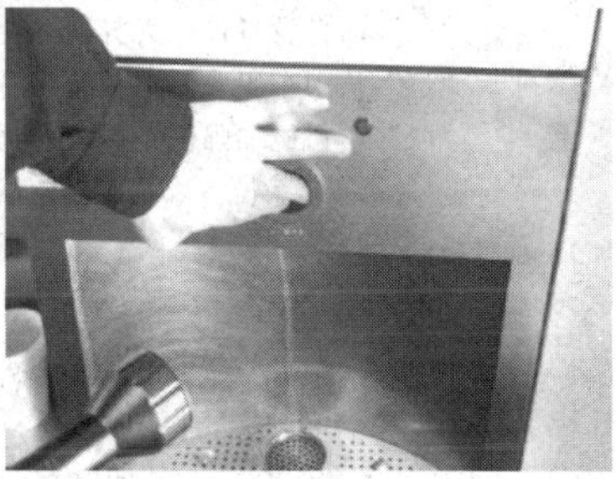 ⑥餐车设施检查 “看”:内部显示器(显示状态)→电视机(显示状态)→客室照明(亮度)→消防锤(外观、数量)→展示柜(照明、温度、玻璃外观)→餐车配电柜(空开)→冷藏柜(温度设定、制冷效果)→吧台水槽(出水量)→餐车电茶炉(指示灯、出水量)→餐车桌椅(外观)→小推车间备品(各工具备品齐全、日期合格) “巡”:重点检查入库交接故障和地面检修发现故障的处理情况及主要服务设施的技术状态 “闻”:闻配电柜、冷藏柜是否有异味 “联”:发现故障后及时汇报 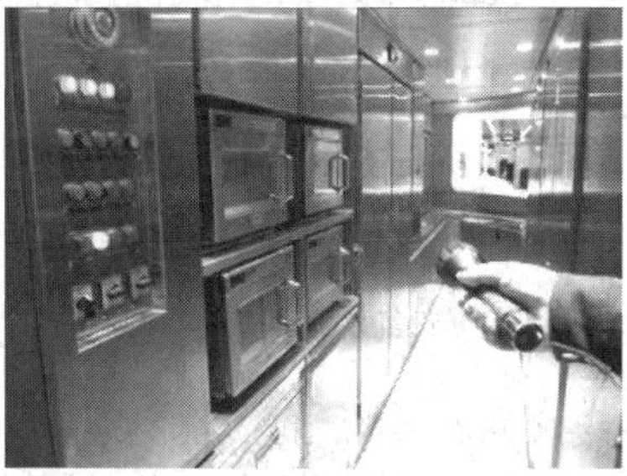 ⑦监控室设施检查 “看”:监控室门(外观、钥匙开关正常)→IDU、信息显示屏(正常显示)→IDU 上设置空调温度→座椅(外观)→随车资料(齐全)→09 车空调柜内工具(状态良好、日期合格)

续上表

序号	作业项目	作业程序及标准
2	出库作业	"巡":重点检查入库交接故障和地面检修发现故障的处理情况及主要服务设施的技术状态 "闻":闻配电柜是否有异味 "联":发现故障后及时汇报  (3)出库途中作业 ①确认防溜设置撤除后,到主控端司机室与司机汇合,监控车组状态,等待出库。动车组出库启动时需口述"＊＊时＊＊分,＊＊次＊＊列动车组开始出库" ②动车组出库途中,巡视检查动车组运转情况,发现异常及时处置并汇报,作业前需口述"＊＊时＊＊分进行开始出库途中巡检" "听":听各设备设施无异音,走行部无异音 "看":看各设备设施的外观状态正常 "闻":闻各设备设施无异味;客室内无异味 "巡":从动车组头部巡视至尾部检查动车组运转情况 "联":与司机加强联系,发现异常及时处置并汇报   (4)作业线路见下图 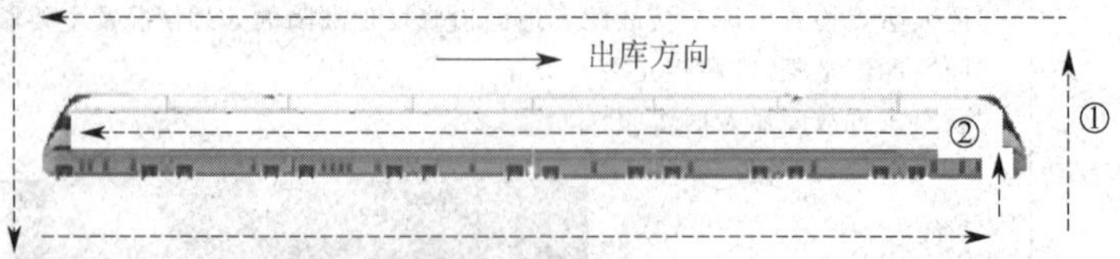 出库作业路线图 ①两侧作业路线;②车内巡视路线
3	始发作业	(1)重设车次 到达始发车站后,重新设置始发车次 (2)车端检查 ①主要检查头灯、雨刷、头罩。首先站在车头站台侧,开启摄像手电摄像功能,将车组号先拍摄下来,口述"＊＊月＊＊日＊＊时＊＊分,＊＊次随车机械师＊＊于＊＊站(站名,例如上海虹桥站)开始始发",然后站在车头前方,手拿摄像手电(以下简称摄像手电)对准车头部,自上而下,从车头顶部三个灯罩开始、依次是挡风玻璃、雨刮器、头罩开闭机构进行整体拍摄检查。作业完毕后口述"＊＊时＊＊分,＊＊次随车机械师＊＊于＊＊站始发作业完毕"

续上表

序号	作业项目	作业程序及标准
3	始发作业	②车端检查 “看”:头罩(外观)→雨刮器(外观)→头部标示灯(外观)→司机室车窗(外观) “巡”:在站台侧从非主控端巡视至主控端,并用摄像手电记录  (3)站台侧车体检查 ①主要检查车体外侧、侧门、车外显示器、车端联接、受电弓状态(可视部位)等。摄像时尽量避免大幅度摆动,当发现有异常点时应将拍摄范围锁定在异常点,对异常点特写后进行处理,处理完毕后接续之前的作业 ②站台侧车体检查: “听”:(1)站在风挡前方,短暂停顿,听车端连接有无风管漏风声;(2)检查受电弓时,短暂停顿,听受电弓风管有无漏风声 “看”:车厢侧门(外观)→ 外部显示器(外观、内容)→客室车窗(外观)→受电弓及车顶高压设备(外观)→外风挡(外观)→高压连接线(外观)   (4)司机室待发 ①随车机械师须在司机开车前 3 min 到达主控端司机室,通过 IDU 监控车组状态。始发后,随车机械师在主控端司机室监控动车组始发运行情况,车组运行 3 min 后方可离开司机室 ②待发准备 “看”:(1)在司机开车前 3 min 到达司机室,对设备状态进行查询、监控,等待发车;(2)动车组开车前将 IDU 锁定在车门界面,开车后要立即切换为制动界面检查列车制动缓解情况 “联”:主动询问司机动车组各设备的运行状态 (5)作业线路见下图 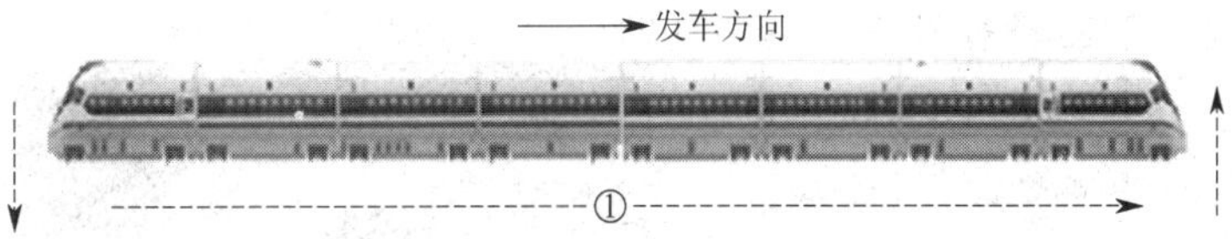 始发作业路线图 ①站台侧巡视作业路线
4	途中作业	(1)三乘联检 ①随车机械师结合第一次巡视检查,参与由列车长组织的三乘联检,重点对上部设施的状态进行检查,按要求填写好“动车组固定服务设施状态检查记录”

续上表

序号	作业项目	作业程序及标准
4	途中作业	②三乘联检 "看":与列车长交接(上部设施状态)→联合检查(上部设施)→填写记录(动车组固定服务设施状态检查记录) "巡":在车厢内与列车长等对上部设施进行巡视检查  (2)巡视作业 ①动车组运行途中,随车机械师须进行车内巡视检查作业,巡视检查包括巡检和点检。巡检是指随车机械师对全列动车组车内设备设施进行目视状态检查;点检是指随车机械师除按照巡检要求进行检查外,还须对配电柜温度贴片、厕所等重点部位进行检查、测试,点检分四次完成,一次点检4节车厢 ②随车机械师原则上每2 h须巡视检查1次,单程运行不足2 h则巡视检查1次,具体作业时间点按作业图表的要求执行 ③巡视检查作业时,若动车组发生行车设备故障,随车机械师停止巡视检查,及时进行应急处置;若在巡视检查时间段内遇到司机换乘等作业,随车机械师须停止巡视作业,优先执行司机换乘等相关作业,作业结束后继续巡视检查 ④巡视完毕后在记事本中填写巡视记录,包括车次、巡视开始时间、结束时间、巡视情况,若有重点故障须详细记录在相应台账内 ⑤途中监控 "看":途中加强监控IDU(故障信息、牵引、高压、污物箱、水箱各设备的显示状态) "联":主动向机务、客运等司乘人员了解动车组运行及设备设施状态;途中站进行吸污作业时,加强与作业负责人联系,做好吸污作业确认工作 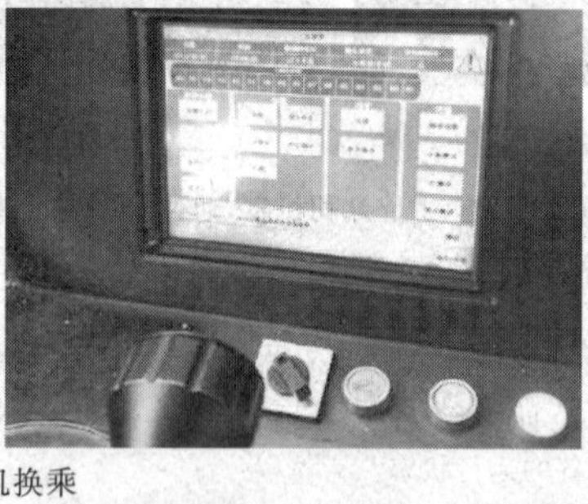  (3)司机换乘 在值乘过程中遇到动车组司机换乘时,接班司机与随车机械师交接司机室驾驶操纵设备技术状态并在"动车组故障交接记录单"上签认 

续上表

序号	作业项目	作业程序及标准
4	途中 作业	(4) 全列巡检 ①全列巡视是指随车机械师对全列动车组的运作状态检查，通过耳听鼻闻眼看确认动车组有无异味异音异常，并向司乘人员了解动车组运作状态。检查路线是先从监控室往操纵端司机室方向行走，到达操作端司机室后，再向另一端司机室方向开始巡视检查。全列巡视只需要拍摄两端司机室的情况 ②全列巡检 “听”：对各运转部位的技术状态进行判断，听有无异音 “看”：对全列动车组车内设备设施进行目视状态检查，在司机室通过车载信息系统确认车组整体运作状态 “闻”：对配电柜、主要服务设施等异味做出正确判断 “联”：主动向司乘人员了解动车组运行及设备设施状态 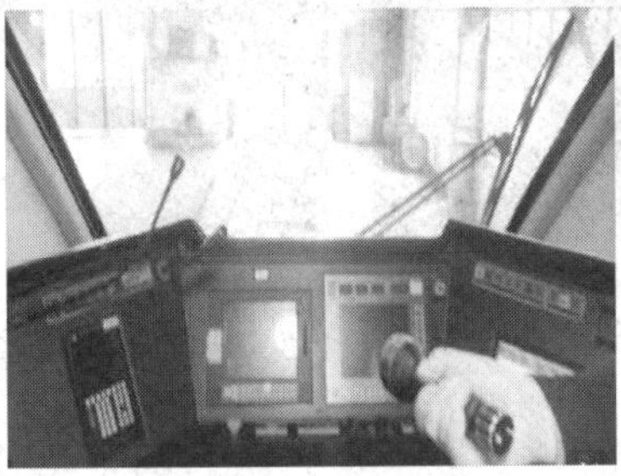  (5)车厢点检 ①车厢点检作业结合全列巡视，监听运行时，走行部、车体、车下、各风机有无异常，车内有无异味等；检查各电气柜门是否锁闭良好，电柜温度贴片、信息显示是否正常；检查车内设施、内外门、窗、电视显示、灭火器、安全锤等设备状态是否正常；对卫生间及电茶炉各项功能状态进行检查；检查餐车设备状态是否良好、使用方法是否正确，插座是否违规使用电器设备等 ②车厢巡视检查区域分为风挡区域、客室区域、车门通过台区域和盥洗区域。巡视检查路线一般为风挡区域→车门通过台区域→客室区域→盥洗区域→风挡区域。车厢巡视全程使用摄像手电进行记录 ③随车机械师途中巡视作业时，如在司机室检查开始前“＊＊月＊＊日＊＊时＊＊分，＊＊次随车机械师＊＊开始检查＊＊车(车辆号，例如 200201 车)司机室”。检查司机室侧门锁闭状态时“司机室侧门锁闭状态良好”。检查司机室配电盘时“司机室配电盘各开关位置处于正常位”。到非主控端司机室操纵台检查时“＊＊车(车辆号，例如 200200 车)司机室操纵台各手柄位置正常，仪器、仪表工作正常，网压显示＊＊KV，总风缸风压＊＊KPa”。司机室检查完毕“＊＊时＊＊分，＊＊车(车辆号，例如 200200 车)司机室检查完毕，通过台门已锁好” ④司机室检查 “听”：在司机室短暂停顿，听司机室内各设备设施运行无异音，走行部无异音 “看”：司机 C. K1 柜(空开)→遮阳板(外观、机械动作)→司机室车窗(外观)→雨刮器(机械动作、液位)→操纵台(按钮外观、手柄位置)→车次预设→IDU(故障信息、牵引、高压、污物箱、水箱各设备的显示状态)→司机室灭火器(铅封)→司机室隔离门(门锁状态)→1E 车司机室侧门(门锁闭状态) “闻”：(1)闻空调出风口出风无异味；(2)闻司机室内各电气设备配电柜无烟焦味 “联”：主动询问司机列车运行情况，有无故障信息  

续上表

<table>
<tr><th>序号</th><th>作业项目</th><th>作业程序及标准</th></tr>
<tr><td>4</td><td>途中
作业</td><td>⑤通过台设施检查
“看”:车厢侧门(面板指示、紧急开门阀盖板)→射灯(外观)→灭火器(铅封)→电茶炉(指示灯、出水量)→垃圾箱盖板(外观)→厕所门(外观、移动状态)→集便器(冲水)→洗手池(感应、出水量)→镜子(外观)→内风挡(外观)→不锈钢防火门(外观、移动、锁闭状态)
“听”:车厢侧门是否有漏风声
“闻”:闻各配电柜、内风挡是否有异味

⑥客室设施检查
“看”:内部显示器(显示状态)→电视机(显示状态)→客室座椅(外观、朝向)→客室照明(亮度)→消防锤(外观、数量)→内端门(感应、移动状态)
“闻”:(1)在点温时,闻空调出风无异味;(2)在客室内巡视时,闻客室内无异味
“巡”:(1)仔细巡视客室检查各设备设施;(2)感受确认车体无异常晃动;(3)感受确认车底设备无异常震动
“联”:(1)主动询问列车工作人员各设备设施有无异常情况;(2)有旅客反映设备设施异常情况时,要认真聆听,并主动处理故障;(3)有司机换乘时,到司机室与退乘、接班的司机进行交流沟通,并在司机室监控车组设备状态
 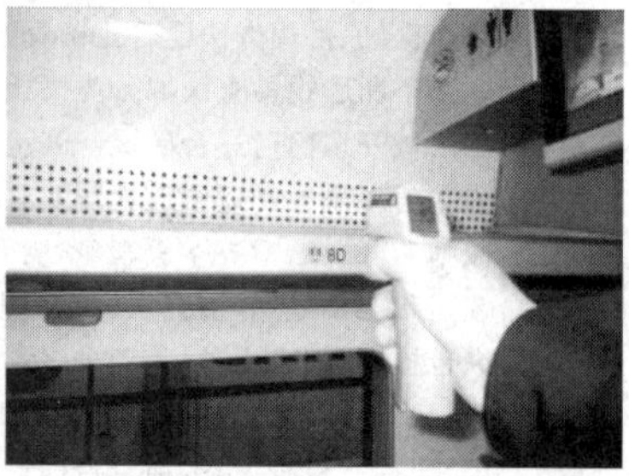
⑦餐车检查
“听”:吧台检查过程中,听走行部无异音,听吧台内各电器设备无异响
“看”:内部显示器(显示状态)→电视机(显示状态)→客室照明(亮度)→消防锤(外观、数量)→展示柜(照明、温度、玻璃外观)→餐车配电柜(空开)→冷藏柜(温度设定、制冷效果)→吧台水槽(出水量)→餐车电茶炉(指示灯、出水量)→餐车桌椅(外观)
“闻”:闻吧台内各电器设备无烟焦味
“联”:餐车检查时,主动询问餐车工作人员各设备运行状态,若有设备故障及时处理
 </td></tr>
</table>

续上表

<table>
<tr><th>序号</th><th>作业项目</th><th>作业程序及标准</th></tr>
<tr><td>4</td><td>途中作业</td><td>⑧监控室设施检查
“听”:监控室检查过程中,听走行部无异音,听监控室内设备无异响
“看”:监控室门(外观、钥匙开关正常)→IDU、信息显示屏(正常显示)→IDU(故障、高压、牵引、污物箱、水箱、外门无异常)→监控室内各设备(外观)→座椅(外观)
“闻”:闻监控室内各电器设备无烟焦味

(6)作业线路见下图
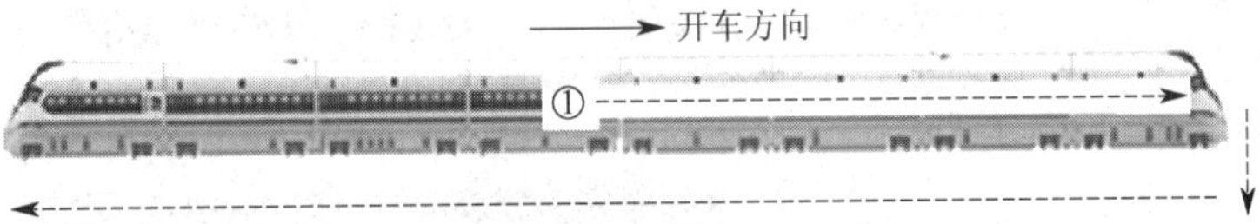

车内巡检路线
①为从监控室开始的巡检路线</td></tr>
<tr><td>5</td><td>折返站作业</td><td>(1)重设车次
①到达始发车站后,重新设置始发车次
②车次设置完毕后,开始站台作业,如有司机换乘时,参与司机交接,在作业开始前“* *月* *日* *时* *分,* *次随车机械师* *于* *站(站名,例如上海虹桥站)开始折返作业”,作业完毕“* *时* *分,* *次随车机械师* *于* *站折返作业完毕”
(2)车端检查
①主要检查头灯、雨刷、头罩。首先站在车头站台侧,开启摄像手电摄像功能,将车组号先拍摄下来,然后站在车头前方,手拿摄像手电对准车头部,自上而下,从车头顶部三个灯罩开始、依次是挡风玻璃、雨刮器、头罩开闭机构进行整体拍摄检查
②车端检查
“看”: 头罩(外观)→雨刮器(外观)→头部标示灯(外观)→司机室车窗(外观)
“巡”:在站台侧从非主控端巡视至主控端,并用摄像手电记录

(3)站台侧车体检查
①主要检查车体外侧、侧门、车外显示器、车端连接、受电弓状态(可视部位)等。摄像时尽量避免大幅度摆动,当发现有异常点时应将拍摄范围锁定在异常点,对异常点特写后进行处理,处理完毕后接续之前的作业。
②站台侧检查
“听”: a. 站在风挡前方,短暂停顿,听车端连接有无风管漏风声;b. 检查受电弓时,短暂停顿,听受电弓风管有无漏风声音</td></tr>
</table>

续上表

序号	作业项目	作业程序及标准
5	折返站作业	“看”：车厢侧门(外观)→外部显示器(外观、内容)→客室车窗(外观)→受电弓及车顶高压设备(外观)→外风挡(外观)→高压连接线(外观) 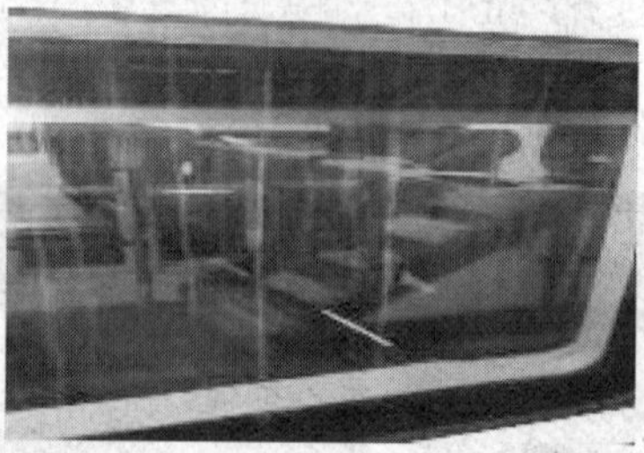  (4)车内巡视 ①站停时间40 min及以上的动车组，在车内进行一次巡视，重点检查车内设备技术状态，发现故障进行处理并做好记录 ②车内巡视 “听”：对各运转部位的技术状态进行判断，听有无异音 “看”：对全列动车组车内设备设施进行目视状态检查，通过车载信息系统确认车组整体运作状态 “闻”：对配电柜、主要服务设施等异味做出正确判断 “联”：主动向司乘人员了解动车组运行及设备设施状态   (5)准备发车 ①巡视完毕，在乘务(监控)室通过车载信息系统监视列车设备工作情况，等待发车 ②准备发车 “看”：a. 在司机开车前3 min到达乘务(监控)室，对设备状态进行查询、监控，等待发车；b. 动车组开车前将IDU锁定在车门界面，开车后要立即切换为制动界面检查列车制动缓解情况 “联”：主动询问司机动车组各设备的运行状态  (6)折返站换乘 ①退乘随车机械师按要求填写乘务日志；继乘随车机械师按规定须着装整齐，佩戴齐全出勤后，提前15 min到继乘站站台接车 ②退、继乘随车机械师在乘务(监控)室办理交接，主要包括动车组运行技术状态、动车组钥匙、乘务日志、对讲机、GSM-R手持终端等

续上表

<table>
<tr><th>序号</th><th>作业项目</th><th>作业程序及标准</th></tr>
<tr><td>5</td><td>折返站作业</td><td>③交接完毕，继乘随车机械师按上述“折返作业”规定进行作业
④换乘作业过程中遇有动车组故障要应急处理时，退、继乘随车机械师要协同配合，共同处理
(7)作业线路如下图
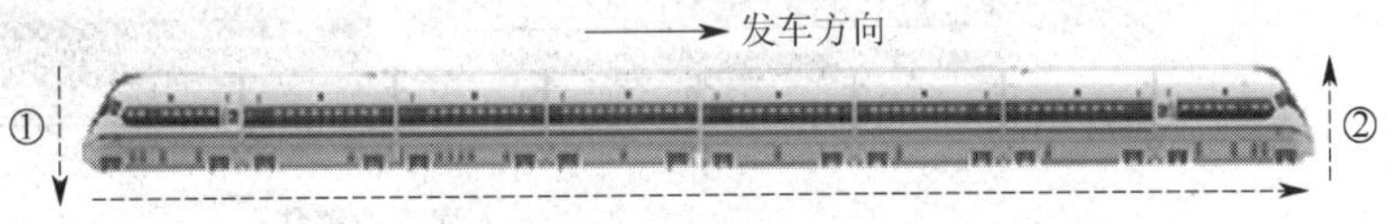

折返站作业路线
①站台侧巡视作业路线；
②在出发端司机室与司机会合了解运行情况</td></tr>
<tr><td>6</td><td>终到作业</td><td>(1) 三乘联检
动车组终到前半小时，随车机械师应参加列车长组织的乘务会，并会同列车长等对动车组上部设施进行联合检查，按要求将检查结果填在《动车组固定服务设施状态检查记录》

(2)故障预告
核对运行中发生的行车故障，填写乘务日志，重点故障提前预报动车所调度室。入所途中，通过车载信息系统监控动车组运行状态
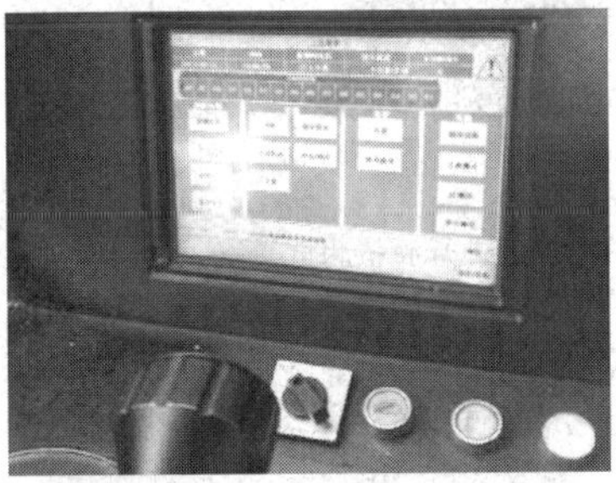 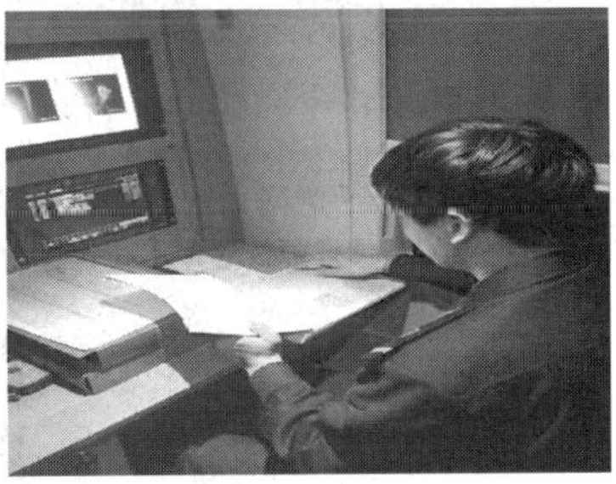
(3)防溜设置
动车组停稳后，司机施加停放制动，随车机械师确认
(4)异地作业
到达指定存放股道后，随车机械师应对车辆外部、下部进行外观检查(车站存放只检查站台侧外部)，确认车组状态良好。清理车内闲杂人员后，按要求设置防溜措施或确认防溜设置情况(司机设置时)，关闭电源。下车后确认全部车门关闭。对检查的情况做好记录。在作业开始前“＊＊月＊＊日＊＊时＊＊分，＊＊次随车机械师＊＊于＊＊站开始异地存放作业”，作业完毕“＊＊时＊＊分，＊＊次随车机械师＊＊于＊＊站异地作业完毕”
(5)防寒作业
按照防寒期间的统一工作部署，如需随车机械师负责防寒打温或防冻排空作业，随车机械师要按照防寒的作业计划及要求进行防寒打温或防冻排空作业，并及时将实际天气及作业情况向本所调度室汇报，做好相关防寒打温或防冻排空作业记录</td></tr>
</table>

续上表

<table>
<tr><th>序号</th><th>作业项目</th><th>作业程序及标准</th></tr>
<tr><td>6</td><td>终到
作业</td><td>(6)作业线路如下图
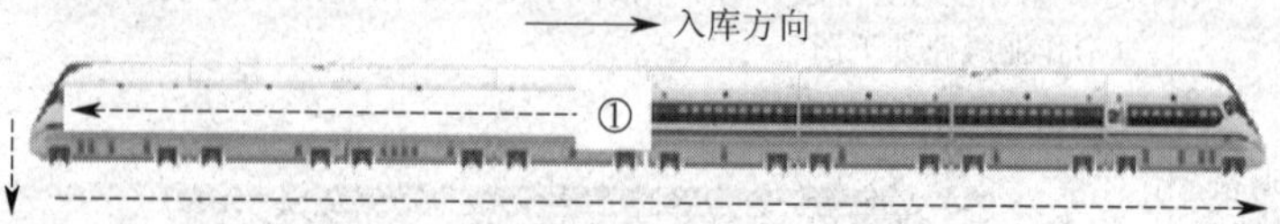
入库作业路线
①为从监控室开始的巡检路线
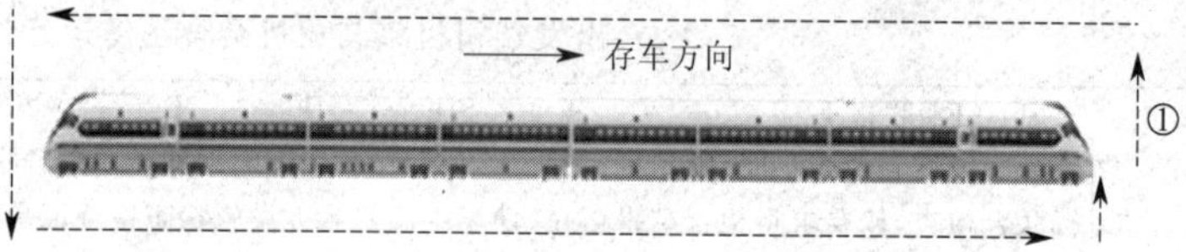
异地存放作业路线图
①两侧作业路线</td></tr>
<tr><td>7</td><td>退乘
作业</td><td>(1)交还工具
到达指定地点交还摄像手电、GSM-R 移动电话、450 MHz 手持终端、应急手机、红外线测温仪、组套螺丝刀等随车工具并检查各配件齐全、功能作用良好，状态与记录一致，最后按要求填写交还记录

(2)酒精测试
随车机械师按照要求在调度员的监控下进行酒精测试
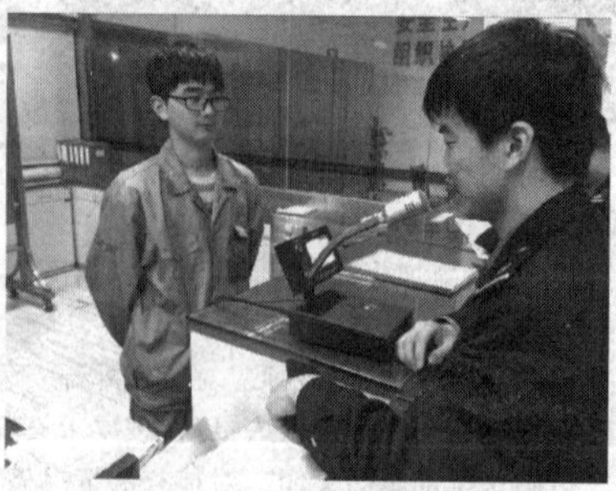
(3)技术交接
向调度值班员报告动车组运行情况，必要时使用摄像手电对交接进行记录
(4)交还台账、钥匙
交还动车组机械师钥匙，并在“动车组钥匙管理记录簿”上相应栏内填写领取记录。交还“乘务日志”、“固定服务设施记录”、“联检记录单”、“故障交接记录单”等台账记录</td></tr>
</table>

续上表

序号	作业项目	作业程序及标准
7	退乘作业	 (5)签到退乘 在“随车机械师出退乘签到簿”上按要求进行签到退乘
8	拍照录音管理	(1)随车机械师退乘后将数字化手电筒交回乘务组并做好相应记录,由乘务指导下载本趟乘录音、拍照、摄像电子文件,并按日期、人员姓名存档,并抽查录音、拍照是否符合标准 (2)动车所乘务组负责统计评价随车机械师作业视频,动车所技术组负责汇总视频评价总体情况每月形成通报落实整改 (3)随车机械师值乘中的拍照、录音、摄像电子文件由动车所负责保存,保存期不少于2周,对于记录动车组故障或其他异常情况的照片、录像,必须建立单独的文件夹长期保存

复习思考题

1. 动车组随车机械师的职责是什么?
2. 动车组随车机械师的作业内容有哪些?
3. 动车组随车机械师退乘时需要干哪些工作?

第八章　动车组安全管理

第一节　铁路运输安全概述

一、铁路运输安全的重要性

铁路运输安全是运输生产系统运行秩序正常、旅客生命财产平安无险、货物和运输设备完好无损的综合表现，也是在运输生产全过程中为达到上述目的而进行的全部生产活动协调运作的结果。铁路运输生产的根本任务就是把旅客和货物安全及时地运送到目的地，而铁路运输生产的作用、性质和特点，决定了铁路运输必须把安全生产摆在各项工作的首要位置。

1. 安全是铁路运输适应经济和社会发展的先决条件

铁路是我国主要的现代化交通工具，对经济、社会和科技发展，满足人民物质和文化出生活需要起着重要作用。作为国家的基础设施，铁路运输安全既保证了国家重点物资、重要工程建设、重大科研基地及军事运输的需要，也为地方区域经济开发、招商引资和科技发展带来了生机和活力。作为公益服务事业，铁路运输安全保障了人民生命财产不受伤害和损失，提高了广大人民群众的生活质量。随着国家经济体制改革步伐的加快，铁路作为国民经济的大动脉，如果发生事故，特别是重大、大事故，造成行车中断，甚至造成车毁人亡的严重后果，无疑将会给人民带来不幸，给国家造成巨大损失。事实证明，铁路运输安全的可靠程度不仅直接关系到我国社会主义市场经济的健康发展和改革开放的进程，而且直接影响社会生产、社会生活和社会安定，甚至影响国家的声誉和形象。

2. 安全是铁路运输产品最重要的质量特性

铁路运输业是一个从事社会化运输的物质生产部门，运输是生产过程在流通过程中的继续。运输生产的全部意义就在于有计划、有目的、有成效地实现旅客和货物空间位置的移动，“位移”即为铁路运输的产品。产品的数量以吨公里、人公里或换算吨公里计算，产品质量特性包括安全、准确、迅速、经济、便利和文明服务，其中安全最为重要。就货物运输而言，任何企业的产品只有从生产地安全运达消费地后，才能实现其使用价值，产品的整个生产过程才算最后完结，运输产品“位移”的质量和社会价值也同时得到体现。“位移”这种产品既不能储存，也不能调剂，它在运输生产的同时就被消费掉了。如果在发站、到站或途中因安全得不到保证，导致物毁损失的不仅是物质生产部门，因铁路无法向社会提供运输产品而造成的巨大损失必然使铁路经济效益下降。如发生旅客列车重大伤亡事故，其后果更不堪设想。安全不好，路无宁日，安全已成为铁路运输的生命线。

3. 安全是铁路各项工作质量的综合反映

铁路运输车站多、线路长、分布广。运输生产系统是由机务、车务、工务、电务、车辆、水电等部门构成的，它犹如规模庞大的“联动机”昼夜不停地运转，自然条件复杂，作业项目繁多，情况千变万化。安全工作贯穿于运输生产全过程，涉及到每个作业环节和人员。只要有一段路基、一根钢轨、一台机车和一辆车辆关键零部件，一架信号机发生故障或损坏，一个与运输生产直接有关人员的瞬间疏忽、违章作业、操作失误，就会造成行车事故、货运事故或人身伤亡事故。因此，在运输生产过程中，各部门、各工种人员必须遵章守纪，才能确保旅客和货物运输安全。

4. 安全是加快铁路改革与发展的重要保证

加快铁路改革与发展，必须要有一个稳定的运输安全局面。如果安全形势不稳，不断发生事故，势必打乱运输秩序，干扰总体部署，分散工作精力，社会舆论也会反映强烈，铁路工作就会处于被动状态，铁路改革与发展就失去了重要前提与基础，难以顺利进行。铁路走向市场，更需要确保安全、提高运输产品质量，树立良好的运输企业形象。铁路运输安全质量下降，必然会损害企业形象，阻碍或延缓铁路深化改革、全面走向市场的进程。面对日趋灵活多变的市场需求，铁路通过运输管理体制、组织方法、经营方式的改革，努力从粗放型经营向集约型经营转变，重载、高速（提速）及多元化经营带来的运输安全问题日益突出，安全已成为影响市场竞争实力的"当头炮"。没有稳定的安全形势，就没有铁路大联动机的高效正常运转，就难以使铁路运输优势和铁路运力资源得以充分发挥。不仅如此，发生事故本身就是对运输生产力的破坏。所以，铁路越是深化改革、加快发展、走向市场，越要强化安全基础，搞好安全生产。

5. 安全是法律赋予铁路运输的义务和责任

《中华人民共和国铁路法》（简称《铁路法》）是保障铁路运输的法律手段。为了保证铁路运输的安全畅通，避免事故的发生，《铁路法》规定了一系列法律规定和措施。其中，有关条文明确指出："铁路运输企业应当保证旅客和货物运输的安全，做到列车正点到达。""铁路运输企业必须加强对铁路的管理和保护，定期检查、维修铁路运输设施，保证铁路运输设施完好，保障旅客和货物运输安全。"这就从法律意义上规定了保障客货运输安全是铁路应尽的职责和义务。

从法律角度看，旅客和货物托运人（当事人）与铁路运输企业之间的关系是合同关系（合同形式是客票和运单）。当事人支付费用后，运输企业向其提供运输产品，彼此的权利和义务对等。如果铁路运输企业因人为事故不能保证旅客和货物运输安全，不仅违背了当事人的意愿，损害了他们的权益，而且也违反了《铁路法》的规定。对有关运输安全方面的法律，全路广大职工应知法守法，树立"遵章守纪是光荣、违章违纪法不容"的思想，并结合事故案例教育，真正做到忠于职守、安全生产。

在我国，党和国家一贯高度重视铁路运输安全工作，多次强调指出："铁路一定要把安全运输放在第一位"，"要把安全作为铁路运输的永恒主题。"经过长期实践和科学总结，"安全第一、预防为主"已成为我国铁路运输安全管理方针。

牢固树立"安全第一"的思想是正确处理安全与效率、效益关系的根本保证。效率一般是指单位时间内所完成的工作量，效益主要包含社会效益和经济效益。运输生产的目的是不断满足国民经济发展和人民生活提高的需求，安全不稳或效率低下都不能实现"人民铁路为人民"的宗旨，应力求达到安全与效率的辩证统一。

铁路运输企业具有公益企业的性质。公益企业最主要的特点是它的一切生产和经济活动，首先考虑社会效益，然后才是它自身的经济效益。由此可见，铁路运输企业从国家、人民和自身利益出发，需要不断提高运输效率和经济效益，以获得社会效益和自身持续发展的条件。但是，安全状况不好，运输生产效率就失去原有的意义；生产效率不高，运输安全的根本目的也难以达到，只有在安全的基础上提高效率，才能使社会效益和经济效益两全其美成为现实；"安全第一"的意义和作用也真正落到了实处。

"安全第一"是安全与生产或工作效率、经济效益相比较的结果。因为安全是运输生产效率和效益的前提和保证，有了安全，运输生产才能有序进行，才会带来效率和效益。特别是当安全与生产发生矛盾时，生产要服从安全，更要坚持"安全第一"的位置不动摇、不移位，防止把安全与生产对立起来的倾向。那种安全不好抓安全而不顾效率；效率不高抓效率而忽视安全的做法得不到有效遏制，必然会造成生产上不去，安全不稳定，铁路运输整体工作下滑的严重后果。

二、安全的普遍性与铁路运输安全的特殊性

1. 安全的普遍性

作为伴随生产而存在的安全问题，对于所有的技术系统都具有普遍的意义，铁路运输系统也不例外。

(1)安全的系统性

安全涉及技术系统的各个方面，包括人员、设备、环境等因素，而这些因素又涉及经济、政治、科技、教育和管理等许多方面。特别对于像铁路运输这样的开放系统，安全既受系统内部因素的制约，也受到系统外部环境的干扰。而安全的恶化状态，即事故，不仅可能造成系统内部的损害，而且可能造成系统外部环境的损害。因此，研究和解决安全问题应从系统观点出发，运用系统工程的方法，进行综合治理。

(2)安全的相对性

凡是人类从事的生产活动，都有安全问题，所不同的只是发生事故的可能性有大有小，危害程度有轻有重而已。安全是相对的，不安全是绝对的，系统发生事故的可能性始终存在。但是，事故是可以预防的，可以利用安全系统工程的原理和技术，预先发现、鉴别、判明各种隐患，并采取安全对策，从而防患于未然。

(3)安全的依附性

安全是依附于生产而存在的，它不可能脱离具体的生产过程而独立存在，只要存在生产活动，就会出现安全问题。另外，安全是生产的前提和保障，安全工作搞得不好，生产便无法顺利进行。因此，需要经常持久地抓好安全工作。

(4)安全的间接效益性

要保证生产安全必须在人员、设备、环境和管理方面有相应、适时的安全投入，但安全投入所产生的经济和社会效益却是间接的、无形的，难以定量计算。因此，安全投入往往被忽视，只有发生了事故造成了损失之后才会意识到安全投入的必要性和重要性。事实上，安全的效益除了减少事故的直接和间接经济损失外，更重要的是在提高人员素质、改进设备性能、改善环境质量和加强生产管理等方面所创造的积极的经济和社会效益。

(5)安全的长期性

人对安全的认识在时间上往往是滞后的，不可能预先完全认识到系统存在和面临的各种危险，而且，即使认识到了，有时也会由于受到当时技术条件的限制而无法予以控制，随着技术进步和社会发展，旧的安全问题解决了，新的安全问题又会产生。所以，安全工作是一个长期的过程，必须坚持不懈，始终如一地努力才行。

(6)安全的艰巨性

高技术总是伴随着高风险，随着现代科学技术的发展，各种技术系统的复杂化程度增加了。以现代交通运输系统为例，无论从规模、速度、设备和管理上都发生了极大的飞跃，一旦发生事故，其影响之大、伤亡之多、损失之重、补救之难，都是传统运输方式不可比拟的。此外，事故是一种小概率的随机偶发事件，仅仅利用已有的事故资料不足以及时、深入地对系统的危险

性进行分析，而现代社会的文明进步又不容许通过事故重演来深化对安全的认识。因此，认识事故机理，不断揭示系统安全的各种隐患，确实是艰巨的任务。

2. 铁路运输安全的特殊性

由普遍性与特殊性的关系可知，普遍性寓于特殊性之中，特殊性离不开普遍性，可见，铁路运输安全除具有上述安全的普遍性外，还有其特殊性。

(1)铁路运输安全的动态性

机车、车辆在固定轨道上的定向运动是铁路运输最显著的特点，一系列铁路运输安全问题，例如轮轨作用、弓网作用、列车速度控制和进路控制等都是围绕机车、车辆或列车在轨道上的定向运动而展开的。

(2)铁路运输安全失控的严重性

处于高速运动状态的列车，一旦发生设备异常或人的操作失误，可供纠正和避免事故的时间很短，可供选择的应急方式也很有限。加之，铁路线路、机车车辆等硬设备的成本很高，列车对旅客和货物的承载量很大，事故不仅造成巨大的财产损失、人员伤亡和环境破坏，而且由于运输中断将波及路网，打乱运输秩序，影响社会生产和运输的全局。更重要的是铁路对其运输对象——旅客和货物没有所有权和支配权，而只提供必要的运输服务，因此事故损失涉及广泛的社会因素，极大地损害铁路的形象甚至政府的威信，其社会影响的严重性难以估量。

(3)铁路运输安全问题的反复性

铁路运输生产具有连续性、周期性和季节性的特点，伴随着生产的各种事故和不安全状况常常都是重复发生的，我国铁路年复一年的春运、暑运、防洪、防寒、防暑等安全问题反复存在。由于受铁路总体技术和管理水平的制约，各种事故和不安全状况的产生也具有一定的“惯性”和反复性，如“两冒错排”(冒进进站和出站信号，错排列车进路)、断轨、断轴等惯性事故，成为经常困扰运输安全的主要问题。

(4)铁路运输安全对管理的依赖性极强

铁路犹如一台大联动机，是复杂的人—机动态系统，其运输生产过程是由车、机、工、电、辆等多工种联合的多环节(如货物运格的承运、保管、装卸、运送、途中作业、交付等)作业过程，涉及设备数量庞大、种类繁多，设备布局的网络状态和作业岗位独立分散的特点，使各工种和各环节的协同配合都离不开严格有效的管理。因此，铁路运输安全在很大程度上取决于管理的效能。

(5)铁路运输安全的复杂性

铁路运输安全受外部环境的影响很大，难于预测和控制。铁路运输生产是在一个开放的环境中进行的，其过程有较大的空间位移和较长的时间延续。自然环境，如雨、雾、风、雪及各种自然灾害等，对运输安全均有不利影响。社会环境，如社会治安、社会风气及社会政治经济状况等，均与运输安全状况密切相关，而且难于预测和控制。因此，铁路运输环境安全的综合治理涉及面广、难度大。

铁路安全技术的发展，包括设备安全性能改进、人员安全素质提高、环境安全质量改善和安全管理水平提高，都是以上述对安全的普遍性和铁路运输安全的特殊性的认识为基础的。

三、铁路运输安全的影响因素

铁路运输系统是一个在时间、空间上分布很广的开放的动态系统，铁路运输安全影响因素错综复杂，涉及面很广。从系统论的观点出发，与运输安全有关的因素可以划分为四类：人，设备,环境以及管理。

1. 人员因素影响

在安全问题中,人是矛盾的主要方面,因为即使是高度自动化的系统也不可能完全避免人的介入,不可能完全不受人的操纵和控制。在铁路运输工作的每个环节、每项作业中,都是由人来参与并处于主导地位的,人操纵、控制、监督各项设备,完成各项作业,与环境进行信息交流,与其他作业协调一致。正是由于人在运输工作中的重要地位,使得人的因素在运输安全中起着关键的作用。因此,对铁路工作人员要有一定的安全素质要求。

(1)思想素质。思想素质包括职业道德、劳动纪律、安全观念等。安全思想素质差,责任心不强,是导致"违章违纪"等不安全行为的重要原因。

(2)技术业务素质。技术业务素质包括业务知识、文化素养、安全法律知识和安全技能,以及处理各种非正常情况的作业能力等。由于铁路运输作业经常可能面临各种意外情况,所以运输工作人员的应变能力非常重要。此外,对安全管理人员而言,还应具备相应的安全管理知识和能力。

(3)生理素质。生理素质是指影响运输安全的人体生命活动,包括身体条件及生理状况。主要有年龄、性别、记忆力、体力、耐力、血型、视力、视觉(色觉、形觉、光觉)、听觉、动作反应时间和疲劳强度等均与铁路运输安全有十分密切的关系。

(4)心理素质。心理素质是指影响运输安全,人的心理过程及个性心理特征。主要包括个体的气质、能力、性格、情绪、需要、动机、态度、爱好、兴趣、意志等各个方面。例如,在气质方面,胆汁质的人往往易冲动,表现为性急而粗心,多血质的人注意力容易转移,缺乏耐性,都可能成为引发事故的条件;粘液质的人表现为稳定、细心、工作有持久性,比较适合于在安全和要害部门工作。在性格方面,表现为勤劳、认真、细致、具有自信心和控制能力的人,以及富有稳定和持久的情绪特征的人,都有利于做好各项安全工作。因此,正确判断职工的气质,培养良好的性格和其他心理特征,是保障安全生产的重要前提。

(5)群体素质。群体是个体的集合,群体素质是指影响运输安全的群体特征,包括群体目标、群体内聚力、群体的信息沟通、群体的人际关系等。由于铁路运输工作要求多工种协同动作,涉及多个环节,因而它对于运输系统内,部门与部门之间、部门内人员之间以及同一作业的不同操作者之间的协调性要求很高,这就使群体的作用变得十分突出。群体对运输安全的影响,主要表现在群体意志影响其成员的行为。包括:

①社会从众作用。个体在群体中,往往不知不觉地受到影响与压力,表现出与群体内多数人的知觉、判断和行为相一致的现象,即从众现象。社会从众作用表现在安全生产上具有正反两方面的意义。在一个遵章守纪的群体中,个别惯于冒险作业的人会感受到群体的压力而改为安全作业。相反,如果是在一个不重视安全的群体里,少数一贯遵章守纪的人也会顺从群体的错误行为。

②群体助长作用。一方面,群体的存在可以起到满足个体心理需要、增加勇气和信心的作用;另一方面,群体成员在一起工作,有助于消除单调和疲劳,激发工作动机,使工作效率得以提高。但是,对于某些脑力劳动,特别是创造性的思维劳动,多数人在一起工作,反而会使注意力不集中,降低工作效率。

③群体规范作用。群体成员在彼此相互作用的条件下,会发生一种类化现象,个体差异会明显缩小。规范作用的强弱取决于群体意识的强弱。在安全意识较强的群体里,成员大多能保持安全的操作行为。与此相反,在安全意识薄弱的群体里,成员们为了抢时间、省力气、突击

完成任务，往往倾向于不安全行为。对于这样的群体，必须密切注意，加强管理。

2. 设备因素影响

铁路运输设备是除人之外，影响运输安全的另一个重要因素，质量良好的设备既是运输生产的物质基础，又是运输安全的重要保证。影响运输安全的设备因素主要指运输基础设备和运输安全技术设备的安全性能，包括设计安全性和使用安全性。

(1)设计安全性。设备的设计安全性是指设备的可靠性、可维修性、可操作性(人—机工程设计)以及先进性等。

(2)使用安全性。设备的使用安全性包括设备的运行时间，维护保养情况等。设备运行时间越短，即设备越新，其使用安全性越好；设备维修保养得越好，其使用安全性也越好。反之，则相反。

3. 环境因素影响

影响运输安全的环境条件包括内部小环境和外部大环境两部分。

(1)内部小环境。对于一般微观的人—机—环境系统而言，内部环境通常是指作业环境，即作业场所人为形成的环境条件，包括周围的空间和一切生产设施所构成的人工环境。然而，铁路运输系统是一个非常复杂的宏观大系统，它是由系统硬件(运输基础设备和运输安全技术设备)、系统工作人员(运输系统内的各级管理人员和基层作业人员)、组织机构(管理机构、运行机构、维修机构等)以及社会经济因素(政治、经济、文化、法律等)等相互作用而构成的社会—技术系统。因此，影响运输安全的内部环境决非仅是作业环境，它还包括通过管理所营造的运输系统内部的社会环境，即运输系统外部社会环境因素在运输系统内的反映，它涉及面很广，包括运输系统内部的政治、经济、文化、法律等环境。

(2)外部大环境。影响运输安全的外部环境包括自然环境和社会环境。

自然环境是指自然界提供的、人类一时尚难以改变的生产环境。自然环境对运输安全的影响很大。铁路线路暴露在大自然中，经常遭受洪水、暴雨、风沙、泥石流以及地震等自然灾害的威胁。在各种自然灾害中，最常见的是暴雨、洪水，严重影响运输安全，危害极大。此外，气候因素(风、雨、雷、电、雾、雪、冰等)、季节因素(春、夏、秋、冬)、时间因素(白天、黑夜)以及铁路沿线的地形地貌等也是不容忽视的事故致因。

社会环境包括社会的政治环境、经济环境、技术环境、管理环境、法律环境以及社会风气、家庭环境等等，它们对铁路运输安全均有不同程度的影响，较为直接的是铁路沿线治安和站车秩序状况。

4. 人、机、环境三者之间的相互影响

(1)“人—人”之间。铁路运输是由多部门、多层次人员分工与协作来实现的。人与人之间相互作用、相互影响、相互依赖、相互制约，必须协调配合，才能有效保证运输生产的顺利进行。如果人与人之间的协调配合不好，就会造成事故隐患乃至发生行车事故，影响铁路运输安全。

(2)“人—机”之间。在“人”与“机”的关系中，“人”是行为的主体，由人操纵“机”运转，人的劳动能力、劳动熟练程度、劳动态度直接影响“机”的运转状况。同时自动化“机”可以部分地监督人的行为，减少人为偏差。所以“人—机”之间是相互作用和相互影响的关系。

(3)“人—环”之间。人的活动是在一定的环境之中进行的，受环境的影响和制约，一方面人从环境中获取物质、能量和信息，可以创造环境、改进环境，对环境施加能动性的影响；另一方面环境反作用于人，使人必须适应环境，根据环境的变化调整自己的行为。

(4)"机—机"之间。"机—机"之间表现为一种联动的关系,为使联动有效地传递下去,要求每一环节必须运转正常与协调,任何一个环节出现不协调的现象,都会成为事故隐患的一种可能,需要加强"机—机"之间衔接的可靠性。

(5)"机—环"之间。一方面良好的环境有利于保证"机"的状态良好和运行正常,另一方面通过一定的"机"改造环境,使环境向有利于系统的方向发展。

(6)"环—环"之间。不可控制的大环境之间、可控制的小环境之间、大环境与小环境之间相互影响和制约,彼此之间是相互的改造和被改造的关系。应充分发挥可控制的小环境的能动作用,影响不可控制的大环境的变化。

(7)"人—机—环"之间。"人—机—环"构成铁路运输安全保障系统的最基本组成要素,根据系统的整体性思想,单纯一个要素的良好状态,并不能保证系统的优化,为充分发挥系统的整体功能,必须有效地组合与协调三者之间的关系。

5. 管理因素影响

铁路运输安全管理是指管理者按照安全生产的客观规律,对运输系统的人、财、物、信息等资源进行计划、组织、指挥、协调和控制,以达到减少或避免铁路运输事故的目的。换言之,铁路运输安全管理是指为了有效地减免运输事故及由运输事故所引起的人和物的损失而进行危险控制的一切活动。

管理具有计划、组织、指挥、协调、控制的职能,管理使人、机器和环境组成一个能够有效实现预期目标的系统。虽然人、机、环境往往是造成事故的直接原因,而管理看似间接原因,但追根溯源却是根本的、本质上的原因,这是因为前者都是受后者"管理"要素支配的,所以安全工作的关键是管理。

四、铁路运输安全保障系统

1. 铁路运输安全保障系统的特征

铁路运输安全保障系统是指配置在运输系统上,起保障运输安全作用的所有方法和手段的综合,一方面要保证运输系统内人员和设备的安全性,另一方面要保证运输系统不会受到其外部环境的威胁。

铁路运输安全保障系统是一个以管理作为施控主体,以运输安全直接影响因素(人、机、环境)作为受控客体的控制系统,其目的是实现某一时期的系统安全目标。其中,运输安全直接影响因素为广义的概念,它不仅包括单独的每个因素,还包括因素间关系及组合。

铁路运输安全保障系统是对反馈控制和前馈控制的综合,即是一种前馈—反馈耦合控制系统。作为反馈控制,将系统输出端的信息通过反馈回路传输到系统输入端,与系统的目标进行比较,找出偏差,采取适当的措施实施控制纠正偏差,使系统达到预期目标,但这种控制是在偏差产生之后进行的,具有滞后性,这是反馈控制本身无法克服的。因此,为加强对偏差产生的预见性,需要前馈控制的作用,即尽可能在系统发生偏差之前,根据预测信息,采取相应的措施,纠正偏差。铁路运输安全保障系统实施前馈—反馈耦合控制,可以增强系统抗干扰能力,提高系统的稳定性。

2. 铁路运输安全保障系统结构

铁路运输安全保障系统作为一种管理系统,以直接影响运输安全的因素人员、设备、环境作为管理的对象。从管理的对象和要素出发,可将运输安全保障系统划分为不同层次的两个部分:安全总体管理和安全对象管理。

1)安全总体管理

铁路运输安全管理的内容,包括对人的安全管理、设备的安全管理和环境的安全管理。对人、设备、环境的安全管理,既是系统安全管理的三个不同内容,又是一个统一整体。这“统一整体”正是安全总体管理的对象,它不是单纯指人、设备、或者环境,而是指“人—机—环境”系统整体。因此,安全总体管理的内容,不是单独对人的安全管理、或者单独对设备的安全管理、对环境的安全管理,而是对人—机—环境系统总体的安全管理,是凌驾于人、机、环境之上,又渗透于其中的安全管理。亦即从功能上看,安全总体管理起着系统软件的作用,它既是安全管理这个大系统中的一个子系统,又对整个系统的安全状况起着控制、监督的作用。安全总体管理子系统包括安全组织、安全法制、安全信息、安全技术、安全资金等部分。

(1)安全组织

安全组织是安全管理的一个职能实体,所有安全保障措施的制定与落实均离不开组织的支持。组织是一切安全管理活动的基础。作为安全总体管理,安全组织管理的功能包括:

①制定安全管理的方针、政策和目标。

②分配责任和权限。

③组织实施安全管理规划。

④提供决策沟通和协调配合。

⑤安全检查及整改。

⑥分析处理事故。

⑦其他。

(2)安全法制

建立健全安全法制的目的就是使人、机、环境的安全管理活动做到有章可循,有法可依,即起到规范人、机、环境安全管理的作用。安全法制管理的功能主要表现在四个方面:

①完善运输安全法规。

②建立健全规章制度。

③完善安全标准体系。

④监督与考核规章制度、作业标准的执行。

(3)安全信息

一切安全管理活动,都离不开安全信息的支持。信息传递是组织管理理论的重要内容,信息促使系统动态化并且将组织目标与参与人员联系起来。正是由于信息的纽带特性,使得安全信息成为安全总体管理的内容。安全信息管理的功能包括:

①收集、记录、整理、传输、存储系统安全信息。

②提供系统安全分析工具、评价方法与决策支持。

③追踪先进安全科技与管理信息。

(4)安全技术

安全技术管理的内容包括对运输安全硬技术设备的安全管理和对运输安全软技术的研究、开发与应用。由于安全技术管理中单独针对人员、设备和环境的部分属于安全对象管理而非安全总体管理,因此,作为安全总体管理中的安全技术,应排除单独针对人员、设备、环境的技术管理部分,包括:

①安全分析、评价和管理方法的研究与应用。

②事故管理方法的研究与应用。

③各种安全作业方法、工艺过程的研究与应用。

④制定与完善安全技术规范的方法的研究与应用。

⑤其他。

(5)安全教育

在铁路运输人—机—环境系统中,为了避免种种危险,防止事故发生,必须通过各种形式和方法,对广大干部和职工进行经常性的安全教育和培训,从而促进安全相关行为或改进人的行为状态。因此,安全教育管理应具有以下功能:

①完善各级安全教育体系。

②建立健全促进安全行为的奖惩制度。

(6)安全资金

安全资金是搞好运输安全管理必要的物质基础。安全资金管理的内容包括对保障运输安全所需资金的筹集、调拨、使用、结算、分配等。

2)安全对象管理

针对人员、设备、环境的安全管理称为安全对象管理,安全对象管理可细分为人员安全保障、设备安全保障和环境安全保障。

(1)人员安全保障

①人员安全保障是指保障人员安全性的所有措施,即保障不因人的差错而导致事故或隐患。在排除设备和环境因素之后,人员安全保障包括提高人员安全素质和加强人员安全管理两部分。

②提高人员安全素质的措施又可称作人员直接安全保障,提高人员安全素质最为有效的途径即岗位安全教育和培训,包括针对不同岗位职工进行的不同内容的安全教育和培训。

③加强人员安全管理的目的是防止因间接原因而产生人的差错,又叫人员间接安全保障。包括加强安全劳动管理,加强职工生活管理和加强行为管理。

(2)设备安全保障

①设备安全设计。选用具有较高安全性(包括人机工程设计、可靠性、可维修性、先进性等)的设备。

②设备的保养、检修及更换。保障设备始终处于良好运行状态,对于超过服役期的设备要及时更换。

③设备状态及工作情况的检测和监控管理。有效获得各种设备安全性能的实时动态信息。

④设备的故障安全对策。保证故障发生后能够导向安全,不致产生非安全的连锁反应,使事故造成恶果的影响尽可能缩小。

(3)环境安全保障

由于影响运输安全的环境条件包括内部小环境(作业环境、内部社会环境)和外部大环境(自然环境、外部社会环境)因此,环境安全保障子系统可进一步细分为内部环境安全保障和外部环境安全保障两部分。

①内部环境安全保障。改善影响运输安全的内部环境,它是运输安全保障系统的重要内容,包括:

a. 作业环境安全保障。为保障运输安全,必须保持操作者的作业环境处于良好状态,包括作业空间布置,温度、湿度调节,采光、照明设置,噪声与振动的控制,以及有毒有害气体、粉尘、蒸汽的排除等方面。

b. 内部社会环境安全保障。针对影响运输安全的系统内部的政治、经济、文化、法律等环境条件所采取的一系列控制措施。

②外部环境安全保障。外部环境即不可控环境，外部环境安全保障就是指为了淡化外部环境对运输安全的负面影响，强化其正面影响，而对运输系统进行调节的所有管理手段，包括：

a. 自然环境安全保障。针对影响运输安全的自然环境条件所采取的一系列防范措施，其目的是使自然环境对运输安全的影响被降低到最低限度。

b. 外部社会环境安全保障。为了保障运输安全，铁路必须随着它所赖以生存的社会环境条件（技术、经济、政治、文化等）的变化而作适当调整，化消极影响为积极影响。

第二节　铁路运输安全管理

一、铁路运输安全管理方针

"安全第一，预防为主"是我国铁路运输安全管理方针。"安全第一"就是要求运输企业在组织生产，指挥生产时，坚持把安全生产作为企业生存与发展的第一要素和保证条件。"预防为主"就是要求运输企业以主动积极的态度，从组织管理和技术措施上，增强运输安全保障系统的整体功能，把事故遏制在萌芽状态，做到防患于未然。

在铁路运输生产中，"安全第一"主要由运输生产的特点所决定的，"安全第一"的思想到位，解决好各种各样的矛盾，是"预防为主"的前提，离开这个前提就谈不上"预防为主"。因为，不解决好"安全第一"的思想认识和实际问题，职工预防事故的自觉性、主动性和积极性就难以调动和持久。再说，预防事故是主动而为，事故抢救是迫不得已，对来自人祸天灾的事故而言必须以预防为主，这是运输安全不可动摇的原则。"预防为主"就是要对事故发生的原因进行调查研究、系统分析、制订原则、采取对策。真正做到思想上重视，制度上保证，工作上落实，作风上适应，常抓不懈，持久以恒。

贯彻"安全第一，预防为主"指导方针的原则要求：

1. 牢固树立"安全第一"的思想，强化"安全第一"的责任意识

这是保障运输安全的重要前提。人的因素是影响运输安全最重要的因素，人的安全思想和意识是安全行为的基础。因此，必须加强以人为中心的管理，持久深入地进行安全生产教育，增强广大职工在市场经济条件下的安全责任感和紧迫感，以及不安全的危机感，营造人人重视安全，事事确保安全的工作氛围。而运输生产中存在的隐患、发生的事故（除不可抗拒的自然原因外），归根结底是人的"安全第一"思想不牢、安全责任意识淡薄所致。在安全工作与其他工作发生矛盾，或安全工作取得成绩的时候，"安全第一"的思想往往被淡化或移位，这是安全措施不落实、安全形势不稳定的根本原因，应坚决克服纠正。

2. 遵守规章制度，严格组织纪律

这是运输安全的重要保证。在长期生产实践中，我国铁路部门根据运输生产规律、事故发生的因果关系和防止事故的宝贵经验，制定了许多保证安全、提高效率的规章制度和作业标准，并根据情况变化及时加以完善和发展。有章必循，就要有严格的组织纪律约束。纪律松弛，有章不循是对运输生产安全的最大威胁。因此，必须加强职工队伍的组织性和纪律性，使"严字当头、铁的纪律、团结协作、雷厉风行"的路风得以发扬光大。建立健全严格的安全管理

制度，最为重要的是各级安全责任制的逐步完善和切实执行。应避免职责不清、分工不明、互相推诿的不良现象发生，并通过各种管理手段做到是非分明、赏罚严明，形成强有力的竞争、激励和约束机制。

3. 加强职工教育培训工作，提高职工队伍安全素质

这是运输安全的重要基础。提高人员安全素质最为有效的途径就是理论联系实际的教育和培训。这在高科技广泛应用于铁路运输的情况下显得更为迫切和重要。通过各种形式的教育和培训，大力抓好职工队伍的职业道德建设，培养爱岗敬业的精神和遵章守纪的良好习惯，提高实际操作能力，特别是非正常情况下的作业技能和应急处理能力，全面落实作业标准化。与此同时，要不断加强干部的技术业务培训，普遍提高干部队伍的业务素质。

4. 不断改善和更新运输技术设备

这是保障运输安全的物质基础。运输设备质量决定于出厂的产品质量，也取决于运用中的设备能经常得到精心的维护和保养。因此，要坚持设备检修与保养并重、预防与整治相结合的原则，攻克设备隐患，落实维修标准、作业标准和质量标准，努力提高设备的有效性，使设备经常保持良好状态。同时，增加经费投入，改善设备功能，加快实现主要运输装备现代化的步伐。积极发展和完善既能提高运输效率，又能确保安全的各种安全技术设备，这是提高铁路运输安全水平的必由之路。

5. 争取地方政府和人民群众的支持

这是运输安全的坚强后盾。党和国家领导同志指出："铁路部门的工作没有各地的支持是做不好的。"铁路运输安全尤为突出。铁路应主动加强与地方的安全联防和共建，不断改善铁路沿线的治安秩序，积极依靠地方政府和沿线人民群众参与事故救援、抢修等工作。加强路外安全宣传教育，防止人身伤亡和交通事故的发生，保证铁路运输安全畅通。

二、铁路运输安全管理手段

在运输安全中，人是决定因素。运输安全管理的根本任务就在于依靠科学技术和科学管理，有效地保护和调动人的主观能动性和积极性，预防事故发生，确保运输安全。处于社会大环境中的铁路运输系统是一个开放系统，系统中的人—机—环境之间关系十分密切。而人是能动的、有思想的，人与人之间、人与群体之间、群体与群体之间及领导与群众之间的关系比较复杂。随着经济和社会的发展，人们的主体意识和价值取向呈多元化趋势，利益格局的变化使客观存在的各种矛盾对铁路运输安全工作产生前所未有的深刻影响。为要保障运输安全，并在安全基础上提高作业效率、经济效益和社会效益，迫切需要各级领导和职能部门采取有效的管理手段和方法，努力提高职工队伍整体素质，保护和调动广大职工安全生产的积极性和创造性，使广大干部和职工在充分认识安全是铁路运输生命线的基础上，想安全所想，急安全所急，通过自身努力把安全工作落实到实际行动中去。

一个运行稳定、安全可靠的运输生产系统，其主要构成因素之间的关系必定是相对协调平衡的。但在运输生产中，人们对待本职工作、集体利益、预防事故的态度、行为及其结果存在差异，从而使得人与人之间的政治关系、经济关系、工作关系及感情关系都变得复杂起来，需要有相应的调节手段促使不协调、不平衡的关系向协调平衡方面转化，以保证运输生产安全稳定。运输安全管理手段实质上是对职工安全生产积极性和创造性的保护、调动手段，同时也是对不安全的人和事进行制约和限制的手段，总之，是人与人、人与事之间关系的调节手段。安全管理手段主要有经济手段、行政手段、思想工作和法律手段。

1. 经济手段

经济手段是当社会生产力发展水平不高、人们的思想觉悟和道德水准尚未达到高标准要求时，普遍用来协调平衡社会关系的一种重要手段。它是通过经济杠杆的作用，即利益分配和实行奖惩来调节的。在运输生产中，每一个人对完成生产任务和实现安全目标所付出的劳动、做出的贡献是不同的，一旦人为事故发生，造成损失或影响生产任务完成时，这种差异更有质的区别。对在运输安全生产中，成绩显著或防止事故有功的人员，以及违章违纪、或因违章违纪导致事故和事故苗头发生的人员，均应按照《铁路运输安全奖惩办法》的规定，或给予精神和物质奖励，或给予经济上的处罚。例如，近年来在全路推行的《责任事故个人有限赔偿办法》，就是一项考虑到干部、职工的承受能力，坚持过错与责任相当、干部与职工平等的限制性政策。实践证明，这些政策和办法对减少职工"两违"和干部安全管理失职行为，强化现场作业控制起到了积极作用。

经济上的奖励和处罚不是目的，主要是让人们从中明辨是非、对照比较、调整自我，使优良的风范得到鼓励和发扬，不良的风气受到批评和抵制，促使消极的因素转化为积极因素，从而使人们之间的关系和运输生产系统运作不断在新的起点上趋于相对平衡，使安全和生产处于良性循环状态。实事求是、严肃认真、客观公正地用好经济调节手段，有利于促进广大职工自觉遵章守纪做好本职工作，激励他们勤学苦练，不断提高业务素质，形成人人尽心、个个尽责保安全的主动局面。

2. 行政手段

行政手段是通过一定的行政隶属关系，从上而下地对运输生产活动中个人、群体和管理行为表示肯定(应该做什么，怎么做，做好怎么办)和否定(不该做什么，做了怎么办)的认可，以协调人与人之间的关系，保持相对平衡的一种重要的调节手段。它主要依靠行政领导机关的职能和权力，采取行政命令、指示、规定、决定(表彰或处分等)，规范人的行为，指导铁路运输安全生产。铁路运输是在全运程(旅客及货物由发站运到到站的全部运输里程)和全过程(基本生产和辅助生产中各部门、各单位、各工种的全部作业过程)中进行的，因此，在时间和空间上必须有严格的规定和统一的标准，有关铁路行车组织的命令、指示，运输安全管理条例，规章制度及政策性指令等，因事关运输安全正点和任务完成，广大运输职工必须无条件服从，行政手段有明显的强制性和权威性。

安全在管理，管理在干部。在全路普遍实行的干部安全管理失职行为追究制度，及基层站段干部对安全工作实行"五定"(定时间、定地点、定项目、定数量、定标准)制度，对增强干部管理好安全的责任感和紧迫感，密切干群关系，解决干群矛盾，提高干部的威信具有很大的促进作用。

为使行政手段发挥好应有效能和作用，各级领导和基层干部应大兴调查研究之风，使决策民主化、科学化，并通过落实安全责任制，把管理、监控、服务三者有机结合起来，为政令畅通、确保安全提供较为宽松的内部环境。

3. 思想工作

思想政治工作是运输安全管理最经常运用的工作方法和手段。在我国铁路行车安全工作中，出现过许多先进的安全典型，他们当中有的几千天、甚至几十年如一日坚持安全运输，未发生过责任行车重大、大事故。

在发展和完善社会主义市场经济的新形势下，要把运输安全生产搞好，思想政治工作不但不能放松，而且必须加强，应充分发挥思想政治工作的优势、威力和思想保证作用。

运输安全管理中思想政治工作的首要任务是用邓小平理论和“三个代表”重要思想武装干部职工头脑，增强执行党的基本路线的自觉性，提高职工队伍的政治素质。各级干部特别是领导干部要廉洁自律、以身作则、转变作风，要针对改革开放出现的新情况、新问题，加强调查研究，改进思想工作的方式方法，有针对性地做好职工群众的思想工作，理顺思想情绪，化解思想矛盾，消除潜在的不安全因素，把加强思想教育与解决实际问题结合起来，增强思想工作的实效。总之，通过强有力的思想政治工作，教育广大干部和职工把本职工作与运输安全紧密结合起来，为群体保安全作出更大的贡献。

4. 法律手段

法律是统治阶级意志的一种表现形式，用它来规定人们必须遵循的行为准则，具有明显的规范性、相对的稳定性和严格的强制性。法律手段是法制社会中普遍用来调整社会关系的一种刚性手段。它通过法定的行为准则来判定是非并强制执行裁决，以使社会关系趋于平衡，保证社会安定。

铁路运输安全管理的法律手段是在其他调节手段已不起作用或无法取代的情况下，用来解决比较复杂的关系和矛盾。它是通过贯彻执行有关法律条文，规范人们安全生产和保护运输安全的行为，以达到维护法律尊严、保证生产安全的目的。铁路运输安全管理运用法律手段的范围主要有两个方面。

(1)用法律保护铁路运输企业的合法权益。因在运输生产中，人为破坏铁路设施和正常运输条件、危及行车安全的恶性案件时有发生，如有的违反规定携带危险品上车，有的偷盗铁路通信器材，有的关闭折角塞门，有的拆卸鱼尾板等等。这些破坏性行为严重危及铁路行车安全，必须依法整治。《铁路法》规定：“公民有爱护铁路设施的义务。禁止任何人破坏铁路设施，扰乱铁路运输的正常秩序。”用法律的形式明确了每个公民有保护运输安全方面的义务和责任。

(2)对严重危害运输安全的违法行为，由执法部门依据法律规定执行相应的惩处如少数职工玩忽职守，对本职工作极不负责，违反有关法律规定或规章制度，不履行或不正确履行自己的工作职责，致使重大事故发生。《中华人民共和国刑法》规定：“从事交通运输的人员违反规章制度，因而发生重大事故，致人重伤、死亡或者使公私财产遭受重大损失的，按情节轻重追究刑事责任。”

法律手段固然必不可少，但这是在特殊情况下采用的安全管理手段。经常、大量的安全工作是要培养职工高度的使命感和责任感，坚持高标准、严要求，令行禁止、听从指挥。对此，只能加强，丝毫不能削弱。

5. 各种手段的综合运用

运输安全管理手段可分为两类：一是柔性调节手段，如思想政治工作(包括情感手段、心理手段、奖励、表彰、晋级、提升等)；二是刚性调节手段，如经济处罚、行政规定和处分、追究刑事责任等。经济、行政、思想工作和法律等手段有各自的功能和作用，但也有使用上的局限性。以经济手段为例，它是通过让职工在经济上得到实惠或受到损失，激励他们关心并做到安全生产。但这只对那些有较高物质利益要求的人起作用，对一些期望值超过奖励数额较多及对物质利益不太关心的人来说，就起不到应有的鞭策和激励作用。操作不当还会使一些人只顾眼前利益而忽视长远利益，这就需要其他调节手段相配合。从调节的作用看，各种管理手段都不是孤立的，更不是互相排斥的，而是紧密联系、相辅相成的。因此在运输安全管理工作中，实事求是、综合运用好各种管理手段，理顺各种复杂关系，化消极因素为积极因素，让广大铁路职工的安全生产积极性和创造性得到更充分的发挥。

三、铁路运输安全管理制度

铁路运输安全管理制度是运输安全管理体制不可缺少的组成部分，是把运输安全法规和作业标准落到实处的重要保证，是使安全管理行为规范化、高效化、科学化的集中体现，各级领导、干部和管理人员应该认真学习，加深理解、接受监督、自觉遵守、身体力行。长期以来，我国铁路一直在执行行之有效的安全监察制度、安全教育制度和安全检查制度等，并随形势发展和变化，开创性地制定了许多切合实际、富有时代特征的分层管理，逐级负责制及安全工作落实机制等。

1. 安全生产教育制度

安全教育是增强路内职工安全素质的最佳途径，也是路外人员了解铁路安全常识，强化安全意识的重要手段。

安全生产教育制度是对安全生产教育的内容、对象、形式和方法所作的具体规定。运输部门及其他业务部门基层作业人员，各级管理人员，根据工作需要和规定要求，分期分批地接受不同类型的安全教育或培训。通过安全思想、安全知识和安全技能等方面的学习和教育，牢固树立“安全第一，预防为主”的思想，掌握必需的安全生产技术知识和安全管理知识，提高遵章守纪的自觉性和标准化作业技能，并定期进行考核，实行持证上岗，是安全生产的充分必要条件。《技规》规定，铁路行车有关人员，在任职、提职、改职前，必须熟悉《技规》有关内容、本职基本知识技能和技术安全规则，并经考试合格。属于有技术等级标准的人员，还须按其等级标准考试合格。在任职期间，还应定期进行技术考试和鉴定，不合格者应调整其工作。

2. 安全生产检查制度

运输安全生产检查是以各种运输法规为准绳，通过有计划、有目的，有步骤地查思想、查管理、查设备、查现场作业，发现和消除隐患及危险因素，总结交流安全生产经验，推动运输安全工作深入开展。

安全生产检查制度是对安全生产检查的内容、形式和整改要求所作出的切合实际的规定。按照工作需要进行的定期性、专业性、季节性和经常性安全检查，不仅要大兴调查研究之风，增强为现场服务观点，而且应与干部考核挂钩，使安全检查真正起到鉴别、诊断和预防作用，使检查结果成为领导决策的重要参考依据。

检查是手段，整改才是目的。对安全检查中出现的好经验要及时总结推广，对暴露出来的矛盾，特别是领导不重视，制度不健全、设备不可靠及安全意识淡薄等问题，要定措施、定人员、定期限整改并做到条条有交待，件件有着落。

3. 分层管理、逐级负责制度

运输安全是一个系统工程，运输安全管理体系实行“分层管理、逐级负责”的制度，是提高安全管理科学性和有效性的重要举措。强化这项制度，要注意把握管理范围和职责，组织学标、对标、达标和建立健全安全落实机制三个重要环节。

分层管理、逐级负责，就要界定管理范围，立标明责，建立安全管理责任制，即界定铁路局、基层站段、各部门，以及各单位、各部门的各个职位安全管理的职责和权限，订立管理标准和考核办法。在管理范围界定、责任标准明确的基础上，各单位、各部门组织广大干部和管理人员认真学习职责、标准，对照职责、标准进行有效管理，并努力达到职责、标准要求（即学标、对标、达标）。同时，建立健全安全管理落实机制，促进各级干部和管理人员尽心尽责使运输安全的各个环节、关键岗点，处于有效的监控之中。

运输安全管理体制保持正常运转，才能使运输生产协调平衡，基本稳定。正常运转的活力和动力来自于广大干部和职工的积极性和主观能动性。这就需要解决好干部作用和职工现场作业控制这两个关键环节的落实问题。有了安全落实机制，好的管理制度和方法才能坚持下去并取得实效。科学的管理体系和有效的安全落实机制相辅相成，是安全管理有序可控的重要保证。

安全落实机制是以调动干群积极性、强化现场作业控制为目的，制定兼容考核、激励和约束为一体的政策和措施，使规章制度和作业标准得到落实的行政控制手段。如以干部"五定"考核为核心内容的安全管理落实机制；以班组"双达标"（班组升级达标和岗位作业达标）为内容的班组自控机制；以加大激励力度，辅以行政手段、利益分配，以及与思想工作紧密结合为主要内容的安全激励机制；以全员岗位作业达标为目标的职工培训质量保障机制等。

4. 安全监察制度

安全监察是由规定的安全监察机构对职责范围内的运输安全工作进行监督和检查。实行严格的监察制度，强化安全监督监察工作是落实安全法规和安全措施，实现安全预防，正确处理事故的重要保证。在运输安全管理体制中，安全监察工作具有举足轻重的作用。

四、铁路车辆部门生产一般作业安全要求

1. 上班前，严禁饮酒，要充分休息好，保证工作时精力充沛，思想集中。工作前必须按规定穿戴好防护用品，禁止穿拖鞋、凉鞋、高跟鞋作业。检查确认所使用的或交接的工具、设备的技术状态良好。工作中保持场地整洁，通道畅通，产品、配件、原材料堆放整齐。下班前，要关闭风、气、水、电等开关，工具、材料要收拾整齐，打扫周围环境，做到工完、料净、场地清。

2. 两人以上，从事同一作业时，必须指定专人指挥，统一行动，互相配合，呼唤应答。

3. 顺线路行走时，不走轨道中心和枕木头。横越线路或道口时，注意瞭望机车、车辆，执行一站、二看、三通过制度。严禁抢道、抓车、跳车、钻车。

4. 横越停留车辆的线路时，应先确认无调车作业及车辆无移动的可能时，再由车钩上方通过，手抓牢，脚踩稳，严禁脚踩钩锁、钩颈和折角塞门手把。从停留车辆的端部横过线路时，要留有安全距离：徒手通过时不少于 3 m；搬运材料、工具时不少于 5 m。要迅速通过，不得在轨道上停留。

5. 搬运材料、配件应在两线间行走，不得紧靠线路。两人以上抬物品时，应同肩同步，同起同落，做好呼唤应答。

6. 在站场上作业和行走时，要随时注意两邻线来往的机车车辆，防止被车上坠落物品、蓬布绳索等击伤。严禁在枕木头、轨道心、车底下、车端部和站台边坐、立、闲谈、休息、避雨或乘凉。

7. 锅炉房、空气压缩机室、乙炔发生器室，配电室，危险及易燃、易爆物品存放处，严禁闲杂人员进入。易燃易爆物品存放室应严禁烟火。

8. 登高作业在使用梯子、高脚凳、升降台之前，应检查确认其完整良好。作业时，要思想集中，不得用力过猛和探身过远或高空跨越。升降台在上下升降或左右移动时，必须了望确认安全后才能开动。不得两人同时站立在同一梯子上。梯子与地面的倾斜角度为 60°左右，并要有防滑装置，使用人字梯时应挂好安全链钩。高空作业时，应佩带安全带或采取有效防护措施，安全带应定期检验。工具材料不得丢掷。露天工作场所遇有 6 级以上大风时禁止高空作

业(登高 2 m 及以上者均为高空作业)。

9. 严禁私人接电源线。机械设备的电器部分发生故障时,要立即关闭电源开关,通知电工进行修理,严禁非电工人员检修电器。导线不允许缠在铁丝、金属管及机械设备等导体上,以防漏电伤人。

10. 进入电气化铁路区段的人员(乘务、通勤),严禁上车顶及靠近接触网支柱。汽车运输通过接触网时,其装载高度不得超过 4.2 m,随车人员严禁挺身站立(4.2 m 以上不得有人)。

11. 分解组装车辆或机械上的配件时,必须密切注意其连接情况,在没有螺栓固定、垫妥支架或其他有效防护措施的情况下,严禁拆卸,以防倾倒落下。组装需要吻合对孔的部件,严禁用手指探摸孔槽,必要时应以工具拨动。

12. 没有经过清洗、消毒并取得合格证明的罐车、毒品车,不得调入修理线,也不得进入车内进行修理工作。严禁入罐掏油,以防中毒窒息。

13. 使用卷扬机或撬动车辆时,首先要掌握路线的坡道,停车位置和人员工作情况,设专人指挥、瞭望,准备好制动设施,以防溜走碰撞、伤人。使用撬棍撬车时,最好使用专用的活头防滑撬棍,不准用腹部去压撬棍。

14. 一切电动机械、工具,其电压在 50 V 以上的,都要采取保护性接地或接零措施。移动照明灯的电压不得超过 36 V,灯泡应装有防护罩。易燃、易爆的作业场所、危险品仓库等处的照明灯,需装防爆装置。

15. 各种机械设备转动的外露部分,都要设置安全防护装置,凡超过 2 m 高的各种脚手架、走台、扶梯等,都需设有牢固的防护栏杆,其高度不低于 1 m。

16. 机床及各种转动机械设备的操作人员,在开机前,要检查机械转动部位的防护装置是否齐全良好,给油状态是否良好;在操作机械时,衣袖要扎紧,女同志的头发应放在工作帽内,严禁戴手套操作;进行金属切削工作时要戴好防护眼镜。

17. 生产、生活区域均需建立环境卫生分工负责制,道路要平坦畅通,门窗地面要整洁,距离线路较近的房屋,门前道路与轨道交叉处,要设安全栏杆或装设警铃、警告牌。为生产、生活需要所设的坑、壕、池和阴井,应有围栏或盖板。

18. 各种锤、铲、锉、冲、斧等手动工具的材质硬度要适中,表面需平整,无卷边、缺损、裂纹。把柄需用硬木制作,要平滑光洁,无裂纹,不松动。锤柄应装有金属防脱楔子(不得用铁钉代替)。活动扳手、管钳不准加装套管,不准用两个扳手咬合使用或用扳手代替手锤使用。挥抡大锤不准戴手套,在打击第一锤之前,应注意周围环境,确认安全状态。一切工具、材料不得投掷传递,不得放在车顶、机械转动部位和边缘处所。

19. 根据生产防火要求配足消防器具,建立消防组织,消防器具非遇火警,禁止乱拿乱用。冬季安装取暖火炉要符合公安部门防火要求。要对职工进行消防知识教育,防止火灾和煤气中毒。

20. 对容易发生伤亡事故、中毒、爆炸、触电、火灾等场所,应悬挂明显的国家统一规定的警告、提示牌。

21. 使用手提式风钻、电钻前,应首先检查确认钻机的外壳、手把、开关、电源线、给风管道等技术状态和绝缘良好。操作时站立位置要适当,钻孔高度不得超过工作者肩部,不得用力过猛。在钻机尚未停止转动时,严禁接触钻头、钻夹头或钻套。严禁用手清除钻头上的碎屑。中断作业时,应立即切断电源、风源。

22. 使用各种镐类、千斤顶起重时,重心要找准,底座安放平稳牢固,镐体垂直,铁与铁接触部分要加防滑木垫，其行程不得超过全长的四分之三(或安全线)。在一个起重物上同时使用多台顶镐时，要有专人指挥，平稳起落，防止倾倒。在起重过程中，起重物尚未垫妥架稳前，操纵人员不得离开岗位，身体任何部分不得伸入起重物下方。

23. 使用砂轮机的安全注意事项

(1)砂轮机必须指定专人负责保管、监督，要经常检查保养，保持其良好状态。使用砂轮机人员，必须熟知砂轮机操作安全知识，佩戴好防护眼镜。

(2)使用前，必须先检查砂轮有无裂损，防护罩是否坚固，研磨台间距是否在 3 mm 以内，然后启动试运转，确认全部良好后方可使用。

(3)砂轮机在使用中应做到：

①不准用砂轮侧面研磨，不准一个砂轮两个人同时研磨。

②砂轮磨耗接近夹盘时不准继续使用。

③过大工件不准在固定式砂轮上研磨。过小工件不准以手持研磨，应用手钳夹牢作业。

④砂轮机开动后，身体应站在侧面，头部要躲开，工件放置研磨台上，轻轻推动，严禁用工件撞击砂轮。

(4)凡使用手动砂轮机(包括风动、电动)，除应做到以上几点外，还必须做到：使用电动砂轮机时，要戴好绝缘手套，脚下设有绝缘板。使用风动砂轮机时，开风要徐徐开启风门。作业中要选好研磨操作位置，防止一旦砂轮崩裂伤人。手动砂轮机用完或作业中暂时停止时，不得将砂轮机随处乱放，应放在不潮湿、不冷冻、不撞碰的处所。

24. 氧气瓶与乙炔发生器的距离应在 5 m 以上。氧气瓶及乙炔发生器距明火应在 10 m 以上。氧气瓶不得沾染油脂、暴晒和碰撞，电石桶必须存放于干燥的处所。

25. 全体职工除严格遵守安全用电外，必须懂得触电急救知识。

(1)使触电者迅速脱离电源。发现者迅速把就近电源开关切断或用绝缘钳、木柄斧切断电源线，或用绝缘物将触电者与带电体分开。

(2)在切断电源的同时，要考虑触电者脱离电源后防止摔伤的措施。

(3)触电者脱离电源后，应就地迅速进行人工呼吸，如需送医院抢救，在送往医院途中也不能停止人工呼吸，一直做到复活或交给医生抢救为止。

第三节　动车组作业安全

动车组在动车运用所内检修时具有接触网供电、自轮运转等作业特点，明确安全关键环节，制定安全卡控制度十分必要，是保证动车组在所内调车、存放、供断电及检修作业绝对安全的关键。在检修作业场所、检修作业指导书和检修工艺文件中，均应给出安全提示信息。根据风险可能导致的人员、设备或环境的伤害程度，在工作场所和检修工艺中采用危险、警告、小心等警示等级。针对冬季作业人员穿戴较多，衣着笨重，行动不便，特别是夜间作业视线较差、容易疲乏的实际情况，更应该提示作业人员清晰地识别风险、避免人身伤害。

一、动车组检修运用作业安全基本要求

1. 工作人员在进行动车组维护期间，应遵守适用的维护说明和各种安全规定；必须始终穿着带有橡胶鞋底的绝缘鞋，并穿戴所从事工作要求的防护服和其他与人身安全相关的设施等。

2. 在工作场所以及操作手册和维修工艺文件中，均应明确指出相应的安全警示信息，给出警示符号、标明危险等级、注明危险源、阐述可能的后果和避免伤害的方法。

3. 动车组及其维修场所必须配备以下安全警示用品："高压危险"、"小心高空坠落"、"有电"、"无电"、"禁动"、"禁止投入主控"、"在工作中"、"禁止登顶"、"正在供电禁止接近"、"已断电"等标志牌。工作人员必须依据工作的具体情况，按规定正确使用这些安全标志牌。

4. 在实际工作场所使用安全标志牌的同时，必须在与本次工作安全有关的系统、设备等关键处所同时使用警示标记，以防止误操作。

5. 接触网断电的安全规定

(1)接触网断电必须办理书面申请、签认手续。

(2)在动车组降下受电弓后，隔离开关操作员或监护员向调度员提出断电申请。

(3)调度员在接到申请后，须确认受电弓已降下，方可利用安全连锁系统给出可以断电的信号。

(4)隔离开关操作员或监护员在确认调度员给出接触网可以断电的信号后，方可操作接触网隔离开关进行断电操作(或联系变电所断电)；断电后(或接到变电所通知接触网已经断电后)，隔离开关操作员或监护员向调度员用验电棒测试接触网，确认无电后即可实施接触网断电接地防护。断电接地防护采用接触网与地(钢轨)直接短路连接的方式。

(5)作业人员作业前应确认接触网断电、接地防护良好。在动车组安全接地保护开关闭合时间符合放电时间规定后，方可进行作业。

6. 车顶作业时，必须采取动车组防溜和人员防电、防滑措施。要按接触网断电规定办理手续，只有在断开接触网电源的区域，实施可靠的接地(挂地线、验电、闭合安全保护接地开关)后，方可进行车顶部分的工作；要系好安全带(绳)，在车顶防滑带行走，防止坠落；所有登顶人员上、下车顶都必须登记，确保上、下车顶人员一一对应。

7. 车下作业时，必须采取动车组防溜和人员防电措施，重点防止碰伤、砸伤和电机、风机等设备运转引起的伤害。在接触网供电工况下严禁进入车底作业。

8. 在运行中途处理故障时，随车机械师应与司机加强联络，做好呼唤应答；停车处理时应配合司机做好安全防护；在接触网带电区域严禁上车顶。

9. 动车组人工清洗外皮作业时只能在接触网断电区域进行。使用外皮清洗机洗车时，严格按照操作规程作业。严禁用水冲洗车顶受电弓、高压电缆头连接器，上述部位的清洁应该采用湿布擦抹方式。内部保洁严禁冲洗地板、墙板。外皮清洗和内部保洁应使用专用洗涤剂。

10. 动车运用所必须配备专门的接触网供断电隔离开关操作员或监护员，负责接触网供断电的办理和确认、接触网断电接地防护与确认。

11. 为保护动车组不受划伤和其他损坏，须配备适当的登高作业设备、拆卸安装工具，设置部件存放区域，实行定置管理。

12. 接触网供电的安全规定

(1)接触网供电必须办理书面申请、签认手续。

(2)作业人员向隔离开关操作员或监护员提出供电申请。

(3)隔离开关操作员或监护员在接到申请后，必须完成如下工作后方可向调度员申请供电信号。

①确认车顶无人；

②动车组受电弓处于降弓位置；

③动车组作业人员安全防护信号已撤除；

④动车组地沟无任何人员逗留；

⑤接地杆已撤除。

(4)隔离开关操作员或监护员在确认调度员给出接触网可以供电的信号后方可操作接触网隔离开关进行供电操作(或联系变电所供电)。

13. 在接触网供电后受电弓升起前，作业人员确认安全接地保护开关已复位(断开)。

14. 对电气设备进行维护工作时，必须采取必要措施防止触电或电击伤害。必须断开相应的断路器、闭锁开关等，还必须确保布置了必需的接地连接、短路、放电回路等；在上述作业过程中必须使用绝缘工具。

15. 对车下高压设备、变压器、变流器进行检查维修工作时，禁止升弓。当安全接地保护开关闭合时间符合放电时间规定后，方可进行作业；作业期间，始终闭合安全接地保护开关。

16. 必须采取措施防止电弧的产生。可能出现电弧的几种情况为：

(1)工具引起的意外短路；

(2)更换刀式熔断器时；

(3)系统故障；

(4)使用不正确的测量仪器。

17. 必须注意电容器放电时间是否足够，确保可能接触的所有电容器已完全放电。

18. 工作中，必须注意确保电气接线触点接触良好，并注意防止短路故障。

19. 要防止电磁场的伤害。变流器、主变压器、天线等设备会生成巨大的电磁辐射和电场，将影响到非常靠近设备的人员。依赖电子设备帮助生理功能的人员应避免接近上述设备，或确认其依赖的电子设备不会受到影响。

20. 在某些情况下，电磁辐射等级和电场场强会较大，如天线、变流器、主变压器和其他电力设备可能生成巨大的电磁辐射和电场，影响到非常靠近设备的人员。依赖电子设备帮助生理功能的动车组工作人员须确认其依赖的电子设备不会受到影响。

21. 在动车组上进行维修或其他工作之前，确认所有必需的保护性接地连接到位；维修或其他工作后需通电时，必须注意保护性接地是否复位(断开)。必须警惕错误的接地可能引起严重的人身和设备事故。

22. 维修或存放动车组时，必须采取有效的防溜措施。

23. 在检查维修制动系统、受电弓、脚蹬、前罩开闭机构、自动车钩及转向架等由压缩空气供给能量的系统时，要防止因空气压力变化而可能引起的意外，避免人身和设备伤害。更换压缩空气系统气源设备时，必须注意排空系统压缩空气，使其各个部件的压力与外部大气相通，释放压缩空气时不得将空气喷口朝向身体。更换弹簧和其他压缩件时，应使用专用工具卸载弹簧、压缩件的能量，或确保弹簧、压缩件的能量受到控制。

24. 在对旋转件和其他可运动件，如电机、风机、节流阀等进行维修工作时，须始终确保其不受他人控制或由于其他原因而动作。

25. 提升 25 kg 及以上的组件或部件定义为重物提升。重物提升时，应充分考虑提升的对象、方法、设备及作业场所等要素，严格遵守提升重型部件的操作规定。

26. 要避免有害材料的伤害。蓄电池电解液含有腐蚀性化学成分；用于齿轮、压缩机等的润滑油，以及润滑剂、胶和密封剂等具有一定的腐蚀性，应避免引起皮肤或肺部刺激。应确保这些部件的维修工作环境通风良好，作业时应对各部皮肤和眼睛实施防护。

27. 要避免有害气体的伤害。蓄电池箱可能含有爆炸性气体，蓄电池附近禁止明火，防止伤害。

28. 要避免发热部件的伤害。电机、齿轮、车轮、制动部件、冷却剂和冷却油运行期间温度较高，在这些部件附近作业时须注意防止烫伤。

29. 要避免噪声的伤害。汽笛鸣笛、压缩空气释放、电机运转的声音可能非常大。在这些环境下工作时应注意听力保护。

30. 要避免设备部件尖锐角边的伤害。应注意尖锐角边可能造成绊倒、挤伤事故以及皮肤割伤。

31. 在工作场所，人员、机动车辆移动时必须按规定路线行走；交叉作业时，应有可靠防护手段，避免伤害。

二、动车组库内检修作业安全

1. 动车库门禁系统、三层作业平台作业安全

(1)各作业班组(包括外单位作业人员)要严格按照作业防护登、销记规定执行，做好作业前的防护登记以及作业完毕后的销记工作。动车运用所调度员在通知供电操作或开放动车信号前应确认各班组作业防护的销记情况。在具备供电条件后，动车运用所调度员方可下达安全确认指令。

(2)动车运用所接触网供断电操作人员发放三层平台门禁卡前，须确认：隔离开关分闸到位；接地杆从接地装置中取出并挂接在接触网上；接地线状态显示“已挂”，确认动车组放电完毕。

(3)三层平台门禁卡发放严格执行一人一卡制度。需登顶作业人员，作业前应到调度室逐人进行登记、领取钥匙、门禁卡。如遇登顶人员过多，门禁卡不足的特殊情况时，允许多人使用一卡进入，但须指定专人负责。作业完毕，由负责人最后确认隔离门锁闭情况和人员撤出情况，并带领所有人员到动车运用所调度室进行逐人签字销记，归还钥匙、门禁卡。

(4)车顶作业前，注意先将安全防护平台放下，作业完毕后及时收回。检查作业时，作业人员应在车顶防滑胶带上行走，注意头车端部斜坡、脚下管线和两车风挡处空当，防止滑倒、跌落摔伤。

(5)动车运用所调度员确认平台内无人，具备供电条件时，方可安排进行供电作业。

2. 动车运用所轨边设备检修作业安全

(1)动车运用所轨边设备使用时操作人员应在指定的位置进行操作，禁止设备操作人员及携带的工具侵入机车车辆限界。设备开启前通知相关人员并进行呼唤应答。

(2)厂方维修和技术人员如需要对动车所轨边设备进行维护、维修，必须先到动车运用所调度室进行登记。除规定的点外作业项目外，车辆轨边设备维修作业必须在天窗点内进行，严禁利用列车运行间隔时间作业。凡是维修作业存在侵入机车车辆限界可能的(即距轨道中心不足 1.7 m 的)，维修作业期间必须严格执行驻站联络员及现场安全防护。

3. 动车运用所防护号志安全

(1)动车组在动车库内应采用红色信号灯进行防护，信号灯显示红灯信号时处于防护状态。动车组动车作业时，由动车运用所调度员根据线路实际情况，确认进路后，按规定及时调整信号灯显示为白色，动车组司机依据白灯信号进行出入库作业。如因设备故障，信号无法正确显示时，动车运用所应指派专人进行人工引导。

(2)动车库外其他动车组停留线路的安全防护，应严格执行“谁作业，谁防护”的原则，采用

防护信号(白天用红旗、夜间用红灯)进行防护,并与调度进行联控。由作业班组向动车运用所调度员提出申请并签字确认,动车运用所调度员与站方联系确认该线路允许作业后,方可在该线路两端按规定设置红旗(夜间需用红灯)进行安全防护。

(3)隔离开关操作人员在进行作业前需确认安全防护信号已设置良好。动车运用所调度员、隔离开关操作人员在进行接触网供、断电操作前必须确认已具备操作条件(确认是否在安全作业区内、确认无取流设备从网上取流,动车组受电弓已降下等)。隔离开关分闸、接触网接地后作业班组方可进入现场进行作业。

4. 动车组防溜安全

动车组防溜分为途中防溜和动车所检修作业及客整所停放作业防溜。

(1)动车组途中涉及坡道的防溜,根据不同车型,不同车组状态使用止轮器或铁鞋。

(2)动车所、客整所停放作业防溜,又分为带停放制动的车组和无停放制动功能的车组。

具体见铁总关于动车组运用防溜管理办法。

5. 地沟检修作业安全

(1)检修地沟内必须保持地面洁净无油垢,盖板无缺损、断裂并安装牢固。进行地沟检查作业时应佩戴安全帽。

(2)外接电源供电作业时,下部电器设备处于通电运转状态,应悬挂警示标志。

(3)地沟作业时严禁触摸转动、高温、危险部位,防止造成人身意外伤害。

(4)动车组供电状态下严禁进入车底作业。

(5)对车下高压设备、变压器、变流器进行检查维修作业时,安全接地保护开关须始终闭合,禁止升弓。

6. 动车运用所接触网供、断电安全

(1)动车运用所接触网供、断电原则上按照当班作业计划时间及程序申请办理接触网供断电,计划变更需经调度批准。

(2)接触网有无电状态应有明显警示标志,显示状态良好。

7. 高压机器箱作业安全

在受电弓没有降下或保护接地开关 EGS 没有闭合的情况下,高压机器箱不能打开。检查高压机器箱的内部时,为防备突然升弓,在降弓状态下须始终保持 EGS 闭合。

8. 受电弓作业安全

(1)在车顶作业时,接触网必须断电。

(2)在维修和调整受电弓时,检修作业人员应严格按规定与司机室配合人员做好呼唤应答,作业人员应采用 1.5 m 长的绳系于底架与上顶管之间,避免突然升降弓造成人身伤害。

(3)维护弓头时,应在受电弓的上交叉管和车顶或底架间用长约 0.9 m 的木制支架支撑(不要把木制支架放置在气囊或升弓装置的部件上)。

(4)作业前按规定进行放电作业,牵引手柄至于"0"位,方向手柄至于关位,并于司机室挂设禁动牌。

(5)检修作业过程中,须确认所有必需的保护性接地已可靠连接;作业完毕通电前,应取下禁动牌,确认保护性接地已复位(断开)。作业人员在未确认接地保护开关(EGS)已复位(断开)的情况下,严禁升弓。

9. 动车组头罩检修作业安全

(1)检修头车头罩时,要关闭相应阀门切断头罩开闭机构的电路和风路或采取防闭合措施。

(2)进行头罩开闭操作时，车下应有专人指挥，呼唤应答，确认无人后方可操作。

(3)在地沟上部进行头罩检修作业时，应设置安全踏板。

(4)动车组使用外接电源供电作业时，禁止用动车组本车蓄电池供电(两头车 BV 制动手柄不能投入)，并应在相应位置设置警示牌进行防护。

三、主要辅助岗位作业安全

1. 隔离开关操作人员安全注意事项

(1)车辆段的隔离开关操作人员和监护人员，客运段的现场监护人员，要由供电段进行专门的培训和考试，取得隔离开关操作证后方可上岗作业。

(2)操作隔离开关人员必须按要求进行登记，办理断电、供电作业手续，严禁简化程序作业。

(3)操作隔离开关必须实行呼唤应答制度，一人操作，一人监护。

(4)操作人员必须按规定穿戴检测检验合格的绝缘靴、绝缘手套、安全帽等防护用品，使用规定的检测检验合格的绝缘棒、绝缘垫等工具，在确认隔离开关及其传动装置正常、接地线良好、线路上确无电力机车取流的情况下，方可按规定程序操作。如发现有不良状态时不准操作，不准自行处理，应立即报告供电调度员或通知供电部门进行处理。

(5)操作隔离开关要准确、迅速，操作过程中，人体各部不得与支柱及其构件接触。禁止带负荷操作隔离开关。雷电天气时，禁止操作隔离开关。

(6)各单位要建立健全隔离开关操作的安全作业标准，及绝缘防护用品、工具的安全检查检测管理制度。

(7)操作隔离开关使用的绝缘靴、绝缘手套和绝缘工具，要存放在阴凉干燥的处所妥善保管，并定期(每 6 个月 1 次)由送供电部门进行绝缘性能的检查试验。每次使用前按规定进行必要的检查试验。

(8)隔离开关操作平台要硬面化，并建立清扫制度，操作平台周围不得存放和堆码妨碍操作的料具及物品。

(9)有关单位必须将隔离开关的使用情况纳入交接班和干部安全巡视检查的重要内容，加强监控。

2. 空心轴探伤人员安全注意事项

(1)动车组空心车轴超声波探伤作业必须在动车组检修(检查)库内进行，室内温度保持在 5～35 ℃。

(2)动车组空心车轴探伤工位必须远离振动、潮湿、粉尘场所，避免强电磁干扰，要求电源接地良好、供电质量满足设备电源要求。

(3)现车探伤作业前要确认受电弓降下，接触网断电并有良好接地，探伤过程中要保证动车组始终处于断电状态。

(4)动车组空心车轴超声波探伤采用抗磨液压油作为耦合剂，环境温度在 25 ℃以上时，宜使用 S68 号或 68 号耦合剂；环境温度在 20 ℃以下时，宜使用 S32 号或 32 号耦合剂。

(5)每季度由主管检修(生产)的副段(厂)长或总工程师组织，轮轴专职、设备专职、验收员、质检员、探伤工长、探伤工和设备维修工共同参加，对设备进行一次全面性能检查，全面检查系统的状态，并按日常性能校验内容重复三次进行检验，详细填写空心车轴超声波探伤设备季度性能检查记录并共同签章。

(6)新购置或检修完毕第一次投入使用的空心车轴超声波探伤设备，使用前须按季度性能检查的要求进行测试并做好记录。

3. 吸污作业人员安全注意事项

(1)站内卸污

①作业前按规定到车站办理卸污手续，确认车次、股道，确认动车组停稳，确认受电弓降下并做好防护后方可进行卸污作业，注意上下高站台安全，作业中设专人瞭望临线列车运行情况。

②卸污作业人员须面对来车方向，站在两股线路中间迎接动车组进站，待需卸污动车组停稳，确认受电弓降下并做好防护后方可进行卸污作业。一列动车组卸完后才能对下一列动车组进行卸污作业。

③需要一人负责两个污物箱卸污作业时，卸污作业人员须在线间安全区域走行，遵守先撤后接原则。地面有结冰时须采取防滑措施。

④卸污作业人员原则上不得跨线作业，必须跨线时应走站台两端，不得翻越站台，并严格遵守一站、二看、三通过规定。

⑤卸污设备发生故障时，卸污作业人员必须及时报告车辆段主管部门，及时修复设备故障。卸污人员须及时通知待卸污作业的动车组随车机械师，由随车机械师通知列车长做好车内相应的处理工作。

⑥卸污作业人员要爱护设备，严禁野蛮操作。作业完毕后要按操作规程做好设备保养。

(2)动车运用所内卸污

①卸污作业人员必须遵守动车运用所各项安全规定，服从动车运用所统一指挥。

②卸污作业前必须确认动车组已停稳，降弓后才能进行作业。

③卸污作业完毕后要将车辆设备、动车运用所内卸污设备恢复原状。

④随车机械师在动车组出库前应对卸污口进行重点检查，确认卸污门是关闭状态。

四、动车组运用作业安全

1. 在客运专线、提速区段发生危及行车安全的故障需下车确认时，随车机械师应立即通知司机停车，在接到司机的下车通知、确认邻线无来车后，方可由运行方向的左侧下车进行检查(站内停车时由站台侧下车)，并安排专人进行安全监护。在检查作业过程中，应尽可能在线路外侧(非两线间)检查作业。必须进入两线间作业时，应加强瞭望，随时确认邻线列车通过情况，严禁侵入邻线进行作业。

2. 动车组在客运专线、提速区段区间被迫停车需救援时，随车机械师在动车组司机的指挥下进行有关防护及救援事宜。设置防护时，在救援机车开来方向距列车规定距离处设置响墩并手持信号旗(灯)防护；来车方向不明时，从列车前后两方面规定距离处防护，前方由随车机械师负责，后方由列车客运人员负责。

3. 动车组运行途中发生受电弓损坏故障时，随车机械师下车确认受电弓受损情况。需登车顶处理时，随车机械师应通知司机向调度申请接触网断电。在确认动车组司机已升弓放电，接触网无电后，穿戴好防护用品，设置防护，在故障动车组两端各挂一根接地线。利用固定或移动式登顶梯登顶时，须有两人及以上人员协助。受电弓故障处理完毕，随车机械师下车顶，撤除接地杆和防护，通知司机故障处理完毕。

第四节　动车组防寒整备

2007 年 4 月 18 日，铁路第六次大面积提速调图在主要干线开行时速 200 km 及以上动车组以来，在抓好既有客车防寒整备的基础上，抓好 CRH 系列动车组的防寒整备及冬季防冻，成为确保动车组冬季安全运行的重点工作。

一、动车组防寒整备基本要求

根据铁路总公司相关规定，各铁路局应根据本地及开行地区外温变化情况(外温为 10 ℃时)，确定动车组冬季防寒防冻开始、结束时间，在防寒防冻开始前完成防寒整备工作。

1. 动车组车顶瓷质绝缘子须喷涂憎水剂。

2. 空调采暖系统防寒整备要求

(1)对 CRH2、CRH3、CRH5 型动车组司机室、客室电加热器开盖清扫、检查，电热体表面清洁、安装牢固，配线无破损、老化，接线紧固无松动。

(2)对空调冷凝器、蒸发器表面及滤网清扫，电加热管吹尘，表面清洁、安装牢固，配线无破损、老化，接线紧固无松动。

(3)检查客室、司机室空调出风口通风良好无堵塞，室内、室外温度传感器安装牢固、工作正常。

3. 车体密封整备要求

(1)司机室、客室侧门工作正常、密封良好，CRH3、CRH5 型车门密封胶条和门框涂打润滑油脂。

(2)内风挡连接正常无破损、密封良好。

(3)各车窗正常无破损，活动窗关闭正常、气密良好；司机室挡风玻璃电加热系统工作正常；外温低于 0 ℃时，雨刮器水箱内使用相应防冻等级的玻璃水。

4. 绝缘测量规定

按规定测量电加热、伴热装置绝缘应符合规定。

5. 通电试验规定

(1)对空调采暖各控制模式进行试验，检查配电柜内相关继电器、接触器动作情况，监控车内温度变化，系统无故障报警。

(2)空调采暖系统全负载通电试验 1h，测量系统主要接触器、接线端子温升情况。

6. 供风、制动系统整备要求

(1)CRH2 型动车组辅助空气压缩机油水分离器、制动控制装置主风缸、供给风缸、控制风缸排水。

(2)对 CRH5 型动车组空气系统的空气过滤器、干燥过滤器进行一次全面检查；空气压缩机及轮缘润滑装置使用适应－40 ℃环境的润滑油。

(3)对 CRH3 型动车组供风及制动系统的空气滤清器、各风缸排水。

二、动车组防寒防冻期间运用检修

1. 一级修时，对车顶绝缘子认真检查，裂纹、缺损过限及时更换；瓷质绝缘子憎水剂涂层缺损及时补涂；硅橡胶绝缘子使用温水擦拭洁净。

2. 出库运行前，随车机械师须检查用水设备及配电盘内电伴热开关状态，对进行过排水作业的动车组检查、确认相关阀门、开关位置。

3. 运行途中，加强巡视，及时发现并处理用水设备、供风、制动系统泄露、冰堵等故障，确保安全。

4. 外温低于 0 ℃时，动车组重联或解编作业前，须检查、确认自动车钩电伴热工作正常，钩头、电气连接器和开闭机构无结冰、冻结等异常情况。

5. 动车组无动力回送联挂机车、回送车或检修联挂外接风源前，应首先对机车、回送车、外接风源风管路排水。

6. CRH2 型动车组每月须对电伴热系统进行一次电阻值测量，电阻值应符合规定。

三、动车组存放防冻

1. 外温低于 0 ℃时，对运行停留(含折返、终到停留)、备用、所内检修和入厂检修或整修的动车组，应提供室温高于 0 ℃的暖库，无暖库时应提供接触网或外接电源供电进行保温存放。不具备上述条件存放的动车组须进行全车排水。

2. 动车组运行途中因故临时停留且无法升弓送电，随车机械师应密切观察车厢温度变化情况、故障处理情况，必要时请求救援或采取排水措施。

3. 接触网或外接电源供电时，应按 CRH2、CRH1 型动车组防冻排水作业要求加强巡视，车内温度达到 18 ℃及以上且保持 1 h 后方可断电，供电间隔时间应根据外温变化情况确定。

4. 动车组入厂检修前须进行防冻排水作业；外温低于 0 ℃无动力回送时，须进行防冻排水。

四、动车组防冻排水作业

1. 为保证动车组顺利过冬，防止动车组、动车组专用设备冻坏，冬季需按动车组防冻排水作业办法或防冻排水方案，对需要在库外长期停留且无法供电的动车组实施防冻排水，非供电工况下的防冻排水工作应按照具体车型的防冻排水作业办法进行作业。

2. 对运行停留在外地的动车组，由停留地所在铁路局负责动车组供电防冻工作；入厂检修或整修的动车组防冻由所在工厂负责；运行途中临时停留的动车组防冻工作由随车机械师负责。

3. CRH2 型动车组空调系统冬季温度设定为 18～20 ℃，其他型号的动车组温度自动控制调节，当环境温度低于 18 ℃时，严禁开启空调设备制冷。当环境温度低于 5 ℃时，电伴热装置须自动启动。

复习思考题

1. 动车组安全管理需要遵守的法律、法规及规章有哪些？
2. 铁路运输过程中安全管理方针是什么？
3. 铁路运输安全管理的手段有哪些？
4. 铁路车辆部门生产一般事业安全要求有哪些？
5. 动车组检修运用作业安全基本要求有哪些？
6. 动车组防寒整备的基本要求是什么？

第九章　铁路交通事故及行车设备事故调查处理

第一节　铁路交通事故调查处理

铁路交通运输安全是铁路运输正常进行的保证，是衡量铁路运输管理水平和各部门工作质量的主要标志之一。确保铁路运输畅通无阻、安全正点，保护国家财产和人民的生命安全，树立"安全第一、预防为主"思想，是每个铁路职工和干部的重要职责。

为了加强铁路交通事故的应急救援工作，规范铁路交通事故调查处理，减少人员伤亡和财产损失，保障铁路运输安全和畅通，国务院根据《中华人民共和国铁路法》和其他有关法律的规定，专门发布了《铁路交通事故应急救援和调查处理条例》。

为及时准确调查处理铁路交通事故，严肃追究事故责任，防止和减少铁路交通事故的发生，原铁道部根据《铁路交通事故应急救援和调查处理条例》，制定了《铁路交通事故调查处理规则》。

2013 年 3 月撤销铁道部，成立国家铁路局和中国铁路总公司，在新的《铁路交通事故应急救援和调查处理条例》及《铁路交通事故调查处理规则》未颁布之前，鉴于铁路运输"安全第一"的特殊性，仍须严格执行原有《铁路交通事故应急救援和调查处理条例》和《铁路交通事故调查处理规则》。本文中牵涉铁道部的部分，仍采用原称呼。

铁路机车车辆在运行过程中发生冲突、脱轨、火灾、爆炸等影响铁路正常行车的事故，包括影响铁路正常行车的相关作业过程中发生的事故；或者铁路机车车辆在运行过程中与行人、机动车、非机动车、牲畜及其他障碍物相撞的事故，均为铁路交通事故（以下简称事故）。

对于发生的行车事故除采取措施，迅速抢救，尽量减少损失外，还必须进行认真的调查、分析和研究，查明事故发生的原因，分清造成事故的责任，教育广大群众，吸取教训，制定对策，防止类似事故的发生。并以此作为全路有关人员进行事故处理的准则和依据。

一、事故等级

根据事故造成的人员伤亡、直接经济损失、列车脱轨辆数、中断铁路行车时间等情形，事故等级分为特别重大事故、重大事故、较大事故和一般事故。（因事故死亡、重伤人数 7 日内发生变化，导致事故等级变化的，相应改变事故等级。）

1. 特别重大事故

有下列情形之一的，为特别重大事故：

（1）造成 30 人以上死亡。

（2）造成 100 人以上重伤（包括急性工业中毒，下同）。

（3）造成 1 亿元以上直接经济损失。

（4）繁忙干线客运列车脱轨 18 辆以上并中断铁路行车 48 h 以上。

(5)繁忙干线货运列车脱轨 60 辆以上并中断铁路行车 48 h 以上。

2. 重大事故

有下列情形之一的，为重大事故：

(1)造成 10 人以上 30 人以下死亡。

(2)造成 50 人以上 100 人以下重伤。

(3)造成 5 000 万元以上 1 亿元以下直接经济损失。

(4)客运列车脱轨 18 辆以上的；

(5)货运列车脱轨 60 辆以上的；

(6)客运列车脱轨 2 辆以上 18 辆以下，并中断繁忙干线铁路行车 24 h 以上或者中断其他线路铁路行车 48 h 以上。

(7)货运列车脱轨 6 辆以上 60 辆以下，并中断繁忙干线铁路行车 24 h 以上或者中断其他线路铁路行车 48 h 以上。

3. 较大事故

有下列情形之一的，为较大事故：

(1)造成 3 人以上 10 人以下死亡。

(2)造成 10 人以上 50 人以下重伤。

(3)造成 1 000 万元以上 5 000 万元以下直接经济损失。

(4)客运列车脱轨 2 辆以上 18 辆以下。

(5)货运列车脱轨 6 辆以上 60 辆以下。

(6)中断繁忙干线铁路行车 6 h 以上。

(7)中断其他线路铁路行车 10 h 以上。

4. 一般事故

造成 3 人以下死亡，或者 10 人以下重伤，或者 1000 万元以下直接经济损失的，为一般事故。一般事故分为：一般 A 类事故、一般 B 类事故、一般 C 类事故、一般 D 类事故。

(1)一般 A 类事故

有下列情形之一，未构成较大以上事故的，为一般 A 类事故：

①造成 2 人死亡。

②造成 5 人以上 10 人以下重伤。

③造成 500 万元以上 1 000 万元以下直接经济损失。

④列车及调车作业中发生冲突、脱轨、火灾、爆炸、相撞，造成下列后果之一的：

a. 繁忙干线双线之一线或单线行车中断 3 h 以上 6 h 以下，双线行车中断 2 h 以上 6 h 以下。

b. 其他线路双线之一线或单线行车中断 6 h 以上 10 h 以下，双线行车中断 3 h 以上 10 h 以下。

c. 客运列车耽误本列 4 h 以上。

d. 客运列车脱轨 1 辆。

e. 客运列车中途摘车 2 辆以上。

f. 客车报废 1 辆或大破 2 辆以上。

g. 机车大破 1 台以上。

h. 动车组中破 1 辆以上。

i. 货运列车脱轨 4 辆以上 6 辆以下。

(2)一般 B 类事故

有下列情形之一，未构成一般 A 类以上事故的，为一般 B 类事故。

①造成 1 人死亡。

②造成 5 人以下重伤。

③造成 100 万元以上 500 万元以下直接经济损失。

④列车及调车作业中发生冲突、脱轨、火灾、爆炸、相撞，造成下列后果之一的：

a. 繁忙干线行车中断 1 h 以上。

b. 其他线路行车中断 2 h 以上。

c. 客运列车耽误本列 1 h 以上。

d. 客运列车中途摘车 1 辆。

e. 客车大破 1 辆。

f. 机车中破 1 台。

g. 货运列车脱轨 2 辆以上 4 辆以下。

(3)一般 C 类事故

有下列情形之一，未构成一般 B 类以上事故的，为一般 C 类事故。

①列车冲突。

②货运列车脱轨。

③列车火灾。

④列车爆炸。

⑤列车相撞。

⑥向占用区间发出列车。

⑦向占用线接入列车。

⑧未准备好进路接、发列车。

⑨未办或错办闭塞发出列车。

⑩列车冒进信号或越过警冲标。

⑪机车车辆溜入区间或站内。

⑫列车中机车车辆断轴，车轮崩裂，制动梁、下拉杆、交叉杆等部件脱落。

⑬列车运行中碰撞轻型车辆、小车、施工机械、机具、防护栅栏等设备设施或路料、坍体、落石。

⑭接触网接触线断线、倒杆或塌网。

⑮关闭折角塞门发出列车或运行中关闭折角塞门。

⑯列车运行中刮坏行车设备设施。

⑰列车运行中设备设施、装载货物(包括行包、邮件)、装载加固材料(或装置)超限(含按超限货物办理超过电报批准尺寸的)或坠落。

⑱装载超限货物的车辆按装载普通货物的车辆编入列车。

⑲电力机车、动车组带电进入停电区。

⑳错误向停电区段的接触网供电。

㉑电化区段攀爬车顶耽误列车。

㉒客运列车分离。

㉓发生冲突、脱轨的机车车辆未按规定检查鉴定编入列车。

㉔无调度命令施工，超范围施工，超范围维修作业。

㉕漏发、错发、漏传、错传调度命令导致列车超速运行。

(4)一般 D 类事故

有下列情形之一，未构成一般 C 类以上事故的，为一般 D 类事故。

①调车冲突。

②调车脱轨。

③挤道岔。

④调车相撞。

⑤错办或未及时办理信号致使列车停车。

⑥错办行车凭证发车或耽误列车。

⑦调车作业碰轧脱轨器、防护信号，或未撤防护信号动车。

⑧货运列车分离。

⑨施工、检修、清扫设备耽误列车。

⑩作业人员违反劳动纪律、作业纪律耽误列车。

⑪滥用紧急制动阀耽误列车。

⑫擅自发车、开车、停车、错办通过或在区间乘降所错误通过。

⑬列车拉铁鞋开车。

⑭漏发、错发、漏传、错传调度命令耽误列车。

⑮错误操纵、使用行车设备耽误列车。

⑯使用轻型车辆、小车及施工机械耽误列车。

⑰应安装列尾装置而未安装发出列车。

⑱行包、邮件装卸作业耽误列车。

⑲电力机车、动车组错误进入无接触网线路。

⑳列车上工作人员往外抛掷物体造成人员伤害或设备损坏。

㉑行车设备故障耽误本列客运列车 1 h 以上，或耽误本列货运列车 2 h 以上；固定设备故障延时影响正常行车 2 h 以上(仅指正线)。

(5)铁道部可对影响行车安全的其他情形，列入一般事故。

二、事故报告

1. 报告方式

(1)事故发生后，事故现场的铁路运输企业工作人员或者其他人员应当立即向邻近铁路车站、列车调度员、公安机关或者相关单位负责人报告。有关单位和人员接到报告后，应立即将事故情况向企业负责人和事故发生地安全监管办安全监察值班人员报告，安全监管办安全监察值班人员按规定向安全监管办负责人报告。

(2)铁路运输企业列车调度员要认真填写《铁路交通事故(设备故障)概况表》(安监报 1)，分别向事故发生地安全监管办安全监察值班人员、铁道部列车调度员报告。

(3)事故发生地安全监管办安全监察值班人员接到“安监报 1”或现场事故报告后，要立即填写《铁路交通事故基本情况表》(安监报 3)，并向铁道部安全监察司值班人员报告。报告后要进一步了解事故情况及时补报“安监报 3”。

(4)涉及其他安全监管办辖区的事故,发生地安全监管办安全监察值班人员应及时将"安监报 3"传送至相关安全监管办的安全监察部门。

(5)铁道部列车调度员接到事故报告后,应及时收取或填写"安监报 1",并立即向值班处长和安全监察司值班人员报告;值班处长、安全监察司值班人员按规定分别向本部门负责人、铁道部办公厅部长办公室报告,由部门负责人向部领导报告。事故涉及其他部门时,由办公厅部长办公室通知相关部门负责人。

(6)发生特别重大事故、重大事故,由铁道部办公厅负责向国务院办公厅报告,并通报国家安全生产监督管理总局等有关部门。

(7)发生特别重大事故、重大事故、较大事故或者有人员伤亡的一般事故,安全监管办应向事故发生地县级以上地方人民政府及其安全生产监督管理部门通报。

2. 报告内容

事故报告应当包括下列内容:

(1)事故发生的时间、地点、区间(线名、公里、米)、线路条件、事故相关单位和人员。

(2)发生事故的列车种类、车次、机车型号、部位、牵引辆数、吨数、计长及运行速度。

(3)旅客人数,伤亡人数、性别、年龄以及救助情况,是否涉及境外人员伤亡。

(4)货物品名、装载情况,易燃、易爆等危险货物情况。

(5)机车车辆脱轨辆数、线路设备损坏程度等情况。

(6)对铁路行车的影响情况。

(7)事故原因的初步判断,事故发生后采取的措施及事故控制情况。

(8)应当立即报告的其他情况。

事故报告后,人员伤亡、脱轨辆数、设备损坏等情况发生变化时,应及时补报。

三、事故调查

1. 事故调查组织

(1)特别重大事故按《条例》规定由国务院或国务院授权的部门组织事故调查组进行调查。

(2)重大事故由铁道部组织事故调查组进行调查。调查组组长由铁道部负责人或指定人员担任,安全监察司、运输局、公安局等部门和铁道部派出机构、相关安全监管办等部门(单位)派员参加。

(3)较大事故和一般事故由事故发生地安全监管办组织事故调查组进行调查。调查组组长由安全监管办负责人或指定人员担任,安全监管办安全监察部门、有关业务处室、公安机关等部门派员参加。铁道部认为必要时,可以参与或直接组织对较大事故和一般事故进行调查。

(4)根据事故的具体情况,事故调查组还可由工会、监察机关有关人员以及有关地方人民政府、公安机关、安全生产监督管理部门等单位派人组成,并应当邀请人民检察院派人参加。事故调查组认为必要时,可以聘请有关专家参与事故调查。

(5)发生一般 B 类以上、重大以下事故(不含相撞的事故),涉及其他安全监管办辖区时,事故发生地安全监管办应当在事故发生后 12 h 内发出电报通知相关安全监管办。相关安全监管办接到电报后,应当立即派员参加事故调查组。

(6)自事故发生之日起 7 日内,因事故伤亡人数变化导致事故等级发生变化,依照《条例》规定由上级机关调查的,原事故调查组应当及时报告上级机关。

(7)调查事故应配备必要的调查设备和装备,保证调查工作顺利进行。调查设备和装备包括通信设备、摄影摄像设备、录音设备、绘图制图设备、便携电脑以及其他必要的装备。

2. 事故调查组职责

事故调查组应履行下列职责：

(1)查明事故发生的经过、原因、人员伤亡情况及直接经济损失。

(2)认定事故的性质和事故责任。

(3)提出对事故责任者的处理建议。

(4)总结事故教训，提出防范和整改措施建议。

(5)提交事故调查报告。

3. 事故调查

(1)事故调查组在事故发生后应当及时通知相关单位和人员；一般B类以上、重大以下的事故(不含相撞的事故)发生后，应当在12 h内通知相关单位接受调查。

(2)事故调查组到达现场前，组织事故调查组的机关可指定临时调查组组长，组成临时调查组，勘察现场，掌握人员伤亡、机车车辆脱轨、设备损坏等情况，保存痕迹和物证，查找事故线索及原因，做好调查记录，及时向事故调查组报告。

(3)事故调查组到达后，发生事故的有关单位必须主动汇报事故现场真实情况，并为事故调查提供便利条件。事故发生单位的负责人和有关人员在事故调查期间应当随时接受事故调查组的询问，如实提供有关资料和物证。事故调查组有权向有关单位和个人了解与事故有关的情况，并要求其提供相关文件、资料，有关单位和个人不得拒绝。

(4)事故调查组根据需要，可组建若干专业小组，进行调查取证。

①搜集事故现场物证、痕迹，测量并按专业绘制事故现场示意图，标注现场设备、设施、遗留物的名称、尺寸、位置、特征等。需要搬动伤亡者、移动现场物体的，应做出标记，妥善保存现场的重要痕迹、物证；暂时无法移动的，应予守护，并设明显标志。

②询问事故当事人及相关人员，收取口述、笔述、笔录、证照、档案，并复制、拍照。不能书写书面材料的，由事故调查组指定人员代笔记录并经本人签认。无见证人或者当事人、相关人员拒绝签字的，应当记录在案。

③对事故现场全貌、方位、有关建筑物、相关设备设施、配件、机动车、遗留物、致害物、痕迹、尸体、伤害部位等进行拍照、摄像。及时转储、收存安全监控、监测、录音、录像等设备的记录。

④收取伤亡人员伤害程度诊断报告、病理分析、病程救治记录、死亡证明、既往病历和健康档案资料等。

⑤对有涂改、灭失可能或以后难以取得的相关证据进行登记封存。

⑥查阅有关规章制度、技术文件、操作规程、调度命令、作业记录、台账、会议记录、安全教育培训记录、上岗证书、资质证书、承(发)包合同、营业执照、安全技术交底资料等，必要时将原件或复印件附在调查记录内。

⑦对有关设备、设施、配件、机动车、器具、起因物、致害物、痕迹、现场遗留物等进行技术分析、检测和试验，组织笔迹鉴定，必要时组织法医进行尸表检验或尸体解剖，并写出专题报告。

⑧脱轨事故发生后，在全面调查的基础上，必要时应对事故地点前后一定长度范围内的线路设备进行检查测量，并调阅近期内该段线路质量检测情况；对事故地点前方(列车运行相反方向)一定长度的线路范围内，有无机车车辆配件脱落、刮碰行车设备的痕迹等进行检查，对脱轨列车中有关的机车车辆进行检查测量，并调阅脱轨机车车辆近期内运行情况

监测记录。

(5)事故调查中需要对相关的铁路设备、设施进行技术鉴定或者对财产损失状况以及中断铁路行车造成的直接经济损失进行评估的,事故调查组应当委托具有国家规定资质的机构进行技术鉴定或者评估。技术鉴定或者评估所需时间不计入事故调查期限。

(6)事故调查中发现涉嫌犯罪的,事故调查组应当及时将有关证据、材料移交司法机关。

4. 事故调查报告

各专业小组应按调查组组长的要求,及时提交专业小组调查报告。调查组组长应组织审议专业小组调查报告,并研究形成《铁路交通事故调查报告》,由调查组所有成员签认。调查组成员意见不一致时,应在事故报告中分别进行表述,报组织调查的机关审议、裁定。

(1)《铁路交通事故调查报告》应包括下列内容:

①事故概况。

②事故造成的人员伤亡和直接经济损失。

③事故发生的原因和事故性质。

④事故责任的认定以及对事故责任者的处理建议。

⑤事故防范和整改措施建议。

⑥与事故有关的证明材料。

(2)事故调查组应在下列期限内向组织事故调查组的机关提交《铁路交通事故调查报告》。

①特别重大事故的调查期限为60日。

②重大事故的调查期限为30日。

③较大事故的调查期限为20日。

④一般事故的调查期限为10日。

事故调查期限自事故发生之日起计算。

(3)事故调查组形成《铁路交通事故调查报告》,报组织事故调查的机关同意后,事故调查组的工作即告结束。铁道部、安全监管办的安全监察部门应在事故调查组工作结束后15日之内,根据事故报告,制作《铁路交通事故认定书》,经批准后,送达相关单位。

(4)一般B类以上、重大以下事故(相撞事故为较大事故)的档案材料,应报铁道部备案(3份)。

(5)铁道部发现安全监管办对事故认定不准确时,应予以纠正。必要时,可另行组织调查。

(6)事故调查组成员在事故调查工作中应诚信公正、恪尽职守,遵守事故调查组的纪律,保守事故调查的秘密。未经事故调查组组长允许,调查组成员不得擅自发布有关事故的调查信息。

5. 事故认定书

《铁路交通事故认定书》是事故赔偿、事故处理以及事故责任追究的依据。

(1)《铁路交通事故认定书》应按照铁道部规定的统一格式制作,内容包括:

①事故发生的原因和事故性质。

②事故造成的人员伤亡和直接经济损失。

③事故责任的认定。

④对有关责任单位及人员的处理决定或建议。

(2)事故责任单位接到《铁路交通事故认定书》后,于7日内,填写《铁路交通事故处理报告表》(安监报2),按规定报送《铁路交通事故认定书》制作机关并存档。

四、事故责任判定和损失认定

1. 事故责任判定

事故分为责任事故和非责任事故。事故责任分为全部责任、主要责任、重要责任、次要责任和同等责任。

(1)铁路运输企业或相关单位发布的文电,违反法律法规、铁道部规章或铁路相关技术标准和作业标准等,直接导致事故发生的,定发文电单位责任。

(2)因设备管理不善造成的事故,定设备管理单位责任。

(3)因产品质量不良造成事故,属设计、制造、采购、检修等单位责任的,定相关单位责任;应采用经行政许可或强制认证的产品而采用其他产品的,追究采用单位责任;采购不合格或不达标产品的,追究采购单位责任。

(4)自然灾害原因导致的事故,因防范措施不到位,定责任事故。确属不可抗力原因导致的事故,定非责任事故。

(5)营业线施工中发生责任事故,属工程建设、设计、监理、施工等原因造成的,定上述相关单位责任;同时追究设备管理单位责任。已经竣工验收的设备,因质量问题发生责任事故,确属工程建设、设计、施工、监理等单位责任的,定上述相关单位责任;属设备管理不善的,定设备管理单位责任。

(6)涉嫌人为破坏造成的事故,在公安机关确认前,定发生单位责任事故;经公安机关确认属人为破坏原因造成的,定发生单位非责任事故。

(7)机车车辆断轴造成事故,由于探测、监测工作人员违章违纪或设备不良、管理不善等原因造成漏报、误报或预报后未及时拦停列车的,定相关单位责任。由于货物超载、偏载造成车辆断轴事故,定装车站或作业站责任。

(8)因列车折角塞门关闭造成事故,无法判明责任的定发生地铁路运输企业责任事故。

(9)错误办理行车凭证发车或耽误列车事故的责任划分:司机起动列车,定车务、机务单位责任;司机发现未动车,定车务单位责任;通过列车司机未及时发现,定车务、机务单位责任;司机发现及时停车,定车务单位责任。

(10)应停车的客运列车错办通过,定车站责任;在区间乘降所错误通过,定机务单位责任。

(11)因断钩导致列车分离事故,断口为新痕时定机务单位责任(司机未违反操作规程的除外),断口旧痕时定机车车辆配属或定检单位责任;机车车辆车钩出现超标的砂眼、夹渣或气孔等铸造缺陷定制造单位责任。未断钩造成的列车分离事故根据具体情况进行分析定责。

(12)因货物装载加固不良造成事故,定货物承运单位责任;属托运人自装货物的,定托运人责任,货物承运单位监督检查失职的,追究货物承运单位同等责任。因调车作业超速连挂和“禁溜车”溜放等造成货物装载加固状态破坏而引发的事故,定违章作业站责任;因押运人员在运输途中随意搬动货物和降低货物装载加固质量而引发的事故,定押运人员所在单位责任,货物承运单位管理失职的,追究同等责任;货检人员未认真履行职责的,追究货检人员所在单位同等责任。因卸车质量不良造成事故,定卸车单位责任,同时追究负责检查的单位责任。

(13)自轮运转设备编入列车因质量不良发生事故时,定设备配属单位责任;过轨检查失职的,定检查单位责任;违规挂运的,定编入或同意放行的单位责任。

(14)因临时租(借)用其他单位的设备设施、人员,发生事故,定使用单位责任。产权单位委托其他单位维修设备设施,因维修质量不良造成事故,定维修单位责任;产权单位管理不善的，追究其同等责任。

(15)凡经铁道部批准或铁路运输企业批准并报铁道部核备后的技术革新项目、科研项目在运营线上试验时，在限定的试验期限内确因试验项目本身原因发生事故，不定责任事故；但由于违反操作规程以及其他人为因素造成的事故，定责任事故。

(16)事故发生后，因发生单位未如实提供情况，导致不能查明事故原因和判定责任的，定发生单位责任。

(17)事故涉及两个以上单位管理的相关设备，设备质量均未超过临修或技术限度时，按事故因果关系进行推断，确定责任单位。

(18)事故调查组未及时通知有关单位接受事故调查，不得定有关单位责任。有关单位接到通知后，应派员而未派员接受事故调查的，事故调查组可以直接定责。

(19)铁路作业人员在从事与行车相关的作业过程中，不论作业人员是否在其本职岗位，由于违反操作规程、作业纪律，或铁路运输生产设备设施、劳动条件、作业环境不良，或安全管理不善等造成伤亡，定责任事故。具体情形按以下规定办理。

①乘务人员及其他作业人员在企业内候班室、外地公寓、客车宿营车等处候班、间休期间，因违章违纪、设备设施不良等造成伤亡，定有关单位责任。

②作业人员在疏导道口、引导或帮助旅客上下车、维持站车秩序过程中被列车撞轧而伤亡的，定作业人员所在单位责任。

③事故发生过程中，作业人员在避险或进行事故抢险时因违章作业再次发生伤亡，应按同一件事故定责；事故过程已终止，在事故救援、抢修、复旧及处理中又发生事故导致伤亡的，按另一件事故定责。

④铁路运输企业所属临管铁路发生的责任伤亡事故，定该企业责任事故。

⑤作业人员在工作或间歇时间擅自动用铁路运输设备设施、工具等导致伤亡的，定该作业人员所在单位责任事故，同时追究设备设施配属(或管理)单位的责任。

⑥作业人员因患有职业禁忌症而导致行为失控，造成伤亡的，定该作业人员所在单位责任。

⑦两个及以上铁路运输企业在交叉作业中发生伤亡，定主要责任单位事故；若各方责任均等，定伤亡人员所在单位责任，同时追究其他相关单位责任。若各方责任均等且均有人员伤亡，分别定责任事故。

(20)作业人员发生伤亡，经二级以上医院、急救中心诊断或经法医检验、解剖，证明系因脑溢血、心肌梗塞、猝死等突发性疾病所致，并按事故处理权限得到事故调查组确认的，不定责任事故。医院等级不够的，须经法医进行尸表检验或尸体解剖鉴定。法医尸检或解剖鉴定报告结论不确定的，定责任事故。

(21)作业人员伤亡事故原因不清，或公安机关已立案但尚无明确结论的，定责任事故。暂时不能确定事故性质、责任的，按待定办理。若跨年度仍不能确定或处理时间超过法定期限的，定伤亡人员所在单位责任。在年度统计截止前，该事故已查清并作出与原处理决定相反结论的，可向原处理部门申请更正。

(22)铁路机车车辆与行人、机动车、非机动车、牲畜及其他障碍物相撞造成事故，按以下规定判定责任。

①事故当事人违章通过平交道口或者人行过道，或者在铁路线路上行走、坐卧造成人身伤亡，定事故当事人责任。

②事故当事人逃逸或者有证据证明当事人故意破坏、伪造现场、毁坏证据，定事故当事人责任。

③事故当事人违反国家法律法规，有明显过失的，按过错的严重程度，分别承担责任。

(23)铁道部、安全监管办有关部门及其人员未能依法履行职责，发生下列情形之一的，应当追究其行政责任。涉嫌犯罪的，移送司法机关处理。

①违反国家公布的技术标准或铁道部颁布的规章、技术管理规程和作业标准，擅自公布部门技术标准，导致事故发生的，追究相关部门及其人员的责任。

②在实施行政许可、强制认证、技术审查或鉴定，以及产品设备验收等监督管理职责的过程中，违反法定权限、法定程序和有关规定，或对相关产品设备等监督检查不力，造成不合格、不达标产品设备等投入运用，导致事故发生的，追究相关部门及其人员的责任。

2. 事故损失认定

事故相关单位要如实统计、申报事故直接经济损失，制作明细表，经事故调查组确认后，在《铁路交通事故认定书》中认定。

(1)下列费用列入事故直接经济损失：

①铁路机车车辆、线路、桥隧、通信、信号、供电、信息、安全、给水等设备设施的损失费用。报废设备按报废设备账面净值计算，或按照市场重置价计算；破损设备设施按修复费用计算。

②铁路运输企业承运的行包、货物的损失费用。

③事故中死亡和受伤人员的处理、处置、医治等费用(不含人身保险赔偿费用)。

④被撞机动车、非机动车、牲畜等财产物资，造成的报废或修复费用。

⑤行车中断的损失费用。

⑥事故应急处置和救援费用。

⑦其他与事故直接有关的费用。

(2)有作业人员伤亡的，直接经济损失统计范围、计算方法等按《企业职工伤亡事故经济损失统计标准》(GB 6721—86)执行。

(3)负有事故全部责任的，承担事故直接经济损失费用的100%；负有主要责任的，承担损失费用的50%以上；负有重要责任的，承担损失费用的30%以上、50%以下；负有次要责任的，承担损失费用的30%以下。负同等责任的单位，承担相同比例的损失费用。有同等责任、涉及多家责任单位承担损失费用时，由事故调查组根据责任程度依次确定损失承担比例。

五、事故统计、分析

铁道部、安全监管办、铁路运输企业及基层单位应按照《铁路交通事故调查处理规则》规定，建立事故统计分析制度，健全统计分析资料，并按规定及时报送。各级安全监察部门负责事故统计分析报告的日常工作，并负责监督指导有关部门(单位)做好事故统计分析报告工作。

1. 事故的统计报告应当坚持及时、准确、真实、完整的原则。

2. 事故的统计应按照事故类别、等级、性质、原因、部门、责任等项目分别进行统计。

3. 每日事故的统计时间，由上一日18时至当日18时止。但填报事故发生时间时，应以实际时间为准，即以零点改变日期。

4. 责任事故件数统计在负全部责任、主要责任的单位，非责任事故和待定责事故件数统计在发生单位，相撞事故统计在发生单位。负同等责任或追究同等责任的，在总数中不重复统计件数。

5. 一起事故同时符合两个以上事故等级的，以最高事故等级进行统计。

6. 发生人员伤亡的事故应按以下规定统计：

(1)人员在事故中失踪，至事故结案时仍未找到的，按死亡统计。

(2)事故受伤人员因正常手术治疗而加重伤害程度的，按手术后的伤害程度统计。

(3)事故受伤人员经救治无效，在7日内死亡，按死亡统计；经医疗事故鉴定委员会确认为医疗事故的，或7日后死亡的，按原伤害程度统计。

(4)事故受伤人员在7日内由轻伤发展成重伤的，按重伤统计。

(5)未经医疗事故鉴定委员会确认为医疗事故的伤亡，按责任事故统计。

(6)相撞事故发生后，经调查确认为自杀、他杀的，不在伤亡人数中统计。

7. 铁路各级安全监察部门、铁路运输企业专业部门、各基层站段应建立以下台账并长期保存。

(1)铁路各级安全监察部门应建立《铁路交通事故登记簿》(安监统1)、《铁路交通事故统计簿》(安监统2)、《铁路运输企业安全天数登记簿》(安监统3)、《铁路作业人员伤亡登记簿》(安监统4)和《铁路交通事故分析会记录簿》。

(2)铁路运输企业专业部门、各基层站段应分别填记《铁路交通事故登记簿》(安监统1)，并建立《铁路交通事故分析会记录簿》。

8. 有关部门、单位应按以下规定填写、传送、管理各种事故表报。

(1)各级安全监察部门须建立《铁路交通事故(设备故障)概况表》(安监报1)和《铁路交通事故基本情况表》(安监报3)的管理制度，规范统计、分析、总结、报送及保管工作。要及时补充填记"安监报3"各项内容，事故结案后，必须准确填写。

铁路运输企业调度部门应当及时、如实填写《铁路交通事故(设备故障)概况表》(安监报1)，建立登记簿，进行统计分析，并制定管理制度。

铁路运输企业的专业部门应当建立"安监报1"登记簿，认真统计分析。

(2)安全监管办须建立《铁路交通事故处理报告表》(安监报2)管理制度。基层单位按要求做好填记上报。"安监报2"保管3年。

(3)安全监管办于月、半年、年度后次月5日前填写《铁路交通事故报告表》(安监报4)，报铁道部。"安监报4"长期保存。

(4)安全监管办于月、半年、年度后次月5日前填写《铁路交通事故路外伤亡统计分析表》(安监报5)，报铁道部。"安监报5"长期保存。

(5)有从业人员伤亡的事故，事故发生单位填写《铁路作业人员伤亡概况表》(安监报6—1)，上报安全监管办；一般B类以上事故，安全监管办填写《铁路作业人员伤亡概况表》(安监报6—1)，上报铁道部。

(6)安全监管办于次月5日前(次年1月10日前)，填写《铁路作业人员伤亡统计报表》(安监报6—2)，报铁道部。

9. 铁道部所属铁路运输企业每月27日前将本月安全分析总结报铁道部安全监察司。企业内部各业务部门须按月、半年、年度，对本系统事故进行分析总结，向上级主管部门报告，并抄送安全监管办安全监察部门。

10. 合资铁路、地方铁路、专用铁路须按月、半年、年度，对本单位事故进行分析，并报安全监管办。

六、法律责任

铁路运输企业及其职工违反法律、行政法规的规定，造成事故的，由铁道部或者安全监管办依法追究行政责任。构成犯罪的，依法追究刑事责任。

1. 铁路运输企业及其职工迟报、漏报、瞒报、谎报事故的，对单位，由铁道部或安全监管办处 10 万元以上 50 万元以下的罚款；对个人，由铁道部或安全监管办处 4 000 元以上 2 万元以下的罚款；属于国家工作人员的，依法给予处分；构成犯罪的，依法追究刑事责任。

2. 安全监管办迟报、漏报、瞒报、谎报事故的，由铁道部对直接负责的主管人员和其他直接责任人员依法给予处分；构成犯罪的，依法追究刑事责任。

3. 干扰、阻碍事故调查处理的，对单位，由铁道部或安全监管办处 4 万元以上 20 万元以下的罚款；对个人，由铁道部或安全监管办处 2 000 元以上 1 万元以下的罚款；情节严重的，对单位，由铁道部或安全监管办处 20 万元以上 100 万元以下的罚款；对个人，由铁道部或安全监管办处 1 万元以上 5 万元以下的罚款；属于国家工作人员的，依法给予处分；构成违反治安管理行为的，由公安机关依法给予治安管理处罚；构成犯罪的，依法追究刑事责任。

4. 在事故调查中，调查人员索贿受贿、借机打击报复或不负责任，致使调查工作有重大疏漏的，由组成事故调查组的机关给予处分，构成犯罪的，依法追究刑事责任。

第二节　铁路行车设备故障调查处理

为及时准确调查处理铁路行车设备故障（以下简称设备故障），加强设备质量管理，防止和减少设备故障的发生，保障铁路运输安全畅通，铁道部根据《铁路技术管理规程》、《铁路交通事故调查处理规则》及有关规定，制定了《铁路行车设备故障调查处理办法》。

因违反作业标准、操作规程及养护维修不当或设计制造质量缺陷、自然灾害等原因，造成铁路机车车辆（包括动车组、自轮运转特种设备）、铁路轮渡、线路、桥隧、通信、信号、供电、信息、监测监控、给水、防护设施等行车设备损坏，影响正常行车，危及行车安全，均构成设备故障。

一、设备故障分类

发生耽误列车、危及行车安全或影响列车正常运营的下列情形之一，但未构成铁路交通事故的，为行车设备故障。

1. 机车故障。
2. 车辆故障。
3. 动车组故障。
4. 铁路轮渡设备故障。
5. 自轮运转特种设备故障。
6. 线路、桥隧设备故障。
7. 信号设备故障。
8. 通信设备故障。
9. 供电设备故障。
10. 供水设备故障。

11. 信息系统设备故障。

12. 列尾装置故障。

13. 监测、监控设备故障。

14. 线路安全防护设备设施破损。

15. 水害、塌方、落石、倒树。

16. 其他设备故障。

二、设备故障报告及调查处理

1. 设备故障报告

设备故障发生后，司机、车站值班员等现场工作人员应立即通知设备管理单位和铁路局列车调度员，及时组织抢修。

(1)铁路局列车调度员应填写“铁路交通事故(设备故障)概况表”(安监报 1)，及时传送铁路局相关专业部门和安全监察部门。

(2)铁路局专业部门和设备管理单位接到设备故障报告后，应及时组织抢修设备和调查处理工作，铁路局专业部门应及时报告铁路总公司专业部门。

(3)铁路局安全监察部门接到设备故障报告后，应督促有关专业部门组织调查处理，并跟踪了解设备故障修复及调查处理情况。

(4)设备故障涉及其他铁路局、铁路专业运输公司时，发生局专业部门、安全监察部门应及时将“安监报 1”分别传送相关铁路局、专业运输公司的专业部门和安全监察部门。涉及外单位(系指非铁路局直接管理或者受委托管理的合资铁路、地方铁路，以及工厂、工程等单位，下同)的设备故障，由发生局专业部门 5 日内通知相关单位。

2. 设备故障的调查处理

(1)设备故障的调查处理由铁路局专业部门或指定基层单位负责。设备故障涉及本局、外局或外单位两个及以上单位时，由发生局该设备的主管专业部门牵头组织调查。

(2)设备故障的调查处理，应通过检查检测故障设备，查阅有关作业记录、台账资料、管理制度等，查明故障原因，组织认真分析，确定责任，制定防范措施，提出对责任单位的考核处理意见。

(3)两个及以上部门(单位)定责意见不一致时，由发生局安全监察部门裁决。必要时另行组织调查。

(4)设备管理单位在故障发生后 7 日内，向铁路局专业部门、安全监察部门报送“行车设备故障处理报告表”。

(5)设备主管部门未按本办法第十四条规定通知有关单位的不得定有关单位责任。

(6)铁路局专业部门定责不准确时，安全监察部门应予以纠正。

(7)属于人为破坏造成的设备故障，由发生局公安部门查处。

三、设备故障责任判定

设备故障分为责任故障和非责任故障。发生设备故障应件件定责。设备故障责任划分为全部责任、主要责任、次要责任和同等责任。

1. 未按铁道部规定制定或自行发布的文电，违反规章制度、技术标准、作业标准，导致设备故障，列发文电部门(单位)主要责任，同时追究会签部门(单位)责任。

2. 设备质量不良造成设备故障,属设计、制造、采购、检修、验收等单位责任的,定相关单位责任。未按规定采用行政许可、强制认证、定点厂生产的产品,或采购不合格、不达标的产品,造成设备故障时,定采购、采用单位责任。

3. 营业线施工中因建设、设计、监理、施工、设备管理等原因造成的设备故障,定相关单位责任。

4. 涉及两个及以上单位,或在结合部发生的设备故障,不能判定主要原因时,定相关单位同等责任。

5. 设备故障发生单位隐瞒或查不清原因的,定该单位责任;协同隐瞒的单位追究同等责任。

6. 作业人员违章违纪或养护维修质量不良等,造成监测、检测设备系统故障或漏检、漏传信息,定相关单位责任。

7. 定他局、外单位责任的设备故障,发生局专业部门应填写"外转行车设备故障通知书",经本局安全监察部门会签后,在故障发生后 20 日内向责任单位发出。未按时转出定发生单位责任。责任单位在接到"外转行车设备故障通知书"后,应在 5 日内向发出"外转行车设备故障通知书"的专业部门给予回执。

8. 租(借)用其他单位的设备发生故障,定租(借)用单位责任;有合同约定的,按合同办理。

9. 因自然灾害等不可抗力导致的设备故障,列非责任;经公安部门查明,确系破坏原因造成的设备故障,列非责任;应采取防范措施而未采取,致使人为破坏造成的设备故障,定相关单位责任。

四、设备故障考核及赔偿

1. 设备故障考核

(1)铁道部专业部门应建立设备故障考核制度,确定本部门的设备故障率、故障延时、故障件数等控制指标,并根据行车设备技术条件和运用条件的变化,适时进行调整。

(2)根据铁道部设备故障考核制度和控制指标,铁路局对专业部门、专业部门对本系统制定具体的考核办法,运用行政、经济等手段,按指标体系进行考核。

(3)基层单位应制定设备故障考核的实施细则,保证考核标准、措施的落实。

(4)设备故障的考核内容及标准:

①按月、季、年对设备故障率进行考核。

②按线路等级、耽误列车数量对故障延时、故障平均延时进行定期考核。

③对隐瞒的设备故障,一经查实,加倍考核。

(5)铁路局、基层单位应在安全生产分析会议和安全生产委员会会议上对设备故障的考核做出决定,考核结果以文件公布。

(6)设备故障考核结果应与责任单位、部门的奖金分配和有关人员经济收入挂钩,并作为安全评估、评比的条件。

2. 设备故障赔偿

(1)设备故障的损失费用,由设备受损单位列出明细表,经铁路局专业部门审核后,由责任单位支付。有异议时,由铁路局安全监察部门做出裁决。

(2)负全部责任、主要责任、次要责任的,分别承担设备故障损失费用的 100%、60%及以上、40%及以下。负同等责任的，承担相同比例的经济损失。

五、设备故障统计、分析及总结

按照专业管理、系统负责的原则，各专业部门、基层单位负责行车设备故障统计分析报告的日常管理工作。建立健全统计、分析、总结、报告制度，规范设备故障管理。

1. 设备故障统计应坚持及时、准确、真实、完整的原则，按设备故障类别、原因、责任等项目分别统计。

2. 设备故障统计范围

(1)本办法第九条规定的设备故障。

(2)构成铁路交通事故的设备故障。

3. 每日设备故障件数的统计时间，由上一日 18 时至当日 18 时止。填报故障发生时间时，以实际时间为准，从 0 改变日期。

4. 责任设备故障统计在负全部责任、主要责任的单位和部门，非责任设备故障及待定责的设备故障统计在发生单位和部门。负同等责任或追究同等责任的，在总数中不重复统计件数。

5. 铁路局专业部门、基层单位应按照铁路总公司专业部门统一制定的“行车设备故障登记簿”、“行车设备故障分析记录簿”的内容及格式如实填记，长期保存。

6. 铁路局专业部门对本系统设备故障定责、处理情况，于旬、月、季、年末向铁路局主管领导及上级主管部门报告，抄送铁路局安全监察部门。

7. 铁路总公司专业部门、铁路局及基层单位应将设备故障分析情况纳入安全生产分析会或安全生产委员会会议，分析倾向性、关键性、前瞻性问题，研究解决措施，做出考核决定。

复习思考题

1. 铁路交通事故调查处理需遵守哪些法律？

2. 铁路事故的划分规则是什么？

3. 事故的责任判定和损失认定的依据是什么？

参 考 文 献

1. 中国铁路总公司．铁路技术管理规程(高速铁路部分)．北京:中国铁道出版社,2014.
2. 中国铁路总公司．铁路动车组运用维修规程．北京:中国铁道出版社,2013.
3. 中华人民共和国铁道部．铁路交通事故调查处理规则．北京:中国铁道出版社,2011.
4. 中华人民共和国铁道部．铁路行车设备故障调查处理办法．北京:中国铁道出版社,2011.
5. 吴海超．车辆运用与管理．北京:中国铁道出版社,2011.
6. 王伯铭．动车组运用与检修．北京:中国铁道出版社,2011.
7. 北京铁路局．铁路车辆作业安全与防寒．北京:中国铁道出版社,2010.
8. 中国铁路总公司．铁路车辆安全管理规则．北京:中国铁道出版社,2015.
9. 中国铁路总公司．列车运行图编制管理规则．北京:中国铁道出版社,2015.